Die Reichweite arbeitsrechtlicher Angaben
im Umwandlungsvertrag

Europäische Hochschulschriften

Publications Universitaires Européennes
European University Studies

Reihe II
Rechtswissenschaft

Série II Series II
Droit
Law

Bd./Vol. 3291

PETER LANG
Frankfurt am Main · Berlin · Bern · Bruxelles · New York · Oxford · Wien

Stephan Oliver Pfaff

Die Reichweite arbeitsrechtlicher Angaben im Umwandlungsvertrag

PETER LANG
Europäischer Verlag der Wissenschaften

Die Deutsche Bibliothek - CIP-Einheitsaufnahme

Pfaff, Stephan Oliver:

Die Reichweite arbeitsrechtlicher Angaben im Umwandlungsvertrag / Stephan Oliver Pfaff. - Frankfurt am Main ; Berlin ; Bern ; Bruxelles ; New York ; Oxford ; Wien : Lang, 2001
(Europäische Hochschulschriften : Reihe 2, Rechtswissenschaft ; Bd. 3291)
Zugl.: Dresden, Techn. Univ., Diss., 2001
ISBN 3-631-38549-8

D 88
ISSN 0531-7312
ISBN 3-631-38549-8

www.peterlang.de

Meinen Eltern

Vorwort

Diese Arbeit hat der Juristischen Fakultät der Technischen Universität Dresden im Sommersemester 2001 als Dissertation vorgelegen. Rechtsprechung und Literatur sind bis Mitte November 2000 berücksichtigt. Bei der Anfertigung der Arbeit habe ich ganz wesentlich von meiner Tätigkeit als wissenschaftlicher Mitarbeiter am Lehrstuhl für Bürgerliches Recht, Deutsches und Europäisches Wirtschaftsrecht im Institut für Europäisches Wirtschafts- und Umweltrecht der Technischen Universität Freiberg profitiert. Mein herzlicher Dank gebührt daher in erster Linie meinem Doktorvater Herrn Prof. Dr. Gerhard Ring, der mir insbesondere die Möglichkeit zu selbständiger Forschung ermöglichte und sich bereit erklärte, das von mir gewählte Thema der Dissertation zu betreuen. Er ließ mir während der Entstehung der Arbeit jede Unterstützung zukommen und gab in zahlreichen gemeinsamen Gesprächen hilfreiche und konstruktive Hinweise. Mein herzlicher Dank gilt darüber hinaus Herrn Prof. Dr. Christian Schmidt-Leithoff sowie Herrn Prof. Dr. Ulrich Büdenbender der Technischen Universität Dresden für die zügige Erstellung des Zweit- und Drittgutachtens.

Freiberg, im August 2001 Stephan Oliver Pfaff

Inhaltsverzeichnis

A. Einleitung

I. Vorbemerkung

1. Gegenstand und Zielsetzung der vorliegenden Arbeit

Im Mittelpunkt des vorliegenden Werkes steht der Umfang und die Reichweite der arbeitsrechtlichen Pflichtangaben im Umwandlungsvertrag. Die Bezeichnung „Umwandlungsvertrag" ist im Rahmen der weiteren Ausführungen als Oberbegriff für Verschmelzungsvertrag, Spaltungsvertrag/-plan, Übertragungsvertrag und Umwandlungsbeschluss zu verstehen.

Bei der Umwandlung nach den Vorschriften des UmwG muss – bedingt durch das besondere Informationsrecht des Betriebsrats - der Vertrag zwingend Angaben über die Folgen der Umwandlung für die Arbeitnehmer und ihre Vertretungen sowie die insoweit vorgesehenen Maßnahmen enthalten (vgl. §§ 5 Abs. 1 Nr. 9, 126 Abs. 1 Nr. 11, 136, 176, 177, 194 Abs. 1 Nr. 7 UmwG) und im Original oder als Entwurf spätestens einen Monat vor dem Tag der Zustimmungsbeschlüsse der beteiligten Rechtsträger dem zuständigen Betriebsrat jedes Rechtsträgers zugeleitet werden (vgl. §§ 5 Abs. 3, 126 Abs. 3, 176, 177, 194 Abs. 2 UmwG).

Fehlen die Angaben über die Folgen oder wurde der Vertrag bzw. sein Entwurf nicht rechtzeitig dem zuständigen Betriebsrat zugeleitet, darf der Registerrichter die Umwandlung nicht eintragen. Der Nachweis über die rechtzeitige Zuleitung ist somit Wirksamkeitsvoraussetzung für die Umwandlung (§ 17 Abs. 1 UmwG). Dies bedeutet eine wirksame Sicherung des Unterrichtungsanspruchs des Betriebsrats.

Ausgehend von diesem Hintergrund ist die Arbeit im Wesentlichen in sechs Themenblöcke gegliedert.

Im ersten Teil wird zunächst eine allgemeine Einführung gegeben. Nach einem Überblick über die Entstehungsgeschichte des deutschen Umwandlungsrechts, wird der Gang des Gesetzgebungsverfahrens bis zur endgültigen Verabschiedung des UmwG erläutert. Mit den gesetzgeberischen Motiven und Zielen des neuen Umwandlungsrechts endet der erste Abschnitt.

Untersuchungsgegenstand des zweiten Teils sind die Umwandlungsmöglichkeiten nach dem UmwG sowie Alternativmodelle, die eine vermögensrechtliche Übertragung außerhalb des UmwG vorsehen. Im Rahmen einer Abwägung werden die Vor- und Nachteile der Umwandlung nach dem UmwG im Wege der Gesamtrechtsnachfolge bzw. der so genannten partiellen Gesamtrechtsnachfolge gegenüber der Umwandlung im Wege der Einzelrechtsnachfolge außerhalb des Anwendungsbereichs des UmwG näher beleuchtet. Den Kern der Untersuchung bildet die Frage der analogen Anwendung des UmwG auf Ausgliederungen im Wege der Einzelrechtsnachfolge. Bei Befürwortung einer solchen analogen Anwendung des UmwG auf Fälle der Einzelrechtsnachfolge wären nämlich nicht nur ausführliche Angaben hinsichtlich der Arbeitnehmer und ihrer Vertretungen erforderlich, sondern auch die arbeitsrechtlichen Schlussbestimmungen der §§ 321 bis 325 UmwG zwingend zu beachten.

Neben den Motiven, die bei einer Unternehmensumstrukturierung im Vordergrund stehen, wird die Systematik des UmwG und in einem Überblick die unterschiedlichen Umwandlungsmöglichkeiten die das UmwG zur Verfügung stellt erörtert.

Der eigentliche Schwerpunkt der Darstellungen wird schließlich im dritten Teil der Arbeit behandelt. In diesem Abschnitt geht es um die kontrovers diskutierte Frage des Umfangs und der Reichweite der arbeitsrechtlichen Angaben der Umwandlung in dem gesellschaftsrechtlichen Vertragswerk.

Nach dem Sinn und Zweck der Vorschrift soll der Betriebsrat, dem der Vertrag zuzuleiten ist, durch diese Angaben möglichst frühzeitig über die bevorstehenden individual- und kollektivarbeitsrechtlichen Folgen informiert werden, um eine möglichst sozialverträgliche Durchführung des Umwandlungsvorgangs zu erleichtern. Streitig ist, ob in dem Vertrag detaillierte Angaben auch in bezug auf lediglich mittelbare personelle und organisatorische Folgewirkungen gemacht werden müssen oder ob pauschale Angaben zu den unmittelbaren Folgen etwa in Form einer katalogartigen Aufzählung bereits genügen. Die Erweiterung der Darstellungspflicht auch auf die mittelbaren Folgen der Umwandlung, wird daher im Rahmen einer gesonderten Erörterung eingehend beleuchtet.

Durch das Nebeneinander von Umwandlungs- und Arbeitsrecht wird in einem weiteren Abschnitt dieser Arbeit die betriebsverfassungsrechtliche Beteiligung des Betriebsrats bei Unternehmensumstrukturierungen systematisch dargestellt. Hierbei gilt es insbesondere, die widerstreitenden Belange zwischen den beteiligten Rechtsträgern an einer möglichst problemlosen und zügigen Durchführung der Umwandlung auf der einen Seite und die der Arbeitnehmer und ihrer

Vertretungen, an einer frühzeitigen und effektiven Wahrnehmung ihrer Interessen auf der anderen Seite, einer beiden Gruppierungen gerecht werdenden Lösung zuzuführen. Die Frage nach dem Verhältnis zwischen der umwandlungsrechtlichen Beteiligung des Betriebsrats und den darüber hinaus bestehenden allgemeinen Informations- und Mitbestimmungsrechten des Betriebsrats nach den einschlägigen betriebsverfassungsrechtlichen Normen, ist daher zu klären. Fraglich erscheint in diesem Zusammenhang insbesondere, ob bestehende betriebsverfassungsrechtliche Informationsmechanismen eine Beschränkung des Umfangs der umwandlungsgesetzlichen Angabepflicht zulassen.

Um die gesetzgeberischen Ziele des § 5 Abs. 1 Nr. 9 UmwG sicherzustellen, sieht § 5 Abs. 3 UmwG in Anlehnung an § 2 Abs. 4 SpTrUG die nachzuweisende (vgl. § 17 Abs. 1 UmwG) Zuleitung des Verschmelzungsvertrages oder seines Entwurfs an den jeweils zuständigen Betriebsrat der an der Verschmelzung beteiligten Rechtsträger vor. Für Spaltungsverträge gilt dies gemäß § 126 Abs. 3 UmwG und für den Umwandlungsbeschluss im Falle des Formwechsels gemäß § 194 Abs. 2 UmwG.

Durch die Zuleitung, die die Offenlegungsverpflichtung der Vertretungsorgane der beteiligten Rechtsträger nach §§ 5 Abs. 1 Nr. 9, 126 Abs. 1 Nr. 11, 194 Abs. 1 Nr.7 UmwG flankiert, soll sich der Betriebsrat ein verlässliches Bild über die zukünftige Betriebs- und Unternehmensstruktur verschaffen. Die Betriebsräte sollen durch die Einbindung in den Umwandlungsvorgang vor dem Zeitpunkt der Versammlung der Anteilseigner die Möglichkeit erhalten, Einwendungen geltend zu machen sowie auf etwaige Änderungen, zumindest hinsichtlich der Folgen für die Arbeitnehmer und ihre Vertretungen sowie der insoweit vorgesehenen Maßnahmen hinzuwirken. Die damit in Zusammenhang stehende Frage, welcher Betriebsrat im Einzelfall zuständig ist, wird gleichfalls einer Lösung zugeführt.

Die Zuleitungspflicht an den zuständigen Betriebsrat nach §§ 5 Abs. 3 126 Abs. 3, 194 Abs. 2 UmwG wird daher in einem weiteren Kapitel dieser Arbeit gesondert untersucht.

Im Rahmen des letzten Themenblocks wird die Frage der gerichtlichen Überprüfung der arbeitsrechtlichen Angaben im Umwandlungsvertrag näher beantwortet. Hier werden Reichweite und Inhalt der Prüfungskompetenz des Registerrichters, eventuelle Möglichkeiten gegen den Verschmelzungs-, Spaltungs-, bzw. Umwandlungsbeschluss gemäß § 14 Abs. 1, §§ 125, 14 Abs. 1, § 195 Abs. 1 UmwG im Wege der Anfechtungsklage vorzugehen, bestehende Sanktionsmöglichkeiten bei Verletzung der umwandlungsrechtlichen Aufklärungspflichten, die Aussichten des Betriebsrats einer geplanten Umwandlung mit einem Unterlassungsanspruch nach § 23 Abs. 3 BetrVG entgegenzuwirken, sowie Chancen der Einflussnahme des Betriebsrats auf das registerrechtliche Eintragungsverfahren dargestellt.

2. Allgemeines

Das Umwandlungsgesetz kann als eines der wichtigsten Gesetzeswerke auf dem Gebiet des Handelsrechts der letzten Jahre bezeichnet werden.[1] Das Gesetz bietet der Praxis, vor allem auch dem Mittelstand, vielfältige Möglichkeiten, rechtsgestaltend tätig zu werden. Der Gesetzgeber wollte damit auch die rechtlichen Rahmenbedingungen für die Tätigkeit deutscher Unternehmen verbessern.[2]

Nach ersten Einschätzungen ist das neue Umwandlungsrecht von der Praxis sehr gut angenommen worden. Auch wenn bei Einzelfragen gewisse Unsicherheiten auftreten, so kann dem doch meist durch sachgerechte Auslegung begegnet werden.[3]

Hauptziel dieses Gesetzes war es unter anderem auch, die bereits bestehenden Möglichkeiten zur Umstrukturierung und Reorganisation von Unternehmen zusammenzufassen und einer einheitlichen Regelung zuzuführen.[4]

Besonders hervorzuheben ist, dass neben den bislang schon bekannten Umwandlungstypen der Verschmelzung, der Vermögensübertragung und der formwechselnden Umwandlung („Formwechsel“), durch die allgemeine Einführung des Rechtsinstituts der Spaltung in das deutsche Recht, den Unternehmen eine völlig neue Variante zur Unternehmensumstrukturierung zur Verfügung gestellt wurde.[5] Die Einführung der generellen Möglichkeit der Spaltung, als allgemein anwendbares Umwandlungsinstrument, war insbesondere auch aus rechtsver-

---

1 Vgl. Hennrichs, ZIP 1995, S. 794.

2 So ausdrücklich die amtliche Begründung zum Regierungsentwurf, BT-Drucks. 12/6699, S. 71.

3 Vgl. Neye, ZIP 1997, S. 722 (724).

4 Vgl. BT-Drucks. 12/6699, S. 71

5 BT- Drucks. 12/6699, S. 71

gleichender Sicht erforderlich. Entsprechende Vorgaben wurden bereits durch das französische [6] und das englische Recht sowie das Europarecht gegeben.[7]

Durch die Aufnahme der Spaltung in das Umwandlungsrecht wird es den Unternehmen ermöglicht, ihr Vermögen in erleichterter Form real zu teilen, indem die Vermögensteile auf bereits bestehende oder neu gegründete Unternehmensträger übertragen werden.

Dieser Vorgang war vor der Vereinigung der beiden deutschen Staaten im deutschen Gesellschaftsrecht bislang nicht geregelt. Da die Spaltung aber seit langer Zeit als wirtschaftlich notwendiges Instrument zur Unternehmensumstrukturierung betrachtet wurde, war der deutsche Gesetzgeber einer permanenten Kritik ausgesetzt und wurde wiederholt zur Verabschiedung einer gesetzlichen Regelung aufgefordert.[8]

Ein erhebliches Bedürfnis für eine gesetzliche Regelung bestand schon deshalb, weil die praktische Durchführung der Spaltung von Unternehmen nur über komplizierte Umwege zu erreichen war.[9] Der Spaltungs- bzw. Ausgliederungsvorgang musste durch Einzelrechtsnachfolge vollzogen werden. Es bedurfte dazu einer Einzelübertragung der Vermögensgegenstände und Verbindlichkeiten nach den allgemeinen Vorschriften des BGB (§§ 398 ff., 414 ff., 873 ff., 925 ff., 929 ff. BGB).

Das deutsche Zivilrecht ließ die Gesamtrechtsnachfolge oder Sonderrechtsnachfolge nur zu, wenn das Gesetz sie ausdrücklich vorsah (§ 1922 BGB, § 346 Abs. 3 S. 1 AktG, § 25 Abs. 2 S. 1 KapErhG, §§ 5, 55 Abs. 1, S. 2 UmwG 1969).

Die notwendige Einzelübertragung der Vermögensgegenstände und Verbindlichkeiten nach den Vorschriften des Bürgerlichen Gesetzbuchs war dagegen

---

6 Vgl. zu Spaltungen in Frankreich ausführlich Jäger, S. 80 ff.

7 Vgl. die amtliche Begründung zum Regierungsentwurf, BT-Drucks. 12/6699, S. 75; Zöllner, ZGR 1993, 334 (342); Engelmeyer, S. 3; Mengel, S. 30; nach Ganske, WM 1993, S. 1117, ist die allgemeine Einführung des Rechtsinstituts der Spaltung in den drei Arten der Aufspaltung, Abspaltung und Ausgliederung, das „Filetstück" des Referentenentwurfs; vgl. ferner zu dieser Rechtsfigur bereits K. Schmidt, AcP 191 (1991), S. 495 ff.

8 Vgl. u.a. Herzig, DB 1986, S. 1401 ff.; Teichmann, AG 1980, S. 85 ff.; Hahn, GmbHR 1991, S. 242 ff.; K. Schmidt, in: Festschrift für Heinsius, S. 715 ff.; Dornberger/Dornberger, DB 1990, S. 3042 ff.; Neye, DB 1982, 365 (368 ff.); Schulze-Osterloh, ZHR 149 (1985), S. 614 (626 f.); Gäbelein, BB 1989, 1420 f.

9 Teichmann, AG 1980, S. 85 ff.; Gäbelein, BB 1989, 1420 f.

nicht nur umständlich sondern auch kosten- bzw. zeitaufwendig. Da bei der Übertragung von Verbindlichkeiten die Zustimmung des jeweiligen Gläubigers einzuholen war (vgl. §§ 414 ff. BGB), konnten Spaltungen trotz ihrer wirtschaftlichen Notwendigkeit sogar scheitern.

Dies gilt in verstärktem Maße für Unternehmen mit einer großen Zahl von Gläubigern, insbesondere also für Kreditinstitute und Versicherungsunternehmen. Hier konnte nur die Zulassung der Spaltung im Wege der Sonderrechtsnachfolge Abhilfe schaffen.[10]

Der Praxis sind einige Fälle bekannt, in denen Unternehmen in Folge zeit- und kostenaufwendiger Einzelrechtsnachfolge geteilt wurden. Die zwei bekanntesten Fälle der Abspaltung sind die der Varta AG[11] aus dem Jahre 1977 und der Löwenbräu AG[12] aus dem Jahre 1982. Holzmüller,[13] Thyssen[14] und Allianz[15] sind hingegen Beispiele für Ausgliederungen.

---

10 BT-Drucksache 12/6699, S. 74 f.; der erforderliche Gläubigerschutz wird hinreichend über die Vorschrift des § 133 Abs. 1 S. 1 UmwG gewährleistet. Danach haften alle an der Spaltung beteiligten Rechtsträger für die Verbindlichkeiten des übertragenden Rechtsträgers als Gesamtschuldner. Diese gesamtschuldnerische Haftung ist eine der Möglichkeiten, wie sie durch die Spaltungsrichtlinie in Art. 12 Abs. 3 zum Schutz der Gläubiger im Rahmen einer Spaltung gefordert wurde (vgl. sechste gesellschaftsrechtliche Richtlinie des Rates der Europäischen Gemeinschaften vom 17.12.1982 [82/891/EWG], ABl. EG Nr. L 378 vom 31.12.1982, S. 47 ff; abgedruckt bei Lutter, Europäisches Unternehmensrecht, 4. Auflage 1996, S. 199 ff., sowie Lutter, UmwG 2000, Band II, Anh. S. 2830 ff.).

11 Die Realteilung des Varta-Konzerns geschah in der Weise, dass zunächst die Varta AG ihre Anteile an zwei Tochtergesellschaften auf zwei Holding-Gesellschaften im Wege der Sacheinlage, also gegen Erwerb der Anteile an diesen Holding-Gesellschaften, übertrug. In einem zweiten Schritt wurden nach durchgeführter Kapitalherabsetzung die Aktien gegen neue Aktien der Varta-AG sowie Aktien der beiden Holding-Gesellschaften umgetauscht (Schriftliche Information der Gesellschaft zur Hauptversammlung vom 16.06.1977, vgl. auch Frankfurter Allgemeine Zeitung vom 22.06.1977).

12 Nach dem Vorbild der Varta-Teilung war auch hier das rechtliche Herzstück der Konstruktion einer Kapitalherabsetzung mit Ausschüttung des frei werdenden Kapitalbetrages nicht in Geld, sondern in Aktien erfolgt, vgl. hierzu auch Lutter, in: Festschrift für Fleck, S. 169 (170 f.).

13 Vgl. BGHZ 83, S. 122 ff.

14 Himmelreich, Unternehmensteilung, S. 63 f.; Lutter in Festschrift für Fleck, S. 169 (171 ff.).

Die Zulassung der Spaltung (Aufspaltung, Abspaltung, Ausgliederung) im Wege der partiellen Gesamtrechtsnachfolge[16] war daher schon lange überfällig.

Die Spaltung eröffnet deutschen Unternehmen erstmals die Möglichkeit, durch die Anpassung ihrer Größe optimal auf Veränderungen der wirtschaftlichen Verhältnisse reagieren zu können und durch die Schaffung kleinerer Einheiten wettbewerbsfähig zu bleiben.[17]

Andere EU-Mitgliedstaaten – insbesondere Frankreich und Großbritannien – hatten das Rechtsinstitut der Spaltung bereits in ihre Rechtsordnungen aufgenommen. Dies stellte bislang eine ungleiche Verzerrung des Wettbewerbs dar, da in diesen Staaten Umstrukturierungen von Unternehmen weniger zeit- und kostenaufwendig waren.[18] Die ständig wachsenden Anforderungen des Wettbewerbs an eine strategische Flexibilität, verlangen eine fortwährende Anpassung gewachsener Unternehmensstrukturen. Die Spaltung ist hierfür das notwendige Gestaltungsmittel.[19]

Der Rechtsausschuss des Deutschen Bundestages hatte schon im Jahre 1972 in seinem Bericht zu dem Vorschlag der Kommission der Europäischen Gemeinschaften für eine dritte gesellschaftsrechtliche Richtlinie betreffend die (innerstaatliche) Verschmelzung von Aktiengesellschaften[20] folgendes bemerkt: Der Vorgang der Spaltung füge sich zwar nicht in diese dritte Richtlinie ein, doch sei der deutsche Gesetzgeber gehalten, aufgrund der großen praktischen Bedeutung

---

15 Lutter in Festschrift für Fleck, S. 169 (S. 171 f.).

16 Zum Begriff, vgl. S. 33.

17 Vgl. Herzig, DB 1986, S. 1401; Gäbelein, BB 1989, S. 1420 f.; Mayer, GmbHR, 1992, S 129 f.; Teichmann, AG 1980, S. 85 f.

18 Vgl. die amtliche Begründung zum Regierungsentwurf, BT-Drucks. 12/6699, S. 75; Engelmeyer, S. 12; Hahn, GmbHR, 1991. S. 242 f.; Mayer, GmbHR, 1992, S. 129.

19 Ausweislich der amtlichen Begründung zum Regierungsentwurf, kann die Spaltung den unterschiedlichsten wirtschaftlichen Zielen dienen. Erwähnt werden beispielsweise die Schaffung kleinerer, am Markt selbständig auftretender Einheiten; Vorbereitung der Veräußerung von Unternehmensteilen; Isolierung von Haftungsrisiken; Betriebsaufspaltungen; Trennung von operativen und betriebsnotwendigen Vermögen; Auseinandersetzung von Familienstämmen; Erbauseinandersetzungen; Umgliederungen von Konzernen; Rückgängigmachung von fehlerhaften Verschmelzungen; Entflechtungsmaßnahmen vgl. BR-Drucksache 75/94, S. 74.

20 BT-Drucksache 6/3071 S. 1 ff.

dieses Vorgangs, die weitere Entwicklung zu beobachten, da ein Bedürfnis für eine gesetzliche Regelung in naher Zukunft durchaus auftreten könne.[21]

Erst mit dem am 01.01.1995 in Kraft getretenen Gesetz zur Bereinigung des Umwandlungsrechts, hat nun die Bundesrepublik Deutschland eine gesetzliche Regelung zur Aufspaltung von Aktiengesellschaften geschaffen und damit auch die sechste Spaltungsrichtlinie[22] in innerstaatliches Recht transformiert.[23] Nach der Richtlinie war der deutsche Gesetzgeber gehalten, für die Spaltung von Aktiengesellschaften die Vorgaben der sechsten Spaltungsrichtlinie zu beachten und die Regelungen im UmwG denen der Spaltungsrichtlinie anzupassen (vgl. Art. 1 der sechsten Spaltungsrichtlinie 82/891/EWG).

Durch die allgemeine Einführung des Rechtsinstituts der Spaltung soll erreicht werden, kleinere Unternehmenseinheiten zu schaffen und damit eine betriebswirtschaftlich erforderlich erscheinende Umstrukturierung, Dekonzentrationsmaßnahmen oder die Aufteilung von Unternehmen auf einzelne Gesellschaftergruppen oder Familienstämmen einzuleiten.[24]

---

21 BT-Drucksache 6/3071 S. 2.

22 Sechste gesellschaftsrechtliche Richtlinie des Rates der Europäischen Gemeinschaften vom 17.12.1982 (82/891/EWG), ABl. EG Nr. L 378 vom 31.12.1982, S. 47 ff; abgedruckt bei Lutter, Europäisches Unternehmensrecht, 4. Auflage 1996, S. 199 ff., sowie Lutter, UmwG 2000, Band II, Anh. S. 2830 ff. Die Spaltungsrichtlinie unterscheidet zwischen Spaltung im Wege der Übernahme durch mindestens zwei andere Gesellschaften und der Spaltung durch Gründung einer neuen Gesellschaft. Die Richtlinie fordert die Erstellung eines Spaltungsplanes, eines Spaltungsberichtes, regelt Informationsrechte der einzelnen Aktionäre und die erforderliche Mehrheit aller Hauptversammlungen für den Spaltungsbeschluss sowie eine Prüfung des Spaltungsplanes durch neutrale Sachverständige mit dem Zweck, den notwendigen Minderheiten- und Gläubigerschutz europaweit zu vereinheitlichen.

23 Art. 1 des Gesetzes zur Bereinigung des Umwandlungsrechts vom 28.10.1994 (UmwBerG); BGBl. I 1994, S. 3210 ff. (berichtigt BGBl. I 1995 S. 428).

24 Vgl. Neye, ZIP 1994, S. 165 (166).

II. Geschichtliche Entwicklung des deutschen Umwandlungsrechts

1. Historischer Rückblick

Die unterschiedlichen Möglichkeiten der rechtlichen Umgestaltung und Umstrukturierung durch Teilung oder Zusammenfassung oder durch eine Änderung der Rechtsform nahmen zum Teil eine lange und unsystematische rechtshistorische Entwicklung. Bereits seit dem Inkrafttreten des Allgemeinen Deutschen Handelsgesetzbuch (ADHGB) von 1861 war das deutsche Umwandlungsrecht nicht durch eine einheitliche Regelung gekennzeichnet.

Das ADHGB von 1861, das noch alle Handelsgesellschaftsformen vereinte, enthielt allerdings nur Vorschriften über die Verschmelzung von Aktiengesellschaften, regelte aber nicht die Umwandlung in eine andere Rechtsform.[25] Die Novelle des ADHGB von 1884 ließ erstmals die Umwandlung einer KG auf Aktien in eine AG zu.

Anlässlich der Einführung der Rechtsform der GmbH durch das GmbH-Gesetz von 1892 wurden die Umwandlungsmöglichkeiten weiter ausgebaut. Danach wurde die Umwandlung einer AG in eine GmbH durch Universalsukzession des Vermögens der AG auf die GmbH geschaffen.[26] Der GmbH-Gesetzgeber von 1892 wollte diese neu geschaffene Rechtsform auch den Gesellschaften zugänglich machen, die nur deshalb als Aktiengesellschaft bestanden, weil sie bis dahin keine andere Möglichkeit hatten.[27]

Das Aktiengesetz von 1937 eröffnete dann umfassend die formwechselnde Umwandlung von Kapitalgesellschaften in andere Kapitalgesellschaften – also auch für den Wechsel zwischen Aktiengesellschaft und GmbH –, wobei der Gesetzgeber hier von der Identität der juristischen Person in der jeweiligen Form der Kapitalgesellschaft ausging.

Das Gesetz über die Umwandlung von Kapitalgesellschaften vom 05. Juli 1934[28] bot weiterhin die Möglichkeit, eine Kapitalgesellschaft auch in eine Per-

---

25 Vgl. zur rechtshistorischen Entwicklung auch K. Schmidt, Gesellschaftsrecht, § 12 II.

26 Vgl. RGZ 64, 10 (12).

27 Vgl. Begr. GmbHG, 1891, S. 115 f.

28 RGBl. I S. 569 mit Durchführungsverordnung vom 14.12.1934 (RGBl. I S. 1262), v. 17.5.1935 (RGBl. I S.721), v. 2.12.1936 (RGBl. I S. 1003) und v. 24.6.1937 (RGBl. I S. 661).

sonengesellschaft umzuwandeln. Diese Regelung war in erster Linie geprägt von der nationalsozialistischen Gesellschaftsrechtsideologie gegen die Verbreitung von „anonymen Kapital“ und sollte die „Wahrheit der Unternehmensformen“ sowie den Grundsatz der unbeschränkten Haftung gewährleisten.[29]

Mit dem Gesetz über die Umwandlung von Kapitalgesellschaften und bergrechtlichen Gewerkschaften (Umwandlungsgesetz) von 1956[30] wurden die Umwandlungsmöglichkeiten des Umwandlungsgesetzes von 1934 nur geringfügig erweitert. Noch immer fehlte die umgekehrte Möglichkeit einer Umwandlung durch Übertragung von der Personengesellschaft oder vom Einzelkaufmann in eine Kapitalgesellschaft. Dieses Gesetz sah jedoch immerhin schon die übertragende Umwandlung von Kapitalgesellschaften und bergrechtlichen Gewerkschaften in eine Personengesellschaft oder auf einen Gesellschafter vor.

Um auch den umgekehrten Fall einer Umwandlung zu erfassen, wurde das Umwandlungsgesetz von 1969 erheblich überarbeitet.[31] Dieses Gesetz erlaubte erstmals die Umwandlung einer Personenhandelsgesellschaft durch Übertragung des Vermögens auf eine Aktiengesellschaft oder Kommanditgesellschaft auf Aktien (vgl. §§ 40 ff. UmwG 1969) sowie auf eine Gesellschaft mit beschränkter Haftung (§§ 46 ff. UmwG 1969). Die Umwandlung des Unternehmens eines Einzelkaufmanns durch Übertragung des Geschäftsvermögens auf eine Aktiengesellschaft oder Kommanditgesellschaft auf Aktien (vgl. §§ 50 ff. UmwG 1969) war ebenfalls Regelungsgegenstand. Die Umwandlung in eine GmbH sah das Gesetz hingegen nicht vor. Durch die GmbH-Novelle von 1980 wurde schließlich auch die Umwandlung des Unternehmens eines Einzelkaufmanns durch Übertragung des Geschäftsvermögens auf eine Gesellschaft mit be-

29 Vgl. amtliche Erläuterung, DJ 1934, S. 883; abgedruckt auch in: Crisolli/Groschuff, S. 34 ff. Danach bezwecke das Gesetz über die Umwandlung von Kapitalgesellschaften „in geeigneten Fällen die Abwehr von anonymen Gesellschaftsformen zu erleichtern und ihre Ersetzung durch Unternehmungen mit Eigenverantwortung des Inhabers zu fördern. Bei der Personalgesellschaft und dem Einzelunternehmen sind Leiter und Inhaber des Unternehmens meist personengleich. Diese Verbundenheit des Leiters des Unternehmens mit dem Geschick des Unternehmens bietet in besonderem Maße die Gewähr für eine gewissenhafte und verantwortungsbewusste Leitung aber auch für die Tatkraft und Unternehmungsgeist des Leiters und ist daher geeignet, das Vertrauen in das Unternehmen und seine Leitung zu stärken.

30 BGBl. 1956 I, S. 844.

31 BGBl. 1969 I, S. 2081.

schränkter Haftung zugelassen und so das Umwandlungsgesetz 1969 entsprechend durch die §§ 56 a bis 56 f erweitert.[32]

Zugleich wurden mit der GmbH-Novelle erstmals in enger Anlehnung an das aktienrechtliche Regelungsmodell Verschmelzungsvorschriften in das GmbH-Recht eingeführt. Die Verschmelzungsvorschriften wurden als §§ 19 bis 35 in das Gesetz über die Kapitalerhöhung aus Gesellschaftsmitteln und über die Verschmelzung von Gesellschaften mit beschränkter Haftung (KapErhG) aufgenommen.[33]

Mit dem Verschmelzungsrichtlinie-Gesetz vom 25.10.1982[34] wurde schließlich die dritte EG-Fusionsrichtlinie vom 09.10.1978[35] in innerstaatliches Recht umgesetzt.

Die Regelungen behandelten – entsprechend der Vorgaben in Art. 1 Abs. 1 der dritten EG-Fusionsrichtlinie vom 09.10.1978 – lediglich die Fusion von Aktiengesellschaften, betrafen also nicht die GmbH. Durch das Verschmelzungsrichtlinie-Gesetz wurden die §§ 340 a bis 340 d AktG neu eingefügt. Als Neuerung für das deutsche Recht führte die Umsetzung der Richtlinie zu einer deutlichen Verbesserung der Transparenz der Entscheidungsgrundlagen und zu einer erheblichen Verstärkung des Minderheitenschutzes. Zugleich führte dies jedoch zu einer weiteren Rechtszersplitterung im Vergleich zum GmbH-Verschmelzungsrecht.

Die Folge dieser schrittweisen Einführung von Umwandlungsmöglichkeiten im deutschen Gesellschaftsrecht, als Reaktion auf die Bedürfnisse der Praxis, führte zu der bereits beschriebenen Zersplitterung und Unübersichtlichkeit des Umwandlungsrechts.

---

32 BGBl. 1980 I, S. 836.

33 BGBl. 1980 I, S. 836.

34 Gesetz zur Durchführung der Dritten Richtlinie des Rates der Europäischen Gemeinschaften zur Koordinierung des Gesellschaftsrechts vom 25.10.1982, BGBl. 1982 I, S. 1425.

35 Dritte gesellschaftsrechtliche Richtlinie vom 09.10.1978 (78/855/EWG), abgedruckt in ABl. EG Nr. L 295 vom 20.10.1978, S. 36; abgedruckt bei Lutter, Europäisches Unternehmensrecht, 4. Aufl. 1996, S. 131 ff. sowie Lutter, UmwG 2000, Band II, Anh. S. 2815 ff.

Die Regelungen waren schließlich auf fünf Gesetze (Umwandlungsgesetz 1969, Aktiengesetz, Gesetz über die Kapitalerhöhung aus Gesellschaftsmitteln und über die Verschmelzung von Gesellschaften mit beschränkter Haftung, Genossenschaftsgesetz [§§ 93a ff.], Versicherungsaufsichtsgesetz [§ 44a]) verteilt.[36]

2. Europarechtliche Vorgaben

Gesellschaftsrechtliche Gesetze müssen immer vor dem Hintergrund des europäischen Integrationsprozesses betrachtet werden. Gestützt auf den Vertrag zur Gründung der Europäischen Wirtschaftsgemeinschaft, insbesondere auf Art. 54 Abs. 3 Buchstabe g EGV, hat die Europäische Gemeinschaft im Bereich des Gesellschaftsrechts verschiedene Harmonisierungsbemühungen unternommen. Ziel ist es, bei der Gestaltung eines gemeinsamen Binnenmarktes, einen geeigneten gesellschaftsrechtlichen Rahmen zu schaffen, der den Wirtschaftsunternehmen eine erleichterte grenzüberschreitende Zusammenarbeit eröffnet.[37]

Eine grenzüberschreitende Umwandlung auf EU-Ebene konnte bislang noch nicht verwirklicht werden. Derartige Umwandlungen von Aktiengesellschaften sind Regelungsgegenstand des Vorschlags einer zehnten internationalen Fusionsrichtlinie[38], die jedoch bislang aufgrund ungelöster arbeits- und mitbestimmungsrechtlicher Fragen nicht verwirklicht werden konnte.[39] Die Möglichkeit der grenzüberschreitenden Umwandlung soll auch im Rahmen einer EU-

---

36 Kritisch zu diesem unbefriedigenden Zustand, K. Schmidt, IDW 1993, S. 35 (37).

37 Limmer, S.6 f.

38 Vorschlag einer zehnten gesellschaftsrechtlichen Richtlinie über die internationale Fusion von Aktiengesellschaften vom 08.01.1985, ABl. EG Nr. C 23 vom 25.01.1985, S. 11 ff; abgedruckt bei Lutter, Europäisches Unternehmensrecht, 4. Auflage 1996, S. 261 ff.

39 Zur Überwindung der mitbestimmungsrechtlichen Schwierigkeiten hatte die Kommission in Art. 1 Abs. 3 des Vorschlags einer Richtlinie vom 08.01.1985 einen Kompromiss dahingehend vorgesehen, dass ein Mitgliedstaat die Richtlinie auf eine grenzüberschreitende Umwandlung dann nicht anwenden müsse, sofern ein Unternehmen nicht mehr die Voraussetzungen für die Vertretung der Arbeitnehmer in den Unternehmensorganen erfülle. Dieser Nichtanwendungsvorbehalt zielte insbesondere auf die Bundesrepublik Deutschland und die hier bestehenden Mitbestimmungssysteme ab. Gerade auf Seite der deutschen Gewerkschaften bestand die Befürchtung, dass internationale Verschmelzungen als Mittel zur Flucht aus der Mitbestimmung genutzt werden könnten (vgl. Lutter, Europäisches Unternehmensrecht, 4. Auflage 1996, S. 259).

Verordnung über das Statut einer Europäischen Aktiengesellschaft geschaffen werden.[40] Über den Entwurf, der der Kommission bereits 1989 vorgelegt wurde, konnte jedoch bislang ebenfalls aufgrund der in den einzelnen Mitgliedstaaten abweichend geregelten Arbeitnehmermitbestimmung keine endgültige Einigung erzielt werden.[41]

Das UmwBerG ist durch die folgenden gesellschaftsrechtlichen Richtlinien des Rates der Europäischen Gemeinschaften wesentlich beeinflusst worden:

⇒ Zweite gesellschaftsrechtliche Richtlinie (Kapitalrichtlinie).[42] Nach Art. 13 dieser Richtlinie müssen die Gründungsvorschriften der Aktiengesellschaft auch bei der Umwandlung einer Gesellschaft einer anderen Rechtsform in eine Aktiengesellschaft beachtet werden.

⇒ Dritte gesellschaftsrechtliche Richtlinie betreffend die innerstaatliche Verschmelzung von Aktiengesellschaften.[43]

⇒ Sechste gesellschaftsrechtliche Richtlinie über die innerstaatliche Spaltung von Aktiengesellschaften.[44] Diese beruht ihrerseits ebenfalls auf Art. 54 Abs. 3 g EGV und ist vom Rat der Justizminister der EG am 17.12.1982 verabschiedet worden. Die Spaltungsrichtlinie hatte die Koordinierung des Spaltungsrechts der Mitgliedstaaten zum Ziel. Vorausgegangen war der sechsten Spaltungsrichtlinie

---

40 ABl. EG Nr. C 263 vom 16.10.1989, S. 41 ff.

41 Entweder kennen die nationalen Rechtsordnungen überhaupt keine unternehmerische Mitbestimmung, oder aber die Unterschiede der in den Mitgliedstaaten bekannten Formen der Mitbestimmung sind so groß, dass eine Einigung auf ein für die Europäische Aktiengesellschaft verbindliches Modell bislang nicht erreicht werden konnte (vgl. Lutter, Europäisches Unternehmensrecht, 4. Auflage 1996, S. 721).

42 Zweite gesellschaftsrechtliche Richtlinie des Rates der Europäischen Gemeinschaften vom 13.12.1976 (77/91/EWG), ABl. EG Nr. L 26 vom 31.01.1977, S. 1 ff; abgedruckt bei Lutter, Europäisches Unternehmensrecht, 4. Auflage 1996, S. 114 ff.

43 Dritte gesellschaftsrechtliche Richtlinie des Rates der Europäischen Gemeinschaften vom 09.10.1978 (78/855/EWG), ABl. EG Nr. L 295 vom 20.10.1978, S. 36 ff; abgedruckt bei Lutter, Europäisches Unternehmensrecht, 4. Aufl. 1996, S. 131 ff., sowie Lutter, UmwG 2000, Band II, Anh. S. 2815 ff.

44 Sechste gesellschaftsrechtliche Richtlinie des Rates der Europäischen Gemeinschaften vom 17.12.1982 (82/891/EWG), ABl. EG Nr. L 378 vom 31.12.1982, S. 47 ff; abgedruckt bei Lutter, Europäisches Unternehmensrecht, 4. Auflage 1996, S. 199 ff., sowie Lutter, UmwG 2000, Band II, Anh. S. 2830 ff.

der Entwurf einer Richtlinie zur Spaltung von Aktiengesellschaften vom 22.12.1978.[45] Die Spaltung war ursprünglich in Art. 21 des Vorschlags einer dritten Verschmelzungsrichtlinie vom 16.06.1970[46] geregelt, wonach die für die Verschmelzung geltenden Richtlinienbestimmungen auch für die Spaltung Anwendung finden sollten.

In der sechsten Spaltungsrichtlinie war jedoch lediglich die Aufspaltung von Aktiengesellschaften geregelt. Die Spaltungsrichtlinie hatte jedoch keinen unbedingten Umsetzungsauftrag an den nationalen Gesetzgeber und ordnete eine landesgesetzliche Umsetzungsverpflichtung nur insoweit an, als die Rechtsordnungen der Mitgliedstaaten die Aufspaltung von Aktiengesellschaften bereits gesetzlich vorsahen oder künftig noch vorsehen würden (vgl. Art. 1, 26 Abs. 1 u. 2 der sechsten Spaltungsrichtlinie).

Da dies im deutschen Rechtssystem nicht der Fall war, bestand somit kein Umsetzungszwang.[47]

Nach der Spaltungsrichtlinie ist die Erstellung eines Spaltungsplanes, eines Spaltungsberichtes sowie eine Prüfung des Spaltungsplanes durch unabhängige Sachverständige erforderlich. Ganz im Vordergrund steht daher, den Schutz der Aktionäre der an der Aufspaltung beteiligten Aktiengesellschaften europaweit zu vereinheitlichen.

⇒ Fusionsbesteuerungsrichtlinie des Rates der Europäischen Gemeinschaften.[48] Diese Richtlinie sieht lediglich die Steuerneutralität einer grenzüberschreitenden Fusion, Spaltung, Einbringung von Unternehmensteilen sowie den Austausch von Anteilen vor, wenn daran Gesellschaften aus mindestens zwei Mitgliedstaaten beteiligt sind und dient damit der Beseitigung steuerlicher Hindernisse.

---

45 Entwurf einer Richtlinie zur Spaltung von Aktiengesellschaften vom 22.11.1978, DOK. R. 3298/78.

46 Vorschlag einer dritten Richtlinie des Rates zur Koordinierung der Schutzbestimmungen, die in den Mitgliedstaaten den Gesellschaften im Sinne des Art. 58 Abs. 2 des Vertrages im Interesse der Gesellschafter sowie Dritter bei Fusionen von Aktiengesellschaften vorgeschrieben sind, ABl. EG Nr. C 89 vom 14.07.1970, S. 20 ff. BT-Drucksache VI/1027 vom 11.07.1970, S. 2 ff.

47 Vgl. dazu Zöllner, ZGR 1993, S. 334 (342), der richtigerweise darauf hinweist, dass sich die Bundesrepublik vor dem Hintergrund der Entwicklung im europäischen Ausland einer Spaltungsregelung nicht länger entziehen darf, um nicht in einer so bedeutenden rechtsangleichenden Regelungsfrage ins Hintertreffen zu geraten.

48 Richtlinie des Rates der Europäischen Gemeinschaften vom 23.07.1990 (90/434/EWG), ABl. EG Nr. L 225 vom 20.08.1990, S. 1 ff; abgedruckt bei Lutter, Europäisches Unternehmensrecht, 4. Aufl. 1996, S. 810 ff.

Die Richtlinie enthält jedoch keine gesellschaftsrechtlichen Vorgaben für transnationale Einbringungen oder Umwandlungen.

⇒ Richtlinie des Rates zur Angleichung der Rechtsvorschriften der Mitgliedstaaten über die Wahrung von Ansprüchen der Arbeitnehmer beim Übergang von Unternehmen, Betrieben oder Betriebsteilen.[49] Diese Richtlinie unterscheidet nicht zwischen Einzel- und Gesamtrechtsnachfolge. Eine richtlinienkonforme Auslegung erfordert daher die uneingeschränkte Anwendung von § 613 a Abs. 1 und 4 BGB für Umwandlungen mit Vermögensübertragung.

⇒ Den Entwurf für eine neue Richtlinie zum Betriebs- und Unternehmensübergang (77/187/EWG), der im September 1994 vorgelegt wurde.[50] Nachdem das Europäische Parlament, der Wirtschafts- und Sozialausschuss und der Ausschuss der Regionen Stellung genommen haben, ist der Entwurf überarbeitet und durch die Kommission am 24.02.1997 erneut vorgelegt worden.[51] Begleitend dazu wurde am 04.03.1997 ein Memorandum zu den erworbenen Ansprüchen der Arbeitnehmer beim Übergang von Unternehmen herausgegeben, das vor dem Hintergrund der Rechtsprechung des EuGH einen Leitfaden im Bereich des Betriebs- und Unternehmensübergangs darstellen sollte.

Als auch der überarbeitete Richtlinienentwurf auf Ablehnung stieß, wurde auf Initiative Großbritanniens ein Vorschlag ausgearbeitet, der überraschenderweise die Zustimmung der EU-Mitgliedstaaten fand. In Anlehnung daran hat der Rat sodann am 29.06.1998 die Richtlinie 98/50/EG[52] zur Änderung der Richtlinie 77/187/EWG verabschiedet.

Diese neue Richtlinie enthält weitgehende Änderungen und Ergänzungen der Art. 1 bis 7 der bisherigen Richtlinie. Ein Teil der Neufassung hat nur klarstel-

---

49 Richtlinie des Rates der Europäischen Gemeinschaften vom 14.02.1977 über die Wahrung von Ansprüchen der Arbeitnehmer beim Übergang von Unternehmen, Betrieben oder Betriebsteilen (77/187/EWG), ABl. EG Nr. L 61 vom 05.03.1977, S. 26 ff; abgedruckt bei Lutter, Europäisches Unternehmensrecht, 4. Aufl. 1996, S. 657 ff.; ebenfalls abgedruckt bei Oetker/Preis, S. 91 ff.

50 ABl. EG Nr. C 274 vom 01.10.1994, S. 10 ff; dies war vor allem eine Folge der Christel-Schmidt-Entscheidung des EuGH vom 14.04.1994 (NZA 1994, 545 f.).

51 ABl. EG Nr. C 127 vom 21.04.1997, S. 124 ff; zusammenfassend Gaul, NZA 1997, 1022 (1024 ff.).

52 Richtlinie 98/50/EG des Rates vom 29.06.1998 zur Änderung der Richtlinie 77/187/EWG zur Angleichung der Rechtsvorschriften der Mitgliedstaaten über die Wahrung von Ansprüchen der Arbeitnehmer beim Übergang von Unternehmen, Betrieben oder Betriebsteilen, ABl. EG Nr. L 201 vom 17.07.1998, S. 88 ff.

lenden Charakter und trägt der aktuellen Rechtsprechung zur Richtlinie 77/187/EWG Rechnung.[53] Ein erheblicher Teil enthält allerdings Änderungen zu Haftungsfragen, Besonderheiten im Rahmen einer Insolvenz, Unterrichtungspflichten gegenüber Arbeitnehmern und Arbeitnehmervertretern. Nach der Neufassung des Art. 6 Abs. 1 der Richtlinie 98/50/EG sind die Vertreter, der jeweiligen von einem Übergang betroffenen Arbeitnehmer, nunmehr auch über den Zeitpunkt bzw. den geplanten Zeitpunkt des Übergangs zu informieren.[54]

Darüber hinaus wurden wichtige Änderungen in bezug auf den Fortbestand der Arbeitnehmervertretungen geschaffen.

53 Hier ist insbesondere an den Anwendungsbereich nach Art. 1 und die Begriffsbestimmungen in Art. 2 der Richtlinie 98/50/EG zu denken.

54 Nach Ansicht von Gaul (BB 1999, 582), war bislang in der Richtlinie (77/187/EWG) eine Regelung zur Information über den Übergangszeitpunkt nicht enthalten, aber bereits in den Informationspflichten aus §§ 106, 111 BetrVG, 5 Abs. 3, 126 Abs. 3 UmwG verankert. Hiermit setzt er sich allerdings in Widerspruch zu seinen eigenen früheren Ausführungen, in denen er richtigerweise darauf hinweist, dass nach der bisherigen Regelung die Unterrichtung der jeweiligen Arbeitnehmervertreter rechtzeitig, in jedem Fall aber vor dem Übergang erfolgen muss (NZA 1997, 1022 [1026]). So wie die bisherige Regelung 77/187/EWG eine rechtzeitige Unterrichtung forderte, ist dieser Maßstab für den Zeitpunkt der Unterrichtung ebenfalls in §§ 80 Abs. 2, 106 Abs. 2, 111 BetrVG enthalten. Im Rahmen von Art. 6 Abs. 1 der Richtlinie 98/50/EG ist daher der Zeitpunkt bzw. der geplante Zeitpunkt des Übergangs von dem Begriff der „rechtzeitigen Information" der Arbeitnehmervertreter zu unterscheiden. Der Informationsmechanismus im Rahmen von Art. 6 Abs. 1 der Richtlinie 98/50/EG ist nämlich zweistufig. Zunächst sind die Vertreter der betroffenen Arbeitnehmer unter anderem über den Zeitpunkt bzw. den geplanten Zeitpunkt des Übergangs zu unterrichten. Diese Angabe gehört zu den vier katalogartig aufgeführten Grundinformationen. Die insgesamt vier Grundinformationen sind dann den Arbeitnehmervertretern rechtzeitig zu übermitteln. Nach Hess, in: Hess/Schlochauer/Glaubitz, BetrVG, § 106 Rn. 23, bedeutet „rechtzeitig" im Sinne dieser Vorschrift, dass die Unterrichtung zu einem möglichst frühen Zeitpunkt nach Abschluss der Vorüberlegungen zu erfolgen hat, so dass eventuelle Empfehlungen bei einer möglicherweise später zu treffenden endgültigen Entscheidung noch in ausreichendem Maße Berücksichtigung finden können.

III. Die gesetzgeberische Entwicklung des Umwandlungsbereinigungsgesetzes

1. Die Vorbereitungen

Anlass für die weitreichendste Reform des bisherigen Umwandlungsrechts war die GmbH-Novelle von 1980, in der sich der Rechtsausschuss des Deutschen Bundestages für eine umfassende gesetzliche Regelung von Umwandlung und Verschmelzung von Gesellschaften, ungeachtet ihrer Rechtsform aussprach.[55] Die Beschlussempfehlung wurde im Deutschen Bundestag einstimmig angenommen.[56] Ursprünglich war vor diesem Hintergrund beabsichtigt, die notwendigen Angleichungen an die im Jahre 1978 erlassene dritte Richtlinie des Rates der Europäischen Gemeinschaften betreffend der Verschmelzung von Aktiengesellschaften[57] zum Anlass für die beabsichtigte Reform zu nehmen. Dieses Vorhaben scheiterte jedoch, weil die Frist des Art. 32 Abs. 1 der 3. EU-Richtlinie eine rechtzeitige Umsetzung nicht mehr zuließ.

Erst mit dem Verschmelzungsrichtlinie-Gesetz vom 25.10.1982[58] wurde vom Deutschen Bundestag schließlich die 3. EU-Richtlinie umgesetzt.

Die durch die Richtlinie vorgeschriebenen Maßnahmen der Koordinierung bezogen sich jedoch gem. Art. 1 Abs. 1 (3. EU-Richtlinie v. 09.10.1978) ausschließlich auf Gesellschaften in der Rechtsform der Aktiengesellschaft.

---

55 Beschlussempfehlung und Bericht des Rechtsausschusses zum Entwurf eines Gesetzes zur Änderung des Gesetzes betreffend die Gesellschaften mit beschränkter Haftung und anderer handelsrechtlicher Vorschriften, BT-Drucks. 8/3908, S. 67 und 77 zu Art. 1 Nr. 27.

56 Vgl. Deutscher Bundestag, Plenarprotokoll 8/216 vom 13.05.1980, S. 17363 ff., 17370.

57 Dritte gesellschaftsrechtliche Richtlinie vom 09.10.1978 (78/855/EWG), ABl. EG Nr. L 295 vom 20.10.1978, S. 36 ff; abgedruckt bei Lutter, Europäisches Unternehmensrecht, 4. Aufl. 1996, S. 131 ff., sowie Lutter, UmwG 2000, Band II, Anh. S. 2815 ff.

58 Gesetz zur Durchführung der Dritten Richtlinie des Rates der Europäischen Gemeinschaften zur Koordinierung des Gesellschaftsrechts vom 25.10.1982, BGBl. I 1982, S. 1425.

2. Der Diskussionsentwurf

Nachdem im Dezember 1982 die sechste EG-Spaltungsrichtlinie[59] verabschiedet worden war, begannen im zuständigen Bundesministerium der Justiz die Vorarbeiten für eine Reform des Umwandlungsrechts unter Einbeziehung möglichst vieler Rechtsformen. Als Ergebnis wurde im Jahre 1988 ein Diskussionsentwurf für ein „Gesetz zur Bereinigung des Umwandlungsrechts" vorgelegt.[60] Der Diskussionsentwurf fand bei den beteiligten Kreisen große Beachtung und war vor allem Gegenstand eingehender wissenschaftlicher Erörterungen auf einem Symposium der ZGR im Januar 1990.[61] Am 25.07.1990 wurden die beteiligten Kreise im Bundesministerium der Justiz zu dem Entwurf angehört.

In einer breiten Diskussion wurde dieser Entwurf und die daraus resultierenden Einzelfragen von Rechtswissenschaftlern und Praktikern im Rahmen des Symposiums vertiefend dargestellt und erörtert.[62]

In Wissenschaft und Praxis fand der Diskussionsentwurf große Beachtung und wurde überwiegend begrüßt.[63] Der Entwurf behandelte nicht nur die Umwandlung im engeren Sinne, sondern auch die Fusion, die Aufspaltung, Abspaltung, Ausgliederung, die Vermögensübertragung und den Formwechsel, also alles Möglichkeiten, die rechtliche Struktur eines bereits existierenden Unternehmens einer Änderung zuzuführen. Darüber hinaus war der Entwurf nicht lediglich auf die GmbH und die Aktiengesellschaft beschränkt, sondern berücksichtigte viele

---

59 Sechste gesellschafsrechtliche Richtlinie des Rates der Europäischen Gemeinschaften vom 17.12.1982 bezüglich der Spaltung von Aktiengesellschaften (82/891/EWG), abgedruckt in ABl. EG Nr. L 378 vom 31.12.1982, S. 47 ff; abgedruckt bei Lutter, Europäisches Unternehmensrecht, 4. Aufl. 1996, S. 199 ff., sowie Lutter, UmwG 2000, Band II, Anh. S. 2830 ff.

60 Vgl. Anlage Nr. 214a zum Bundesanzeiger Nr. 214 vom 15.11.1988; DB 1988 S. 1688.

61 Vgl. die Reform von Umwandlung und Fusion, 7. Symposium der Zeitschrift für Unternehmens- und Gesellschaftsrecht (ZGR), am 19/20.01.1990 in Glashütten-Oberems (Taunus). Referate und Koreferate sind abgedruckt in ZGR 1990, S. 391-611.

62 Vgl. vorherige Fußnote, mit Beiträgen von Lutter, Priester, Hommelhoff, Hoffmann/Becking, Wieser, Krieger, Hanau, Widmann, K. Schmidt; vgl. weiter Gäbelein, BB 1989, S. 1420 ff.; Ganske DB 1992, S. 125 f.; Hahn, GmbHR 1991, S. 242; Herzig/Ott, DB 1989, S. 2033 ff.; Hirte, AG 1990, S. 373 ff.; Kallmeyer, DB 1989, S. 2009 f.; Niederleithinger, DStR 1991, S. 879 ff.

63 Vgl. vorherige Fußnote.

bislang ganz oder teilweise von solchen Maßnahmen der Umstrukturierung ausgeschlossener Rechtsformen.

Lediglich Teilaspekte des Diskussionsentwurfs wurden kontrovers diskutiert.[64] Auch das Fehlen jeglicher flankierender Schutzvorschriften zugunsten der Arbeitnehmerschaft wurde beanstandet.[65]

Bemängelt wurde insbesondere die zögernde Vorgehensweise des deutschen Gesetzgebers bei der Umsetzung der einschlägigen EG-Richtlinien, die den Betriebsinhaberwechsel aufgrund von Einzel- und Gesamtrechtsnachfolge grundsätzlich gleich behandeln.[66]

Bereits die dritte Richtlinie des Rates vom 09.10.1978[67] über die Verschmelzung von Aktiengesellschaften sowie die sechste Richtlinie des Rates vom 17.12.1982[68] betreffend der Spaltung von Aktiengesellschaften verwiesen hinsichtlich der Wahrung von Ansprüchen der Arbeitnehmer auf die Richtlinie 77/187/EWG[69], welche die Angleichung der Rechtsvorschriften der Mitgliedstaaten über die Wahrung von Ansprüchen der Arbeitnehmer beim Übergang von Unternehmen, Betrieben oder Betriebsteilen regelt.

---

64 Kritisiert wurde beispielsweise die Nichteinbeziehung der GbR, da der Entwurf sie weder bei der Fusion, noch bei der Auf- und Abspaltung und auch nicht bei der Umwandlung aus ihr heraus in eine andere Rechtsform erwähnt [vgl. Lutter, ZGR 1990, 392 (399 f.)], sowie das Fehlen der Patenreederei, Vorgesellschaft und Erbengemeinschaft [vgl. K. Schmidt, ZGR 1990, 580 (591 f.)]. Bemängelt wurde ferner der Perfektionsdrang des Gesetzgebers, insbesondere die übermäßige Länge und die ungeschickte Kombination einer exorbitanten Detailfreude mit einer Fülle von Verweisungen und der daraus resultierenden schweren Lesbarkeit [K. Schmidt, ZGR 1990, 580 (581, 584).

65 Vgl. Hanau, ZGR 1990, S. 548 ff.

66 Vgl. Hanau, ZGR 1990, 548 (552); vgl. hierzu auch Willemsen, IDW 1993, S. 105 (108 ff).

67 Dritte gesellschaftsrechtliche Richtlinie vom 09.10.1978 (78/855/EWG), ABl. EG Nr. L 295 vom 20.10.1978, S. 36; abgedruckt bei Lutter, Europäisches Unternehmensrecht, 4. Aufl. 1996, S. 131 ff., sowie Lutter, UmwG 2000, Band II, Anh. S. 2815 ff.

68 Sechste gesellschafsrechtliche Richtlinie vom 17.12.1982 (82/891/EWG), ABl. EG Nr. L 378 vom 31.12.1982, S. 47; abgedruckt bei Lutter,, Europäisches Unternehmensrecht, 4. Aufl. 1996, S. 199 ff., sowie Lutter, UmwG 2000, Band II, Anh. S. 2830 ff.

69 Richtlinie vom 14.02.1977 über die Wahrung von Ansprüchen der Arbeitnehmer beim Übergang von Unternehmen, Betrieben oder Betriebsteilen (77/187/EWG), ABl. EG Nr. L 61 vom 05.03.1977, S. 26, abgedruckt bei Lutter, Europäisches Unternehmensrecht, 4. Aufl. 1996, S. 657 ff.

Nach Art. 1 Abs. 1 der Richtlinie (77/187/EWG) vom 14.02. 1977 ist diese auf den Übergang von Unternehmen, Betrieben oder Betriebsteilen auf einen anderen Inhaber durch vertragliche Übertragung oder durch Verschmelzung anwendbar.

Gerade deshalb sollte der Bundesgesetzgeber bestimmen, dass die gesamte Vorschrift des § 613 a BGB auf Umwandlungen – außer dem Formwechsel – entsprechend anwendbar ist. Beim Formwechsel kommt es lediglich zu einem Wechsel in der Rechtsform des Betriebsinhabers, so dass eine Anwendung des § 613 a BGB außer Betracht bleiben kann.

Bei Verschmelzung, Aufspaltung und entsprechenden Vermögensübertragungen könnte eine klarstellende Regelung dahingehend erfolgen, dass das Widerspruchsrecht des Arbeitnehmers gegen den Übergang des Arbeitsverhältnisses auf den Betriebsnachfolger und die Haftung des bisherigen Unternehmens wegen dessen Auflösung erlöschen.[70]

3. Die Herstellung der deutschen Einheit

Die Herstellung der deutschen Einheit verzögerte die Einleitung des eigentlichen Gesetzgebungsverfahrens. Der Beitritt der fünf neuen Bundesländer und die Überführung der spezifischen Unternehmensformen der ehemals sozialistischen Rechtsordnung in die Rechtsordnung der Bundesrepublik Deutschland, machte dann auch die Einführung einer Reihe von Spezialvorschriften erforderlich.

Die Umwandlungsverordnung der DDR vom 01.03.1990[71] sah noch eine rechtsgeschäftliche Umwandlung der volkseigenen Betriebe und Kombinate in die Gesellschaftsformen der Bundesrepublik Deutschland vor. Eine Reihe von Gesellschaften wurden so auf der Grundlage der Umwandlungsverordnung umgewandelt.

70 Hanau, ZGR 1990, S. 548 (551, 557); Willemsen, IDW 1993, S. 105 (113), zur Anwendung von § 613a BGB auf Fälle der Gesamtrechtsnachfolge; ausführlich zur Anwendbarkeit von § 613a BGB, Freytag, S. 6 ff. (20).

71 GBl. DDR I 1990, S. 107.

Schließlich wurde mit der Verabschiedung des Treuhandgesetzes eine gesetzliche Umwandlung in § 11 Abs. 2 Treuhandgesetz[72] zugelassen. Durch die gemäß §§ 11 ff. des Treuhandgesetztes verfügte Umwandlungsmöglichkeit früherer Kombinate und volkseigener Betriebe in Kapitalgesellschaften wurde der Übergang zur Marktwirtschaft weiter ausgebaut.

Im Bereich der landwirtschaftlichen Produktionsgenossenschaften ermöglichte das Landwirtschaftsanpassungsgesetz[73] das Modell der Umwandlung, aber insbesondere auch der Spaltung von landwirtschaftlichen Produktionsgenossenschaften.

Generell wurde für die Rechtsformen der DDR in § 1 des Gesetzes über die Spaltung der von der Treuhand verwalteten Unternehmen (SpTrUG) vom 5. April 1991[74] die Spaltung zur Neugründung in das deutsche Recht eingeführt.

Durch diese Bestimmungen wurden den deutschen Unternehmen erstmals Möglichkeiten eingeräumt, wie sie für Unternehmen in anderen Mitgliedstaaten der Europäischen Union bereits existierten.

Das SpTrUG regelte allerdings nur die Aufspaltung bzw. Abspaltung zur Neugründung, wobei gem. § 1 SpTrUG diese beiden Möglichkeiten der Spaltung allein den von der Treuhandanstalt verwalteten Unternehmen zur Verfügung standen. Das Erfordernis der Spaltung war allerdings so dringend, dass bereits vor Verabschiedung des SpTrUG gespalten wurde. Der Gesetzgeber nahm diese Tatsache zum Anlass und verankerte in § 12 Abs. 1 Satz 2 SpTrUG eine Heilung[75] „unwirksamer" Einzelübertragungen.[76]

---

72 Gesetz zur Privatisierung und Reorganisation des volkseigenen Vermögens (Treuhandgesetz) vom 17.06.1990, GBl. DDR I 1990, Nr. 33 S. 300; fortgeltend nach Art. 25 EV, BGBl. II 1990, S. 885, 887.

73 Gesetz über die strukturelle Anpassung der Landwirtschaft an die soziale und ökologische Marktwirtschaft in der Deutschen Demokratischen Republik – Landwirtschaftsanpassungsgesetz- vom 29.06.1990, GBl. DDR I 1990, Nr. 42 S. 642; fortgeltend nach Anlage II Kap VI Sachgeb. A Abschnitt II Nr. 1 EV, BGBl. II 1990, S. 885, 1204. Vorgesehen war der Formwechsel in eine eingetragene Genossenschaft. Die Neufassung des Landwirtschaftsanpassungsgesetzes vom 03.07.1991 (BGBl. 1991 I, S. 1418) ermöglichte ferner den Formwechsel ehemaliger landwirtschaftlicher Produktionsgenossenschaften in die BGB-Gesellschaft, OHG, KG, GmbH und Aktiengesellschaft, sowie die Fusion.

74 Gesetz über die Spaltung der von der Treuhandanstalt verwalteten Unternehmen (SpTrUG) vom 05.04.1991, BGBl. 1991 I, S. 854.

75 Vgl. hierzu Ganske, DB 1991, S. 791 (796 f.); ferner Grosser, Wirtschaftsrecht 1991, S. 338.

Das SpTrUG kann daher auch als „kleines Spaltungsgesetz“ bezeichnet werden.[77] Das am 01.01.1995 in Kraft getretene Umwandlungsgesetz wird hingegen bzgl. der drei Möglichkeiten der Spaltung (Aufspaltung, Abspaltung und Ausgliederung) als „großes Spaltungsgesetz“ bezeichnet.[78]

Diese einigungsbedingten Gesetze (Landwirtschaftsanpassungsgesetz und SpTrUG) bildeten die Rahmenbedingungen unzähliger Umwandlungen und Spaltungen in den neuen Bundesländern und führten dazu, dass in der Praxis der letzten Jahre Probleme der Umwandlung eine zunehmende Rolle gespielt haben. Die Erfahrungen aus dieser Zeit sind daher bei der Umsetzung des neuen Umwandlungsrechts von ganz entscheidender Bedeutung; insbesondere im Bereich der Spaltung stellten diese einigungsrechtlichen Vorschriften eine erste Bewährungsprobe des bisher unserer Rechtsordnung unbekannten Rechtsinstituts dar.[79]

4. Der Referentenentwurf

Am 15.04.1992 wurde schließlich vom Bundesministerium der Justiz der Referentenentwurf eines Gesetzes zur Bereinigung des Umwandlungsrechts vorgelegt,[80] der auf den Diskussionsentwurf folgte.

Gegenüber dem Diskussionsentwurf mit über 400 Vorschriften wurde der Referentenentwurf auf 333 Paragraphen gekürzt. So wurden beispielsweise die Regelungen der drei Spaltungsarten (Aufspaltung, Abspaltung, Ausgliederung) in einem Buch zusammengefasst und dadurch aufwendige Verweisungen vermieden.[81] Unterschiede fanden sich weiter in der Terminologie. Anstelle des Begriffs „Unternehmen“ im Diskussionsentwurf verwendet der Referentenentwurf

---

76 ...und ist der Übergang deshalb nicht wirksam geworden, weil für einen solchen Vermögensübergang eine rechtliche Grundlage fehlte, so sind hierauf beruhende Mängel des Rechtsübergangs des einzelnen Gegenstandes mit der Eintragung der neuen Kapitalgesellschaft im Handelsregister geheilt, vgl. § 12 Abs. 1 Satz 1 SpTrUG.

77 Lutter, UmwG 2000, Einl., Rn. 10; Ganske, DB 1991, S. 791.

78 Engelmeyer, S. 6.

79 Limmer, S. 6.

80 Beilage Nr. 112a zum Bundesanzeiger vom 20.06.1992.

81 Vgl. Bermel in: Goutier/Knopf/Tulloch, Einf. Rn. 26; Limmer S. 9; eingehend zu den gesellschaftsrechtlichen Unterschieden zwischen Diskussionsentwurf und Referentenentwurf, Ganske, WM 1993 S. 1117 ff.

den Begriff „Rechtsträger“.[82] Auch der Referentenentwurf war Gegenstand eingehender Diskussion und stieß bei den beteiligten Kreisen und im umwandlungsrechtlichen Schrifttum grundsätzlich auf positive Resonanz.[83] Zu diesem Zeitpunkt wurde aber bereits deutlich, dass vor allem eine angemessene und ausreichende Berücksichtigung der Interessen der Arbeitnehmer bei einer Umwandlung die Ursache politischer Auseinandersetzungen sein würde. Daher wurde der Referentenentwurf von einem Schreiben des Bundesarbeitsministeriums mit Ergänzungsvorschlägen zum Schutz von Arbeitnehmerinteressen begleitet.[84]

So möchte das Bundesarbeitsministerium unter anderem klargestellt wissen, dass auch im Fall einer Umwandlung nach dem UmwG die Regelung des § 613 a BGB zur Anwendung gelangt. Ferner soll eine Ausweitung des geltenden Kündigungsschutzes erreicht werden.[85]

---

82 Vgl. eingehend zum Begriff des Rechtsträgers, Seite 57.

83 Vorschläge zum Referentenentwurf eines Umwandlungsgesetzes –Arbeitskreis Umwandlungsrecht-, Bork, Hommelhoff, Lutter, K. Schmidt, Schulze-Osterloh, Teichmann, Zöllner, ZGR 1993, S. 321 ff.

84 BMA-Schreiben vom 09.04.1992 (unveröffentlicht); vgl. zu den Vorschlägen Kallmeyer, DB 1993 S. 367 (368): Nach den Vorstellungen des Bundesarbeitsministeriums soll bei der Betriebsaufspaltung auf Dauer eine gesamtschuldnerische Haftung bestehen. Als Argument wird angeführt, dass „eine Flucht aus der Haftung“ verhindert werden müsse. Auch solle eine Auszehrung zum Nachteil von eventuellen Sozialplänen erschwert werden. Ferner möchte das Bundesarbeitsministerium eine Ausweitung des Kündigungsschutzes sowie die Anwendung des § 613a BGB auf alle Umwandlungsfälle klargestellt wissen. Der Arbeitskreis Umwandlungsrecht (bestehend aus den Herren Bork, Hommelhoff, Lutter, K. Schmidt, Schulze-Osterloh, Teichmann und Zöllner) weist in ZGR 1993, S. 321 (332 f.) unter anderem auch darauf hin, dass sich die Pflicht zur Zuleitung von Spaltungs- und Übernahmeverträgen auf die Gesamtbetriebsräte betroffener Unternehmen beschränken solle. Ihnen soll es überlassen bleiben, inwieweit sie die betroffenen Einzelbetriebsräte in Kenntnis setzen. Die Zuleitung derartiger Vertragswerke an eine - unter Umständen - Vielzahl von Einzelbetriebsräten, die aus den unterschiedlichsten Gründen für „zuständig“ erachtet werden könnten, empfehle sich jedenfalls nicht.

85 Kallmeyer, DB 1993 S. 367 (368); vgl. ferner zur Frage der Änderung des geltenden Mitbestimmungsrechts auf Unternehmensebene, Bartodziej, ZIP 1994, S. 580 ff. Weitere Ergänzungsvorschläge, die das Bundesarbeitsministerium vor dem Hintergrund der Beibehaltung des sozialen Besitzstandes der von der Unternehmensumstrukturierung betroffenen Arbeitnehmer für notwendig erachtete, sind vom Bundesjustizministerium bereits vor der Vorlage des Referentenentwurfs abgelehnt worden, vgl. hierzu Düwell, ArbuR 1994, S. 357 f.

5. Der Regierungsentwurf

Die Bundesregierung hat in ihrer Kabinettsitzung vom 26.01.1994 den vom Bundesministerium der Justiz vorgelegten Entwurf eines Gesetzes zur Bereinigung des Umwandlungsrechts verabschiedet. Dieser entwickelte sich aus dem vorstehend bereits erwähnten Diskussionsentwurf aus dem Jahre 1988[86] und entsprach im Aufbau als auch in Einzelfragen weitgehend dem Referentenentwurf aus dem Jahre 1992.[87] Eine Reihe arbeitsrechtlicher Regelungen wurden im Regierungsentwurf hinzugefügt, die weitgehend den Vorschlägen des Bundesarbeitsministeriums entsprachen. So schafft § 134 RegE eine auf fünf Jahre befristete Haftungsgemeinschaft für bestimmte Arbeitnehmeransprüche bei Betriebsaufspaltungen.[88] Weiterhin enthält der Regierungsentwurf Regelungen hinsichtlich der gesetzlichen Vermutung über die Fortführung eines gemeinsamen Betriebs, sowie die Beibehaltung der kündigungsrechtlichen Stellung eines Arbeitnehmers, die er zur Zeit der Spaltung inne hatte, für die Zeit von zwei Jahren.[89]

Die Regelungen über die Amtsdauer von Aufsichtsratsmitgliedern sowie das Übergangsmandat des Betriebsrats, die bereits im Referentenentwurf vorgesehen waren, haben sachlich unverändert Eingang in den Regierungsentwurf gefunden.[90]

Eine erhebliche Erweiterung – die sogar noch über die Ergänzungsvorschläge des Bundesarbeitsministeriums hinaus geht – enthält die neu in den Regierungsentwurf eingeführte Regelung hinsichtlich der Unterrichtung der Arbeitnehmer über geplante Umwandlungsvorgänge. Der ausdrücklich vorgeschriebene Mindestinhalt für den Verschmelzungsvertrag in § 5 des Entwurfs ist erweitert worden. Nach der neuen Regelung in § 5 Abs. 1 Nr. 9 RegE der Vorschrift muß der

---

86 Anlage Nr. 214a zum Bundesanzeiger Nr. 214 vom 15.11.1988; vgl. DB 1988 S. 1688.

87 Beilage Nr. 112a zum Bundesanzeiger vom 20.6.1992.

88 Vgl. Lutter, in: Lutter, UmwG 2000, Einl. Rn. 14. Die wesentlichen gesellschaftsrechtlichen Änderungen betrafen zum einen § 16 Abs. 2 RegE, dessen Ziel die Eindämmung missbräuchlicher Anfechtungsklagen ist. Darüber hinaus wurde im Regierungsentwurf in § 16 Abs. 3 S. 2 die Möglichkeit der Überwindung der Registersperre erweitert, vgl. Neye, ZIP 1994 S. 165 (167).

89 Vgl. eingehend die wesentlichen Änderungen im Regierungsentwurf gegenüber dem Referentenentwurf Neye, ZIP 1994 S. 165 (167 ff.).

90 Vgl. Neye, ZIP 1994 S. 165 (168); Düwell, ArbuR 1994, S. 357 f., spricht von dem „Tropfen sozialen Öls“.

Verschmelzungsvertrag auch Angaben über die voraussichtlichen Folgen der Verschmelzung für die Arbeitnehmer und ihre Vertretungen sowie die insoweit vorgesehenen Maßnahmen enthalten. Zeitgleich mit der Unterrichtung der Anteilseigner ist gem. § 5 Abs. 3 RegE der Vertrag oder sein Entwurf den zuständigen Betriebsräten der beteiligten Rechtsträger zuzuleiten.[91] Die Einhaltung dieser Bestimmung wird dadurch sichergestellt, dass bei der Anmeldung der Umwandlung zur Eintragung in das Register ein Nachweis über die rechtzeitige Zuleitung an den Betriebsrat beizufügen ist.

Durch diese Vorschriften soll eine frühzeitige Unterrichtung insbesondere der Betriebsräte über geplante Umstrukturierungsvorgänge erreicht werden, damit eine ausreichende Berücksichtigung der Interessen der Arbeitnehmer erfolgen und so die Umwandlung möglichst sozialverträglich durchgeführt werden kann.[92]

Der RegE wurde am 04.02.1994 als Bestandteil des „Aktionsprogrammes für mehr Wachstum und Beschäftigung“ dem Bundesrat zugeleitet.[93] Zur Beschleunigung des Beratungsverfahrens in den gesetzgebenden Körperschaften wurde der Regierungsentwurf parallel auch von den Fraktionen der CDU/CSU und der FDP in den Deutschen Bundestag eingebracht.[94]

6. Der Fortgang und Abschluß des Gesetzgebungsverfahrens

Im weiteren Verlauf des Gesetzgebungsverfahrens zeigten sich bereits die kontroversen Auffassungen der Bonner Koalition und des mehrheitlich von der SPD besetzten Bundesrates im Bereich des Mitbestimmungsrechts. Der Bundesrat schlug in seiner Stellungnahme[95] zum Regierungsentwurf – neben einer Reihe

91 Entsprechendes sehen § 126 Abs. 1 Nr. 11 und Abs. 3 RegE für die Spaltung sowie § 194 Nr. 7 und Abs. 2 RegE für den Formwechsel vor.

92 Vgl. die Erläuterungen von Neye, ZIP 1994 S. 165 (168 f.).

93 Gesetzesentwurf der Bundesregierung eines Gesetzes zur Bereinigung des Umwandlungsrechts, BR-Drucks. 75/94 vom 04.02.1994; vgl. hierzu auch DB 1994 S. 268.

94 Gesetzesentwurf der Bundestagsfraktionen der CDU/CSU und der FDP, BT-Drucks. 12/6699 vom 01.02.1994.

95 Stellungnahme des Bundesrates, Anlage 2 der BT-Drucks. 12/7265 vom 14.04.1994; vgl. hierzu auch Neye, DB 1994, S. 2069. So sieht § 16 Abs. 3 UmwG ein vollständig neues gerichtliches Verfahren sui generis vor. Danach kann das zuständige Prozessge-

anderer kleiner Änderungen – überwiegend Regelungen zur Verfahrensbeschleunigung und zur Entlastung der Gerichte vor. Im übrigen forderte er die Aufnahme von Vorschriften, die den Fortbestand der Mitbestimmung in Umwandlungsfällen gewährleisten. Die Regelung der Mitbestimmung gestaltete sich als die zentrale Frage und sollte das weitere Gesetzgebungsverfahren bis zum Abschluß prägen.[96]

Nach einer vom Rechtsausschuß am 20.04.1994 veranstalteten Sachverständigenanhörung[97] hat der Rechtsausschuß des Deutschen Bundestages am 25.05.1994[98] nach zügiger Beratung den Entwurf eines Gesetzes zur Bereinigung des Umwandlungsrechts verabschiedet. Am 16.06.1994 wurde der Gesetzentwurf der Bundesregierung vom 12. Deutschen Bundestag in zweiter und dritter Lesung angenommen.[99] Vor dem Hintergrund der Mitbestimmungsproblematik verweigerte allerdings der Bundesrat in seiner Sitzung vom 08.07.1994 mit den Stimmen der SPD-regierten Bundesländer seine Zustimmung.[100] Daraufhin rief die Bundesregierung den Vermittlungsausschuß[101] an, so dass gerade noch rechtzeitig vor Ablauf der Legislaturperiode am 31.08.1994 im Vermittlungsausschuß nach umfangreichen und kontroversen Diskussionen eine Kompromisslösung erzielt werden konnte.[102] Die wesentliche Änderung war § 325

richt der Hauptsache zugunsten des Antragstellers nach § 16 Abs. 3 S. 2 UmwG entscheiden, wenn die Unwirksamkeitsklage unzulässig oder offensichtlich unbegründet ist oder wenn nach einer entsprechenden Abwägung die überwiegende Schutzbedürftigkeit des Antragstellers dies gebietet. Durch diese Regelung wird rechtsmissbräuchlichen (räuberischen) Anfechtungsklagen entgegengewirkt.

96 Vgl. Bartodziej, ZIP 1994, S. 580; Neye, DB 1994, S. 2069.

97 Vgl. Ganske, Umwandlungsrecht, S. 31. An der Anhörung haben teilgenommen die Professoren Lutter und Karsten Schmidt, Rechtsanwalt Hoffmann-Becking für den DAV, sowie Vertreter des BDI, BDA, DGB und der IG-Metall. Die in der Anhörung von Seiten der Gewerkschaftsvertreter geäußerte Kritik richtete sich ebenfalls nicht gegen die gesellschaftsrechtlichen Neuregelungen, sondern verdeutlichte die mögliche Gefahr einer Verkürzung von Mitbestimmungsrechten der Arbeitnehmer in Umwandlungsfällen (vgl. Neye, ZIP 1994, S. 917).

98 Beschlussempfehlung des Rechtsausschusses des Deutschen Bundestages, BT-Drucks. 12/7850 vom 13.06.1994.

99 Vgl. BR-Drucks. 599/94.

100 Unterrichtung durch den Bundesrat, BT-Drucks. 12/8275 vom 13.07.1994.

101 Unterrichtung durch die Bundesregierung, BR-Drucks. 730/94 vom 20.07.1994 und BT-Drucks. 12/8318 vom 21.07.1994.

102 Empfehlung des Vermittlungsausschusses, BT.Drucks. 12/8415 vom 02.09.1994., vgl. hierzu auch Lüttge, NJW 1995, S. 417 (424).

Abs. 1 UmwG. Die Regelung ordnet an, dass in Unternehmen die Mitbestimmung auch nach Abspaltung oder Ausgliederung weiter Anwendung findet, soweit die Zahl der Arbeitnehmer nicht auf weniger als in der Regel ein Viertel der Mindestmitgliederzahl absinkt, die nach den Mitbestimmungsgesetzten (vgl. BetrVG 1952, MitbestG 1976, MontanMitBestG, MitbestErgG) vorgeschrieben ist.

Der Vorschlag des Vermittlungsausschusses wurde vom Deutschen Bundestag[103] am 06.09.1994 angenommen, und am 23.09.1994 erfolgte die Zustimmung des Bundesrates.[104]

Am 28.10.1994 wurde das „Gesetz zur Bereinigung des Umwandlungsrechts (UmwBerG)" ausgefertigt und im Bundesgesetzblatt verkündet. Am 1.1.1995 trat das Gesetz dann in Kraft (Art. 20 UmwBerG).[105]

Es enthält in Art. 1 das neue „Umwandlungsgesetz (UmwG)", das seinerseits aus den §§ 1 bis 325 besteht und in den Art. 2 bis 19 die Änderungen zahlreicher Einzelgesetze (u.a. das BGB, das HGB, das GmbHG, das AktG etc.) regelt. Nach Art. 5 wurde das Kapitalerhöhungsgesetz aufgehoben.

IV. Ziele des neuen Umwandlungsrechts

Mit der Umwandlungsrechtsreform verfolgt der Gesetzgeber im wesentlichen drei Ziele.[106]

- Rechtsbereinigung
- Verbesserung der rechtlichen Rahmenbedingungen
- Gesellschafter- und Gläubigerschutz

---

103 Beschluss des Deutschen Bundestages, BR-Drucks. 843/94 vom 09.09.1994.

104 Beschluss des Bundesrates, BR-Drucks. 843/94 vom 23.09.1994.

105 Gesetz zur Bereinigung des Umwandlungsrechts (UmwBerG) vom 28.10.1994, BGBl. I 1994 S. 3210 (berichtigt BGBl. I 1995 S. 428).

106 Vgl. BT-Drucks. 12/6699, S. 71; Dehmer, Einf. UmwG Rn. 11; Bermel, in Goutier/Knopf/Tulloch, Einführung Rn. 32; Sagasser, in: Sagasser/Bula/Brünger, C 1 ff; Arens/Spieker S. 20.

1. Rechtsbereinigung

Ausweislich der Gesetzesbegründung ist eines der Hauptziele der Reform des Umwandlungsrechts, die bereits bestehenden Möglichkeiten zur Veränderung (Umstrukturierung, Reorganisation) von Unternehmen zusammenzufassen und zu systematisieren. Das Gesetz dient insofern der Rechtsbereinigung.[107]

2. Verbesserung der rechtlichen Rahmenbedingungen

Als zweites Ziel war es neben der notwendigen Bereinigung erforderlich, die Lücken im bislang geltenden Recht zu schließen, um das Umwandlungsrecht insgesamt übersichtlicher und geschlossener darzustellen. Sämtlichen Rechtsträgern deutscher Unternehmen sollten die notwendigen Mittel des Gesellschaftsrechts zur Verfügung gestellt werden, um damit Umstrukturierungsmöglichkeiten zu ermöglichen, die zur Aufrechterhaltung oder Verbesserung der Rahmenbedingungen erforderlich sind. Vor allem sollte eine Flexibilisierung des Umwandlungsrechts durch eine erhebliche Erhöhung der Anzahl möglicher Umwandlungsvorgänge erreicht werden, so dass sich die Unternehmen besser den veränderten Umständen des Wirtschaftslebens anpassen können.[108] Der Gesetzesentwurf beschränkte sich daher nicht nur auf die Zusammenfassung der bereits bestehenden 44 Möglichkeiten der Umwandlung, wie Verschmelzung, übertragende Umwandlung, errichtende Umwandlung und formwechselnde Umwandlung. Er sah vielmehr noch 75 weitere Möglichkeiten (bei der Verschmelzung 19, bei der Spaltung 34, bei der Vermögensübertragung 12 und beim Formwechsel 10) für Unternehmen vor, ihre Strukturen rechtlich den wirtschaftlichen Gegebenheiten und deren Änderungen anzugleichen. Die Gesamtzahl der gesetzlich geregelten Umwandlungsmöglichkeiten wurde somit auf 119 erhöht, so dass die rechtlichen Rahmenbedingungen für die Tätigkeit deutscher Unternehmen[109] – und damit die Möglichkeiten die ursprünglich gewählte

107 BT-Drucks. 12/6699, S. 71.

108 BT-Drucks. 12/6699, S. 71.

109 Arens/Spieker sprechen insofern von einem attraktiveren „Wirtschaftsstandort Deutschland." Das Gesetz beschränkt gem. § 1 Abs. 1 UmwG seine Anwendbarkeit auf Rechtsträger mit Sitz im Inland, also auf Gesellschaften, die dem deutschen Recht unterliegen.

Rechtsform zu ändern – erheblich verbessert wurden.[110] In den Kreis der umwandlungsfähigen Rechtsträger sind nahezu sämtliche dem deutschen Recht bekannten Unternehmensformen aufgenommen worden (vgl. §§ 3 Abs. 1 und 2, 124 Abs. 1, 175, 191 Abs. 1 und 2 UmwG).[111]

3. Gesellschafter- und Gläubigerschutz

Im Rahmen des neuen Umwandlungsrechts soll schließlich als drittes Ziel der Schutz von Anlegern, insbesondere von Minderheitsbeteiligungen und von Gläubigern, in ausreichendem Maße berücksichtigt werden. Die Beteiligungen an den Rechtsträgern deutscher Unternehmen soll für die Öffentlichkeit transparenter, sicherer und damit interessanter gemacht werden.[112]

Vor dem Hintergrund der bekannten „Eigenkapitalschwäche" deutscher Unternehmen, sollen diese für potentielle Investoren wirtschaftlich attraktiver gemacht werden.[113]

---

110 BT-Drucks. 12/6699, S.75; Küller, IDW 1993, S. 133 (134); Lüttge, NJW 1995 S. 417 (418); vgl. auch die Schaubilder zu den verschiedenen Umwandlungsformen bei Lutter, in: Lutter, UmwG 2000, Einl. Rn. 37.

111 Dadurch ist – seit dem Inkrafttreten des UmwG 1995 – das bisherige Hindernis, dass die beteiligten Unternehmen ihrer unterschiedlichen Rechtsform wegen nicht unmittelbar miteinander verschmolzen werden konnten, weggefallen, vgl. Baums, in: Festschrift für Zöllner, S. 65 (66).

112 BT-Drucks. 12/6699, S. 71.

113 Arens /Spieker S. 21; vgl. auch die Gläubigerschutzvorschriften des § 22 (zur Verschmelzung), § 133 (zur Spaltung) und § 204 (zum Formwechsel). Der Schutz der Arbeitnehmer wird schließlich einerseits durch den Übergang der Arbeitsverhältnisse nach § 324 UmwG in Verbindung mit § 613a Abs. 1 und Abs. 4 BGB, andererseits durch das Verschlechterungsverbot von § 323 UmwG und das Übergangsmandat des Betriebsrats in § 321 UmwG sowie die Mitbestimmungsbeibehaltung von § 325 UmwG ermöglicht.

B. Umwandlungsrecht

I. Neues Umwandlungsrecht und Alternativmodelle

Bereits vor dem Inkrafttreten des neuen Umwandlungsgesetzes (1995) gab es gesellschaftsrechtliche und zivilrechtliche Gestaltungsmöglichkeiten, die wirtschaftlich auf eine Unternehmensumwandlung hinausliefen.[114]

Erwähnt seien hier die bisher schon bestehenden Möglichkeiten der Unternehmensumstrukturierung, wie beispielsweise die Anwachsung nach § 105 Abs. 2 HGB in Verbindung mit § 738 BGB oder andere Arten der Umwandlung öffentlich-rechtlicher Anstalten aufgrund von Landesrecht.

Die von dem neuen UmwG eröffneten Möglichkeiten der Umstrukturierung von Unternehmen treten neben die nach allgemeinem Zivil- und Handelsrecht bereits bestehenden Möglichkeiten, die Vereinigung, Realteilung oder Umgründung von Rechtsträgern zu erreichen.[115]

In § 1 Abs. 1 UmwG sind die verschiedenen Arten der Umwandlung, die nach diesem Gesetz möglich sind, in einem numerus clausus[116] aufgeführt. Weiterhin erfolgt eine Beschränkung der Umwandlungsmöglichkeiten auf Rechtsträger mit Sitz im Inland, so dass Rechtsträger mit Sitz im Ausland nicht dem gegenständlichen Anwendungsbereich dieses Gesetzes unterliegen.

Entsprechend dem im Gesellschaftsrecht geltenden Typenzwang[117] ist die Aufzählung der Umwandlungsformen abschließend, so dass andere Arten der Umwandlung nur dann zulässig sind, wenn sie in anderen Bundes- oder Landesgesetzen ausdrücklich zugelassen oder angeordnet sind (vgl. § 1 Abs. 2 UmwG).

---

114 Vgl. hierzu nur Arens/Spieker, S. 22.

115 Vgl. BT-Drucks. 12/6699 S. 80 = Begründung zum Regierungsentwurf zu § 1, abgedruckt bei Ganske, Umwandlungsrecht, S. 43.

116 Zur Begrifflichkeit vgl. Lutter, in: Lutter, UmwG 2000, § 1 Rn. 18; numerus clausus der Umwandlungsberechtigten bzw. numerus clausus der Umwandlungsarten, Bermel, in: Goutier/Knopf/Tulloch, UmwG 1995, § 1 Rn. 49 f.; Kallmeyer, in: Kallmeyer, UmwG 1997, § 1 Rn. 21; Arens/Spieker S. 22; Limmer, S. 23; Engelmeyer, S. 3; K. Schmidt, in: Festschrift für Zöllner, S. 521 (523); ders., ZIP 1998, S. 181 ff.; ders., Gesellschaftsrecht, S. 350, 370, 373.

117 Vgl. Dehmer, UmwG 1996, § 1 Rn. 27; Typenzwang des Gesellschaftsrechts, vgl. Mengel, S. 22.

Die zwingenden Vorschriften des UmwG sind allerdings nur dann zu beachten, wenn sich die beteiligten Rechtsträger dem Anwendungsbereich dieses Gesetzes unterwerfen und damit der Vorteile bedienen wollen, die das Gesetz und die mit ihm diesbezüglich verbundenen steuerrechtlichen Vorschriften mit sich bringen.[118] Der überwiegende Teil der Regelungen des Umwandlungssteuergesetzes bezieht sich nämlich gem. § 1 Abs. 1 UmwStG grundsätzlich nur auf Umwandlungsarten im Sinne des § 1 UmwG, so dass die Vorteile des UmwStG streng an die Umwandlungsmöglichkeiten nach dem UmwG gebunden sind. Dies gilt insbesondere für steuerliche Privilegien, wie die steuerneutrale Umwandlung.[119]

Das Einhergehen von Umwandlungen nach dem neuen Umwandlungsrecht und den bereits bislang bekannten Alternativmodellen außerhalb des Umwandlungsgesetztes ist nach der Begründung zum Regierungsentwurf insbesondere für die neuen Umwandlungsarten der Spaltung und hier vor allem für die Ausgliederung von Bedeutung.

Die bisher schon möglichen Modelle, eine Ausgliederung von Unternehmensteilen im Wege der Einzelübertragung von Wirtschaftsgütern und der Überleitung einzelner Verbindlichkeiten herbeizuführen, bleiben nach der ausdrücklichen Begründung zum Regierungsentwurf erhalten.[120]

---

118 Vgl. BT-Drucks. 12/6699 S. 80 = Begründung zum Regierungsentwurf zu § 1, abgedruckt bei Ganske, Umwandlungsrecht, S. 44.

119 Vgl. hierzu Arens/Spieker S. 22. Eine Ausnahme gilt allerdings bei der Einbringung im Wege der Einzelrechtsnachfolge, die eine steuerneutrale Übertragung der Gegenstände des Aktiv- und Passivvermögens gem. §§ 20 Abs. 8, 22 Abs. 3, 24 Abs. 4 UmwStG zulässt. Die steuerneutrale Einbringung im Wege der Einzelrechtsnachfolge ist allerdings erst gegen Ende der Beratungen in den Steuerteil des neuen Umwandlungsrechts aufgenommen worden; vgl. Feddersen/Kiem, ZIP 1994, S. 1078 (1086), die noch die Ausgrenzung der Einzelrechtsnachfolge kritisierten; ferner hierzu auch Kallmeyer, ZIP 1994, S. 1746 (1749); Haritz, in Haritz/Benkert, UmwStG, § 1 Rn. 3.

120 Vgl. BT-Drucks. 12/6699 S. 80 = Begründung zum Regierungsentwurf zu § 1, abgedruckt bei Ganske, Umwandlungsrecht, S. 44; ders., IDW 1993, S. 15 (17); nach Zöllner (ZGR 1993, S. 334 [337]) sind alle wirtschaftlich gleichkommenden Umstrukturierungsmaßnahmen, sofern sich diese nicht der durch das UmwG vorgesehenen Gesamtrechtsnachfolge bedienen, sondern den Rechtsträgerwechsel im Wege der Einzelübertragung bewirken, nicht vom Gesetz erfasst und damit auch nicht verboten.

1. Einzel- und Gesamtrechtsnachfolge

Der wesentliche Unterschied der Umwandlungsarten nach dem UmwG zu Alternativmodellen außerhalb des UmwG liegt darin, dass sich die Umwandlungen nach dem UmwG im Wege der Gesamtrechtsnachfolge bzw. der sog. partiellen Gesamtrechtsnachfolge[121] vollziehen, wohingegen Alternativmodelle in aller Regel auf die Übertragung des Vermögens im Wege der Einzelrechtsnachfolge angewiesen sind.[122]

a. Gesamtrechtsnachfolge (Universalsukzession)

Die Gesamtrechtsnachfolge zeichnet sich dadurch aus, dass ein aus vielen Gegenständen im Rechtssinne (Sachen und Rechte) einschließlich sämtlicher Verbindlichkeiten bestehendes Vermögen uno actu (in einem Rechtsakt), also ohne Einzelrechtsübertragung, auf den Rechtsnachfolger übergeht. Das aus vielen einzelnen Wirtschaftsgütern (Aktiven und Passiven) bestehende Gesamtvermögen wechselt kraft Gesetzes ohne besonderen Übertragungsakt seinen Eigentümer bzw. Inhaber. Die bekanntesten Fälle der Gesamtrechtsnachfolge sind die Erbschaft, die eheliche Gütergemeinschaft sowie die Anwachsung im Recht der Personengesellschaften. Infolge der Gesamtrechtsnachfolge entfällt die Notwendigkeit zu Einzelübertragungen. Der wesentliche Vorteil der Gesamtrechtsnachfolge liegt vor allem darin, dass Verbindlichkeiten ohne Zustimmung der Gläu-

121 In der allgemeinen Begründung des Entwurfs wird von einer Gesamtrechtsnachfolge bzw. einer entsprechenden Sonderrechtsnachfolge gesprochen, vgl. BT-Drucks. 12/6699, S. 72; vgl. auch die weiteren Beispiele der unterschiedlichen Begrifflichkeit: Teilweise Gesamt-rechtsnachfolge bzw. partielle Universalsukzession (Ganske, WM 1993, 1117 [1118]; K. Schmidt, AcP 191 [1991], S. 495 [510 ff]; Zöllner, ZGR 1993, S. 334 [337]); partielle Gesamtrechtsnachfolge (Boecken, ZIP 1994, 1087 [1088]; K. Schmidt, AcP 191 [1991], S. 495 [512]; Teichmann, ZGR 1993, S. 396 [401]; Willemsen, NZA 1996, S. 791[794]; Koppensteiner, in: Festschrift für Zöllner, S. 295 [297]); Teil-Gesamtrechtsnachfolge (Hahn, GmbHR 1991, S. 242 [245]); Sonderrechtsnachfolge (Herzig/Ott, DB 1989, S. 2033; Kallmeyer, ZIP 1994, 1746 [1748]; Feddersen/Kiem, ZIP 1994, S. 1078 [1084]; Neye, DB 1994, S. 2069 [2070]); Gesamt- bzw. Sondernachfolge (Duden/Schilling, AG 1974, S. 202 [203]).

122 Ausführungen zur Einzelrechtsnachfolge finden sich bei Feddersen/Kiem, ZIP 1994, S. 1078 ff.; Herzig/Förster, DB 1994, S. 1 (2 f.); Aha, AG 1997 S. 345 ff.; Heidenhain, in Münchener Vertragshandbuch, Band 1, S. 1284 f.; Arens/Spieker S. 62 ff.; Buchner, GmbHR 1997 S. 377 (378 f.); Veil, ZIP 1998, S. 361 ff.

biger auf einen anderen Rechtsträger übertragen werden können, die §§ 414, 415 BGB also damit nicht gelten.[123] Darüber hinaus gestaltet sich der Vollzug des Rechtsübergangs auf den Rechtsnachfolger wesentlich einfacher, da eine Konkretisierung der einzelnen Übertragungsgegenstände nicht erforderlich ist und die jeweiligen materiellen Rechtsvorschriften, insbesondere Formvorschriften, nicht zu beachten sind.[124]

b. Einzelrechtsnachfolge (Singularsukzession)

Bei der Einzelrechtsnachfolge gehen die Aktiva und Passiva nicht als ganzes in einem Rechtsakt auf den oder die Rechtsnachfolger über, sondern die Wirtschaftsgüter müssen nach den Regeln des Bürgerlichen Rechts – unter Beachtung der jeweiligen Formvorschriften – einzeln übertragen werden. Bei Verbindlichkeiten ist neben der Einigung mit dem Rechtsnachfolger auch eine Einigung mit dem Gläubiger nach §§ 414, 415 BGB erforderlich. Da nämlich eine Gesamtrechtsnachfolge gerade nicht stattfindet, können die Schuldverhältnisse des übertragenden Rechtsträgers nur dann auf übernehmenden Rechtsträger übergeleitet werden, wenn der Gläubiger den Übergang genehmigt (§ 415 Abs. 1 BGB).

c. Unterschiede zwischen der Einzel- und Gesamtrechtsnachfolge

Bei einer Grundstücksübertragung bedarf es im Falle der Gesamtrechtsnachfolge keiner Einigung über den Eigentumsübergang (Auflassung) und Eintragung im

123 Das fehlende Zustimmungsrecht wird durch das Gläubigerschutzsystem gem. § 22 UmwG kompensiert. Etwas unklar insofern, Schindhelm/Stein, DB 1999, S. 1375, die ausführen, dass die Einzelrechtsübertragung regelmäßig der Zustimmung Dritter bedarf, weil keine partielle Gesamtrechtsnachfolge erfolge. Als Zustimmung kann aber hier nur die Genehmigung des Gläubigers nach § 415 Abs. 1 BGB zu begreifen sein.

124 Vgl. Dehmer, § 20 UmwG, Rn. 18 ff.; Teichmann, in: Lutter, UmwG 2000, § 123 Rn. 8 f.; Bermel, in Goutier/Knopf/Tulloch § 20 Rn. 8 ff.; Sagasser/Sickinger, in: Sagasser/Bula/Brünger, N 24; Aha, AG 1997 S. 345 (351); Haritz, in Haritz/Benkert, UmwStG, § 1 Rn. 12.

Grundbuch (§§ 925, 873 BGB). Erforderlich ist lediglich im nachhinein eine Grundbuchberichtigung nach § 894 BGB.[125]

Bewegliche Sachen müssen bei der Einzelrechtsnachfolge durch (dingliche) Einigung und Übergabe oder sog. Übergabesurrogat gem. §§ 929 ff. BGB übertragen werden, wobei der sachenrechtliche Bestimmtheitsgrundsatz zu beachten ist.[126]

Bei der Gesamtrechtsnachfolge ist für die Übertragung beweglicher Sachen eine Einigung und Übergabe nicht erforderlich; das Eigentum geht vielmehr kraft Gesetzes auf den übernehmenden Rechtsträger über.

Rechte, insbesondere Forderungen, bedürfen bei der Einzelrechtsnachfolge der Abtretung gem. §§ 398 ff. BGB. Sollte ein Abtretungsverbot gem. § 399 BGB vereinbart sein, ist eine Übertragung sogar ganz ausgeschlossen.

Für die Ausgliederung nach dem Umwandlungsgesetz ist stets ein zustimmender Beschluss der Anteilseigner erforderlich, der bei einer AG und einer GmbH mit qualifizierter Mehrheit zu fassen ist (§ 125 i.V.m. § 50 Abs. 1 bzw. § 65 Abs. 1 i.V.m. § 13 UmwG). Bei einer AG sind dies drei Viertel des bei der Beschlussfassung in der Hauptversammlung vertretenen Grundkapitals, bei einer GmbH drei Viertel der abgegebenen Stimmen der Gesellschafterversammlung.

Dieses Erfordernis besteht bei der Einzelrechtsnachfolge zunächst grundsätzlich nicht. Es handelt sich im Falle der Ausgliederung aus einer Aktiengesellschaft vielmehr um eine Maßnahme der Geschäftsführung, die gem. § 119 Abs. 2 AktG nur auf Verlangen des Vorstandes durch die Hauptversammlung zu entscheiden ist. Hiervon hat der BGH jedoch in seiner bekannten „Holzmüller"-Entscheidung aus dem Jahre 1982 eine Ausnahme gemacht und im Falle der Einzelübertragung die Zustimmung der Hauptversammlung gem. § 119 Abs. 2

125 Vgl. zum Eigentumswechsel an Grundstücken durch Gesamtrechtsnachfolge, Gärtner, DB 2000, S. 409 ff.

126 Buchner, GmbHR 1997, S. 377 (378). Aha (AG 1997 S. 345 [351]) weist in diesem Zusammenhang darauf hin, dass der Vorteil, dass es im Rahmen der Gesamtrechtsnachfolge keiner Konkretisierung der einzelnen Vermögensgegenstände bedarf, insbesondere im Falle der Verschmelzung von Bedeutung ist. Dieser Vorteil tritt bei der Ausgliederung nach dem UmwG jedoch nicht in gleichem Umfang ein, da es sich nur um eine sog. partielle Gesamtrechtsnachfolge handelt, so dass nur die Vermögensgegenstände übergehen können, die im Ausgliederungsvertrag auch genau bezeichnet sind. Der Bestimmtheitsgrundsatz ist daher in gleicher Weise zu beachten wie bei der Einzelrechtsnachfolge (§ 126 Abs. 2 S. 1 UmwG).

AktG dann für erforderlich erachtet, falls die Ausgliederung eines Betriebs einer Aktiengesellschaft einen wesentlichen Vermögensteil betrifft.[127] Die Einzelübertragung erspart danach den Hauptversammlungsbeschluss also nur in unwesentlichen Ausgliederungsfällen.[128] Die Einzelübertragung als Maßnahme der Geschäftsführung nach § 119 Abs. 2 AktG, möglicherweise als die einfachere und kostengünstigere Variante zu begreifen,[129] kann gerade bei einer in zeitlicher Nähe zur ordentlichen Hauptversammlung durchgeführten zustimmungsfreien Ausgliederung dann problematisch sein, falls die Aktionäre eine Verletzung ihrer Beteiligungsrechte rügen werden.[130]

In seiner „Holzmüller"-Entscheidung hielt der BGH eine Zustimmung der Hauptversammlung deshalb für erforderlich, weil die Maßnahme, die sich im Kernbereich der Unternehmenstätigkeit abspielte, von solcher Tragweite für Ge-

---

127 BGHZ 83, 122 ff. = NJW 1982, S. 1703 ff. = ZIP 1982, S. 568 ff.

128 Die „Holzmüller"-Entscheidung führt in der Beratungspraxis bei der Wahl der beteiligten Unternehmen zwischen Ausgliederung und Einzelübertragung eines Vermögensteils zu erheblichen Problemen. Bei der Aktiengesellschaft kann die Verwaltung entscheiden, ob sie den Weg der (aufwendigen) Ausgliederung gehen will, mit dem Wirksamkeitserfordernis eines Zustimmungsbeschlusses der Hauptversammlung mit einer Mehrheit von drei Viertel des vertretenen Grundkapitals gem. §§ 125, 65 Abs. 1 UmwG, oder ob sie die Einzelübertragung in Kauf nimmt und dafür ohne Hauptversammlungsbeschluss auskommt. Auf der anderen Seite ist zu befürchten, dass der BGH später für jede (nicht unwesentliche) Einzelübertragung von Teilen des Gesellschaftsvermögens einen Beschluss der Hauptversammlung mit einer qualifizierten Mehrheit entsprechend §§ 125, 65 Abs. 1 UmwG verlangt oder unter bestimmten Voraussetzungen die Ausgliederung nach dem UmwG für zwingend erachtet. Außerdem ist unsicher, ob und inwieweit der BGH die Entscheidung „Holzmüller" auf das GmbH-Recht ausweitet (vgl. die Bedenken von Heidenhain, in Münchener Vertragshandbuch, Band 1, S. 1285; ferner Kallmeyer, ZIP 1994, S. 1746 [1749]; Feddersen/Kiem, ZIP 1994, S. 1078 [1086]; eingehend zu dieser Problematik, Dietz, S. 1 ff.). In der Praxis dürfte sich wahrscheinlich die „vorsichtigere" Auffassung durchsetzen, wonach auch die Einzelübertragung durch einen Beschluss der Hauptversammlung analog §§ 125, 65 Abs. 1 UmwG (vorsorglich) abzusichern ist. Dadurch vermeiden die Vorstände die Unsicherheiten, eine Ausgliederung entgegen der Grundsätze der „Holzmüller"-Entscheidung durchzuführen (s.a. Aha, AG 1997 S. 345 [347]; Heidenhain, in Münchener Vertragshandbuch, Band 1, S. 1285).

129 So Heidenhain, in Münchener Vertragshandbuch, Band 1, S. 1285.

130 Vgl. Feddersen/Kiem, ZIP 1994, S. 1078 (1086); oder die Verhandlungen über die Ausgliederung kommen zu einem Zeitpunkt zum Abschluss, in dem die ordentliche Hauptversammlung gerade vorüber ist. Die Einberufung einer außerordentlichen Hauptversammlung wäre aber dann kostspielig und zeitaufwendig (Kallmeyer, ZIP 1994, S. 1746 [1749]).

sellschaft und Aktionäre war, dass der Vorstand die Hauptversammlung nicht übergehen durfte.

Damit ging die Strukturänderung über den gewöhnlichen Rahmen von Handlungen der Geschäftsführung, zu denen gemeinhin auch die Gründung oder der Erwerb einer Tochtergesellschaft und deren Ausstattung mit dem notwendigen Kapital gerechnet werden kann, weit hinaus. Für die Rechtsstellung der Aktionäre war eine solche „Ausgliederung“ von einschneidender Bedeutung. Der Vorstand war daher verpflichtet, die Organisationsänderung nicht als eine in seine Kompetenz fallende normale Geschäftsführungsmaßnahme zu behandeln, sondern gem. § 119 Abs. 2 AktG die Entscheidung der Hauptversammlung einzuholen.[131]

d. Unterschiede zwischen der Einzel- und Gesamtrechtsnachfolge in arbeitsrechtlicher Hinsicht

Der überwiegende Teil der Ausgliederungen läuft wohl nach wie vor – auch nach Inkrafttreten des neuen Umwandlungsgesetzes – auf der Grundlage der herkömmlichen rechtsgeschäftlichen Einzelrechtsnachfolge nach den Vorschriften des Bürgerlichen Rechts.[132] Diese Möglichkeit der Umstrukturierung im Wege der Einzelrechtsnachfolge wurde – wie bereits ausgeführt –, durch das Angebot der Umwandlungen nach dem Umwandlungsgesetz nicht verdrängt, sondern beide Gestaltungsmöglichkeiten stehen nebeneinander zur Verfügung.[133]

Bei der Umwandlung nach den Vorschriften des UmwG sind insbesondere erhöhte Anforderungen hinsichtlich der Informationspflicht zugunsten der betroffenen Arbeitnehmer zu berücksichtigen. So muss der Vertrag Angaben über die Folgen der Ausgliederung für die Arbeitnehmer und ihre Vertretungen enthalten

131 BGHZ 83, 122 (131 f.). Der BGH sah sich in seiner Entscheidung leider nicht veranlasst, eine Grenze zu definieren, ab welchem Ausgliederungsvolumen eine Zustimmung der Hauptversammlung einzuholen ist (BGHZ 83, 122 [138 f.]; vgl. ferner zur Frage der Wesentlichkeit der Ausgliederung, Veil, ZIP 1998, S. 361 [368 f.]); die Grenzziehung zur zahlenmäßigen Festlegung des Ausgliederungsumfangs, der eine Mitwirkungspflicht der Hauptversammlung nach sich zieht, ist in der Literatur stark umstritten, vgl. Nagel, DB 1996, S. 1221 (1222); Bohnet, DB 1999, S. 2617 (2620); Dietz, S. 260 ff.; Engelmeyer, S. 167, Fn. 16; mit weiteren Nachweisen.

132 Vgl. Buchner, GmbHR 1997, S. 377 (378).

133 Vgl. LG Hamburg, AG 1997, S. 238 = DB 1997, S. 516 f.

(§ 126 Abs. 1 Nr. 11 UmwG) und im Original oder als Entwurf spätestens einen Monat vor dem Tag der Zustimmungsbeschlüsse der beteiligten Rechtsträger dem zuständigen Betriebsrat jedes Rechtsträgers zugeleitet werden (§ 126 Abs. 3 UmwG).

Der Nachweis über die rechtzeitige Zuleitung des Vertrages oder seines Entwurfs an den zuständigen Betriebsrat ist als Anlage der Anmeldung zur Eintragung in das Register beizufügen (§§ 125, 17 Abs. 1 UmwG), andernfalls darf der Registerrichter die Ausgliederung nicht eintragen.

Zu dem Problem der inhaltlichen Anforderungen und Reichweite der Angaben im Umwandlungsvertrag und der kontrovers diskutierten Abgrenzung hinsichtlich der Aufnahme unmittelbarer und mittelbarer Folgen der Ausgliederung in den Vertrag, vgl. Seite 114.

Bei der Einzelrechtsnachfolge bestehen diese Mitteilungspflichten nicht. Die Arbeitnehmer werden jedoch über die Vorschriften der §§ 111 ff. BetrVG, die (auch) bei der Einzelrechtsnachfolge zu beachten sind, geschützt. Nach § 111 BetrVG hat der Unternehmer in Betrieben mit in der Regel mehr als zwanzig wahlberechtigten Arbeitnehmern den Betriebsrat über geplante Betriebsänderungen, die wesentliche Nachteile für die Belegschaft oder erhebliche Teile der Belegschaft zur Folge haben können, rechtzeitig und umfassend zu unterrichten und die geplanten Betriebsänderungen mit dem Betriebsrat zu beraten. Die Bewertung als Betriebsänderung i.S.d. § 111 BetrVG hat zur Folge, dass der Arbeitgeber mit dem Betriebsrat zunächst einen Interessenausgleich herbeiführen muss (§§ 111, 112 Abs. 1, 113 Abs. 3 BetrVG), erforderlichenfalls unter Einschaltung der Einigungsstelle (§ 112 Abs. 2 BetrVG), und es ist zur Milderung von wirtschaftlichen Nachteilen ein Sozialplan zu erstellen (§§ 112, 112a BetrVG).

Zur Frage, ob durch die erweiterten arbeitsrechtlichen Informationsvorschriften des UmwG die Situation der Arbeitnehmer im Falle der partiellen Gesamtrechtsnachfolge verbessert wird, vgl. Seite 114.

Für beide Umwandlungsformen sprechen Vor- und Nachteile. Die Erleichterung, die das Umwandlungsgesetz durch die dort vorgesehene partielle Gesamtrechtsnachfolge[134] schafft, wird durch den vergleichsweise hohen organisatori-

---

134 Vgl. Nagel, DB 1996, S. 1221 (1225): Vorteil der Gesamtrechtsnachfolge sei ja gerade, dass die beteiligten Rechtsträger von der lästigen Einzelübertragung befreit würden. Ein weiteres Argument für die Anwendung des UmwG sei der Aspekt der Rechtssicherheit

schen Aufwand[135], das zeitaufwendige und kostspielige Verfahren, das an die Ausgliederung gebunden ist, zum Teil jedoch wieder abgeschwächt. Angesichts der zahlreichen arbeitsrechtlichen „Fußangeln“[136] im UmwG, wie beispielsweise den neu geschaffenen Bestimmungen zum Übergangsmandat des Betriebsrats bei Betriebsspaltung gem. § 321 UmwG, zur kündigungsrechtlichen Stellung gem. § 323 UmwG und zur Mitbestimmungsbeibehaltung nach § 325 UmwG, müssen sich die mit der Umwandlung befassten Entscheidungsträger zunächst die Frage stellen, ob für die geplante Unternehmensumstrukturierung überhaupt auf die Mechanismen des UmwG Zugriff genommen werden soll bzw. muss.[137]

---

und Rechtsklarheit, da ein enges Netz von Normen mehr Schutz gewährleiste als ein weitgehend rechtsfreier Raum; den Vorteil der Rechtssicherheit betonen auch Feddersen/Kiem, ZIP 1994, S. 1078 (1086). Demgegenüber mahnt Willemsen, RdA 1998, S. 23 (35); ders., NZA 1996, S. 791 (803), zu einer sorgfältigen Prüfung der beabsichtigten Maßnahme. Nicht nur bei kleineren Umstrukturierungsmaßnahmen gilt es die Vorteile der Umwandlung nach dem UmwG – wie etwa die Vermeidung lästiger Zustimmungsvorbehalte – gegen die Erschwernisse und Risiken, die die arbeitsrechtlichen Schutzbestimmungen des UmwG mit sich bringen, abzuwägen; vgl. ferner zur Problematik von Zustimmungsvorbehalten und Abtretungsbeschränkungen, Müller, BB 2000, S. 365 ff.

135 So ist bei jeder Ausgliederung nach dem UmwG die Zustimmung der Hauptversammlung erforderlich, so dass aufgrund von Beschlussanfechtungen eine Registersperre nach den §§ 16 Abs. 2, 36 Abs. 1, 125, 135 Abs. 1 UmwG eintreten kann. Die Gefahr einer Registersperre nach § 16 Abs. 2 UmwG wird daher im Rahmen der Entscheidungsfindung, auf welchem Weg eine Ausgliederung zu gestalten ist, eine ganz entscheidende Rolle spielen, vgl. Dörrie, WiB 1995, S. 1 (6).

136 Düwell, in : Kasseler Handbuch zum Arbeitsrecht, Band 2, 6.8 Rn. 62, spricht im Zusammenhang mit den arbeitsrechtlichen Schutzvorschriften, die in das UmwG aufgenommen wurden, von „Belastungen“; Fuhrmann/Simon, AG 2000, S. 49 (51), sehen eine Verschärfung der Gesamtrechtsnachfolge gegenüber der Einzelrechtsnachfolge auf arbeitsrechtlichem Gebiet, insbesondere durch die gesteigerte Informationspflicht der Gesamtrechtsnachfolge.

137 Willemsen, NZA 1996, S. 791 (803); ders., RdA 1998, S. 23 (35), erinnert in diesem Zusammenhang an den sog. Optionscharakter der umwandlungsrechtlichen Gestaltungsinstrumente. Es unterliegt daher der autonomen unternehmerischen Entscheidungsfreiheit, die vermögensrechtliche Übertragung außerhalb des UmwG im Wege der Einzelrechtsnachfolge herbeizuführen. Die arbeitsrechtlichen Sonderbestimmungen des UmwG – insbesondere die §§ 321 bis 325 UmwG – finden dann nämlich im Falle der Einzelrechtsnachfolge auch keine analoge Anwendung (umstritten). Besonders umkämpft ist derzeit die Frage einer entsprechenden Anwendung der Vorschrift hinsichtlich des Übergangsmandats des Betriebsrats gem. § 321 UmwG, vgl. zum Meinungsstand auch Willemsen, in: Kallmeyer, UmwG, § 321 Rn. 25 ff.; Düwell, in : Kasseler Handbuch zum Arbeitsrecht, Band 2, 6.8 Rn. 62 ff.; bejahend BAG, NZA 2000, S. 1350 ff.

Durch die Ausgliederung im Wege der Einzelrechtsnachfolge wird die gesamtschuldnerische Haftung gem. § 133 UmwG vermieden. Darüber hinaus unterliegt bei der Ausgliederung im Wege der Einzelrechtsnachfolge der Einbringungsvertrag keinem Formerfordernis, so dass in der Regel auch keine Notarkosten entstehen. Der Einbringungsvertrag muss im Falle der Einzelrechtsnachfolge nur dann notariell beurkundet werden, wenn GmbH-Geschäftsanteile bzw. Grundstücke übertragen werden; in diesem Fall ist der Einbringungsvertrag mit Beurkundungskosten verbunden.[138]

Allerdings unterschätzen die Kritiker des UmwG, dass vor dem Hintergrund der „Holzmüller-Entscheidung" des Bundesgerichtshofs der Vorstand einer AG auch bei unbürokratischen Ausgliederungen außerhalb des UmwG verpflichtet sein kann eine Entscheidung der Hauptversammlung herbeizuführen.[139]

Die einfacher gelagerten Fälle der Funktionsausgliederung dürften daher wohl dennoch auch weiterhin überwiegend auf dem traditionellen Weg der Einzelrechtsnachfolge zu bewältigen sein.[140]

2. Analoge Anwendung des Umwandlungsgesetzes

Vor dem Hintergrund, dass bei beiden Formen der Ausgliederung die wirtschaftliche Interessenlage identisch ist, stellt sich die Frage, inwieweit die Vorschriften des UmwG bei der Ausgliederung im Wege der Einzelrechtsnachfolge entsprechende Anwendung finden. Gerade das Nebeneinander der verschiedenen Ausgliederungsmodelle ist in praktischer Hinsicht mit einiger Rechtsunsicherheit behaftet, da es nicht auszuschließen ist, dass sich das neue Umwandlungsrecht auf die spezialgesetzlich nicht geregelte Ausgliederung im Wege der Einzelrechtsnachfolge ausdehnt.[141]

---

138 Auf diesen Vorteil der Ausgliederung im Wege der Einzelrechtsnachfolge weist Engelmeyer, AG 1999, S. 263 (264), hin.

139 Vgl. Düwell, in : Kasseler Handbuch zum Arbeitsrecht, Band 2, 6.8 Rn. 61.

140 Vgl. Geck, DStR 1995, S. 416 (424); Nagel, DB 1996, S. 1221 (1225); Buchner, GmbHR 1997, S. 434 (442); Kallmeyer, in: Kallmeyer, UmwG, § 123 Rn. 19; Dietz, S. 409 ff.

141 Feddersen/Kiem, ZIP 1994, S. 1078 (1087), plädieren daher – zur Vermeidung dieser Unsicherheiten - für die Anwendung des Umwandlungsrechts. Vgl. ferner Aha, AG 1997 S. 345 (356).

Zu einer kontroversen Diskussion hat ein Beschluss des LG Karlsruhe geführt. Im Rahmen einer Kostenentscheidung wurde ausgeführt, dass die Schutzvorschriften des Umwandlungsgesetzes zugunsten der Aktionäre, die für die Ausgliederung im Wege der Gesamtrechtsnachfolge oder der partiellen Gesamtrechtsnachfolge gelten, insbesondere die Vorschriften über den Spaltungsbericht und eine eventuell gesondert zu erstellende Zwischenbilanz, auch auf Ausgliederungen durch Einzelrechtsübertragungen entsprechend anwendbar seien.[142] Die Entscheidung des LG Karlsruhe betrifft Hauptversammlungsbeschlüsse, durch die die Aktionäre mit einer Mehrheit von fast 100% der Einzelübertragung nahezu des gesamten unmittelbar unternehmerisch genutzten Vermögens der Gesellschaft auf drei zu diesem Zweck neu gegründete Tochtergesellschaften zustimmten.

Begründet wird die entsprechende Anwendung damit, dass die Interessenlage bei beiden Ausgliederungsmodellen jedenfalls dann identisch sei, wenn ein wesentlicher Teil des Gesellschaftsvermögens im Rahmen einer konzernrechtlichen Umorganisation übertragen werde. Unterschiede bestünden nur hinsichtlich rechtstechnischer Einzelheiten des Vermögensübertragungsaktes (vgl. § 126 Abs. 1 Nr. 9 und Abs. 2 UmwG) und der Ausgestaltung des Gläubigerschutzes (§§ 414 f. BGB einerseits und §§ 133 f. UmwG andererseits). Was hingegen die Beeinträchtigung der Beteiligungsrechte der Aktionäre betreffe und dem sich daraus ergebenden Erfordernis einer präventiven Kontrolle, seien beide Fallkonstellationen identisch. Dem Vorstand dürfe nicht die Möglichkeit der Disposition eingeräumt werden, zwischen beiden Ausgliederungsmodellen mit der Folge zu wählen, dass er dadurch auch über Rechte der Aktionäre verfüge. Eine Ungleichbehandlung wäre daher durch keinerlei sachlichen Grund gerechtfertigt und verstoße daher gegen das Willkürverbot nach Art. 3 Abs. 1 GG. Die analoge Gesetzesanwendung sei daher verfassungskonform und durch höherrangiges Recht geboten.[143]

---

142 LG Karlsruhe, DZWir 1998, S. 207 ff. = ZIP 1998, S. 385 ff.

143 LG Karlsruhe, DZWir 1998, S. 207 (210). **A.A.** Zöllner, ZGR 1993, S. 334 (337); Grunewald/H.-F. Müller, JZ 1999, S. 442 (455), halten das „Herausbrechen einzelner Bausteine" für unzulässig; ablehnend auch Aha, AG 1997 S. 345 (356), der bemerkt, dass die analoge Anwendung einer Norm auf einen nicht geregelten Sachverhalt immer voraussetze, dass ein entsprechendes Regelungsbedürfnis bestehe. Dies sei bei der Ausgliederung jedenfalls nicht der Fall. Das UmwG enthalte unter anderem Vorschriften, die im Fall der Einzelrechtsnachfolge keinen Sinn machen, da beispielsweise kein Registerverfahren durchlaufen werden müsse. Insoweit mit Recht ebenfalls kritisch zur Entscheidung des LG Karlruhe, Trölitzsch, DStR 1999, S. 764 (765): Auch im Hinblick auf Art. 3 GG könne nicht für beide Formen der Ausgliederung pauschal auf eine ver-

Die Entscheidung der Kammer setzt die Diskussion um den Umgehungsschutz fort. Der Gesetzgeber selbst wollte nämlich die Klärung der Frage der analogen Anwendung des Umwandlungsgesetzes Rechtsprechung und Literatur überlassen, indem er die Umgehungsvorschriften der §§ 251 f. DiskE UmwG[144], die eine entsprechende Anwendung der Vorschriften des UmwG auf eine Ausgliederung durch Einzelrechtsnachfolge vorsahen, nicht in das Gesetz aufgenommen hat.[145]

Stimmt man der Kammer und damit einer entsprechenden Anwendung der Vorschriften des UmwG zu, hat dies nicht nur für die Beschlussvorbereitung, sondern auch für die Zustimmungspflicht der Hauptversammlung erhebliche Bedeutung. Diese ist dann gegenüber der „Holzmüller-Entscheidung", die auf § 119 Abs. 2 AktG abstellte, mit §§ 125, 65 UmwG analog auf eine neue Grundlage gestellt.[146]

Da das Gesetz keine anderen Mehrheitsverhältnisse verlangt (vgl. §§ 119 Abs. 2, 133 Abs. 1 AktG), ist im Rahmen von 119 Abs. 2 AktG für die Entscheidung der Hauptversammlung die einfache Stimmenmehrheit ausreichend.[147] Bei einer

---

gleichbare Interessenlage verwiesen werden. Zwischen beiden Varianten bestünden eine Reihe von Unterschieden; auch solle den Anteilsinhabern durch das UmwG das ihnen zur Verfügung stehende Wahlrecht nicht genommen werden. Unentschieden was die analoge Anwendung betrifft hingegen, Sagasser/Sickinger, in: Sagasser/Bula/Brünger, N 161; Kallmeyer, ZIP 1994, S. 1746 (1749). Richtigerweise berücksichtigt Bohnet, DB 1999, S. 2617 (2618), dass es sich bei der Entscheidung des LG Karlsruhe um die Kosten einer Erledigungserklärung gem. § 91 a ZPO handelte. Der § 91 a ZPO Beschluss enthält eine geringere Entscheidungsfundierung und die Kammer quotelte die Kosten und damit die Entscheidungswahrscheinlichkeit im Verhältnis 3 zu 1 zugunsten einer analogen Anwendung des Umwandlungsgesetztes.

144 Vgl. Diskussionsentwurf Gesetz zur Bereinigung des Umwandlungsrechts, Anlage Nr. 214a zum Bundesanzeiger Nr. 214 vom 15.11.1988; DB 1988 S. 1688.

145 Vgl. hierzu Karsten Schmidt, ZGR 1995, S. 675 (677); ders., in Gesellschaftsrecht, S. 374; Bohnet, DB 1999, S. 2617 (2618); Bork (Anm. zu LG Karlsruhe, EWiR 1997, S. 1147 [1148]) ist daher der Auffassung, dass dem Umwandlungsgesetz kein Analogieverbot zu entnehmen sei.

146 Vgl. Bork, Anm. zu LG Karlsruhe, EWiR 1997, S. 1147 (1148).

147 Soweit in der Literatur deutlichere Mehrheitsverhältnisse verlangt werden, beruht dies darauf, dass die Befassungskompetenz der Hauptversammlung auf eine andere Rechtsgrundlage als § 119 Abs. 2 AktG gestützt wird, vgl. Groß, AG 1996, S. 111 (118). Die Frage, ob die Ausgliederung im Wege der Einzelrechtsnachfolge eines qualifizierten Mehrheitsentscheides bedarf, war bis vor In-Kraft-Treten des Umwandlungsgesetzes umstritten. Die wohl überwiegende Auffassung in der Literatur hat in analoger Anwendung der Vorschriften des Aktienrechts und des alten Umwandlungsrechts, welche

entsprechenden Anwendung der §§ 125, 65 UmwG, wäre dann hingegen stets eine Mehrheit von drei Viertel der abgegebenen Stimmen erforderlich.[148]

Legt man den Willen des Gesetzgebers zugrunde, kann dies nur dazu führen, dass die Vorschriften des Umwandlungsgesetzes auf Fälle der Einzelrechtsnachfolge keine Anwendung finden. Denn ausweislich der amtlichen Begründung zu § 1 UmwG, sollte die Ausgliederung im Wege der Einzelrechtsnachfolge ausdrücklich neben den Umwandlungsvorgängen nach dem UmwG möglich bleiben.[149] Eine Einbeziehung der Einzelrechtsnachfolge in den Regelungsbereich

Strukturänderungen einem Entscheid der Anteilseigner unterwerfen, einen mit drei Viertel Mehrheit zu fassenden Beschluss für erforderlich gehalten; Wiedemann, in: Großkomm. AktG § 179 Rn. 76, hält einen Hauptversammlungsbeschluss für notwendig, der den Anforderungen einer Satzungsänderung nach § 179 Abs. 2 genügt; so auch Lutter, in: Festschrift Fleck, S. 169 [183]; vgl. ferner Rehbinder, ZGR 1983, 92 (98 f.), den die Lösung des BGH an die Heranziehung von § 242 BGB zur „dogmatischen" Begründung von Rechtsfortbildung erinnert. Darüber hinaus erfahre der Grundsatz der Eigenverantwortlichkeit des Vorstandes, nach der vom BGH gewählten Begrünung, eine erhebliche Einschränkung; Hübner, in: Festschrift Stimpel, 791 (795 f.), weist darauf hin, dass nach der Konzeption des BGH, für eine Entscheidung der Hauptversammlung nach § 119 Abs. 2 AktG, bereits ein einfacher Mehrheitsbeschluss genügen soll. Darin erkennt Hübner die entscheidende Schwäche, da dem Mehrheitsaktionär die Möglichkeit eröffnet wird, seine Interessen in der Hauptversammlung durchzusetzen und zugleich dem Minderheitsaktionär der erforderlichen Schutz verwehrt wird. Für „methodisch exakter" und für den Minderheitenschutz effizienter, hält Hübner daher eine analoge Anwendung des § 293 Abs. 1 AktG, der für Unternehmensverträge die Zustimmung einer qualifizierten Mehrheit der Hauptversammlung verlangt; Timm, ZHR 1989, S. 60 (69), hält es für vorzugswürdig, die Entscheidungszuständigkeit der Hauptversammlung auf eine Gesamtanalogie zu den §§ 179, 293, 340, 361 AktG zu gründen; kritisch Martens, ZHR 1983, S. 377 (404 ff.), der die Überlegungen des BGH im Rahmen der Holzmüller-Entscheidung, die nur punktuell an einzelne Regelungsprobleme anknüpfen, für unvereinbar mit der systematischen Geschlossenheit und den übergreifenden Wertungszusammenhängen des Aktienrechts hält; Werner, ZHR 1983, S. 429 (441 ff.), verneint hingegen ein Schutzbedürfnis der Aktionäre gegenüber Ausgliederungen oder gleichwertigen Geschäftsführungsmaßnahmen des Vorstandes; **a.A.**: Gessler, in: Festschrift Stimpel, S. 771 (788 f.);

148 Hierauf weist Bork, Anm. zu LG Karlsruhe, EWiR 1997, S. 1147 (1148), zu Recht hin.

149 Vgl. BT-Drucks. 12/6699 S. 80 = Begründung zum Regierungsentwurf zu § 1, abgedruckt bei Ganske, Umwandlungsrecht, S. 44; ferner auch Lutter, in: Lutter, UmwG 2000, § 1 Rn. 19; Willemsen, RdA 1998, S. 23 (29); Feddersen/Kiem, ZIP 1994, S. 1078 (1087); Karollus, in: Lutter (Hrsg.), Kölner Umwandlungsrechtstage, S. 157 (192 f.); Bayer, ZIP 1997, S. 1613 (1625); Schindhelm/Stein, DB 1999, S. 1375 (Fn. 1); Trölitzsch, DStR 1999, S. 764 (765). Nach Ansicht des LG Karlsruhe hingegen, DZWir

des UmwG wurde – anders als im UmwStG – ausdrücklich nicht vorgenommen.[150]

Zutreffend hat Mutter daher darauf hingewiesen, dass der Gesetzgeber die Vorschriften über den Spaltungsbericht sowie die Vorbereitung der Hauptversammlung gem. §§ 127, 125 und 63 UmwG wohl kaum ausschließlich im Umwandlungsgesetz geregelt hätte, falls diese Vorschriften auch auf Einzelrechtsübertragungen hätten Anwendung finden sollen. Richtigerweise hätte sich daher die Kammer beim LG Karlsruhe den Urteilsausführungen des LG Hamburg[151] anschließen sollen, das zuvor bereits unter ausdrücklichem Hinweis auf die Gesetzesbegründung zum Umwandlungsgesetz entschieden hatte, dass Umstrukturierungen durch Einzelrechtsnachfolge vom UmwG nicht erfasst werden.[152]

Als weiteres Argument spricht gegen eine Analogie, dass das Umwandlungsgesetz die Beteiligung der Aktionäre, anders als die Holzmüller-Entscheidung und anders als das LG Karlsruhe, nicht an die Bedeutung des Ausgliederungsgegenstandes knüpft, sondern bei jeder Ausgliederung im Wege der partiellen Gesamtrechtsnachfolge – ungeachtet des Umfangs und der Bedeutung des auszugliedernden Vermögens – zwingend vorschreibt.[153]

Diese Grundsätze würden bei konsequenter Übertragung auf die Einzelrechtsnachfolge dazu führen, dass jede Ausgliederung – ungeachtet der Bedeutung des Ausgliederungsgegenstandes – zustimmungspflichtig wäre.

1998, S. 207 (210), hätten diese Erwägungen der Gesetzesverfasser in das Gesetz selbst keinen Eingang gefunden und würden die die Analogie begründenden Wertungszusammenhänge und Gleichbehandlungsnotwendigkeiten nicht berücksichtigen. Daher müssten sie hinter dem objektiv-teleologischen Inhalt und Anwendungsbereich des Umwandlungsgesetzes zurückstehen. Kritisch hierzu Mutter (Anm. zu LG Karlsruhe, DZWir 1998, S. 212), der bemerkt, dass es sich bei dem Beschluss des LG Karlsruhe um keine richterliche Gesetzesanwendung, sondern vielmehr um eine Gesetzesänderung handele.

150 So richtigerweise auch LG Hamburg, AG 1997, S. 238 = DB 1997 S. 516 f.

151 LG Hamburg, AG 1997, S. 238 = DB 1997 S. 516 f. A. A. Veil, (Anm. zu LG Hamburg, EWiR 1997, S. 1111 f.), der dem UmwG eine zwingende Wertung entnimmt, wonach bei einer Verlagerung wesentlichen Vermögens einer AG – ungeachtet einer Einzel- oder Gesamtrechtsnachfolge – besondere Schutzmechanismen erforderlich seien. Im Grundsatz sei daher eine Ausstrahlungswirkung im Falle der Ausgliederung zu bejahen, s.a. Veil, ZIP 1998, S. 361 (367).

152 Mutter, Anm. zu LG Karlsruhe, DZWir 1998, S. 212.

153 Vgl. Nagel, DB 1996, S. 1221 (1225); Sagasser/Sickinger, in: Sagasser/Bula/Brünger, N 161; Dietz, S. 5.

Der Ansatz des LG Karlsruhe hingegen, dass die Analogie nicht stets, sondern nur für die Übertragung eines wesentlichen Teils des Gesellschaftsvermögens gelten soll, schafft hingegen ein erhebliches Maß an Rechtsunsicherheit und setzt sich bewusst über den ausdrücklichen Willen des Gesetzgebers hinweg. Eine allgemeine Konkretisierung und somit sämtlichen Fallgestaltungen gerecht werdende Differenzierung zwischen wesentlichen und unwesentlichen Maßnahmen wird nämlich kaum möglich sein.[154]

Die vorstehenden Grundsätze, übertragen auf die Anforderungen die im Hinblick auf die gesellschaftsrechtliche Gestaltung von Umwandlungsverträgen und die umwandlungsrechtliche Beteiligung der Betriebsräte nach §§ 5 Abs. 3, 126 Abs. 3, 194 Abs. 2 UmwG zu berücksichtigen sind, können daher nur zu dem Ergebnis führen, dass diese Vorschriften bei Unternehmensumstrukturierungen außerhalb des UmwG nicht zu beachten sind. Aufgrund des reinen Optionscharakters des Umwandlungsgesetztes finden daher nicht nur die arbeitsrechtlichen Schlussbestimmungen der §§ 321 bis 325 UmwG, sondern auch die Regelungen über die Einbindung der Betriebsräte in den Umwandlungsvorgang nach §§ 5 Abs. 3, 126 Abs. 3, 194 Abs. 2 UmwG sowie die Verpflichtung zur Darstellung der arbeitsrechtlichen Folgen der Umwandlung gemäß §§ 5 Abs. 1 Nr. 9, 126 Abs. 1 Nr. 11, 194 Abs. 1 Nr. 7 UmwG bei Umstrukturierungsvorhaben im Wege der Einzelrechtsübertragung auch keine analoge Anwendung.[155]

II. Motive für eine Umwandlung von Unternehmen

Die unternehmerischen Gründer können unter den vom Gesetz angebotenen verschiedenen Organisationsformen weitgehend frei entscheiden; es gilt der Grundsatz der Wahlfreiheit der geeigneten Gesellschaftsform. Ein Unternehmen muss auch nicht für alle Ewigkeit in der zum Zeitpunkt der Gründung gewählten Rechtsform bestehen bleiben. Vielmehr verschafft dieselbe Wahlfreiheit zahlreiche Möglichkeiten, die ursprünglich gewählte Unternehmensform zu ändern. Eine Möglichkeit besteht sicherlich darin, das bestehende Unternehmen zu li-

154 Vgl. dazu bereits Zöllner, ZGR 1993, S. 334 (337); ferner Mutter, Anm. zu LG Karlsruhe, DZWir 1998, S. 212 (213); Veil, ZIP 1998, S. 361 (368); Bork, Anm. zu LG Karlsruhe, EWiR 1997, S. 1147 (1148); Heckschen, DB 1998, S. 1385 (1386).

155 Gegen eine analoge Anwendung der Informationsrechte nach §§ 5, 126, 176, 178, 177, 179, 194 UmwG auf die Einzelrechtsnachfolge auch Mengel, S. 457 f.

quidieren und in geänderter Rechtsform neu zu gründen (sog. Umgründung). Von der Umgründung wird allerdings nur in ganz begrenztem Umfang Gebrauch gemacht, da sich diese Möglichkeit wegen ihrer hohen Anzahl einzelner Rechtshandlungen als sehr aufwendig und umständlich darstellt. Deshalb stellt das UmwG solchen späteren Veränderungen der rechtlichen Organisation von Unternehmen eine Reihe von Gestaltungsformen zur Verfügung und ermöglicht eine Neugestaltung der Rechtsform bzw. die Neuzuordnung von Unternehmen ohne Liquidation und ohne Einzelübertragung.[156]

Während in der Vergangenheit das Motto „Groß – Reich – Stark" in erheblichem Maße Unternehmenszusammenschlüsse beeinflusste und als Mittel der Expansion eingesetzt wurde, werden heute flache Hierarchien und eine Verschlankung auf das „Kerngeschäft" empfohlen.[157] Die Unternehmen sind daher heute zunehmend auf der Suche nach der richtigen Unternehmensgröße und der optimalen Unternehmensstruktur um eine möglichst hohe Flexibilität der Unternehmensorganisation zu erreichen.[158]

Strukturveränderungen sind nicht nur durch einen wirtschaftlichen Wandel sondern auch durch einen Wandel der Gesellschaft geprägt. Die Ausstrahlungswir-

---

156 Vgl. Rose/Glorius-Rose, S. 157; Limmer, S. 4; Sagasser, in: Sagasser/Bula/Brünger, C 1 ff.; Bermel, in: Goutier/Knopf/Tulloch, UmwG, Einführung Rn. 12; Lutter, in: Lutter, UmwG 2000, Einl. Rn.1; K. Schmidt, Gesellschaftsrecht, S. 348.

157 Vgl. Schumacher, S. 63 ff.; Brinkmann, S. 32; Geck, DStR 1995, S. 416 (417); mit solchen Maßnahmen wird zwangsläufig ein Abwehrverhalten der betroffenen Arbeitnehmer ausgelöst, die um den Fortbestand ihrer Arbeitsplätze, zumindest aber ihrer bisherigen Arbeitsbedingungen – zu Recht – fürchten, vgl. Kittner, ArbuR 1998, S. 98; wobei auch ein gegenläufiger Trend zu beobachten ist. Durch Fusionen als „Zwang zur Größe" erhoffen sich Unternehmensberater einen Abbau der stetig wachsenden Fixkosten. Beispiele solcher Fusionen zeigen sich im Bereich Stahlindustrie, der Banken- und Versicherungswirtschaft, vgl. Düwell, ArbuR 1994, S. 357; Lutter, in: Lutter, UmwG 2000, § 2 Rn. 11 f., nennt als Gründe für eine Verschmelzung die Bündelung von Ressourcen sowie die erwünschte Konsequenz die Verschmelzung als Wachstumsinstrument nutzbar zu machen. Verfechter der These „Big is beautiful" und bekennender Konglomeratsführer ist beispielsweise Samsung – Chef Lee Kun-Hee. Analysen kommen daher zu dem Ergebnis, dass gut geführte Mischkonzerne („premium conglomerates") mehr Werte für Aktionäre schaffen und konkurrenzfähiger sind, als Einproduktunternehmen (sog. Monolithen), vgl. Managermagazin 1996, S. 146 (148). Fusionen sind jedoch trotz voranschreitender Globalisierung in den allermeisten Fällen keine Selbstläufer. Insbesondere die Phase nach Eintragung und Bekanntmachung der Umstrukturierung, also das Zusammenwachsen verschiedener Unternehmenskulturen, stellt vielmehr häufig einen komplizierten und sensibel zu handhabenden Prozess dar.

158 Vgl. Düwell, in: Kasseler Handbuch zum Arbeitsrecht, Band 2, 6.8 Rn. 1 ff.

kung dieser Strukturveränderungen führt zu einem neuen Bild der Arbeitswelt. Insofern besteht eine Wechselwirkung zwischen den unterschiedlichen Formen unternehmerischen Handelns einerseits und des Wandels der Arbeitswelt andererseits. Strukturveränderungen in Betrieb und Unternehmen wirken sich nicht nur auf die Gestaltung der einzelnen Arbeitsverhältnisse[159] aus, sondern auch auf das kollektive Arbeitsrecht. Auf betriebsverfassungsrechtlicher Ebene können Strukturveränderungen zu mehr Mitbestimmung führen, umgekehrt aber auch zur Entstehung mitbestimmungsfreier Zonen.[160]

Unterschiedlichste Gesichtspunkte können daher bei einer Umwandlung im Sinne einer Neuordnung gesellschaftsrechtlicher Strukturen eines Unternehmens eine Rolle spielen. Das Motiv der Steuerersparnis[161] ist bei den Gestaltungsüberlegungen im Vorfeld der Umstrukturierungsmaßnahme sicherlich ein ganz gewichtiges, aber nicht das einzige. Bei den Umwandlungsüberlegungen sind ferner betriebswirtschaftliche und allgemein rechtliche Aspekte im Rahmen der Entscheidungsfindung zu berücksichtigen. Namentlich Führungs- und Nachfol-

---

159 Vgl. Kort, ZfA 2000, S. 329 (331), der Beispiele der Teilzeitarbeit, Leiharbeit, befristete Arbeitsverhältnisse, Gruppenarbeit sowie Telearbeit (vgl. hierzu auch Körner, NZA 1999, S. 1190) aufführt; vgl. ferner Fischer, NZA 2000, S. 167; Wendeling-Schröder, NZA 1999, S. 1065.

160 Vgl. Kort, ZfA 2000, S. 329 (331); eine mitbestimmungsfreie Zone in der es weder Aufsichtsrats- noch betriebliche Mitbestimmung gibt, ist vor allem bei Mikro-Unternehmen mit weniger als fünf Beschäftigten anzutreffen. Bei diesen Unternehmen sieht das Betriebsverfassungsgesetz die Möglichkeit einer Errichtung von Betriebsräten nicht vor, vgl. § 1 BetrVG. Hinzu kommt ein Teil der größeren Unternehmen des Dienstleistungsbereichs, in denen Betriebsräte – trotz Vorliegens der gesetzlichen Voraussetzungen – nicht eingerichtet wurden. Mitte der neunziger Jahre war die mitbestimmungsfreie Zone des privaten Sektors von etwa 51 Prozent in der ersten Hälfte der achtziger Jahre auf knapp 61 Prozent gestiegen. Absolut stieg die Zahl derjenigen, die weder durch betriebliche Mitbestimmung noch durch die Unternehmensmitbestimmung vertreten werden von 8,3 Millionen Mitte der achtziger auf 13,8 Millionen Mitte der neunziger Jahre, vgl. Bericht der Kommission Mitbestimmung (Hrsg.), S. 53.

161 Zu denken ist an die Ausnutzung von Verlustvorträgen des einen durch das gewinnträchtige andere Unternehmen, vgl. Sagasser/Pfarr, in: Sagasser/Bula/Brünger, L 7 ff.; Dehmer, § 4 UmwStG, Rn. 47 f.; K. Schmidt, Gesellschaftsrecht, S. 345; Pfeiffer, S. 1; vgl. ferner zu den unterschiedlichen Faktoren die zu einer Umstrukturierung und Restrukturierung von Unternehmen führen, Engels, in: Festschrift für Wlotzke, S. 279 (280).

geüberlegungen in familien- und erbrechtlicher Hinsicht[162], Haftungsüberlegungen in gesellschaftsrechtlicher Hinsicht oder Folgerungen aus Mitbestim-

---

162 Als persönlicher Grund lässt sich beispielsweise der Wunsch eines OHG-Gesellschafters anführen, sich ohne Preisgabe seiner Unternehmensbeteiligung aus Altersgründen aus der aktiven Unternehmensleitung zu verabschieden. Hier bietet sich die Umwandlung in eine GmbH an, wodurch auch dem Bedürfnis nach einer Haftungsbeschränkung ausreichend Rechnung getragen wäre. Auch der umgekehrte Fall ist selbstverständlich denkbar, dass ein Kapitalgeber von nun an Einfluss auf die Geschäftsentwicklung nehmen möchte. Bei gewachsenen Familienunternehmen eignet sich für die persönliche Mitarbeit die Personengesellschaft besonders gut, da das Recht zur Geschäftsführung wegen des Prinzips der Selbstorganschaft bei den Gesellschaftern verbleibt. Als sachlicher Grund kann beispielsweise der Wunsch der Gesellschafter einer Personengesellschaft nach einer Trennung von Kapital und Management in Betracht kommen, der dann wiederum eine Umwandlung in eine Kapitalgesellschaft zweckmäßig erscheinen lässt, vgl. Pickhardt, WISU 1998, S. 386 (390); Kallmeyer, DB 1996, S. 28 (30); Laumann, in: Goutier/Knopf/Tulloch, UmwG 1995, § 190 Rn. 4 ff. Nach Auffassung der Finanzverwaltung wird auch im Falle des Formwechsels einer KG in eine GmbH Grunderwerbsteuer fällig, vgl. FinMin. Baden Württemberg, Erlass vom 12.12.1994-S 4500/43, DB 1994, S. 2592 f.; für die Verschmelzung im Wege der Aufnahme spricht beispielsweise, dass dadurch die höheren Verschmelzungskosten im Verfahren der Neugründung, aufgrund der höheren Grunderwerbssteuer, vermieden werden können, vgl. Martens, AG 2000, S. 301 (307), unter Verweis auf den Verschmelzungsbericht der VIAG AG auf die VEBA AG. Durch Umwandlung einer GmbH in eine AG kann dem ständig wachsenden Kapitalbedarf Rechnung getragen werden, vgl. Lutter, in: Lutter, UmwG 2000, Einl. Rn. 2; vgl. weiterhin auch Mengel, S. 49 f. Umgekehrt kann durch Umwandlung einer AG in eine GmbH schneller agiert und reagiert werden, da die GmbH nicht über die Trennung der Leitungs- und Kontrollebene verfügt, sondern dort die Gesellschafter unmittelbar auf die Geschäftsführung Einfluss nehmen können. Darüber hinaus entfällt bei Gesellschaften mit beschränkter Haftung mit bis zu 500 (kritisch zur Festsetzung solcher festen Zahlengrößen, Henssler, ZfA 2000, S. 241 [245]) Arbeitnehmern (vgl. § 77 Abs. 1 S. 1 BetrVG 1952) durch den Wegfall der Arbeitnehmervertreter im Aufsichtsrat auch ein Teil der Einflussmöglichkeit der Arbeitnehmerseite auf unternehmerische Gestaltungsüberlegungen, vgl. hierzu auch die Entscheidung des OLG Naumburg, Urteil vom 06.02.1997, DB 1997, S. 466 (467); kritisch zur Entscheidung des OLG Naumburg, Henssler, ZfA 2000, S. 241 (243, 258 f.); Trölitzsch, Anmerkung zu OLG Naumburg, Urteil vom 06.02.1997 – 7 U 236/96, WiB 1997, S. 866, bemerkt, dass der Wegfall der unternehmerischen Mitbestimmung nach § 77 BetrVG 1952 vom Gesetzgeber bewusst in Kauf genommen wurde. Dies zeige das § 325 UmwG eine Mitbestimmungsbeibehaltung nur für Abspaltungen oder Ausgliederungen, nicht aber im Falle des Formwechsels vorsähen; ferner Brinkmann, S. 36; Decher, in: Lutter, UmwG 2000, Vor § 190 Rn. 20 ff.; Küller, IDW 1993, S. 133 (142); Nielebock, ArbuR 1999, S. 329; vgl. auch Kallmeyer, ZIP 1994, S. 1746 (1751).

mungs-[163] und Publizitätsregelungen, Finanzierungsregelungen[164] sowie Finanzierungsabsichten über den offenen Kapitalmarkt, geben in zahlreichen Fällen den Anstoß für eine Reorganisation eines Unternehmens.[165] Teilweise wird unter Verlagerung oder Reduzierung anderweitiger Produktions- und Personalkapazitäten versucht, die Wettbewerbsfähigkeit und Marktposition zu stärken sowie Synergieeffekte[166] und andere wirtschaftliche Vorteile zu erzielen. Ferner sind neben unternehmerischen Verbund- und Ergänzungseffekten vor allem Abrundungs- und Diversifikationsvorstellungen, wie beispielsweise der Erwerb zusätzlichen Know-hows, die gemeinsame Nutzung von Patenten und neuer Technologien sowie die Erreichung von Markt-, Kapazitäts- und Produkterweiterungen, die bessere Ausnutzung vorhandener Vertriebsnetze als mögliche Motive für eine Unternehmensumwandlung zu nennen.[167]

Unter betriebswirtschaftlichen Aspekten kann das mit einer Umwandlung verfolgte Oberziel wie folgt definiert werden: Ziel ist die Suche nach der nutzenmaximalen Organisationsform des Unternehmens in dem Sinne, die kontinuier-

---

163 Unternehmensumstrukturierungen die auf einen Ausstieg aus einem Mitbestimmungsstatut abzielen, vgl. dazu ausführlich Henssler, ZfA 2000, S. 241 ff.

164 Vgl. Brinkmann, S. 33 f.; eine Spaltung kann einen Weg zur Sanierung eines Unternehmens bilden, wenn diese beispielsweise dazu führt, dass ein Betriebsteil leichter veräußert werden kann, Nagl, DB 1996, S. 1221; Dietz, S. 1.

165 Pickhardt, WISU 1998, S. 386; Arens/Spieker, S. 23; Mengel, S. 45 f., spricht von ganzen Motivbündeln. Die Vor- und Nachteile der jeweiligen Rechtsform müssen daher gründlich abgewogen werden.

166 Zur Terminologie, vgl. Ossadnik, DB 1997, S. 885: Unter Synergie bzw. Synergieeffekten ist ein Vorgang zu verstehen, bei dem das Ergebnis des Zusammenwirkens einzelner Teile die Summe der Einzelergebnisse dieser Teile übersteigt. So sind insbesondere Verschmelzungen oftmals durch die Erwartung solcher positiver Synergien motiviert, vgl. Ossadnik, aaO. Das Umwandlungsinstrument der Spaltung als Gegenstück zur Verschmelzung kann beispielsweise dazu eingesetzt werden, erfolglose Verschmelzungen bei denen sich die erhofften Synergieeffekte nicht realisiert haben, rückgängig zu machen, vgl. Geck, DStR 1995, S. 416 (417).

167 Picot, S. 6; Ross, S. 4 f.; Sagasser/Ködderitzsch, in: Sagasser/Bula/Brünger, I 1 ff.; Limmer, S. 1 f.; Bermel, in: Goutier/Knopf/Tulloch, UmwG, Einführung Rn. 5 ff.; Verschmelzungen werden daher zunehmend als Transaktionsform genutzt, um bei stetig wachsender Globalisierung des Wettbewerbs einen Wechsel des strategischen Unternehmensprofils zu erreichen, vgl. Ossadnik, DB 1997, S. 885.

liche Aktivität des Unternehmens zu sichern und die größte Rentabilität des investierten Kapitals zu gewährleisten.[168]

Bei den Gestaltungsüberlegungen kann auch die Namensgebung eine besondere Rolle bei einer Unternehmensumwandlung spielen, wenn diese Einfluss auf das Kaufverhalten der Kunden haben kann. Hier ist insbesondere an Produkte imageträchtiger Unternehmen zu denken, die die Kaufentscheidung des Kunden möglicherweise unterstützen und beschleunigen können. Verschmelzungen können daher dazu genutzt werden, dass sich ein Unternehmen die Firma und damit das Image eines anderen Unternehmens eröffnen will, um neue Absatzmöglichkeiten zu schaffen oder aber umgekehrt bei fehlendem oder schlechtem Image selbst nicht in Erscheinung zu treten.[169]

Bei Kapitalgesellschaften ermöglicht die Trennung von Kapital und Management einen leichteren Austausch des Managements[170] zum einen, und zum anderen höhere Anreize zum Wechsel für Spitzenkräfte.[171]

Neben steuer- oder haftungsrechtlichen Aspekten werden, für Fragen der Unternehmensstruktur, arbeitsrechtliche Implikationen immer bedeutsamer. Diese können oftmals für die Arbeitnehmerschaft große Nachteile mit sich bringen. So

---

168 Vgl. Aufermann, S. 87; Pickhardt, WISU 1998, S. 386; nach Osterloh/Frost, S. 17, ist das unternehmerische Umfeld heute gekennzeichnet durch „Globalisierung der Märkte bei einer gleichzeitig immer differenzierter werdenden Segmentierung der Kundengruppen, Deregulierung des Wettbewerbs, schnell wechselnde Präferenzen der Kunden und kürzere Produktlebenszyklen, vielfältige Vernetzungsmöglichkeiten aufgrund neuer Informationstechnologien.
Unternehmen müssen heute nicht nur durchschlagende Qualitäts- und Serviceverbesserungen, Kostensenkungen und Zeiteinsparungen gleichzeitig erreichen. Sie müssen darüber hinaus dafür Sorge tragen, dass sie Fähigkeiten zur Innovation von Produkten und Dienstleistungen entwickeln, damit sie auch in Zukunft im Wettbewerbsumfeld bestehen können."

169 Pickhardt, WISU 1998, S. 386.

170 Das Prinzip der Fremdorganschaft bietet daher bei Kapitalgesellschaften den Vorteil, dass das Know-how Dritter für das Unternehmen nutzbar gemacht werden kann, vgl. Pickhardt, WISU 1998, S. 386 (390); vgl. auch Brinkmann, S. 33.

171 Vgl. die unternehmerischen Gründe für eine Umwandlung bei Lutter, in: Lutter, UmwG 2000, Einl. Rn. 2 ff.; Pickhardt, WISU 1998, S. 386 (388), als vorteilhaft erweist sich auch die Möglichkeit der Einrichtung von Mitarbeiterbeteiligungen über die Abgabe börsennotierter Aktien und die vereinfachte Finanzierungsmöglichkeit von Übernahmetransaktionen durch Kauf gegen Anteile anstelle Kauf gegen bar.

können beispielsweise Vermögensaufteilungen und Haftungsbeschränkungen dazu führen, dass die Arbeitnehmer bei betrieblichen Leistungen lediglich auf „ihr“ Unternehmen Zugriff nehmen können. Dies kann gerade dann problematisch sein, wenn das werthaltige Vermögen in eine separate Besitzgesellschaft ausgegliedert wird, und die den Arbeitnehmern zur Verfügung stehende Vermögensmasse der Betriebsgesellschaft vergleichsweise gering ist.[172]

Bei den Personalplanungsberatern setzt sich ferner zunehmend die Erkenntnis durch, dass auch innerbetriebliche Aufgaben von spezialisierten externen Dienstleistungsunternehmen kostengünstiger, fachkundiger und flexibler erfüllt werden können als von eigenen Mitarbeitern.[173] Nicht nur in Großunternehmen erweist sich daher der innerbetriebliche Fremdfirmeneinsatz als erfolgreiches Konzept, den hohen Personal- und Personalnebenkosten entgegenzuwirken.[174]

Statt selbst Arbeitnehmer mit der Erbringung von Hilfsfunktionen zu beschäftigen, werden vielfach Dienstleistungen ausgegliedert und hinzugekauft („make or buy“).[175] Das sogenannte Outsourcing zieht immer größere Kreise, so dass zahlreiche Unternehmen diesem Trend bereits folgen, ohne die möglichen Risiken zu erkennen und mit möglichen Chancen sorgfältig abzuwägen.[176]

Gerade bei dem Rechtsinstitut der Spaltung kann durch die Gestaltung kleinerer Unternehmenseinheiten auch eine Reduzierung arbeitsrechtlicher Schutzmecha-

---

172 Dies trifft gerade die Arbeitnehmer, da andere Gläubiger des Teil-Unternehmens wie Warenlieferanten und Kreditgeber von der Möglichkeit Gebrauch machen werden, ihre Forderungen durch Eigentumsvorbehalte und andere Sicherheiten aus der Besitzgesellschaft abzusichern, vgl. Wendeling-Schröder, NZA 1984, S. 247; vgl. Blank/ Blanke/ Klebe/ Kümpel/Wendeling-Schröder/Wolter, S. 33 f., S. 69; Brinkmann, S. 61, 204 ff.; Nielebock, ArbuR 1999, S. 329 (330); zur Sicherung der Gläubigerinteressen der Arbeitnehmer im Falle der Spaltung wurden deshalb die Regelungen der §§ 133, 134 UmwG aufgenommen.

173 Vgl. Dauner–Lieb, NZA 1992, S. 817.

174 Vgl. Henssler, NZA 1994, S. 294 f.

175 Vgl. Düwell, in : Kasseler Handbuch zum Arbeitsrecht, Band 2, 6.8 Rn. 2; Kittner, ArbuR 1998, S. 98; neue Rationalisierungsstrategien und Managementmethoden werden zudem in den Unternehmen und Betrieben zunehmend erprobt und gezielt eingesetzt, um die Effizienz zu erhöhen, vgl. Nielebock, ArbuR 1999, S. 329.

176 Vgl. Trittin, AiB 1996, S. 396, vgl. eingehend zum sogenannten Outsourcing ferner Düwell, in: Festschrift Dieterich, S. 101 ff.; vgl. ferner Plander, NZA 2000, S. 393 (399), zu den heute als fortschrittlich geltenden Managementkonzepten wie total quality management, lean production und Business Reengineering.

nismen erzielt werden, indem etwa – von der Anzahl der Mitarbeiter abhängige - Schwellenwerte, die für das Eingreifen individual- und kollektivarbeitsrechtlicher Normen von entscheidender Bedeutung sind, unterlaufen werden.[177] Immer häufiger sind es auch tarifrechtliche Erwägungen – nämlich die „Flucht" vor tarifvertraglichen Verpflichtungen –, die zu einer Ausgliederung führen. Die Ausgliederung kann nämlich gerade dazu dienen, einzelne Funktionsbereiche eines Betriebes aus dem Geltungsbereich eines kostenintensiveren in den eines kostengünstigeren Tarifvertrages zu überführen.[178]

---

177 Vgl. Mengel, S. 48; Brinkmann, S. 35; Henssler, NZA 1994, S. 294 (295).; Düwell, NZA 1996, S. 393 (395), weist darauf hin, dass die Schwellenzahl für die Betriebsratsfähigkeit gem. § 1 BetrVG, oder für die Mitbestimmung bei personellen Einzelmaßnahmen sowie die Sozialplanpflichtigkeit von Betriebsänderungen (§§ 99, 111 BetrVG) unterschritten werden kann. Auch kann es zum Wegfall des Wirtschaftsausschusses kommen, da nach § 106 Abs. 1 BetrVG hierfür mehr als einhundert ständig beschäftigte Arbeitnehmer erforderlich sind. In diesem Fall kann jedoch gem. § 325 Abs. 2 UmwG auch bei Absinken unter diese Schwellenwerte durch Betriebsvereinbarung oder tarifliche Regelung der Erhalt von bisherigen Mitbestimmungsrechten des Betriebsrats vereinbart werden.

178 Vgl. Buchner, GmbHR 1997, S. 377 (378); so kann der Geltungsbereich eines anderen Tarifvertrages unter Umständen dazu führen, dass dieser weniger aufwendige und eventuell auch hinsichtlich der tariflich vereinbarten Arbeitszeitmodalitäten beweglichere Tarifregelungen bereithält. Kania (DB 1995, S. 625) macht in diesem Zusammenhang darauf aufmerksam, dass im Falle einer Unternehmensspaltung i.S. der §§ 123 ff. UmwG die maßgebliche Bestimmung des § 613 a Abs. 1 BGB grundsätzlich dann Anwendung findet, soweit diese zum Übergang eines Betriebs- oder Betriebsteils führt. Dies ergibt sich zwar nicht eindeutig aus dem Gesetzeswortlaut des § 324 UmwG, entspricht aber dem Willen des Gesetzgebers. Ausdrücklich heißt es in der Gesetzesbegründung, dass falls durch die Abspaltung oder Ausgliederung eines Betriebes oder Betriebsteils dessen Arbeitnehmer unter den Geltungsbereich eines anderen Tarifvertrages fallen, die Weitergeltung von Tarifverträgen bereits durch § 613 Abs. 1 S. 2 BGB geregelt wird und deshalb eine Änderung des Tarifvertragsrechts entbehrlich ist (vgl. BT-Drucks. 12/6699, S. 78). Soweit die Rechte und Pflichten durch Rechtsnormen eines Tarifvertrags oder durch eine Betriebsvereinbarung geregelt sind, so werden diese Rechtsnormen gem. § 613 Abs. 1 S. 2 BGB auch Inhalt des Arbeitsverhältnisses zwischen dem neuen Inhaber und dem Arbeitnehmer. Eine solche kollektivrechtliche Tarifgebundenheit des Erwerbers setzt beim Verbandstarifvertrag allerdings voraus, dass der Erwerber Mitglied im selben Arbeitgeberverband wie der Veräußerer ist und der Erwerberbetrieb vom fachlichen und räumlichen Geltungsbereich des Tarifvertrags erfasst wird. Genau diese kollektivrechtliche Fortgeltung kann im Rahmen der Ausgliederung leicht umgangen werden, wenn der Erwerberbetrieb nicht Mitglied im selben Arbeitgeberverband wie der Veräußerer ist. Zudem kann häufig eine andere Tarifzuständigkeit gegeben sein. Beispiel einer Ausgliederung eines Restaurationsbetriebes aus einem Kaufhausbetrieb (nach BAG, NZA 1987, S. 593 ff.): Wird aus einem Kaufhaus der Re-

Neben diesen Überlegungen einer kostengünstigeren Gestaltung der Arbeitsbedingungen darf natürlich nicht das schlichte Argument einer möglichen Reduzierung der Stammbelegschaft durch Personalabbau (ein weiterer ganz erheblicher „Synergieeffekt" der Unternehmensumstrukturierung) außer Acht gelassen werden.[179]

III. Systematik des neuen Umwandlungsrechts

1. Gesetzesaufbau

Das Gesetz zur Bereinigung des Umwandlungsrechts ist ein sog. Artikelgesetz. Wichtigster Teil der Novelle ist Art. 1 UmwBerG, der das neue Umwandlungsgesetz (UmwG) enthält und somit das bisherige Umwandlungsgesetz vom 06.11.1969 inhaltlich vollständig neu gestaltet.

Art. 19 UmwBerG enthält eine erneute Änderung des Landwirtschaftsanpassungsgesetzes (LwAnpG). Damit soll Genossenschaften, die aus einer früheren LPG hervorgegangen sind, die Möglichkeit eröffnet werden, sich durch erneute

---

staurationsbetrieb ausgegründet, also auf einen neuen Inhaber übertragen, so unterliegt die Restaurationsabteilung nicht mehr den Einzelhandelstarifverträgen, sondern den einschlägigen Gaststättentarifverträgen. Darüber hinaus ist tarifzuständige Gewerkschaft nicht mehr die Gewerkschaft Handel, Banken und Versicherungen (HBV), sondern die Gewerkschaft Nahrung, Genuss, Gaststätten (NGG). Der Wechsel der Tarifzuständigkeit kann auf Seiten der Arbeitnehmer zu erheblichen materiellen Einbußen führen, vgl. Wendeling-Schröder, NZA 1984, S. 247 (248).

179 Vgl. Henssler, NZA 1994, S. 294; Brinkmann, S. 35; Pfeiffer, S. 1; Küller, IDW 1993, S. 133 (138); Wlotzke, DB 1995, S. 40 (41); Hjort, NJW 1999, S. 750, spricht von einer Realisierung von Kostensenkungspotentialen; ferner Plander, NZA 2000, S. 393 (395), der die Arbeitnehmerinteressen bei Umstrukturierungen beschreibt. Danach empfänden die von einer Umwandlung betroffenen Arbeitnehmer die Umstrukturierungen häufig als Bedrohung. Als Folge von Veränderungen der Arbeitsorganisation könnte es in mehrfacher Hinsicht zu einer Beeinträchtigung der Arbeitnehmerinteressen kommen. Denkbar wäre ein Wegfall attraktiver Tätigkeiten, die Aufgabe einer exponierten Stellung im Unternehmen als Folge einer Umsetzung „flacher Hierarchien", die Entwertung von Qualifikationen, Umschulungen oder Fortbildungen die sogar als überfordernd empfunden werden können, Verdiensteinbußen bis hin zu Abgruppierungen oder längere Anfahrtswege. Die Veränderungen könnten in letzter Konsequenz bis hin zum vollständigen Verlust des Arbeitsplatzes führen.

Änderung der Rechtsform in eine Personengesellschaft umzuwandeln. Art. 20 UmwBerG regelt schließlich das Inkrafttreten des Umwandlungsgesetzes.

Das Umwandlungsgesetz ist in acht Bücher gegliedert. In einer - aus gesetzessystematischen Erwägungen als Erstes Buch bezeichneten – Eingangsvorschrift werden zunächst die nach dem UmwG zulässigen Umwandlungsarten aufgeführt. Im Zweiten bis Fünften Buch werden die zugelassenen Umwandlungsmöglichkeiten im einzelnen näher geregelt. Das Sechste Buch enthält das Spruchverfahren, mit dessen Hilfe die Anteilsinhaber eines umwandelnden Rechtsträgers eine Verbesserung ihrer Umtauschverhältnisse oder die Gewährung einer Barabfindung geltend machen können. Das Siebte Buch enthält Strafvorschriften sowie die Befugnis des Registergerichts zur Festsetzung von Zwangsgeldern. Das Achte Buch enthält schließlich neben den Übergangs- und Schlussvorschriften die Aufhebung des Umwandlungsgesetzes 1969 in § 320 UmwG und in den §§ 321 bis 325 UmwG die wichtigen arbeitsrechtlichen Schutzvorschriften.

Das Zweite, Dritte und Fünfte Buch enthalten jeweils einen Ersten Teil mit Allgemeinen Vorschriften, die rechtsformunabhängig gelten und einen Zweiten Teil mit Besonderen Vorschriften, die nur für bestimmte Rechtsformen von Bedeutung sind.

Bei der Beteiligung von Rechtsträgern verschiedener Rechtsformen an einem Umwandlungsverfahren finden nach dieser vom Gesetzgeber verwandten „Baukasten“ – Technik die Vorschriften des Allgemeinen Teils und die für jede Rechtsform geltenden Spezialvorschriften des Besonderen Teils nebeneinander Anwendung.[180]

Durch die ausgeprägte Verweisungstechnik und dem Zusammenspiel verschiedener Normen versuchte der Gesetzgeber, gegenüber dem bisher geltenden Recht, Übersichtlichkeit und Anwenderfreundlichkeit zu gewährleisten.[181]

---

180 Vgl. Neye, DB 1994, S. 2069 (2070), ZIP 1994, S. 165 (166).

181 Kritisch hiezu Nagl, DB 1996, S. 1221 (1222); Bermel, in: Goutier/Knopf/Tulloch, Einführung Rn. 41; vgl. auch K. Schmidt, ZGR 1990, S. 580 (581 ff.), zum Längen- und Verweisungsproblem des UmwG; Arens/Spieker, S. 25, halten das Gesetz durch die hohe Anzahl an Querverweisungen für schwer lesbar und unhandlich; Däubler, RdA 1995, S. 136, hält gerade die arbeitsrechtlichen Vorschriften für ein vielschichtiges Gebilde, dessen Elemente nicht immer vollständig aufeinander abgestimmt sind; vgl. ferner Willemsen, RdA 1993, S. 133 (134), der schon zum Referentenentwurf bemerkt, dass

2. Umwandlungsmöglichkeiten nach dem Umwandlungsgesetz 1995

Der Begriff der „Umwandlung" wurde nach bisherigem Recht nicht als Oberbegriff für die verschiedenen gesetzlichen Umstrukturierungsmöglichkeiten verwendet, sondern stand als eine der Umstrukturierungsmöglichkeiten neben der Verschmelzung (geregelt im AktG, KapErhG, GenG und VAG) und neben der Vermögensübertragung (geregelt im VAG). Die Umwandlung nach bisherigem Recht (geregelt im AktG und im UmwG 1969) gliederte sich zum einen in die übertragende Umwandlung (diese wiederum unterteilt in verschmelzende oder errichtende Umwandlung) und zum anderen in die formwechselnde Umwandlung.

Das Umwandlungsgesetz 1995 hat zunächst eine sprachliche Korrektur dahingehend erfahren, dass nunmehr Umwandlung als Oberbegriff für die unterschiedlichen Änderungen der Gesellschaftsstruktur bzw. Gesellschaftsrechtsform verwendet wird. In der Eingangsvorschrift des § 1 UmwG werden die vier verschiedenen für Unternehmen mit Sitz im Inland zur Verfügung stehenden Grundtypen von Umwandlungsmöglichkeiten aufgeführt, nämlich die

- Verschmelzung (§§ 2 ff.),
- Spaltung (Aufspaltung, Abspaltung, Ausgliederung, §§ 123 ff.),
- Vermögensübertragung (§§ 174 ff.),
- Rechtsformwechsel (§§ 190 ff.).

Gemäß dem im Gesellschaftsrecht generell geltenden und bereits dargestellten Grundsatz des Typenzwangs ist diese Enumeration als abschließend zu betrachten.[182] Allerdings kann dieser Typenzwang nur für die Umwandlungen durch Gesamtrechtsnachfolge und nicht für die auch weiterhin möglichen Spaltungsmaßnahmen durch Einzelrechtsnachfolge außerhalb des UmwG gelten. Wie bereits beschrieben, erfasst der ausdrückliche Gesetzeswortlaut des § 1 Abs.

dieser kein geschlossenes Bild darstelle, sondern eher ein Puzzle, dessen Teile nicht recht zueinander passen.

182 Vgl. Neye, DB 1994, S. 2069 (2070).

1 UmwG als mögliche Umwandlungsobjekte nur Rechtsträger mit Sitz im Inland. Es besteht somit eine Sperre für grenzüberschreitende Umwandlungen.

Schaubild 1: Möglichkeiten der Umwandlung:

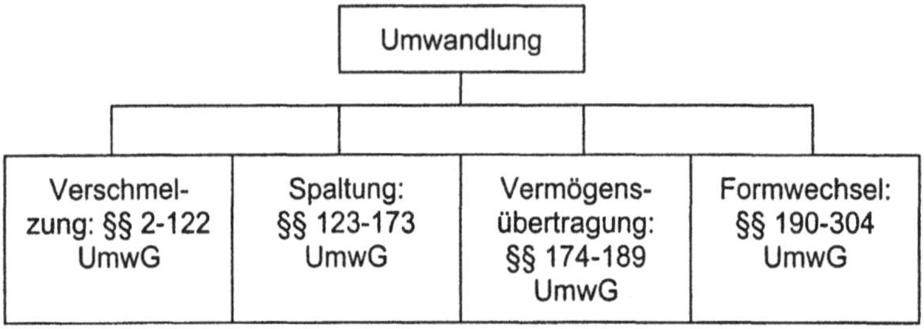

Insofern bleibt das Gesetz hinter der Fusionsbesteuerungsrichtlinie (90/434/EWG) vom 23.07.1990 zurück.[183] Trotz der Kritik an der Unzulässigkeit von Analogien[184] ist das Analogieverbot[185] des § 1 Abs. 2 UmwG, insbeson-

183 ABl. EG Nr. L 225 vom 20.08.1990, S. 1 ff.; abgedruckt bei Lutter, Europäisches Unternehmensrecht, 4. Aufl. 1996, S. 810 ff.; nach Art. 1 findet die Fusionsbesteuerungsrichtlinie auf Umwandlungen dann Anwendung, wenn daran Gesellschaften aus zwei oder mehreren Mitgliedstaaten beteiligt sind. Zur Kritik vgl. Lutter, der die Auffassung vertritt, dass grenzüberschreitende Verschmelzungen und Spaltungen im Hinblick auf Art. 52 und 58 EGV und trotz Art. 1 Abs. 1 UmwG auch nach deutschem Recht möglich sind, Lutter, Europäisches Unternehmensrecht, 4. Aufl. 1996, S. 808, ders., in: Lutter, UmwG 2000, § 1 Rn. 10 ff.

184 Hierzu insbesondere K. Schmidt, ZGR 1990, S. 580 (590 ff.), der proportional mit der Zunahme von Umwandlungsregelungen die Zulässigkeit von Analogien unterstützt; ders., IDW 1993, S. 35 (49 ff.).

185 Zur unterschiedlichen Terminologie von „umwandlungsrechtlichem Analogieverbot“ und „numerus clausus“, vgl. Leinekugel, S. 174 ff. Der gemeinsame Inhalt dieser beiden Regelungsgrundsätze bestehe zunächst darin, eine strikte Trennung zwischen den spezialgesetzlich geregelten Möglichkeiten der Umstrukturierung im Wege der Gesamtrechtsnachfolge und den außerhalb des UmwG nach wie vor möglichen Umstrukturierungsvarianten herbeizuführen. Numerus clausus und Analogieverbot im engeren Sinne seien insoweit als unterschiedliche Prägung eines übergeordneten Prinzips – strenge Trennung zwischen den Rechtstechniken technischer und wirtschaftlicher Umwandlungen – zu verstehen. Der numerus clausus sei jedoch an die spezialgesetzlich geregelten Vorgänge gebunden, wohingegen das Analogieverbot im engeren Sinne, sich auf die Umstrukturierungsmöglichkeiten nach allgemeinem Gesellschafts- und Schuldrecht beziehe.

dere im Hinblick auf den Schutz von Eigentums- und Inhaberrechten, bei der Spaltung erforderlich.[186]

Rechtstechnisch knüpft das UmwG nicht an den Begriff des Unternehmens an. Gesetzlicher Bezugspunkt ist vielmehr der Begriff des Rechtsträgers. Ob diese ein Unternehmen im betriebswirtschaftlichen und rechtlichen Sinn betreiben, ist unerheblich. Auch wenn die Umwandlungen zum Zwecke der Umstrukturierung von Unternehmen durchgeführt werden, so wird vielmehr lediglich daran angeknüpft, dass eine im Rechtsverkehr auftretende juristische Einheit an einem Umwandlungsvorgang beteiligt ist. Das Gesetz versteht unter „Rechtsträger" jeden Vollinhaber eines Rechts[187], also jede Rechtseinheit, gleich ob rechtlich verselbständigt oder nicht, die Träger von Rechten und Pflichten sein kann.[188]

Nach K. Schmidt ist der Begriff des Rechtsträgers im Gegensatz zum Unternehmen bzw. Unternehmensträger hinreichend verallgemeinerungsfähig, wie folgendes Beispiel zeigt:

Soll ein eingetragener, also nichtwirtschaftlicher Verein, im Wege des Formwechsels in eine GmbH umgewandelt werden (§ 273 UmwG), so kommt es weder GmbH-rechtlich noch umwandlungsrechtlich darauf an, ob der Verein ein Unternehmen betreibt (die GmbH kann auch nichtunternehmerische Zwecke verfolgen und ist doch stets Kaufmann; vgl. §§ 1, 13 Abs. 3 GmbHG). Es geht schlicht und einfach darum, dass der Rechtsträger (bisher Verein, künftig GmbH) seine Rechtsform verändert.[189]

186 Vgl. hiezu Nagl, DB 1996, S. 1221 (1223); vgl. ferner Ganske, WM 1993, 1117 (1120), der die Eigentumsverhältnisse in den neuen Bundesländern als warnendes Beispiel aufführt; ders., IDW 1993, S. 15 (21).

187 Begr. des Reg.-Entw. BT-Drucks 12/6699, S. 71.

188 Schwarz, DStR 1994, S. 1694 (1695); Ganske, IDW 1993, S. 15 (19), betont, dass durch die Begrifflichkeit „Rechtsträger" zugleich klargestellt wird, dass Gegenstand der Übertragungsvorgänge jeweils das Vermögen – und nicht das Unternehmen – ist.

189 Entnommen bei K. Schmidt, Gesellschaftsrecht, S. 370; ders., IDW 1993, S. 35 (43 ff.); ders., ZGR 1990, S. 580 (595 ff.); vgl. ferner Bermel, in: Goutier/Knopf/Tulloch, UmwG 1995, § 1 Rn. 3; Joost, ZIP 1995, S. 976 (977 f.); Brinkmann, S. 210; Mertens, AG 1994, S. 66 (75). Der Begriff des Rechtsträgers bezeichnet die juristische Einheit, die Inhaberin des Unternehmens ist, also die GmbH, die AG usw. Aus Gründen der Klarheit sollte anstatt von Rechtsträgern von der jeweiligen Gesellschaft die Rede sein, vgl. Kiem, S. 3.

Maßgeblich für die Beurteilung der arbeitsrechtlichen Konsequenzen einer Unternehmensumwandlung ist die Trennung zwischen den auf gesellschaftsrechtlicher Ebene sich vollziehenden Umwandlungen und den innerhalb des Unternehmens stattfindenden Betriebsänderungen. Die Mechanismen des UmwG finden daher nur dann Anwendung, wenn sich die Strukturveränderung auf die rechtlichen Verhältnisse der Gesellschaft selbst bezieht. Strukturveränderung innerhalb eines Unternehmens, die sich nicht auf der Ebene des Rechtsträgers selbst abspielen, sondern sich nur auf einzelne Bestandteile seines Vermögens beschränken und dort auswirken, werden von vornherein nicht vom Anwendungsbereich des UmwG erfasst. Bildlich ausgedrückt regelt der sachliche Anwendungsbereich des UmwG Strukturveränderungen am Unternehmen, nicht aber im Unternehmen.[190]

Diese Unterscheidung zwischen umwandlungsrechtlichen, unternehmensbezogenen und betriebsverfassungsrechtlich relevanten Änderungen auf Betriebsebene wird auch durch den aufgrund von Art. 13 UmwBerG neugefassten § 106 Abs. 3 Nr. 8 BetrVG deutlich: „Zusammenschluss oder Spaltung von *Unternehmen* oder *Betrieben*".[191]

Verschmelzung, Spaltung und Vermögensübertragung sind Umwandlungsmöglichkeiten, bei denen zumindest ein Teil des Gesellschaftsvermögens übertragen wird. Bei der letzten Umwandlungsmöglichkeit, dem Formwechsel, findet lediglich eine Änderung der Rechtsform bzw. ein Wechsel des Rechtskleides statt. Eine Vermögensübertragung findet dabei nicht statt. Im Fall der übertragenden Umwandlung vollzieht sich die Vermögensübertragung im Wege einer auf

---

190 Vgl. Willemsen, NZA 1996, S. 791 (792).

191 Vgl. Düwell, in : Kasseler Handbuch zum Arbeitsrecht, Band 2, 6.8 Rn. 19. Nicht jede Unternehmensumwandlung ist zugleich eine Betriebsänderung im Sinne des BetrVG. Umgekehrt gibt es eine Vielzahl von Betriebsänderungen, die vollständig außerhalb des UmwG abgewickelt werden, selbst wenn dabei das gesamte Unternehmen umstrukturiert wird. Es handelt sich vielmehr bildlich gesprochen um zwei eigenständige, sich lediglich teilweise überschneidende, Rechtskreise; vgl. Willemsen, RdA 1998 S. 23 (29), spricht in diesem Zusammenhang auch von Einheits- und Trennungstheorie; NZA 1996 S. 791 (795, 798); ferner Willemsen, in: Kallmeyer, UmwG 1997, § 5 Rn. 48; Willemsen, in: Willemsen/Hohenstatt/Schweibert, B 6; Joost, ZIP 1995 S. 976 (977); vgl. ferner eingehend S. 193.

Rechtsgeschäft basierenden - von der Umwandlungsart abhängigen – vollständigen oder partiellen Gesamtrechtsnachfolge.[192]

Der übernehmende Rechtsträger tritt – etwa mit der erbrechtlichen Gesamtrechtsnachfolge vergleichbar – mit Eintragung im Handelsregister kraft Gesetzes in die Rechte und Pflichten des übertragenden Rechtsträgers ein (vgl. § 20 Abs. 1 Nr. 1 und 2 UmwG).

Ausgenommen von der Gesamtrechtsnachfolge ist allerdings der Übergang von Rechten, die nicht ohne weiteres übertragbar sind, wie beispielsweise die Mitgliedschaft in einem Arbeitgeberverband.[193] Ein solcher Übergang wäre andern-

---

192 Begründung zum Regierungsentwurf, BT-Drucks. 12/6699, S. 72 und 118; Boecken S. 10; Ganske, WM 1993, S. 1117 (1121); Neye, in: Lutter (Hrsg.), Kölner Umwandlungsrechtstage, S. 1 (10 f.).

193 Vgl. BAG, NZA 1994, 948 (950); für die Anwendbarkeit von Verbandstarifverträgen ist die Mitgliedschaft im Arbeitgeberverband Voraussetzung. Diese genau ist aber höchstpersönlicher Natur und unterliegt deshalb grundsätzlich nicht der Gesamtrechtsnachfolge. Eine Ausnahmen vom Grundsatz der Unübertragbarkeit gilt nur, wenn der Arbeitgeberverband nach §§ 38, 40 BGB in seiner Satzung den Übergang der Verbandsmitgliedschaft vorgesehen hat.; vgl. Dehmer, UmwG 1996, § 20 Rn. 83; Löwisch/Rieble, in: Münchener Handbuch zum Arbeitsrecht, Band 3, § 267 Rn. 12 f.; Gaul, NZA 1995, S. 717 (719); Kreßel, BB 1995, S. 925 (930); Düwell, in: Rieder (Hrsg.), Betriebsübergang (§ 613a BGB), S. 193 (224); Erman/Hanau, § 613a Rn. 71 ff.; Gamillscheg, S. 790; Joost, Kommentar zu BAG, Urteil vom 24.06.1998, in: EWiR 1999, S. 183 (184); Mayer, in: Widmann/Mayer, UmwG, § 5 Rn. 186, § 126 Rn. 190; Bauer/Lingemann, NZA 1994, S. 1057 (1062). Solange der Rechtsnachfolger nicht selbst Mitglied des Arbeitgeberverbandes wird, folgt die Anwendung des Verbandstarifvertrages also nicht aus § 4 Abs. 1 S. 1 TVG (vgl. Gaul, aaO.); Düwell, NZA 1996, S. 393 (394 f.); ders., in : Kasseler Handbuch zum Arbeitsrecht, Band 2, 6.8 Rn. 21; vgl. auch Wlotzke, DB 1995, S. 40 (41). Anders ist jedoch die Situation beim Firmentarifvertrag. Wer durch Rechtsgeschäft oder durch rechtsgeschäftlich veranlasste Gesamtrechtsnachfolge ein Unternehmen erwirbt, muss auch die in dieser Organisation geltenden Vorschriften gegen sich gelten lassen. Bei der Frage der Weitergeltung von Firmentarifverträgen ist zu beachten, dass diese zwischen den einzelnen Arbeitgebern und der Gewerkschaft abgeschlossen werden. Die Verpflichtung des Arbeitgebers zur Beachtung der normativen als auch schuldrechtlichen Verpflichtung des Tarifvertrags folgt unmittelbar aus § 3 Abs. 1 TVG. Da es sich nicht um eine höchstpersönliche Verpflichtung des Rechtsvorgängers handelt, kann der Rechtsnachfolger auch unmittelbar in die tarifvertragliche Rechtsstellung des Vorgängers (§ 3 Abs. 1 TVG) eintreten, vgl. Gaul, NZA 1995, S. 717 (722); ders. DB 1980, S. 98 (102); Müller, RdA 1996, S. 287 (288); Däubler, RdA 1995, S. 136 (140); Boecken, S. 138; Wiedemann/Stumpf, in: TVG, § 3 Rn. 73; Lutter, in: Lutter, UmwG 2000, § 5 Rn. 45; Düwell, in: Festschrift Dieterich, S. 101 (120); vgl. auch ausdrücklich zur Weitergeltung eines Firmentarifvertrages bei Unternehmensverschmelzung, BAG, Urteil vom 24.06.1998 – 4 AZR 208/97, ArbuR 1999, S. 151 f., so-

falls mit der negativen Koalitionsfreiheit des neuen Rechtsträgers unvereinbar.[194]

a. Verschmelzung

Das in der Überblicksvorschrift des § 1 Abs. 1 Nr. 1 UmwG aufgeführte Umwandlungsinstitut der Verschmelzung von Rechtsträgern ist im einzelnen im Zweiten Buch in den §§ 2 bis 122 UmwG geregelt. Nach § 2 UmwG ist unter Verschmelzung die Übertragung des Vermögens eines oder mehrerer Rechtsträger durch Gesamtrechtsnachfolge auf einen bereits bestehenden – dann Verschmelzung durch Aufnahme gem. § 2 Nr. 1 UmwG – oder dadurch neu gegründeten Rechtsträger – dann Verschmelzung durch Neugründung gem. § 2 Nr. 2 UmwG – unter Auflösung ohne Liquidation zu verstehen. Als Gegenleistung für die Übertragung werden den Anteilsinhabern des oder der übertragenden Rechtsträger(s) Anteile oder Mitgliedschaftsrechte an dem übernehmenden oder neuen Rechtsträger gewährt.

Die Verschmelzung erfolgt nach § 2 Nr. 1 UmwG als Verschmelzung zur Aufnahme.

Schaubild 2:

Die Verschmelzung kann auch nach § 2 Nr. 2 UmwG als Verschmelzung zur Neugründung durchgeführt werden. Dabei wird das Vermögen der übertragenen

wie die Pressemitteilung 38/98, BB 1998, S. 1537 = DB 1998, S. 1423 = ZIP 1998, A 59; grundsätzlich zustimmend Mengel, Anmerkung zu BAG, Urteil vom 24.06.1998 – 4 AZR 208/97, ArbuR 1999, S. 152 (154 f.); **a.A.**: Bermel/Hannappel, in: Goutier/Knopf/Tulloch, UmwG 1995, § 5 Rn. 79; Hanau, ZGR 1990, S. 548 (554 f.).

194 So BAG AP Nr. 42 zu § 1 Betr AVG Zusatzversorgungskassen; BAG AP Nr. 14 zu § 3 TVG Verbandszugehörigkeit; Joost, ZIP 1995, S. 976 (979): Lutter, in: Lutter, UmwG 2000, § 5 Rn. 45.

Rechtsträger auf einen von diesen begründeten gemeinsamen Rechtsträger übertragen.

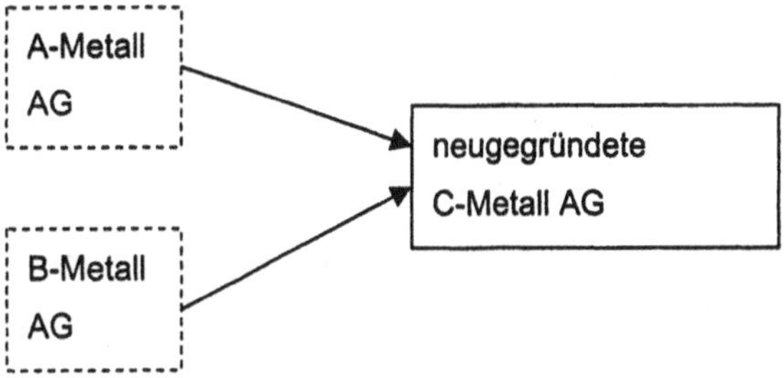

Der oder die übertragende(n) Rechtsträger erlöschen gemäß § 20 Abs. 1 Nr. 2 UmwG mit der nach § 19 UmwG vorzunehmenden Eintragung der Verschmelzung in das Register des Sitzes des übernehmenden Rechtsträgers. Der Durchführung eines gesonderten Liquidationsverfahrens bedarf es nicht. Nach § 20 Abs. 1 Nr. 1 UmwG geht das Vermögen des übertragenden Rechtsträgers, mitsamt der Verbindlichkeiten, im Wege der Gesamtrechtsnachfolge auf den übernehmenden Rechtsträger über.

Bislang konnten nur Kapitalgesellschaften, bergrechtliche Gewerkschaften, Genossenschaften und Versicherungsvereine auf Gegenseitigkeit miteinander verschmolzen werden. Für Personenhandelsgesellschaften bestand diese Möglichkeit nicht, woran in der Praxis wiederholt Anstoß genommen wurde.[195] Durch § 3 UmwG ist der Kreis der verschmelzungsfähigen Rechtsträger insbesondere auf Personenhandelsgesellschaften und eingetragenen Vereine erheblich ausgedehnt worden. Schließlich wurde durch das am 01.08.1998 in Kraft getretene Gesetz zur Änderung des Umwandlungsgesetzes, des Partnerschaftsgesellschaftsgesetzes und anderer Gesetze vom 22.07.1998[196], die Partnerschaftsgesellschaft in den Kreis der umwandlungsfähigen Rechtsträger aufgenommen. In § 3 Abs. 1 Nr. 1 UmwG wird daher nunmehr auch die Partnerschaftsgesellschaft[197] als ver-

195 Vgl. nur Kallmeyer, GmbHR 1993, S. 461 (463).

196 BGBl. I S. 1878. Vgl. zum Referentenentwurf eines Ersten Gesetzes zur Änderung des Umwandlungsgesetzes, Neye, ZIP 1997, S. 722 ff.

197 Nach dem Gesetz über Partnerschaftsgesellschaften Angehöriger freier Berufe (Partnerschaftsgesellschaftsgesetz – PartGG) vom 25.07.1994, BGBl. I S. 1744, können sich die Angehörigen freier Berufe zu solchen Gesellschaften zusammenschließen, um gemeinsam ihren Beruf auszuüben. Die neue Gesellschaftsform stieß in der Praxis auf Akzeptanz, so dass bereits im ersten Jahr seit Inkrafttreten des Gesetzes rund 250 Partnerschaftsgesellschaften eingetragen wurden, vgl. Neye, ZIP 1997, S. 722 Fn. 5.

schmelzungsfähiger Rechtsträger expressis verbis aufgeführt.[198] Nach der ausdrücklichen Fassung des § 3 Abs. 4 UmwG sind nunmehr auch Mischverschmelzungen von Rechtsträgern unterschiedlicher Rechtsform möglich. Sachlich hat der Vorgang der Verschmelzung keine wesentlichen Änderungen erfahren.[199]

Die Verschmelzung wird nach § 4 UmwG auf der Grundlage eines Verschmelzungsvertrages durchgeführt, der zwischen den Vertretungsorganen der an der Verschmelzung beteiligten Rechtsträger abgeschlossen wird. Der Verschmelzungsvertrag muss die in § 5 Abs. 1 UmwG aufgeführten Mindestangaben enthalten.

b. Spaltung

Die Spaltung ist im Dritten Buch des UmwG in den §§ 123 bis 173 geregelt. Das Umwandlungsgesetz unterscheidet in den §§ 1 Abs. 1 Nr. 2, 123 Abs. 1 bis 3 UmwG drei Unterformen der Spaltung, nämlich die Aufspaltung, Abspaltung und Ausgliederung. Das Gesetz enthält keine Definition der Spaltung im Sinne eines Oberbegriffs. Kennzeichnend für alle drei Spaltungsvarianten ist die Trennung von Vermögensteilen durch Zuordnung zu verschiedenen Rechtsträgern. Die Verschmelzung ist die Vereinigung von Vermögen, wohingegen die Spaltung als Gegenstück[200] zur Verschmelzung die Trennung von Vermögen darstellt. Sämtliche Spaltungsvarianten verbindet mit der Verschmelzung, dass die sich Übertragung von Vermögen ausschließlich aufgrund der Rechtsakte der Umwandlung vollzieht, ohne dass nach den allgemeinen zivilrechtlichen Vorschriften eine Einzelübertragung der jeweiligen Vermögensgegenstände erfor-

---

198 Wegen der den Personenhandelsgesellschaften ähnlichen rechtlichen Ausgestaltung werden den Partnerschaften grundsätzlich dieselben Umwandlungsmöglichkeiten zur Verfügung gestellt. Eine grundlegende Einschränkung ergibt sich jedoch dahingehend, dass nach dem PartGG die Partnerschaft nur natürlichen Personen eingeräumt wird, die sich gem. § 1 Abs. 1 PartGG zur Ausübung eines freien Berufs zusammengeschlossen haben, vgl. Neye, DB 1998, S. 1649 (1650).

199 Neye, DB 1994, S. 2069 (2070); ZIP 1994, S. 165 (166); Ganske, WM 1993, S. 1117 (1118); Schwarz, DStR 1994, S. 1694 (1698); Streck/Mack/Schwedhelm, GmbHR 1995, S. 161; Mengel, S. 28.

200 Vgl. Kallmeyer, ZIP 1994, S. 1746 (1748); Teichmann, in: Lutter, UmwG 2000, § 123 Rn. 18; Nagl, DB 1996, S. 1221; Lüttge, NJW 1995, S. 417 (421); Mengel, S. 29; Zöllner, AG 1994, S. 336 (340).

derlich wäre. Darüber hinaus erfolgt die Übertragung immer gegen Gewährung von Anteilen oder Mitgliedschaften an den übernehmenden Rechtsträgern. Da sich der Vermögensübergang immer nur auf Teile des Vermögens des sich spaltenden Rechtsträgers erstreckt, handelt es sich im Gegensatz zur Verschmelzung nicht um eine Gesamtrechtsnachfolge, sondern um eine Sonderrechtsnachfolge (partielle Gesamtrechtsnachfolge).[201]

Schaubild 3: Das UmwG unterscheidet drei Unterformen der Spaltung:

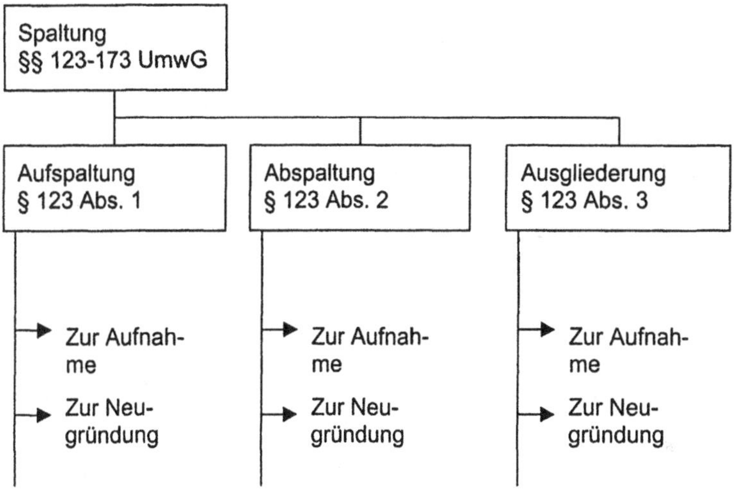

aa. Die Aufspaltung

Die Aufspaltung[202] nach § 123 Abs. 1 UmwG ist das genaue Spiegelbild der Verschmelzung.[203] Der sich aufspaltende Rechtsträger überträgt sein gesamtes

201 Vgl. Kallmeyer, ZIP 1994, S. 1746 (1748); Teichmann, in: Lutter, UmwG 2000, § 123 Rn. 18; Nagl, DB 1996, S. 1221 (1223).

202 Die Aufspaltung dient häufig der Schwächung bzw. Zerschlagung der Interessenvertretung auf der Ebene des Betriebs und des Unternehmens, vgl. Blank/ Blanke/ Klebe/ Kümpel/ Wendeling-Schröder/ Wolter, S. 72.

203 Vgl. Kallmeyer, ZIP 1994, S. 1746 (1748); Willemsen, NZA 1996, 791 (793), spricht von einer „Verschmelzung rückwärts".

Vermögen auf mindestens zwei übernehmende Rechtsträger gegen Gewährung von Anteilen oder Mitgliedschaftsrechten dieses Rechtsträgers (gemeint ist der übernehmende Rechtsträger) an die Anteilsinhaber des übertragenden Rechtsträgers. Die sich aufspaltende Gesellschaft wird aufgelöst und erlischt gem. § 131 Abs. 1 Nr. 2 UmwG mit der Eintragung der Aufspaltung im Handelsregister.

bb. Die Abspaltung

Im Gegensatz zur Aufspaltung wird bei der Abspaltung gem. § 123 Abs. 2 UmwG nicht das gesamte Vermögen des übertragenden Rechtsträgers verteilt[204], sondern der abspaltende Rechtsträger überträgt einen oder mehrere Vermögensteil(e) des Aktiv- und Passivvermögens, insbesondere Betriebe oder Betriebsteile, auf einen bzw. mehrere bereits bestehende Rechtsträger – dann Abspaltung durch Aufnahme – oder auf einen bzw. mehrere dadurch neu gegründete(n) Rechtsträger – dann Abspaltung durch Neugründung. Da der abspaltende Rechtsträger nur einen Teil seines Vermögens überträgt und dementsprechend nicht aufgelöst wird, bleibt dieser bestehen.

Auch bei der Abspaltung erwerben die Anteilsinhaber/Gesellschafter des übertragenden Rechtsträgers als Gegenleistung nach dem im Spaltungsvertrag ausgewiesenen Verhältnis Anteile oder Mitgliedschaften an den/dem aufnehmenden Rechtsträger(n).

Im Ergebnis unterscheidet sich die Abspaltung daher nicht von der Aufspaltung. Im direkten Vergleich zur Aufspaltung erscheint jedoch die Abspaltung, indem sie eine vollständige Vermögensübertragung und eine Auflösung des Rechtsträ-

204 In der Praxis führt dies zu einer Privilegierung im Vergleich zur Aufspaltung und gibt dem Rechtsinstitut eine größere wirtschaftliche Bedeutung, vgl. Teichmann, in: Lutter, UmwG 2000, § 123 Rn. 21; Willemsen, NZA 1996, 791 (793). Dies gilt ferner auch deshalb, weil die Übertragung von Grundstücken auch weiterhin der Grunderwerbssteuer unterfällt. Im Gegensatz zur Aufspaltung kann die anfallende Grunderwerbssteuer bei einer Realisierung des Abspaltungsmodells dann vermieden werden, wenn die Immobilien bei der Ursprungsgesellschaft zurückbehalten werden. Dieser grunderwerbssteuerliche Aspekt stellt daher einen steuerlichen Vorteil der Abspaltung gegenüber der Aufspaltung dar, vgl. Herzig/Momen, DB 1994, S. 2210 (2213).

gers erspart, in der Beratungspraxis die rationellere und deshalb bedeutsamere Spaltungsvariante.[205]

cc. Ausgliederung

Bei der Ausgliederung gem. § 123 Abs. 3 UmwG bleibt der übertragende Rechtsträger wie bei der Abspaltung bestehen. Von der Abspaltung ihrerseits unterscheidet sich die Ausgliederung jedoch dahingehend, dass die den Umwandlungsvorgang ausgleichende Gewährung von Mitgliedschaftsrechten bzw. Gesellschaftsanteilen an dem aufnehmenden Rechtsträger bzw. den aufnehmenden Rechtsträgern nicht den Gesellschaftern bzw. Anteilsinhabern des übertragenden Rechtsträgers zukommen, sondern unmittelbar in das Vermögen des übertragenden Rechtsträgers gelangen. Die Beteiligungsverhältnisse der Anteilsinhaber am übertragenden Rechtsträger bleiben unberührt, der Vorgang ändert an ihrer rechtlichen Stellung daher nichts. Die Ausgliederung ist damit kein Fall der eigentlichen „Spaltung", sondern steht neben der Auf- und Abspaltung als eigenständiges Rechtsinstitut.[206]

Der Unterschied zwischen Abspaltung und Ausgliederung kann im wesentlichen so formuliert werden, dass die Abspaltung horizontal, die Ausgliederung hingegen vertikal „wirkt". Demzufolge sind der bzw. die übernehmenden Rechtsträger bei der Abspaltung Schwester-, bei der Ausgliederung hingegen Tochtergesellschaften des übertragenden Rechtsträgers (Unternehmens). Auf diese Weise entsteht bei der Ausgliederung ein Unterordnungskonzern im Sinne von § 18 Abs. 1 AktG. Im Falle der Ausgliederung durch Neugründung entstehen sogar 100%-ige Tochtergesellschaften.[207]

---

205 Vgl. Kallmeyer, ZIP 1994, S. 1746 (1748); Willemsen, NZA 1996, 791 (793); Mengel, S. 33.

206 Vgl. Teichmann, in: Lutter, UmwG 2000, § 123 Rn. 24. Nicht möglich ist allerdings eine Ausgliederung im Falle der Partnerschaft, da bei der Ausgliederung die Anteile des ausgegliederten Rechtsträgers nicht auf die Anteilsinhaber des übertragenden Rechtsträgers, sondern auf diesen selbst übergehen. Eine solche Trennung zwischen Anteilen und Anteilsinhabern erscheint für die Anteile an einer Partnerschaft, deren Anteilsinhaber nach § 1 Abs. 1 PartGG selbst einem freien Beruf angehören müssen, nicht möglich, vgl. Neye, DB 1998, S. 1649 (1650).

207 Willemsen, NZA 1996, 791 (794); Düwell, NZA 1996, S. 393 (394); ders., in : Kasseler Handbuch zum Arbeitsrecht, Band 2, 6.8 Rn. 28 f.; Kallmeyer, ZIP 1994, S. 1746 (1749); Nagl, DB 1996, S. 1221 (1223); Mengel, S. 34.

Schaubild 4: Ausgliederung von zwei Betrieben auf zwei neugegründete Tochtergesellschaften:

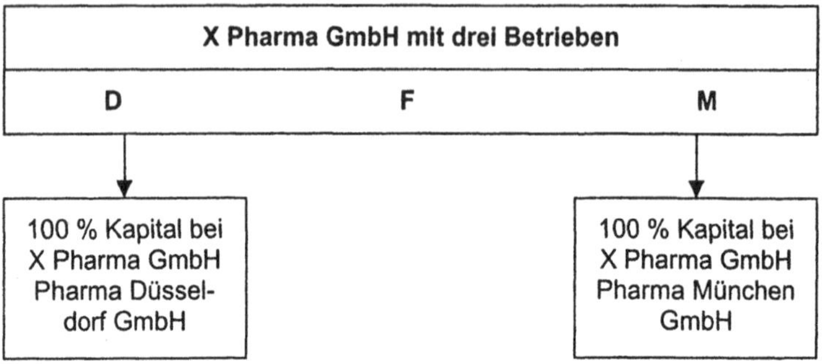

Alle drei Varianten der Spaltung sind wie auch die Verschmelzung sowohl zur Aufnahme als auch zur Neugründung zulässig, auch eine Kombination beider Arten ist gem. § 123 Abs. 4 UmwG möglich.

Die spaltungsfähigen Rechtsformen sind abschließend in den §§ 124 Abs. 1, 3 Abs. 1 UmwG aufgeführt. In Betracht kommen als übertragende, übernehmende und neue Rechtsträger bei einer Spaltung somit Personenhandelsgesellschaften (OHG, KG), Partnerschaftsgesellschaften, GmbH, AG, KGaA, eingetragene Genossenschaften, eingetragene Vereine, genossenschaftliche Prüfungsverbände, VVaG; bei einer Auf- oder Abspaltung können zudem wirtschaftliche Vereine als übertragende Rechtsträger auftreten, und im Falle der Ausgliederung wird der Katalog um die Rechtsformen der wirtschaftlichen Vereine, Einzelkaufleute, Stiftungen, und Gebietskörperschaften erweitert. Über die Verweisung in § 124 UmwG gilt die Aufnahme der Partnerschaft als umwandlungsfähiger Rechtsträger auch für Spaltungen.

c. Vermögensübertragung

Die im Vierten Buch geregelte Vermögensübertragung gem. § 174 UmwG ist in zwei Varianten möglich. Die Vollübertragung gem. § 174 Abs. 1 UmwG ist in Anlehnung an die Verschmelzung konstruiert. Die Teilübertragung nach § 174 Abs. 2 UmwG entspricht dem Vorbild der Spaltung. Der wesentliche sachliche Unterschied zu diesen Umwandlungsformen besteht darin, dass die Gegenleistung für Anteile an den übertragenden Rechtsträgern nicht in Anteilen an den übernehmenden Rechtsträgern erbracht wird, sondern in anderer Form. In Betracht kommen vor allem Geldleistungen. Die Möglichkeit der Umwandlung durch Vermögensübertragung ist gezielt für die öffentliche Hand sowie öffentlich-rechtliche Versicherungsunternehmen geschaffen worden, bei denen es nicht zu einem Anteilstausch kommen kann.[208]

d. Formwechsel

Beim Formwechsel findet im Gegensatz zu den anderen Umwandlungsformen keine Vermögensübertragung statt. Die rechtliche und wirtschaftliche Identität des Rechtsträgers besteht fort. Lediglich die Rechtsform und rechtliche Struktur ändern sich, vgl. § 202 Abs. 1 Nr. 1 UmwG. Daher bedurfte es auch nicht der gesetzlichen Anordnung der Gesamt- bzw. Sonderrechtsnachfolge, da die Wahrung der Identität des Rechtsträgers bei dem Übergang von einer Rechtsform zur anderen fingiert wird.[209]

Die Rechtsträger, die durch Formwechsel eine andere Rechtsform erhalten, sind in § 191 Abs. 1 UmwG abschließend aufgeführt. Formwechselnde Rechtsträger können sein: Personenhandelsgesellschaften (OHG, KG, Kapitalgesellschaft & Co.), Kapitalgesellschaften (GmbH, AG, KGaA), eingetragene Genossenschaften, rechtsfähige Vereine, Versicherungsvereine auf Gegenseitigkeit sowie Körperschaften und Anstalten des öffentlichen Rechts. Durch das am 01.08.1998 in Kraft getretene Gesetz zur Änderung des Umwandlungsgesetzes, des Partnerschaftsgesellschaftsgesetzes und anderer Gesetze[210] wurde auch die Partnerschaftsgesellschaft ergänzend in den Kreis der formwechselnden Rechtsträger gem. § 191 Abs. 1 Nr. 1 UmwG aufgenommen.

Die Identitätswahrung gilt auch für den Formwechsel einer Personenhandelsgesellschaft in eine Kapitalgesellschaft und umgekehrt, obwohl die Personenhandelsgesellschaft keine juristische Person ist. Aus der Partnerschaft ist die Umwandlung im Rahmen des Formwechsel in die Kapitalgesellschaft und die Genossenschaft möglich. Umgekehrt können Kapitalgesellschaften, deren Anteil-

208 Neye, DB 1994, S. 2069 (2071).

209 Vgl. BT-Drucks.12/6699, S. 137; Ganske, WM 1993, S. 1117 (1119); Zöllner, ZGR 1993, 334 (336); Neye, in: Lutter, Kölner Umwandlungsrechtstage, S. 1 (10); Düwell, in: Kasseler Handbuch zum Arbeitsrecht, Band 2, 6.8 Rn. 32.

210 BGBl. I S. 1878.

sinhaber Freiberufler sind, in die Rechtsform der Partnerschaftsgesellschaft überwechseln.

Für die Praxis ist daher von besonderer Bedeutung, dass die frühere Umwandlungssperre des Umwandlungsgesetztes 1969 für die Umwandlung einer Kapitalgesellschaft in eine GmbH & Co. KG ersatzlos weggefallen ist.[211]

IV. Bisherige Akzeptanz des Umwandlungsgesetzes

Wie bereits dargelegt, war vor Inkrafttreten des Umwandlungsgesetzes 1995 das Recht der Unternehmensumwandlung überaus verstreut und in zahlreichen, zu unterschiedlichen Zeitpunkten verabschiedeten, Einzelgesetzen geregelt. Dem deutschen Unternehmensrecht fehlte in der Vergangenheit das geeignete Instrumentarium, den komplexen Unternehmenskäufen und Restrukturierungen zu begegnen, da sich das bestehende Recht im internationalen Vergleich als zu kompliziert und unbeweglich erwies. Es verwundert daher nicht, dass in der Vergangenheit Transaktionen und Strukturänderungen von Unternehmen eher eine Domäne ausländischer Unternehmen, insbesondere aus dem amerikanischen Raum waren.[212]

Mit dem Gesetz zur Bereinigung des Umwandlungsrechts und dem ebenfalls novellierten Gesetz zur Änderung des Umwandlungssteuerrechts steht der Wirtschaft nunmehr ein modernes, in sich geschlossenes Umstrukturierungsrecht zur Verfügung. Damit hat der Gesetzgeber ganz erhebliche gesellschaftsrechtliche und steuerrechtliche Erleichterungen für Unternehmensumwandlungen geschaffen. Die Reform stellt daher einen ganz entscheidenden Beitrag zur Sicherung des Wirtschaftsstandortes Deutschland dar.[213]

Mittlerweile durchzieht eine in ihrem Umfang kaum absehbare Fusionswelle die deutsche Wirtschaft, so dass sich in sämtlichen Bereichen zunehmend Unternehmen national und international vereinigen. Aber auch schon vor der Verabschiedung des neuen Umwandlungsrechts im Deutschen Bundestag stieg die

211 Neye/Limmer/Frenz/Harnacke, S. 480.

212 Picot, S. 6 f.; Schnitker, S. 1; nach Bayer, ZIP 1997, S. 1613 (1626), ist das neue Umwandlungsrecht insgesamt übersichtlicher aufgebaut und im Vergleich zum alten Recht auch inhaltlich überzeugender formuliert.

213 Neye, DB 1994, S. 2069 (2072); Schaub, in: Festschrift Wlotzke, S. 103 (119), erkennt in den minutiösen Regelungen des Umwandlungsbereinigungsgesetzes eine Vereinheitlichung des Umwandlungsrechts zur Sicherstellung des Standortes Deutschland.

Zahl von – zum Teil grenzüberschreitenden – Unternehmenskäufen mit deutscher Beteiligung in den letzten Jahren stetig von 1350 im Jahre 1985 bis auf 2895 im Jahre 1991.[214] Das gilt insbesondere für Verschmelzungen wie beispielsweise Thyssen und Krupp in der Stahlindustrie und Zusammenschlüsse im Bereich der Finanzdienstleistungen (z.B. Hypo- und Vereinsbank).[215] Auslöser für diese steigende Zahl von Unternehmenskäufen und den explosionsartig beschleunigenden Konzentrationsprozess war die Einführung des EG-Binnenmarktes, die Öffnung des Osteuropäischen Marktes sowie die Privatisierung ostdeutscher Betriebe als Folge der deutschen Wiedervereinigung.[216]

Wie daher Heckschen bereits im Jahre 1990[217] prognostiziert hat, hat die Bedeutung des Umwandlungsrechts für die Praxis erheblich zugenommen. Dies spiegelt sich vor allem in den zahlreichen Entscheidungen wieder, die vor und nach Inkrafttreten des neuen Umwandlungsrechts ergangen sind.[218]

V. Der Ablauf des Umwandlungsverfahrens

Das Umwandlungsverfahren nach dem neuen UmwG lässt sich bei allen Umwandlungsvarianten in drei Stationen unterteilen.[219]

---

214 Quelle: M & A Review Database, zitiert nach Picot, S. 6; vgl. auch zur Zunehmenden Akzeptanz von Verschmelzungen, Lutter, in: Lutter, UmwG 2000, § 2 Rn.14.

215 Düwell, in : Kasseler Handbuch zum Arbeitsrecht, Band 2, 6.8 Rn. 3; Schnitker, S. 2; Hjort, NJW 1999, S. 750.

216 Picot, S. 6.

217 Heckschen, WM 1990, S. 377.

218 Heckschen, DB 1998, S. 1385. An der Akzeptanz des Umwandlungsrechts kann daher kein Zweifel mehr bestehen, vgl. Neye, DB 1998, S. 1649. Zustimmend auch Trölitzsch, DStR 1999, S. 764 (769), der bemerkt, dass sich das UmwG in der Praxis fraglos bewährt habe. Eine insgesamt positive Bilanz zieht nach 1000 Tagen Umwandlungsrecht auch Bayer, ZIP 1997, S. 1613 (1626); kritisch allerdings Martens, AG 2000, S. 301, der bemerkt, dass sich die Schwächen des Umwandlungsrechts mehr und mehr anlässlich seiner praktischen Erprobung zeigen. Insbesondere im Rahmen der praktischen Durchführung von Fusionsverfahren dränge sich die Erkenntnis auf, dass der Gesetzgeber des UmwG offensichtlich zu leichtfertig mit den Interessen der beteiligten Anteileigner im Zusammenhang mit der Verschmelzung umgegangen sei. Auch das Verfassungsrecht sei bei diesen Überlegungen nicht hinreichend berücksichtigt worden.

219 Vgl. Dehmer, § 1 UmwG Rn. 12; Ganske, WM 1993, S. 1117 (1121, Fn. 44); Düwell, in: Kasseler Handbuch zum Arbeitsrecht, Band 2, 6.8 Rn. 34; Neye, DB 1994, S. 2069

In der Vorbereitungsphase ist als rechtsgeschäftliche Grundlage – soweit andere Rechtsträger beteiligt sind – für die Übertragung von Vermögen von den beteiligten Rechtsträgern zunächst ein Vertrag abzuschließen.

Falls bei einer Spaltung erst neue Rechtsträger entstehen sollen, tritt an die Stelle des Spaltungs- und Übernahmevertrages ein Spaltungsplan gem. § 136 S. 2 UmwG, der eine einseitige, nicht empfangsbedürftige Willenserklärung darstellt.[220] Beim Formwechsel, bei dem kein Vermögensübergang stattfindet und es wegen des Fortbestands der Identität des Rechtsträgers an einem Vertragspartner fehlt, übernimmt der Entwurf des Umwandlungsbeschlusses gem. § 192 Abs. 1 S. 2 UmwG die vorbereitende Funktion.

Diese Rechtsakte bedürfen nicht nur der notariellen Beurkundung[221], sondern für sie ist auch in den §§ 5 Abs. 1, 126 Abs. 1, 194 Abs. 1 UmwG ein bestimmter Mindestinhalt vorgeschrieben.

Die nächste Phase (Beschlussfassung) wird zunächst dadurch eingeleitet, dass die Anteilsinhaber der an der Umwandlung beteiligten Rechtsträger durch einen besonderen ausführlichen schriftlichen Bericht, in dem das Umwandlungsvorhaben rechtlich und wirtschaftlich erläutert und begründet wird, über die Einzelheiten der geplanten Umwandlung unterrichtet werden (§§ 8 Abs. 1, 127, 162, 192 Abs. 1 UmwG).

Dem Schutz der Anteilsinhaber[222] dient die Überprüfung der Angaben durch unabhängige Sachverständige nach Maßgabe der §§ 9 Abs. 1, 44 Abs. 1, 48, 60 Abs. 1, 78, 81, 100, 225, 259 UmwG.[223] Auf der Grundlage der erhaltenen Informationen beschließen die Anteilsinhaber über die Umwandlung mit Dreiviertelmehrheit,[224] bei Personenhandelsgesellschaften sogar grundsätzlich mit

(2071); ders., ZIP 1994, S. 165 (166); Lutter, in: Lutter, UmwG 2000, Einl. Rn. 47 und Mengel, S. 40 gliedern den Umwandlungsvorgang im wesentlichen in fünf Entwicklungsphasen.

220 Vgl. Mayer, DB 1995, S. 861 (862).

221 Vgl. §§ 6, 36 Abs. 1, 125, 136 UmwG.

222 Die Anteilsinhaber haben insbesondere ein Interesse daran, dass die Angemessenheit des Umtauschverhältnisses, der zu gewährenden Gegenleistung oder der neuen Beteiligungsart durch externe unabhängige Sachverständige in objektiver Weise festgestellt wird, vgl. Ganske, Die Wirtschaftsprüfung 1994, S. 157 (159).

223 Wie die Prüfung durchzuführen ist, ergibt sich aus den allgemeinen Vorschriften, vgl. §§ 9 bis 12, 125, 176 Abs. 1, 177 Abs. 1 UmwG.

224 Vgl. §§ 13, 65, 128, 176, 177, 193 UmwG.

einstimmigem Beschluss gem. § 43 Abs. 1 UmwG. Für den Beschluss ist gem. § 13 Abs. 3 S. 1 UmwG die Beurkundung durch einen deutschen Notar vorgeschrieben.[225]

Gegen die Wirksamkeit des Umwandlungsbeschlusses kann gem. §§ 14 Abs. 1, 195 Abs. 1 UmwG (in Verbindung mit §§ 125, 176, 178, 177, 179 UmwG) binnen eines Monats nach der Beschlussfassung Anfechtungs- und Nichtigkeitsklage erhoben werden. Einem möglichen Anfechtungsmissbrauch durch die Anteilseigner, der eine Registersperre gem. §§ 16 Abs. 1, 2 nach sich ziehen kann, wird durch ein besonderes summarisches Verfahren nach § 16 Abs. 3 UmwG entgegengewirkt.

In der Schlussphase wird die Wirksamkeit der Umwandlung, insbesondere der Vermögensübergang bzw. beim Formwechsel das Fortbestehen in der neuen Rechtsform, durch die Eintragung in das zuständige Handels-, Genossenschafts- oder Vereinsregister herbeigeführt.[226] Der bloße Umwandlungsplan bzw. Umwandlungsvertrag bewirkt daher noch nicht den Übergang des Vermögens.

Der Anmeldung der Umwandlung zur Eintragung sind gem. §§ 17 Abs. 1, 125 S. 1 UmwG insbesondere neben dem Umwandlungsvertrag und der Niederschrift des Umwandlungsbeschlusses auch ein Nachweis über die rechtzeitige Zuleitung des Umwandlungsvertrages oder seines Entwurfs an den zuständigen Betriebsrat beizufügen.[227]

Mängel der notariellen Beurkundung des Umwandlungsbeschlusses und ggf. erforderliche Zustimmungs- oder Verzichtserklärungen einzelner Anteilsinhaber werden durch die Registereintragung geheilt, vgl. §§ 20 Abs. 2, 131 Abs. 2, 202 Abs. 3 UmwG. Erweist sich die Eintragung im Register im nachhinein als fehlerhaft, so ist daher eine Naturalrestitution im Sinne einer Rückabwicklung der Umwandlung als Schadensersatzfolge einer begründeten Klage gegen den Umwandlungsbeschluss nach § 16 Abs. 3 nicht möglich. In Betracht kommt somit

---

225 Wegen der vorzunehmenden Rechtmäßigkeitskontrolle werden (in der Regel kostengünstigere) Beurkundungen ausländischer Notare von den deutschen Registergerichten, insbesondere im Falle von Unternehmensumwandlungen, für nicht ausreichend erachtet, vgl. LG Augsburg, DB 1996, S. 1666; Heidenhain, NJW 1995, S. 2873 (2874 f., Fn. 16), hält diesbezüglich eine höchstrichterliche Entscheidung für überaus wünschenswert.

226 Vgl. §§ 20 Abs. 1, 36 Abs. 1, 131 Abs. 1, 135 Abs. 1, 176 Abs. 1, 177 Abs. 1, 202 Abs. 1 und 2 UmwG.

227 Zu den Prüfungskompetenzen des Registergerichts, vgl. unten S. 265.

nur gem. § 16 Abs. 3 S. 6, 1. HS der Ersatz des tatsächlich entstandenen Schadens (regelmäßig) in Geld.

VI. Arbeitsrechtliche Relevanz von Unternehmensumwandlungen

Eine Veränderung der rechtlichen Organisation des Rechtsträgers wirkt sich auf die Verfassung des Unternehmens und der dem Unternehmen angeschlossenen Betriebe aus.

Da Arbeitsverhältnisse heute überwiegend zwischen Arbeitnehmern und Kapital- oder Personengesellschaften geschlossen werden, spiegelt sich zudem die Umwandlung arbeitsrechtlich in dem Wechsel des Arbeitgebers wider.[228]

Als weitere Folge von Umwandlungsvorgängen, die sich aus unternehmerischer Sicht oftmals als nachteilig darstellt, sind auch die arbeitsrechtlichen Auswirkungen zu nennen. Hierunter fallen Schutznormen zugunsten der Arbeitnehmer, die in die unternehmerische Entscheidungsfreiheit eingreifen, indem sie Bestandsschutz der Arbeitsverhältnisse gewähren oder Abfindungszahlungen auslösen.[229] Wichtig ist daher zu erkennen, dass es sich bei Umstrukturierungsmaßnahmen aus arbeitsrechtlicher Sicht betrachtet nicht um ausschließlich gesellschaftsrechtliche Vorgänge handelt. Den arbeitsrechtlichen Vorschriften ist somit – trotz ihrer Qualifikation als Übergangs- und Schlussvorschriften[230] (Achtes Buch, §§ 321 bis 325 UmwG) – große Bedeutung beizumessen. In der Praxis wird die gesellschaftsrechtliche Unternehmensumwandlung daher nicht mehr ohne genaue Beachtung der arbeitsrechtlichen Konsequenzen und insbesondere der damit auf das Unternehmen zukommenden Kosten beurteilt werden können.[231]

Für die Beurteilung der arbeitsrechtlichen Fragestellungen im Rahmen von Unternehmensumwandlungen steht ein aus verschiedenen Rechtsgrundlagen bestehendes Instrumentarium zur Verfügung. Hierunter fallen zunächst die im UmwG selbst enthaltenen Vorschriften und insoweit insbesondere die arbeitsrechtlichen Sonderregelungen in den §§ 321 bis 325 UmwG. Da einige arbeitsrechtliche

228 Vgl. Düwell, in : Kasseler Handbuch zum Arbeitsrecht, Band 2, 6.8 Rn. 80.

229 Mengel, S. 44.

230 Zu Recht spricht Henssler, ZfA 2000, S. 241 (247), von einer despektierlichen Überschrift.

231 Joost, in: Lutter (Hrsg.), Kölner Umwandlungsrechtstage, S. 297 (298).

Aspekte von den flankierenden arbeitsrechtlichen Sondervorschriften des UmwG im Rahmen von Unternehmensumwandlungen nicht erfasst werden, ist in diesen Fällen ein ergänzender Rückgriff auf das allgemeine Arbeitsrecht, das Bürgerliche Recht, das Betriebsverfassungs- und Tarifrecht erforderlich.

C. Die Regelung des § 5 Abs. 1 Nr. 9 UmwG

I. Sinn und Zweck der Regelung

1. Verzahnung von Gesellschafts- und Arbeitsrecht

Durch das neue Umwandlungsgesetz ist das im Kern gesellschaftsrechtliche Ereignis der Unternehmensumwandlung auch unter arbeitsrechtlichen Gesichtspunkten zu beleuchten. Dieses umfangreiche Gesetzeswerk bringt somit für die Umwandlung von Gesellschaften außer einer Fülle von gesellschaftsrechtlichen Neuerungen auch wesentliche Änderungen im Hinblick auf die arbeitsrechtlichen Konsequenzen einer Umwandlung.

Im deutschen Rechtssystem findet sich daher erstmals in einem einheitlich geschlossenen Regelwerk eine Verknüpfung von arbeitsrechtlichen und gesellschaftsrechtlichen Normbeständen.[232] So wird die Wirksamkeit gesellschaftsrechtlicher Umwandlungsvorgänge an die Darstellung arbeitsrechtlicher Mindestinhalte in den jeweiligen Umwandlungsverträgen[233] geknüpft.

2. Der Umwandlungsvertrag

Auf der ersten Stufe sind im Umwandlungsvertrag die Folgen der Umwandlung für die Arbeitnehmer und ihre Vertretungen sowie die insoweit vorgesehenen Maßnahmen aufzuführen.

Diese Regelung gilt gleichermaßen gem. § 5 Abs. 1 Nr. 9 UmwG für den Verschmelzungsvertrag, gem. § 126 Abs. 1 Nr. 11 UmwG für den Spaltungsvertrag

---

232 Wlotzke, DB 1995, S. 40 (48), kritisiert, dass der Gesetzgeber im Umwandlungsgesetz den Weg fortsetzt, arbeitsrechtliche Regelungen an anderen Zwecken dienende Gesetze anzuknüpfen. Zustimmend Engels, in: Festschrift für Wlotzke, S. 279 (280).

233 Die Bezeichnung „Umwandlungsvertrag“ ist hier als Oberbegriff für Verschmelzungsvertrag, Spaltungsvertrag/-plan, Übertragungsvertrag und Umwandlungsbeschluss zu verstehen.

bzw. gem. §§136, 126 Abs. 1 Nr. 11 UmwG für den Spaltungsplan[234], die Vermögensübertragung gem. §§ 176 Abs. 1, 177 Abs. 1, 178 Abs. 1, 179 Abs. 1, 180 Abs. 1, 184 Abs. 1, 186 Abs. 1 Satz 1, 188 Abs. 1, 189 UmwG sowie gem. § 194 Abs. 1 Nr. 7 UmwG für den Umwandlungsbeschluss beim Formwechsel.

Auf der zweiten Stufe ist der gesamte Vertrag bzw. sein Entwurf spätestens einen Monat vor Beschlussfassung der Anteilsinhaber jedes beteiligten Rechtsträgers dem zuständigen Betriebsrat dieses Rechtsträgers zuzuleiten (§§ 5 Abs. 3[235], 126 Abs. 3, 135 Abs. 1, 194 Abs. 2 UmwG[236]), was dem zuständigen Registergericht als Anlage bei der Anmeldung der Verschmelzung bzw. sonstigen Umwandlung nachzuweisen ist (§ 17 Abs. 1 UmwG).

Gesetzesgeschichte:

Der Gesetzgeber hat außerdem, wie bereits ausgeführt, – zum Teil erst in der Schlussphase des Gesetzgebungsverfahrens[237] – die objektiv-rechtlichen Folgen der Umwandlung im Hinblick auf die Weitergeltung der Unternehmensmitbestimmung, das betriebsverfassungsrechtliche Organisationsrecht, den Betriebsübergang und den Kündigungsschutz im Achten Buch in den sogenannten „Übergangs- und Schlussvorschriften" in den §§ 321 - 325 UmwG geregelt.

---

234 Bei der Spaltung (Vermögensteilübertragung) müssen außerdem Angaben zu den übergehenden Betrieben und Betriebsteilen unter Zuordnung zu den übernehmenden Rechtsträgern gemacht werden (§§ 126 Abs. 1 Nr. 9, 136, 177 UmwG).

235 Vgl. BT-Drucks. 12/6699, S. 83, § 5 Abs. 3 UmwG sieht in Anlehnung an § 2 Abs. 4 SpTrUG die nachweisbare (vgl. § 17 Abs. 1 UmwG) Zuleitung des Verschmelzungsvertrags oder seines Entwurfs an den jeweils zuständigen Betriebsrat der an der Verschmelzung beteiligten Rechtsträger vor. Die Frage, welcher Betriebsrat jeweils zuständig ist, richtet sich nach den Vorschriften des Betriebsverfassungsrechts (vgl. §§ 50, 58 BetrVG). Damit soll die Gewährleistung der in § 5 Abs. 1 Nr. 9 UmwG beschriebenen Ziele sichergestellt werden.

236 Hierbei (§ 126 Abs. 3, § 135 Abs. 1, § 194 Abs. 2 UmwG) handelt es sich um Parallelvorschriften zu § 5 Abs. 3 UmwG. Auf die Begründung zu dieser Vorschrift wird verwiesen.

237 Ausführlich zur Entstehungsgeschichte des Gesetzes und Gang des Gesetzgebungsverfahrens siehe Seite 17.

Hierbei handelt es sich materiell um Arbeitsrecht, das im Umwandlungsgesetz enthalten ist.[238]

Zutreffend weisen Bermel/Hannappel darauf hin, dass die Vorschrift des § 5 Abs. 1 Nr. 9 UmwG weder im Diskussions- noch im Referentenentwurf enthalten war.[239]

Bisher bestanden – von § 2 Abs. 1 Nr. 10 und Abs. 4 SpTrUG und der in § 106 Abs. 3 Nr. 10 BetrVG vorgesehenen Unterrichtung des Wirtschaftsausschusses abgesehen – Unterrichtungspflichten über gesellschaftsrechtliche Angelegenheiten nicht, sondern nur über Auswirkungen gesellschaftsrechtlicher Änderungen auf den Betrieb im arbeitsrechtlichen Sinne, also der arbeitsrechtlichen Organisationseinheit.[240]

Durch das neue Umwandlungsrecht ist es zu einer Erweiterung der Pflichtangaben im Verschmelzungsvertrag auch im Vergleich zu § 340 Abs. 2 AktG a.F./§ 21 KapErhG gekommen. Während der Referentenentwurf[241] hinsichtlich des Mindestinhalts des Verschmelzungsvertrages nicht wesentlich von den Vorgaben des § 340 Abs. 2 Nr. 1 – 8 AktG a.F. abwich, wurde bereits im Gesetzesentwurf der Fraktionen CDU/CSU und FDP der Angabenkatalog um die Nr. 9 als „arbeitsrechtliche Flankierung"[242] erweitert, um die rechtzeitige Unterrichtung der zuständigen Arbeitnehmervertretungen sicherzustellen. Die Vorschrift, die auf die Initiative des Bundesarbeitsministeriums in das Gesetz aufgenommen wurde, sollte den im Schrifttum geäußerten Bedenken einer unzureichenden Berücksichtigung von Arbeitnehmerinteressen, die im Zusammenhang mit der Einführung der Spaltung aufkamen, entgegenwirken.[243]

---

238 Vgl. Joost, ZIP 1995, S. 976; Willemsen, RdA 1998, S. 23 (24), spricht von einem „umwandlungsspezifischen Sonderarbeitsrecht".

239 Vgl. Bermel/Hannappel, in: Goutier/Knopf/Tulloch, UmwG 1995, § 5 Rn. 65.

240 Vgl. Frenz, in: Neye/Limmer/Frenz/Harnacke, S. 39 f.

241 Veröffentlicht als Beilage zu Nr. 112a zum Bundesanzeiger vom 20.06.1992.

242 Wlotzke, DB 1995, S. 40 (41).

243 BT-Drucks. 12/6699 S. 78; s.a. Lutter, in: Lutter, UmwG 2000, § 5 Rn. 39; Bungert, DB 1997, S. 2209.

3. Rechtscharakter der arbeitsrechtlichen Pflichtangaben

Angesichts ihrer unmittelbaren Eingliederung in das Umwandlungsverfahren als solches, stellen die obligatorischen arbeitsrechtlichen Mindestangaben nach § 5 Abs. 1 Nr. 9 UmwG, ebenso wie die korrespondierenden Vorschriften des § 126 Abs. 1 Nr. 11 und § 194 Abs. 1 Nr. 7 UmwG, in direkter funktionaler Verknüpfung mit der Zuleitungspflicht an den jeweiligen Betriebsrat (§ 5 Abs. 3, § 126 Abs. 3, § 194 Abs. 2 UmwG), den „wohl spektakulärsten Eingriff“ des Gesetzgebers – abgesehen von der Unternehmensmitbestimmung – in den gesellschaftsrechtlichen Vorgang der Unternehmensumwandlung dar.[244]

Der bundesdeutsche Gesetzgeber macht mit diesen Vorschriften erstmals die Wirksamkeit gesellschaftsrechtlicher Umwandlungsvorgänge von der Darstellung arbeitsrechtlicher Mindestangaben sowie der rechtzeitigen Zuleitung an den zuständigen Betriebsrat abhängig.[245] Diese gesetzgeberische Konzeption führe scheinbar zu einer „Verschmelzung“ von Arbeits- und Gesellschaftsrecht.[246]

4. Die Gesetzesbegründung

In den Gesetzesmaterialien zu § 5 Abs. 1 Nr. 9 UmwG heißt es lediglich allgemein und wenig weiterführend, dass auch die durch die Verschmelzung eintretenden individual- und kollektivarbeitsrechtlichen Änderungen im Verschmelzungsvertrag aufzuzeigen sind, da die Verschmelzung auch die Interessen der Arbeitnehmer und ihrer Vertretungen in den an der Verschmelzung beteiligten Rechtsträgern berührt. Hierdurch soll insbesondere den Arbeitnehmervertretungen eine frühzeitige Information über die Verschmelzung und die durch sie bewirkten Folgen für die Arbeitnehmer zur Verfügung gestellt werden, um bereits im Vorfeld des Verschmelzungsvorgangs seine möglichst sozialverträgliche

244 Willemsen, RdA 1998, S. 23 (24); Joost, ZIP 1995, S. 976 (978), weisen in diesem Zusammenhang darauf hin, dass die Regelung - abweichend vom allgemeinen Betriebsverfassungsrecht - zu einer Verlagerung der Beteiligungsrechte des Betriebsrats in den gesellschaftsrechtlichen Umwandlungsvorgang auf unternehmensrechtlicher Ebene führe, vgl. dazu Seite 193.

245 Willemsen, NZA 1996, S. 791 (796).

246 Willemsen, in: Kallmeyer: UmwG 1997, § 5 Rn. 47, sowie Bungert, DB 1997, S. 2209 führen in diesem Zusammenhang auch aus, dass diese Vorschrift einen Fremdkörper darstelle; vgl. auch Willemsen, RdA 1998, S. 23 (24).

Durchführung zu erleichtern. Die Regelung diene somit auch dem sozialen Frieden.[247]

Dies muss jedoch aber gerade auf Grund der ersten Erfahrungen mit dem neuen Umwandlungsrecht bezweifelt werden. Zwar wollte der Gesetzgeber die Umwandlung einer sozialverträglichen Lösung zuführen, doch bereitet gerade diese Vorschrift den Unternehmen in der Praxis erhebliche Probleme bei der Durchführung der Verfahren.[248]

5. Falsche Plazierung der Vorschrift

Das UmwG ist nämlich kein arbeits- sondern ein unternehmensrechtliches Gesetz, das an verschiedenen Stellen eine Beteiligung des Betriebsrats im Umwandlungsverfahren vorsieht und in den §§ 321 bis 325 UmwG einige arbeitsrechtliche Sondervorschriften enthält.[249] Systematisch gesehen handelt es sich, entgegen der Bezeichnung und eher nebensächlich klingenden Überschrift im Gesetz, bei den Vorschriften der §§ 321 bis 325 UmwG weder um Übergangs-

---

247 Vgl. die amtliche Begründung zum Regierungsentwurf, BT-Drucks. 12/6699 S. 82 f.; §§ 126 Abs. 1 Nr. 11 und § 126 Abs. 3 sowie § 194 Abs. 1 Nr. 7 und § 194 Abs. 2 UmwG sind Parallelvorschriften zu § 5 Abs. 1 Nr. 9 und § 5 Abs. 3 UmwG, auf dessen Begründung verwiesen wird, vgl. die amtliche Begründung zum Regierungsentwurf., abgedruckt bei Ganske, S. 157 und 218. Lutter, in: Lutter, UmwG 2000, Einl. Rn. 28, macht darauf aufmerksam, dass der deutsche Gesetzgeber mit der Regelung des § 5 Abs. 1 Nr. 9 UmwG sogar über die Weisung des europäischen Richtliniengebers hinausgegangen ist und mithin strengere Anforderungen stellt, als die Richtlinie selbst vorgibt. Dies geht aus der Richtlinie insofern hervor, als dass § 5 Abs. 2 der dritten Richtlinie (Dritte gesellschaftsrechtliche Richtlinie vom 09.10.1978 [78/855/EWG], abgedruckt in ABl. EG Nr. L 295 vom 20.10.1978, S. 36; abgedruckt bei Lutter, Europäisches Unternehmensrecht, 4. Aufl. 1996, S. 131 ff. sowie UmwG, Anh. S. 2351 ff.) keine Vorgaben hinsichtlich der Folgen für die Arbeitnehmer macht. Der deutsche Gesetzgeber ist mit der Vorschrift des § 5 Abs. 1 Nr. 9 UmwG über den Katalog der Mindestangaben hinausgegangen. Die strengeren nationalen Regeln sind jedoch schon deshalb zulässig, weil die dritte Richtlinie in Art. 5 Abs. 2 lediglich ausdrückliche „Mindest"-Formulierungen vorschreibt. Gleiches gilt für den Zustimmungsbeschluss der Hauptversammlung. Hier sieht Art. 7 Abs. 2 der dritten Richtlinie eine Mehrheit von mindestens zwei Dritteln der Stimmen vor. Die Regelung im UmwG verlangt hingegen in § 65 Abs. 1 UmwG mindestens eine Dreiviertelmehrheit.

248 Vgl. die Vorbehalte von Heckschen auf dem 7. Leipziger Juristentag, zit. nach Frankfurter Allgemeine Zeitung vom 29.04.1996, S. 15.

249 Willemsen, NZA 1996, S. 791 (796); Henssler, ZfA 2000, S. 241 (247).

noch um Schlussvorschriften im eigentlichen Sinne.[250] Bereits im Rahmen des Gesetzgebungsverfahrens wurden Zweifel laut, ob für solche Normen in einem gesellschaftsrechtlichen Gesetz eigentlich Raum sei.[251]

Streng genommen ist das sicher richtig. Eine ausreichende Berücksichtigung der Arbeitnehmerinteressen fand sich weder im Diskussions-[252] noch im Referentenentwurf[253], sondern wurde erst auf Betreiben des Bundesarbeitsministeriums in den Regierungsentwurf[254] aufgenommen, um den von Teilen des Schrifttums geäußerten Bedenken[255] gegen die möglichen Auswirkungen der durch das Gesetz stark erweiterten Umwandlungsmöglichkeiten auf Arbeitnehmerinteressen, insbesondere durch die Einführung der Spaltung, entgegenzuwirken.

Die Entscheidung des Gesetzgebers war daher vor allem politisch motiviert. Mit der Aufnahme dieser Vorschriften in das Umwandlungsgesetz sollten die Bedenken und Zweifel der Gewerkschaften beseitigt werden, dass bei Umwandlungen Arbeitnehmerschutzinteressen vernachlässigt werden könnten.[256]

---

250 Kritisch deshalb Henssler, ZfA 2000, S. 241 (247).

251 Neye in: Lutter (Hrsg.), Kölner Umwandlungsrechtstage, S. 1 (17); Düwell, NZA 1996, S. 393 (396); im Grundsatz auch Wlotzke, DB 1995, S. 40 (48); Willemsen, RdA 1998, S. 23 (24), hält die Vorschrift für bemerkenswert, da bislang das Individualarbeitsrecht als auch das Betriebsverfassungsrecht rechtsformneutral ausgestaltet waren.

252 Vgl. Anlage Nr. 214a zum Bundesanzeiger Nr. 214 vom 15.11.1988; DB 1988, S. 1688.

253 Beilage Nr. 112a zum Bundesanzeiger vom 20.06.1992.

254 Gesetzesentwurf der Bundesregierung eines Gesetzes zur Bereinigung des Umwandlungsrechts, BR-Drucks. 75/94 vom 04.02.1994; dem Deutschen Bundestag zugeleitet als Anlage 1 der BT-Drucks. 12/7265 vom 14.04.1994; die 1. Lesung dort dokumentiert Deutscher Bundestag, Plenarprotokoll 12/225 vom 28.04.1994, S. 19415 ff.

255 Hanau, ZGR 1990, S. 548 ff.; Kallmeyer, DB 1993, S. 367 f.

256 Neye in: Lutter (Hrsg.), Kölner Umwandlungsrechtstage, S. 1 (17).

Vorgaben des Europäischen Rechts:

Kritisiert wird vor allem, dass die Regelung des § 5 Abs. 1 Nr. 9 UmwG[257] nicht durch eine europäische Vorgabe der dritten[258] oder sechsten[259] Richtlinie veranlasst sei, sondern allein auf der Entscheidung des deutschen Gesetzgebers beruhe. Lutter hält die Bestimmung deshalb sogar für „merkwürdig und in ihrer Art ganz und gar einmalig“.[260]

Zunächst ist der Argumentation von Lutter entgegenzuhalten, dass der bundesdeutsche Gesetzgeber im Rahmen seiner Gesetzgebungskompetenzen grundsätzlich frei ist und es bei der Verabschiedung nationaler Gesetze keiner Richtlinienvorgabe durch den europäischen Gesetzgeber bedarf. Durch das Umwandlungsrecht können deshalb selbstverständlich auch unabhängige, neue Informations- und Beteiligungsrechte des Betriebsrats flankiert werden, die eine sozialverträgliche Durchführung der konkreten Umwandlungsmaßnahme in ausreichendem Maße gewährleisten.

Diese Auffassung verkennt auch weiterhin, dass die sechste Richtlinie im Hinblick auf die Wahrung der Interessen der Arbeitnehmer in Art. 11 ausdrücklich die Arbeitnehmerrichtlinie 77/187/EWG für anwendbar erklärt.[261] In Art. 6 Abs.

---

257 Sowie die entsprechenden Vorschriften über die Spaltung und den Formwechsel (§ 126 Abs. 1 Nr.11 bzw. § 194 Abs. 1 Nr. 7 UmwG).

258 Dritte gesellschaftsrechtliche Richtlinie vom 09.10.1978 (Fusionsrichtlinie) (78/855/EWG), abgedruckt in ABl. EG Nr. L 295 vom 20.10.1978, S. 36; abgedruckt bei Lutter, Europäisches Unternehmensrecht, 4. Aufl. 1996, S. 131 ff., sowie Lutter, UmwG 2000, Band II, Anh. S. 2815 ff.

259 Sechste gesellschaftsrechtliche Richtlinie des Rates der Europäischen Gemeinschaften vom 17.12.1982 bezüglich der Spaltung von Aktiengesellschaften (82/891/EWG), abgedruckt in ABl. EG Nr. L 378 v. 31.12.1982, S. 47 ff; abgedruckt bei Lutter, Europäisches Unternehmensrecht, 4. Auflage, S. 199 ff., sowie Lutter, UmwG 2000, Band II, Anh. S. 2830 ff.

260 Lutter, in: Lutter, UmwG 2000, § 5 Rn. 39; ähnlich auch Bermel/Hannappel, in: Goutier/Knopf/Tulloch, UmwG 1995, § 5 Rn. 65, die anmerken, dass die Vorschrift des § 5 Abs. 1 Nr. 9 UmwG nicht durch die Verschmelzungsrichtlinie (78/855/EWG) vom 09.10.1978 veranlasst sei.

261 Sechste gesellschaftsrechtliche Richtlinie des Rates der Europäischen Gemeinschaften vom 17.12.1982 bezüglich der Spaltung von Aktiengesellschaften (82/891/EWG), abgedruckt in ABl. EG Nr. L 378 v. 31.12.1982, S. 47 ; abgedruckt bei Lutter, Europäisches Unternehmensrecht, 4. Auflage, S. 199, sowie Lutter, UmwG 2000, Band II, Anh. S. 2830. Entgegen der Auffassung von Drygala, ZIP 1996, S. 1365 (1371 Fn. 54), ver-

1 bis 3 der Richtlinie 77/187/EWG sind sehr wohl Informations- und Übermittlungsverpflichtungen zugunsten der Vertreter der jeweiligen von einem Übergang von Unternehmen, Betrieben oder Betriebsteilen betroffenen Arbeitnehmer geregelt.[262] Mit der Verabschiedung der Richtlinie 98/50/EG des Rates der Europäischen Union vom 29.06.1998[263] zur Änderung der Richtlinie 77/187/EWG zur Angleichung der Rechtsvorschriften der Mitgliedstaaten über die Wahrung von Ansprüchen der Arbeitnehmer beim Übergang von Unternehmen, Betrieben oder Betriebsteilen, sind jene Reformbemühungen zu einem Schlusspunkt gelangt, die mit dem Kommissionsentwurf vom 08.09.1994[264] begonnen hatten.

Formal handelt es sich bei der Richtlinie 98/50/EG nicht um einen Neuerlass, sondern lediglich um eine Abänderung und Anpassung der im übrigen fortbestehenden Richtlinie 77/187/EWG.[265]

Bei der Auslegung nationaler Normen ist darauf zu achten, dass eine möglichst richtlinienkonforme Auslegung gewählt wird, die der europäischen Rechtssetzung am nächsten kommt.[266]

Nach Art. 6 Abs. 1 in Verbindung mit Art. 1 Abs. 1 der Richtlinie 77/187/EWG vom 14.02.1977 sind die Vertreter der von einem Übergang von Unternehmen, Betrieben oder Betriebsteilen betroffenen Arbeitnehmer ausdrücklich über folgendes zu informieren:

---

weisen die Gesetzesmaterialien nicht nur auf die Verschmelzungsrichtlinie sondern auch auf die Spaltungsrichtlinie, vgl. BT-Drucks. 12/6699, S. 75.

262 Richtlinie vom 14.02.1977 über die Wahrung von Ansprüchen der Arbeitnehmer beim Übergang von Unternehmen, Betrieben oder Betriebsteilen (77/187/EWG), ABl. EG Nr. L 61 vom 05.03.1977, S. 26, abgedruckt bei Lutter, Europäisches Unternehmensrecht, 4. Aufl. 1996, S. 657 ff.; vgl. hierzu auch Hjort, NJW 1999, S. 750 (753).

263 Richtlinie 98/50/EG des Rates der Europäischen Union vom 29.06.1998 zur Änderung der Richtlinie 77/187/EWG zur Angleichung der Rechtsvorschriften der Mitgliedstaaten über die Wahrung von Ansprüchen der Arbeitnehmer beim Übergang von Unternehmen, Betrieben oder Betriebsteilen, ABl. EG Nr. L 201 vom 17.07.1998, S. 88.

264 ABl. EG Nr. C 274 vom 01.10.1994, S. 10.

265 Vgl. Willemsen/Annuß, NJW 1999, S. 2073.

266 Vgl. Hjort, NJW 1999, S. 750 (753); Bertelsmann, NZA 1993, S. 775 f.; vgl. zuletzt auch BAG, NJW 1997, S. 3188 (3189) = NZA 1997, S. 1050 (1052) = DB 1997, S. 1720; von richtlinienkonformer Auslegung des nationalen Rechts spricht man immer bei solchen Gesetzen, die der Umsetzung einer Richtlinie dienen. Das bedeutet, dass bei Entscheidungen deutsche Rechtsvorschriften so auszulegen sind, dass das von der Richtlinie verbindlich vorgegebene Ziel erreicht werden kann, vgl. Weth/Kerwer, JuS 2000, S. 425 (427).

- den Grund für den Übergang,
- die rechtlichen, wirtschaftlichen und sozialen Folgen des Übergangs für die Arbeitnehmer,
- die hinsichtlich der Arbeitnehmer in Aussicht genommenen Maßnahmen.

Art. 6 Abs. 1 der Richtlinie 77/187/EWG konkretisiert ferner das zeitliche Moment dahingehend, dass Veräußerer als auch Erwerber verpflichtet sind, diese Informationen rechtzeitig, „auf jeden Fall aber bevor diese Arbeitnehmer von dem Übergang hinsichtlich ihrer Beschäftigungs- und Arbeitsbedingungen unmittelbar betroffen werden", zu übermitteln.

Die in Art. 6 Abs. 1 grundsätzlich normierte Informationspflicht schlägt nach Art. 6 Abs. 2 in eine Konsultationspflicht der Arbeitnehmervertreter um, wenn Veräußerer oder Erwerber (nicht unbedingt nachteilige) Maßnahmen hinsichtlich der Arbeitnehmer in Betracht ziehen.[267]

Von diesen generellen Vorgaben können die Mitgliedstaaten gem. Art. 6 Abs. 4 abweichen, indem sie die Pflichten nur für solche Unternehmen vorschreiben, die nach den einzelstaatlichen Regelungen zur Einrichtung einer Arbeitnehmervertretung verpflichtet sind. Auf eine generelle Unterrichtung der Arbeitnehmervertreter kann nach Art. 6 Abs. 3 dann verzichtet werden, wenn die Mitgliedstaaten ein Schiedsverfahren vorsehen mit der Konsequenz, dass der Konsultationsmechanismus nur dann ausgelöst wird, wenn mit dem Betriebsübergang wesentliche Nachteile für erhebliche Teile der Arbeitnehmer verbunden sind. Von dieser Option hat die Bundesrepublik durch die §§ 111 ff. BetrVG und dort insbesondere durch die Regelungen über den Interessenausgleich Gebrauch gemacht.[268]

Diese nach Art. 1 Abs. 1 der Richtlinie 77/187/EWG ausdrücklich auch für Verschmelzungen geltende Vorschrift ist jedenfalls in den Grundzügen vom deut-

---

267 Vgl. zur Informations- und Konsultationspflicht von Veräußerer und Erwerber zugunsten der Arbeitnehmervertreter, Wenking, S. 129.

268 Vgl. hierzu auch Lutter, Europäisches Unternehmensrecht, 4. Aufl. 1996, S. 653 ff.; ders., in: Lutter, UmwG 2000, § 5 Rn. 59; kritisch zur Umsetzung der Richtlinie in das Deutsche Recht, Wenking, S. 133 f.; der Betriebsübergang, der keine wesentlichen Nachteile für die Belegschaft mit sich bringt, ist keine Betriebsänderung im Sinne von § 111 BetrVG, vgl. Fitting/Auffarth/Kaiser/Heither/Engels, Betriebsverfassungsgesetz, § 111 Rn. 38.

schen Gesetzgeber in der Fassung des § 5 Abs. 1 Nr. 9 UmwG aufgenommen worden.

6. Doppelte Information der Arbeitnehmervertretungen

Lutter beanstandet ferner, dass die Konstruktion dieser Vorschrift zu einer doppelten Informationspflicht führe, da bereits nach dem Betriebsverfassungsrecht Informationspflichten zugunsten des Betriebsrats vorgesehen seien. Weiterhin sei zu beanstanden, dass es sich hierbei um eine „ganz und gar unsystematische Lösung" handele und Informationspflichten gegenüber den Arbeitnehmern und ihren Vertretungen in dem gesellschaftsrechtlichen Vorgang der Unternehmensumwandlung, in dem die Konditionen der Umwandlung sowie Kapital- und Satzungsmaßnahmen festgelegt werden, „schlicht nichts zu suchen haben". Der Gesetzgeber würde daher mit einer solchen Regelung die Rechtsanwendung lediglich erschweren. Auch führe sie zu einer Rechtsbelehrung, die heutige Betriebsräte weder überhaupt noch ausgerechnet vom Arbeitgeber benötigen.[269]

Fraglich ist daher, ob der Gesetzgeber den insoweit bestehenden Abstimmungsbedarf zwischen der umwandlungsrechtlichen „Beteiligung" des Betriebsrates nach der Gesetzeskonzeption des UmwG und den allgemeinen Beteiligungs- und Mitbestimmungsrechten des Betriebsrates nach dem BetrVG in ausreichendem Maße gelöst hat.[270]

Dies erscheint tatsächlich um so zweifelhafter, als sich in den Gesetzesmaterialien zum UmwG kein Wort zum Verhältnis zwischen umwandlungsrechtlicher und betriebsverfassungsrechtlicher Beteiligung des Betriebsrates findet.

Gegenstand der vorliegenden Arbeit ist es daher auch eine Antwort auf die Frage zu finden, in welchem Verhältnis die umwandlungsrechtliche und betriebsverfassungsrechtliche Beteiligung des Betriebsrats zueinander stehen. Die vom

---

269 Lutter, in: Lutter, UmwG 2000, § 5 Rn. 39; ähnlich Willemsen, RdA 1998, S. 23 (24), der von erheblicher Irritation und Rechtsunsicherheit spricht; Stohlmeier, BB 1999, S. 1394 (1397), hält es für bemerkenswert, dass der Gesetzgeber zwar ein zusätzliches (doppeltes und daher wenig sinnvolles) Informationsrecht eingeräumt hat, dem Betriebsrat aber keine Möglichkeit an die Hand gegeben hat, auf die Modalitäten der Umwandlung Einfluss zu nehmen.

270 So meint z.B. Willemsen, RdA 1998, S. 23 (24), der Gesetzgeber habe den Abstimmungs-bedarf nicht nur nicht bewältigt, er habe ihn offenbar nicht einmal registriert.

deutschen Gesetzgeber verankerte Unterrichtungspflicht des Betriebsrats ist dann nämlich nicht „merkwürdig",[271] wenn durch das Umwandlungsrecht unabhängige, neue Informations- und Beteiligungsrechte von Betriebsräten formuliert wurden, die über die betriebsverfassungsrechtlichen Beteiligungsrechte hinausgehen.

7. Systematische Abgrenzung Angaben/Regelungen

Aus rechtsdogmatischer Sicht hält Bungert die arbeitsrechtlichen Angaben im Umwandlungsvertrag (vgl. §§ 5 Abs. 1 Nr. 9, 126 Abs. 1 Nr. 11, 194 Abs. 1 Nr. 7 UmwG), sofern sie aus rechtspolitischer Sicht[272] überhaupt erforderlich sind, für deplaziert. Als „Angaben" hätten sie vielmehr in dem jeweiligen Umwandlungsbericht, also dem Verschmelzungsbericht gem. § 8 UmwG, dem Spaltungsbericht gem. § 127 UmwG bzw. dem Umwandlungsbericht beim Formwechsel gem. §§ 192, 8 UmwG aufgeführt werden müssen. Im Umwandlungsvertrag seien sie jedenfalls ein Fremdkörper, da dieser lediglich Regelungen enthalte. Bei den nach § 5 Abs. 1 Nr. 9 UmwG erforderlichen Angaben zu den Arbeitnehmerfolgen handele es sich dagegen um einen Bericht. Eine solch berichtende Darstellung sei dem Umwandlungsvertrag ansonsten fremd.[273] Joost

271 So aber Lutter, in: Lutter, UmwG 2000, § 5 Rn. 39.

272 Auch wenn man die Entscheidung des Gesetzgebers – die Arbeitnehmerfolgen in den Umwandlungsvertrag aufzunehmen – für rechtspolitisch verfehlt halten mag, so ist die Norm dennoch ernst zu nehmen, solange sie geltendes Recht ist, vgl. Drygala, ZIP 1996, S. 1365 (1367).

273 Vgl. Bungert, DB 1997, S. 2209; ders., Anmerkung zu OLG Düsseldorf, Beschluss vom 15.05.1998, NZG 1998, S. 733 (734); die dogmatische Absurdität dieser Vorschrift zeige sich, wenn die arbeitsrechtlichen Folgen in rechtlicher Vollkommenheit ausformuliert würden, vgl. Bungert, DB 1995, S. 1384 (1391, Fn. 67), unter Verweis auf den Verschmelzungsvertrag der Kaufhalle AG Köln und der KCG Kauf Center GmbH, Berlin, vom 26.05.1995 (Bundesanzeiger vom 27.05.1995, S. 5888), dort bestehe der Verschmelzungsvertrag zur Hälfte aus arbeitsrechtlichen Regelung; ferner Trölitzsch, DStR 1999, S. 764 (768); Sagasser/Ködderitzsch, in: Sagasser/Bula/Brünger, J 68; Nach Auffassung des OLG Naumburg, Urteil vom 06.02.1997, DB 1997, S. 466 (467), besitzt die Vorschrift formalen Ordnungscharakter. Sinn und Zweck der Regelung ist es, die Vertretungsorgane frühzeitig über beabsichtigte Änderungen der Unternehmensstruktur und die sich daraus für die Arbeitnehmer ergebenden Folgen durch Bekanntgabe des Mindestinhalts des Umwandlungsvertrages zu unterrichten. Nach Bungert, DB 1997, S. 2209 (2210), erschöpft sich darin auch der (Regelungs-) Zweck. Die arbeitsrechtlichen Pflichtangaben haben lediglich Berichtscharakter, die dem Betriebsrat die

begründet die Berichtsqualität der Darstellung der arbeitsrechtlichen Folgen der Umwandlung damit, dass das Gesetz im Hinblick auf die einzelnen Arbeitnehmer keine Rechtsfolgen mit den arbeitsrechtlichen Angaben im Umwandlungsvertrag verbinde. Der einzelne Arbeitnehmer werde zwar objektivrechtlich beispielsweise durch die Vorschriften der §§ 323, 324 UmwG geschützt, die daran anknüpfenden Rechtsfolgen würden jedoch unabhängig von den arbeitsrechtlichen Angaben im Umwandlungsvertrag ausgelöst werden. Schon nach dem Gesetzeswortlaut hätten die Vertretungsorgane der beteiligten Rechtsträger keine Rechtsverhältnisse zu regeln, sondern lediglich anzugeben, welche Folgen durch die Umwandlung objektivrechtlich eintreten.[274]

Willemsen spricht in diesem Zusammenhang von „rein deskriptiven Vertragsbestandteilen", deren jeweilige „Machbarkeit" von den allgemeinen arbeitsrechtlichen Vorschriften abhänge. Das Umwandlungsrecht ändere nicht die arbeitsrechtlichen Gestaltungsmöglichkeiten, sondern setze diese voraus.[275] Die Angaben im Umwandlungsvertrag geben daher nur das wieder, was in Folge objektiven (Arbeits-) Rechts, gegebenenfalls ergänzt durch die §§ 321 ff. UmwG, als Ergebnis der Umwandlung auf individual- und kollektivarbeitsrechtlicher Ebene eintrete. Diese arbeitsrechtlichen Folgen sind also nicht Inhalt der vertraglichen Regelung, sondern deren weitere gesetzliche Konsequenz, deren Eintritt unabhängig vom Willen der beteiligten Rechtsträger erfolge und somit zwingende Gesetzesfolge sei. Der Umwandlungsvertrag könne deshalb diese Folgen auch nicht anderslautend regeln, weil es sich dabei nicht um dispositives Recht handele, das einer Abweichung durch den Arbeitgeber entzogen sei. Bei Divergenz zwischen den Angaben nach § 5 Abs. 1 Nr. 9 UmwG und objektivem Recht, fände daher allein letzteres Anwendung.[276]

---

sachgerechte Wahrnehmung seiner betriebsverfassungsrechtlich garantierten Rechte anlässlich einer Umwandlung erleichtern sollen, so mit Recht Willemsen, RdA 1998 S. 23 (31). Nach Auffassung von Bermel/Hannappel, in: Goutier/Knopf/Tulloch, UmwG 1995, § 5 Rn. 66, kommt den Angaben nach Nr. 9 – im Gegensatz zu denjenigen nach § 5 Abs. 1 Nr. 1 bis 8 UmwG – weder rechtsgestaltender noch rechtsbegründender Charakter zu. Felix, KÖSDI 1995, S. 10232 (10234), bezeichnet die arbeitsrechtlichen Angaben im Umwandlungsvertrag als „narrativ".

274 Joost, ZIP 1995, S. 976 (986 in Verbindung mit 978).

275 Willemsen, NZA 1996, S. 791 (796); ders., RdA 1998 S. 23 (31); Willemsen, in: Kallmeyer, UmwG 1997, § 5 Rn. 49, 57.

276 Willemsen, in: Kallmeyer, UmwG 1997, § 5 Rn. 49; Joost, ZIP 1995, S. 976 (978); Bermel/Hannappel, in: Goutier/Knopf/Tulloch, UmwG 1995, § 5 Rn. 66; Mengel, S. 350. Die Frage, ob beispielsweise einem Arbeitnehmer zur Erreichung der beabsichtigten Synergieeffekte betriebsbedingt gekündigt werden kann, beantwortet sich auch

Diese Situation wurde im Rahmen der Erläuterungen zur Verschmelzungsurkunde (Verschmelzungsvertrag, Satzung und erster Aufsichtsrat) der Thyssen AG / Fried. Krupp AG Hoesch – Krupp entsprechend gewürdigt:

„In § 6 des Vertrages werden die individual- und kollektivarbeitsrechtlichen Folgen der Verschmelzung dargestellt. Diese Vorschrift enthält keine vertraglichen Vereinbarungen zwischen den Parteien des Verschmelzungsvertrages, sondern lediglich eine Beschreibung der gesetzlichen Folgen der Verschmelzung. Dass diese in dem Verschmelzungsvertrag und nicht in dem Verschmelzungsbericht erläutert werden, beruht auf der zwingenden Anordnung des § 5 Abs. 1 Nr. 9 UmwG.“[277]

II. Darstellung der Arbeitnehmerfolgen im Umwandlungsvertrag

1. Zum Umfang der Darstellung

Eine wesentliche Funktion der arbeitsrechtlichen Pflichtangaben liegt mithin (auch) darin, den betriebsverfassungsrechtlichen Status, wie er sich für die von der Umwandlung betroffenen Betriebe und Betriebsteile nach Wirksamwerden der Umwandlung darstellt, aufzuführen. Es wird daher im Rahmen dieser Arbeit zu untersuchen sein, ob zum Umfang der arbeitsrechtlichen Pflichtangaben auch solche Veränderungen gehören, die auf arbeitsrechtlicher, insbesondere aber auf betriebsverfassungsrechtlicher Ebene, erst nach Herbeiführung der neuen, im Zuge der Umwandlung herbeigeführten betriebsverfassungsrechtlichen Struktur ausgelöst werden. Hierunter fallen auch Veränderungen in bezug auf die Zusammensetzung von Betrieben, Personalbestand und Arbeitsbedingungen, die - wenn überhaupt - erst nach erfolgter Überführung in die künftigen betriebsverfassungsrechtlichen Strukturen von den dann hierfür zuständigen Leitungsorganen im einzelnen geplant und durchgeführt werden sollen.

---

weiterhin anhand des § 1 KSchG und der hierzu ergangenen einschlägigen Rechtsprechung des Bundesarbeitsgerichts, vgl. Willemsen, NZA 1996, S. 791 (796).

277 Vgl. die gleichlautende Formulierung in 2.7 der Erläuterung des Verschmelzungsvertrags der Daimler–Benz AG auf die DaimlerChrysler AG.

2. Anforderungen an die inhaltliche Substanz der Darstellung

Das Gesetz enthält keine Angaben darüber, wie konkret und bestimmt die Angaben im Umwandlungsvertrag für die Arbeitnehmer und ihre Vertretungen sowie etwaige Ausgleichsmaßnahmen beschrieben werden müssen. Für die mit Unternehmenstransaktionen nach dem UmwG verantwortlichen Personen stellt sich daher das Problem, aus der weiten Fassung des Gesetzeswortlauts das Substrat dessen herauszufiltern, was über die Folgen der Umwandlung für die Arbeitnehmer und ihre Vertretungen sowie die insoweit vorgesehenen Maßnahmen im Umwandlungsvertrag aufzuzeigen ist. Wenig hilfreich ist in diesem Zusammenhang auch die amtliche Begründung zum Regierungsentwurf, wonach die durch die Umwandlung eintretenden individual- und kollektivarbeitsrechtlichen Änderungen im Umwandlungsvertrag darzustellen sind.[278]

Däubler trennt zwischen „Eintragungsfähigkeit" und „Gültigkeit" des Vertrages. Da das Gesetz keine inhaltlichen Vorgaben mache, könnten unzureichende Angaben möglicherweise die „Eintragungsfähigkeit" im Register beeinträchtigen. Die „Gültigkeit" des Vertrages werde hingegen dadurch nicht berührt. Soweit nicht rechtswidriges Verhalten angekündigt werde, sei der Vertrag sogar dann gültig, wenn die Angaben einem „sozialpolitischen Horrorszenario" gleichkämen.[279]

Ein solches „sozialpolitisches Horrorszenario", dass sicherlich auch den Betriebsfrieden nachhaltig stört, gilt es aber insbesondere vor dem Hintergrund der amtlichen Begründung zum Regierungsentwurf zu vermeiden. Danach dient die Pflicht zur Angabe der eintretenden individual- und kollektivarbeitsrechtlichen Änderungen im Umwandlungsvertrag gerade der sozialverträglichen Durchführung der Umwandlung.[280] Eine sozialverträgliche Durchführung der Umwandlung und damit auch die Aufrechterhaltung des sozialen (Betriebs-)Friedens kann aber nur dann erreicht werden, wenn die Arbeitnehmervertreter umfassend über die bevorstehende Maßnahme unterrichtet werden.

278 Vgl. die amtliche Begründung zum Regierungsentwurf, BT-Drucks. 12/6699 S. 82 f.

279 Däubler, RdA 1995, S. 136 (138).

280 Vgl. die amtliche Begründung zum Regierungsentwurf, BT-Drucks. 12/6699 S. 82 f.

a. Inhaltliche Mindestanforderungen

Die einschlägigen gesetzlichen Vorschriften über die Aufnahme arbeitsrechtlicher Angaben in den Umwandlungsvertrag, -plan, oder -beschluss bzw. die entsprechenden Entwürfe (Vgl. §§ 5 Abs. 1 Nr. 9, 126 Abs. 1 Nr. 11, 136, 194 Abs. 1 Nr. 7 UmwG), enthalten keine näheren Vorgaben darüber, welche Anforderungen an die inhaltliche Darstellung der Kernangaben zu stellen sind. Durch den Wortlaut des Gesetzes „Folgen für die Arbeitnehmer und insoweit vorgesehene Maßnahmen" kommt zum Ausdruck, dass die Angabepflicht nur durch konkrete Beschreibung der Folgen und Maßnahmen erfüllt werden kann.

Bloße Pauschalbehauptungen, aus denen die einzelnen Folgen und – soweit überhaupt möglich – Maßnahmen erst abgeleitet werden müssen, genügen daher nicht den Anforderungen einer hinreichenden Konkretisierung.[281]

Mit vagen Ausführungen im Umwandlungsvertrag wie: „Es ist damit zu rechnen, dass ein Arbeitsplatzabbau zu erwarten ist ...." oder „es kann nicht ausgeschlossen werden, dass....", ist das Informationsinteresse des Betriebsrats und der Belegschaft nicht in ausreichendem Maße befriedigt. Solche Angaben können den Betriebsfrieden und die Motivation der Mitarbeiter nachhaltig stören und sich sogar ausgesprochen kontraproduktiv auswirken.[282] Eine substantiierte Darstellung der arbeitsrechtlichen Angaben im Umwandlungsvertrag erfüllt daher am ehesten die Anforderungen des Gesetzgebers, den Arbeitnehmervertretungen eine frühzeitige Informationsgrundlage an die Hand zu geben, um so bereits im Vorfeld der Umwandlungsmaßnahme eine möglichst sozialverträgliche Durchführung zu gewährleisten.[283] Eine umfängliche Darstellung der arbeitsrechtlichen Folgewirkungen wird daher am ehesten den Interessen der betroffenen Mitarbeiter gerecht.[284]

Die Forderung der Aufnahme der arbeitsrechtlichen Folgewirkungen in den Vertragstext wäre nämlich nicht erforderlich gewesen, wenn es ausgereicht hät-

---

281 Däubler, RdA 1995, S. 136 (138); Mengel, S. 345; Bachner/Köstler/Trittin/Trümner, S. 90; Boecken, S. 220. Anders Kreßel, BB 1995, S. 925 (926), der eine Pauschalierung der Aussagen für möglich hält, sofern die unmittelbaren Folgen abgeleitet werden können.

282 S.a. Willemsen, RdA 1998, S. 23 (27).

283 BT-Drucks. 12/6699, S. 83.

284 Vgl. deshalb zum Umfang der Aufnahme arbeitsrechtlicher Folgewirkungen im Umwandlungsvertrag, unten Seite 114.

te, in dem Umwandlungsvertrag lediglich darauf zu verweisen, dass sich die Folgen der Umwandlung nach den einschlägigen Vorschriften des UmwG sowie § 613 a BGB richten.

Die bloße Bezugnahme auf die gesetzlichen Vorschriften ist daher in keiner Weise ausreichend, die nach §§ 5 Abs. 1 Nr. 9, 126 Abs. 1 Nr. 11, 136, 194 Abs. 1 Nr. 7 UmwG erforderlichen Angaben zu erfüllen. Den Anforderungen an die Angabepflicht wird auch dann nicht genüge getan, wenn in dem Vertrag die Erklärung erfolgt, die Umwandlung habe individualarbeitsrechtlich keine Nachteile für die Arbeitnehmer der beteiligten Gesellschaften. Nach dem eindeutigen Gesetzeswortlaut sind zu den Folgen, und nicht etwa lediglich zu eventuell auftretenden Nachteilen, für die Belegschaft Ausführungen zu machen. Damit sollen sämtliche beabsichtigten unmittelbaren Änderungen erfasst werden, die sich aufgrund der Umwandlung ergeben.[285] Selbst wenn die Umstrukturierung personelle Veränderungen, wie beispielsweise Umgruppierungen oder Versetzungen nach sich zieht, die sich möglicherweise sogar als vorteilhaft für die Arbeitnehmer darstellen mögen, so handelt es sich dennoch um Folgen der Umwandlung, zu denen im Vertrag zwingend Angaben gemacht werden müssen (vgl. zur Abgrenzung der Aufnahme unmittelbarer und mittelbarer Folgen der Umwandlung, unten Seite 114).[286]

Ausführungen sind deshalb zwingend zu sämtlichen Folgen der Umwandlung anzubringen; ob sich diese als vorteilhaft oder nachteilig für die Belegschaft darstellen, kann daher dahinstehen. Die arbeitsrechtlichen Konsequenzen und Auswirkungen der Umwandlung sind somit einer subjektiven Wertung durch die an der Umwandlung beteiligten Vertretungsorgane der Rechtsträger in jedem Fall entzogen. Jede andere Auslegung würde den Arbeitnehmerschutz in unzulässiger Weise verkürzen, da die Vor- bzw. Nachteile der Umwandlung von Arbeitgeberseite bzw. den Anteilsinhabern sicherlich anders beurteilt werden als von Arbeitnehmerseite. Zu denken ist in diesem Zusammenhang beispielsweise an eine Ankündigung beabsichtigter Entlassungen zur Erschließung erhoffter Kostensenkungspotentiale. Vor dem Hintergrund der Steigerung des Unternehmenswertes sind solche Maßnahmen aus Sicht der Anteilseigner zu begrüßen, aus Perspektive der Belegschaft verständlicherweise abzulehnen.

---

285 Beschluss des OLG Düsseldorf vom 15.05.1998, abgedruckt in NZA 1998, S. 766 (767) = DB 1998, S. 1399 = ZIP 1998, S. 1190 (1191).

286 OLG Düsseldorf, NZA 1998, S. 766 (767) = DB 1998, S. 1399 (1400) = ZIP 1998, S. 1190 (1191), vgl. ferner Grunewald/Müller, JZ 1999, S. 442 (454).

In der Entscheidung des OLG Düsseldorf vom 15.05.1998 liegt daher weder ein Bekenntnis zur „Großen“ oder „Kleinen Lösung“, noch das Postulat der Abgabe umfassender Negativerklärungen durch die Umwandlungsbeteiligten.[287] Im Beschluss stellt das OLG Düsseldorf vielmehr klar, dass es unzulässig ist, als Folgen der Umwandlung lediglich nachteilige Folgen für die Belegschaft zu begreifen.

aa. Verschmelzung

Zur Erfüllung der in § 5 Abs. 1 Nr. 9 UmwG geforderten Darlegungspflicht ist als Mindestinhalt zu fordern, dass im Verschmelzungsvertrag eine katalogartige Aufzählung der konkreten Auswirkungen der Umwandlung erfolgt.

Darzustellen sind daher zunächst:

- die abstrakten Folgen der Verschmelzung für die Arbeitsverträge der jeweiligen Arbeitnehmer aller beteiligten Rechtsträger, also insbesondere eine Darstellung der Wirkung der Gesamtrechtsnachfolge gem. §§ 20 Abs. 1 Nr. 1 und 2, sowie 324 UmwG in Verbindung mit § 613 a Abs. 1 und Abs. 4 BGB;[288]

---

287 So aber Willemsen/Müller, Kommentar zu OLG Düsseldorf, Beschluss vom 15.05.1998, EWiR 1998, S. 855 (856).

288 Der Übergang der Arbeitsverhältnisse auf den neuen Rechtsträger vollzieht sich nach § 324 UmwG in Verbindung mit § 613a Abs. 1 und 4 BGB, der im Gegensatz zur Gesamtrechtsnachfolge nach § 20 Abs. 1 bzw. § 36 Abs. 1 in Verbindung mit § 20 Abs. 1 UmwG Folgeprobleme ausdifferenziert regelt. Die Anwendung des § 613a Abs. 1 und 4 BGB auf Fälle der **Gesamtrechtsnachfolge** wird vor allem deshalb ermöglicht, weil § 324 UmwG die Vorschrift des § 613a Abs. 1 und 4 BGB unmittelbar auf die Umwandlung für anwendbar erklärt, vgl. zuletzt BAG, ZIP 2000, S. 1630 (1634) = NZA 2000, S. 1115 ff.; insgesamt zustimmend, Bauer/Mengel, Anmerkung zu BAG, Urteil vom 25.05.2000, ZIP 2000, S. 1635 (1636); ferner Lutter, in: Lutter, UmwG 2000, § 5 Rn. 41; Mayer, in: Widmann/Mayer, UmwG, § 5 Rn. 189; Hennrichs, ZIP 1995, S. 794 (799); Hartmann, ZfA 1997, S. 21 (24); Heinze, DB 1998, S. 1861; Schaub, in: Münchener Kommentar zum Bürgerlichen Gesetzbuch, § 613a Rn. 211; Boecken, ZIP 1994, S. 1087 (1089); Joost, ZIP 1995, S. 976 (980); Wlotzke, DB 1995, S. 40 (42); Gaul, BB 1999, S. 526; Sagasser/Schmidt, in: Sagasser/Bula/Brünger, F 3 ff.; Däubler, RdA 1995, S. 136 (139); Willemsen, IDW 1993, S. 105 (108 ff.); zweifelnd Bauer/Lingemann, NZA 1994, S. 1057 (1061 f.); **a.A.** Bachner, NJW 1995, S. 2881 (2882 f.); ders., AuA 1996, S. 217 (218), der die umwandlungsrechtlichen Übertragungstatbestände, insbesondere § 20 Abs. 1 Nr. 1 UmwG im Falle der Verschmelzung und § 131 Abs. 1 Nr. 1

- ein Hinweis, dass ein Widerspruchsrecht gegen den Übergang der Arbeitsverhältnisse im Sinne von § 613a BGB nicht besteht, da bei der Verschmelzung der übertragende Rechtsträger erlischt;[289]
- Anerkennung erbrachter Dienstzeiten;
- die Auswirkungen der Verschmelzung im Zusammenhang mit dem Schicksal von Verbands- und/oder Firmentarifverträgen;
- die Wirkungen auf etwa geschlossene Betriebsvereinbarungen;
- Harmonisierung von Arbeitsbedingungen;[290]

UmwG für die Spaltung, gegenüber § 613a BGB als die spezielleren – weil umwandlungsrechtliche Übertragungstatbestände – betrachtet.

289 Vgl. hierzu § 7 Abs. 1 a des Verschmelzungsvertrages zwischen der Daimler-Benz AG und der DaimlerChrysler AG (Bundesanzeiger Nr. 146 vom 8.08.1998, S. 11685); ferner § 5 Abs. 2 des Verschmelzungsvertrages der Kaufhalle AG Köln und der KCG Kauf Center GmbH, Berlin, vom 26.05.1995 (Bundesanzeiger vom 27.05.1995, S. 5888); allenfalls kann hier das **Widerspruchsrecht** (vgl. BAG, ZIP 2000, S. 1630 [1634], wonach ein Widerspruchsrecht des Arbeitnehmers auch bei einer privatisierenden Umwandlung, d.h. wenn Ausgliederung und Betriebsübergang nicht zeitlich zusammenfallen, besteht) auf ein fristloses Kündigungsrecht hinauslaufen, vgl. Däubler, RdA 1995, S. 136 (140); Bauer/Lingemann, NZA 1994, S. 1057 (1061); Jäger bejaht wohl im Ergebnis ein Widerspruchsrecht für die Spaltung nach dem SpTrUG, S. 54; Willemsen, in: Kallmeyer, UmwG 1997, § 324 Rn. 8 f.; Lutter, in: Lutter, UmwG 2000, § 5 Rn. 42; Joost, in: Lutter, UmwG 2000, § 324 Rn. 36; Staudinger/Richardi/Annuß, BGB, § 613a Rn. 129; Hartmann, ZfA 1997, S. 21 (30); Mengel, S. 161 ff.; Bauer/Mengel, Anmerkung zu BAG, Urteil vom 25.05.2000, ZIP 2000, S. 1635 (1637); **a.A.** Heinze ZfA 1997, S. 1 (6); zu den nicht unerheblichen Risiken die mit der Ausübung des Widerspruchrechts durch den Arbeitnehmer im Falle der Ausgliederung verbunden sind, vgl. Joost, Kommentar zu BAG, Urteil vom 25.05.2000, EWiR 2000, S. 1009 (1010); das Arbeitsverhältnis kann gemäß § 613a Abs. 4 Satz 1 BGB weder vom bisherigen noch vom neuen Rechtsträger aus Anlass des Betriebsübergangs bzw. der Verschmelzung gekündigt werden. Das Recht zur Kündigung des Arbeitsverhältnisses aus anderen Gründen – insbesondere betriebsbedingten – bleibt davon jedoch unberührt (vgl. § 613a Abs. 4 Satz 2 BGB); in § 6 Abs. 2 des Verschmelzungsvertrages zwischen der Thyssen AG und der Fried. Krupp AG Hoesch-Krupp wurde auf eine getroffene Vereinbarung vom 02.02.1998 verwiesen. Danach sollten fusionsbedingte Kündigungen bis zum 31.12.2001 ausgeschlossen sein. Abgesehen davon das dieser Ausschluss nicht für Mitarbeiter gilt, „die eine zumutbare Regelung im Rahmen des Personalkonzepts ablehnen", bleibt natürlich die Möglichkeit aus betriebsorganisatorischen Gründen eine betriebsbedingte Kündigung auszusprechen.

290 Vgl. hierzu § 7 Abs. 6 des Verschmelzungsvertrags der Degussa-Hüls AG zur Harmonisierung von Arbeitsbedingungen: „Es ist beabsichtigt, für die Zeit nach dem Wirksam-

- Angaben im Hinblick auf eine gegebenenfalls eingerichtete betriebliche Altersversorgung;
- Auswirkungen auf die Versicherungsverhältnisse der in Betriebskrankenkassen versicherter Arbeitnehmer;
- ein etwa eintretender Wechsel der Tarifzuständigkeit;
- eine genaue Beschreibung welche Betriebe oder Betriebsteile der übertragenden Rechtsträger unverändert auf den übernehmenden Rechtsträger übergehen oder möglicherweise als betriebliche Einheit verändert oder aufgelöst werden (Stillegung, vollständige oder teilweise Eingliederung);
- Auswirkungen der Verschmelzung auf den bestehenden Kündigungsschutz;
- die künftige arbeitsrechtliche Organisation des übernehmenden Rechtsträgers, möglicherweise bereits vorhandene Pläne einer beabsichtigten Personalreduzierung als Folge[291] der Umstrukturierung;
- Angaben zu den Folgen der Verschmelzung für die Arbeitnehmervertretungen sowohl bei der übertragenden als auch bei der aufnehmenden Gesellschaft. Damit sind die Auswirkungen auf die organisationsrechtliche Repräsentationsstruktur gemeint.[292] Zu beschreiben sind die Auswirkungen der Verschmelzung auf den Bestand der Betriebsräte, den Gesamtbetriebsrat, den Konzernbetriebsrat und den Wirtschaftsausschuss; ferner den Sprecherausschuss bzw. Gesamt-, Unternehmens- und Konzernsprecherausschuss.[293]

---

werden der Verschmelzung eine Harmonisierung der in den bestehenden Gesamtbetriebs- und Gesamtsprecherausschussvereinbarungen enthaltenen Regelungen sowie der sonstigen unternehmenseinheitlich geltenden Arbeitsbedingungen für sämtliche Arbeitnehmer der Degussa-Hüls AG herbeizuführen. Diese Harmonisierung soll innerhalb von zwei Jahren nach dem Wirksamwerden der Verschmelzung abgeschlossen sein."

291 Zur Abgrenzung unmittelbare/mittelbare Folgen der Umwandlung vgl. unten S. 114.

292 Vgl. Joost, ZIP 1995, S. 976 (981); Lutter, in: Lutter, UmwG 2000, § 5 Rn. 47.

293 Vgl. hierzu den Verschmelzungsvertrag zwischen der Degussa AG und Hüls AG: Die Folgen der Verschmelzung für die Arbeitnehmer und ihre Vertretungen sind in § 7 des Verschmelzungsvertrags aufgeführt. § 7 Abs. 3 enthält Angaben zu den bei der Degussa AG gebildeten Arbeitnehmervertretungen. Hier heißt es: Die örtlichen Betriebsräte und Sprecherausschüsse der Degussa AG und der Betriebsrat und der Sprecherausschuss der Hüls AG bleiben von der Verschmelzung unberührt. Die Auflösung der Degussa AG als übertragender Rechtsträger bewirkt den Untergang der auf der Unternehmensebene gebildeten Arbeitnehmervertretungen. Dies betrifft den Gesamtbetriebsrat einschließlich des Wirtschaftsausschusses, den Konzernbetriebsrat und den Gesamtsprecherausschuss

- Auswirkungen auf den Bestand eines errichteten Europäischen Betriebsrats;
- Darüber hinaus sind die mitbestimmungsrelevanten Auswirkungen der Verschmelzung darzulegen.

bb. Spaltung

Nach § 126 Abs. 1 Nr. 11 UmwG muss der Spaltungsvertrag bzw. Spaltungsplan zunächst die gleichen Angaben enthalten, die auch im Verschmelzungsvertrag gemacht werden müssen, d.h. die Angaben müssen sich auf die Folgen der Spaltung für die Arbeitnehmer und ihre Vertretungen sowie die insoweit vorgesehenen Maßnahmen erstrecken. Was den Inhalt von § 126 Abs. 1 Nr. 11 UmwG betrifft, so heißt es in der Begründung zum Regierungsentwurf, wird auf die Parallelvorschrift § 5 Abs. 1 Nr. 9 verwiesen.[294]

Die Folgen für die Arbeitnehmer und ihre Vertretungen hängen insbesondere davon ab, inwieweit sich die Spaltung auf die Zuordnung der Betriebe und Betriebsteile zu den beteiligten Rechtsträgern auswirkt. Insoweit kann auf die Angaben nach § 126 Abs. 1 Nr. 9 UmwG verwiesen werden, wonach eine genaue Bezeichnung und Aufteilung der Gegenstände des Aktiv- und Passivvermögens, die an jeden der übernehmenden Rechtsträger übertragen werden, zu erfolgen hat „sowie der übergehenden Betriebe und Betriebsteile unter Zuordnung zu den übernehmenden Rechtsträgern."

Da die Aufteilung der betrieblichen Einheiten für die Belegschaft von zentraler Bedeutung ist, hat der Vertrag hierzu detaillierte Angaben zu enthalten. Dabei sind auch Ausführungen darüber zu machen, welche Einheiten als Betrieb oder als Betriebsteil betrachtet werden, nach welchen Kriterien die Abgrenzung erfolgt und wie sich dies auf Existenz und Fortbestand der Betriebsräte (hier ist insbesondere an ein Übergangsmandat gem. § 321 UmwG zu denken) auswirkt.[295] Aufzunehmen ist auch ein Hinweis auf die besondere kündigungsrechtliche Stellung der Arbeitnehmer nach Wirksamwerden der Spaltung (vgl. § 323 UmwG) sowie auf das Schicksal von Betriebsvereinbarungen. Besonderheiten der Spaltung können sich ferner dahingehend ergeben, dass sich mögli-

---

der Degussa AG. Es besteht das Recht, diese Arbeitnehmervertretungen nach dem Wirksamwerden der Verschmelzung bei der Degussa-Hüls AG neu zu errichten.

294 Vgl. die amtliche Begründung zum Regierungsentwurf, abgedruckt bei Ganske, S. 157.

295 Vgl. Joost, ZIP 1995, S. 976 (983 f.); Willemsen, in: Kallmeyer, § 126 Rn. 43.

cherweise die Tarifvertragssituation der Arbeitnehmer ändert oder die Unternehmensmitbestimmung im Hinblick auf die Aufsichtsratsmandate der Arbeitnehmer.

cc. Vermögensübertragung

Bezogen auf die im Vierten Buch in § 174 UmwG geregelten verschiedenen Möglichkeiten der Vermögensübertragung, in Gestalt der Vollübertragung und Teilübertragung, finden die verschmelzungs- bzw. spaltungsrechtlichen Bestimmungen entsprechende Anwendung, vgl. §§ 176 Abs. 1, 177 Abs. 1 UmwG (für die Übertragung des Vermögens oder von Vermögensteilen einer Kapitalgesellschaft auf die öffentliche Hand) , §§ 178 Abs. 1, 179 Abs. 1 UmwG (für die Übertragung des Vermögens einer Aktiengesellschaft auf Versicherungsvereine auf Gegenseitigkeit oder öffentlich rechtliche Versicherungsunternehmen), §§ 180 Abs. 1, 184 Abs. 1 UmwG (für die Übertragung des Vermögens eines Versicherungsvereins auf Gegenseitigkeit auf Aktiengesellschaften oder öffentlich-rechtliche Versicherungsunternehmen), § 186 Abs. 1 UmwG (für die Übertragung des Vermögens eines kleineren Versicherungsvereins auf Gegenseitigkeit auf eine Aktiengesellschaft oder auf ein öffentlich-rechtliches Versicherungsunternehmen), §§ 188 Abs. 1, 189 Abs. 1 UmwG (für die Übertragung des Vermögens eines öffentlich-rechtlichen Versicherungsunternehmens auf Aktiengesellschaften oder Versicherungsvereine auf Gegenseitigkeit).

Bei der Vermögensübertragung wird daher nicht konkret auf die jeweils ergänzend anzuwendenden Vorschriften des Verschmelzungs- oder Spaltungsrechts verwiesen, vielmehr werden pauschal die (rechtsformspezifischen) Regelungen zur Verschmelzung bzw. zur Spaltung für anwendbar erklärt.

dd. Formwechsel

(1) Verhältnis zu § 192 UmwG

Im Gegensatz zu den Umwandlungstypen Verschmelzung und Spaltung, gibt es beim Formwechsel keinen Umwandlungsvertrag. § 194 Abs. 1 Nr. 7 UmwG bestimmt daher, dass die Folgen des Formwechsels für die Arbeitnehmer und ihre Vertretungen sowie die insoweit vorgesehenen Maßnahmen im Umwandlungsbeschluss aufgeführt werden müssen. Die Regelung entspricht § 5 Abs. 1 Nr. 9 UmwG für den Verschmelzungsvertrag und trägt dem Umstand Rechnung, dass beim Formwechsel auch die Interessen der Arbeitnehmer und ihrer Vertretungen berührt werden können. Der Entwurf des Umwandlungsbeschlusses ist gem. § 192 Abs. 1 S. 3 UmwG zwingender Bestandteil des Umwandlungsberichts. Die arbeitsrechtlichen Angaben werden daher beim Formwechsel Bestandteil des Umwandlungsberichts. Nach § 194 Abs. 2 UmwG muss der Entwurf des Umwandlungsbeschlusses spätestens einen Monat vor dem Tage der Versammlung der Anteilsinhaber, die den Formwechsel beschließen soll, dem zuständigen Betriebsrat des formwechselnden Rechtsträgers zugeleitet werden.

Bei der Gestaltung dieser Bestimmung hat der Gesetzgeber offenbar übersehen, dass der Umwandlungsbericht gem. § 192 Abs. 3 UmwG dann nicht erforderlich ist, wenn an dem formwechselnden Rechtsträger nur ein Anteilsinhaber beteiligt ist oder wenn alle Anteilsinhaber auf seine Erstattung verzichten. Machen die Anteilsinhaber von der Möglichkeit nach § 192 Abs. 3 Gebrauch, fällt der Entwurf des Umwandlungsbeschlusses als unselbständiger Bestandteil des Umwandlungsberichts ebenfalls weg. Das UmwG enthält damit für den Fall des Formwechsels einen Wertungswiderspruch, da der die arbeitsrechtlichen Angaben enthaltende Entwurf des Umwandlungsbeschlusses einerseits dem zuständigen Betriebsrat zuzuleiten ist, andererseits es aber gar keinen Entwurf des Umwandlungsbeschlusses gibt, wenn die Anteilsinhaber übereinstimmend auf die Erstattung des Umwandlungsberichts verzichten. Dieser Wertungswiderspruch beruht auf einem gesetzgeberischen Redaktionsversehen. Der direkte Vergleich mit den Umwandlungsmodellen der Verschmelzung und der Spaltung macht deutlich, dass die umwandlungsrechtliche Information des Betriebsrats gerade nicht zur Disposition der Anteilsinhaber gestellt werden sollte. Zu beachten bleibt daher, dass der im Umwandlungsbericht gem. § 192 Abs. 1 S. 3 UmwG enthaltene Entwurf des Umwandlungsbeschlusses in jedem Fall der Unterrichtung des Betriebsrats nach § 194 Abs. 2 UmwG dient. Aus arbeitsrechtlichen Aspekten wird man daher den Entwurf des Umwandlungsbeschlusses mit den Angaben nach § 194 Abs. 1 UmwG auch dann für unverzichtbar halten müssen, wenn der Umwandlungsbericht aus gesellschaftsrechtlicher Sicht entbehrlich ist.[296]

---

296 Vgl. Joost, ZIP 1995, S. 976 (977); ders., in: Lutter (Hrsg.), Kölner Umwandlungsrechtstage, S. 245 (249), vgl. Boecken, S. 211 Fn. 17; Willemsen, in: Kallmeyer, UmwG 1997, § 194 Rn. 61.

Die gegenteilige Auffassung, nach der für den Fall, dass nach § 192 Abs. 3 UmwG ein Umwandlungsbericht nicht erforderlich ist, auch das Informationsrecht des Betriebsrats ersatzlos wegfällt, verdient keine Zustimmung.[297] Richtigerweise bemerkt Laumann zunächst, dass das UmwG ein gesellschaftsrechtliches Gesetz mit punktuellen arbeitsrechtlichen Schutzbestimmungen sei. Der Schutz der Arbeitnehmer sei nach wie vor über das allgemeine individuelle und kollektive Arbeitsrecht gewährleistet. Deshalb dürften vermeintliche arbeitsrechtliche Schutzlücken nicht mit einem Verweis auf ein angebliches Redaktionsversehen des Gesetzgebers durch Auslegung contra legem geschlossen werden.[298]

Laumann verkennt bei seiner Argumentation jedoch, dass neben dem allgemeinen Arbeitnehmerschutz, der durch das individuelle und kollektive Arbeitsrecht gewährleistet wird, die speziellen arbeitsrechtlichen Informationsrechte des (gesellschaftsrechtlichen) Umwandlungsgesetzes treten. Die vom Gesetzgeber in das UmwG bewusst aufgenommenen arbeitsrechtlichen Informationsregelungen würden andernfalls ausgehöhlt und sogar ad absurdum geführt, würden diese zur Disposition der Anteilseigner gestellt werden. Genau wie bei allen anderen Umwandlungsformen soll dem Informationsinteresse der Beschäftigten und ihrer Interessenvertreter in ausreichendem Maße Rechnung getragen werden. Ausweislich der ausdrücklichen Gesetzesbegründung dient die vom Gesetzgeber für zwingend erforderlich erachtete Regelung zur Information der Arbeitnehmer gerade dem Schutz des sozialen Friedens.[299] Deshalb hält Joost richtigerweise den Entwurf des Umwandlungsbeschlusses für unverzichtbar, so dass die Unterrichtung des Betriebsrats durch die Angaben nach § 194 Abs. 1 UmwG auch bei Fehlen eines Umwandlungsberichts sichergestellt ist. Andernfalls kann dem durch § 194 Abs. 2 UmwG verfolgten und durch § 199 UmwG noch verstärkten Arbeitnehmerschutz nicht in ausreichendem Maße Rechnung getragen werden.[300]

297 Laumann, in: Goutier/Knopf/Tulloch, UmwG 1995, § 194 Rn. 33.

298 Laumann, in: Goutier/Knopf/Tulloch, UmwG 1995, § 194 Rn. 33.

299 Vgl. die amtliche Begründung zum Regierungsentwurf, abgedruckt bei Ganske, S. 218, 50.

300 Vgl. hierzu Joost, in: Lutter, Kölner Umwandlungsrechtstage, S. 245 (249); ebenso Willemsen, in: Kallmeyer, UmwG 1997, § 194 Rn. 61; ob bei Fehlen eines Betriebsrats der Schutzzweck des § 194 Abs. 2 UmwG entfällt, mit der Folge, dass in diesem Fall auch auf den Entwurf des Umwandlungsbeschlusses verzichtet werden kann (so Joost, aaO.), vgl. unten S. 230.

Problematisch ist jedoch, dass die Stimmen im Schrifttum, die einen Umwandlungsbeschluss auch dann für erforderlich erachten, wenn auf Wunsch der Anteilseigner der Umwandlungsbericht entfällt, einen kompletten Entwurf des Umwandlungsbeschlusses mit sämtlichen Angaben nach § 194 Abs. 1 UmwG fordern.[301]

Der Umwandlungsbericht dient ausweislich der Gesetzesbegründung ausschließlich dem Schutz der Anteilsinhaber. Hauptfunktion des Umwandlungsberichtes ist es daher, die Unterrichtung der Anteilsinhaber und insbesondere der Minderheitsgesellschafter in ausreichendem Maße zu gewährleisten.[302] Es ist deshalb in das Belieben der Anteilsinhaber gestellt, auf dieses Anrecht auf Information zu verzichten, sofern sich diese bereits umfassend informiert fühlen.[303] Dementsprechend ist der Umwandlungsbericht für den Fortgang des Formwechsels nicht erforderlich, wenn sämtliche Anteilsinhaber auf seine Erstattung gem. § 192 Abs. 3 S. 1, 2. HS UmwG verzichten.

Da der Umwandlungsbericht der Unterrichtung der Anteilseigner dient, haben diese die Möglichkeit sich ihres Schutzes – sofern sie dies wollen – zu begeben. Auch der Umwandlungsbeschluss soll den Anteilseignern Inhalt und Bedeutung ihrer Beschlussfassung vor Augen führen. Umwandlungsbericht als auch Umwandlungsbeschluss tragen somit zur Information der Anteilseigner bei.[304] Fraglich ist deshalb, weshalb Kallmeyer, trotz Verzicht der Anteilseigner auf Erstattung des Umwandlungsberichts, dennoch einen kompletten Entwurf des Umwandlungsbeschlusses mit sämtlichen Angaben nach § 194 Abs. 1 Nr. 1 bis 7 UmwG fordert.

Wenn nämlich die Anteilseigner gerade bereit sind auf den Umwandlungsbericht und damit auch auf den Umwandlungsbeschluss als zwingender Bestandteil des Berichts zu verzichten, dann erscheint es nicht nachvollziehbar, weshalb sich die Angabepflicht auch auf die Informationen nach § 194 Abs. 1 Nr. 1 bis 6 UmwG erstrecken soll.

Die frühzeitige Information der Arbeitnehmer und ihrer Vertretungen zur Sicherung einer möglichst sozialverträglichen Durchführung der Umwandlung dient

---

301 So ausdrücklich Willemsen, in: Kallmeyer, UmwG 1997, § 194 Rn. 61 und wohl auch Joost, ZIP 1995, S. 976 (977); ders., in: Lutter, Kölner Umwandlungsrechtstage, S. 245 (249).

302 Vgl. die amtliche Begründung zum Regierungsentwurf, abgedruckt bei Ganske, S. 54 (zum Verschmelzungsbericht).

303 Vgl. Decher, in: Lutter, UmwG 2000, § 192 Rn. 49.

304 Vgl. Decher, in: Lutter, UmwG 2000, § 194 Rn. 1.

auch der Gewährleistung des sozialen Friedens. Dies wird allein durch die Vorschrift des § 194 Abs. 1 Nr. 7 UmwG garantiert.

Nach differenzierender Betrachtungsweise ist daher eine Erweiterung der Angabepflicht auch auf die Informationen nach § 194 Abs. 1 Nr. 1 bis 6 UmwG nicht vorzunehmen.

Auch die gegenteilige Auffassung von Laumann, nach der für den Fall, dass nach § 192 Abs. 3 UmwG ein Umwandlungsbericht nicht erforderlich ist, auch eine Unterrichtung des Betriebsrats ersatzlos wegfallen soll, kann keine Zustimmung finden. Diese Auffassung ignoriert schlichtweg das Informationsrecht des Betriebsrats nach § 194 Abs. 1 Nr. 7 in Verbindung mit Abs. 2 UmwG.[305]

Vielmehr erscheint deshalb eine vermittelnde Auffassung als der richtige Lösungsansatz:

Für den Fall, dass der – ohnehin dem Schutz der Anteilseigner dienende – Umwandlungsbericht nach § 192 Abs. 3 UmwG nicht erforderlich ist, weil alle Anteilsinhaber auf seine Erstattung verzichten, kann das Informationsrecht des Betriebsrats insofern befriedigt werden, als dass ein „abgespeckter" Umwandlungsbeschluss lediglich mit den die Arbeitnehmer und ihre Vertreter tangierenden und ihrem Informationsanspruch gerecht werdenden Angaben nach § 194 Abs. 1 Nr. 7 UmwG gefertigt wird. Aus verfahrensökonomischen Gründen ist es deshalb nicht erforderlich, die Unterrichtungspflicht im Rahmen des Umwandlungsbeschlusses auch auf die der Information der Anteilseigner dienenden Angaben nach § 194 Abs. 1 Nr. 1 bis 6 UmwG auszudehnen.

(2) Grundsätzliches

Der Wechsel in eine andere Rechtsform wirft im Vergleich zu allen anderen Umwandlungsformen die wenigsten arbeitsrechtlichen Probleme auf, da der neue Rechtsträger mit dem alten identisch ist.[306] Der Umfang der Darstellung der erforderlichen Angaben wird daher in der Regel deutlich geringer sein, weil der Formwechsel keinen Arbeitgeberwechsel bewirkt und deshalb § 613 a BGB

---

305 Vgl. Laumann, in: Goutier/Knopf/Tulloch, UmwG 1995, § 194 Rn. 33.

306 Der Formwechsel wird durch das Prinzip der Identität charakterisiert, vgl. Decher, in: Lutter (Hrsg.), Kölner Umwandlungsrechtstage, S. 201 (205).

sowie die besonderen arbeitsrechtlichen Schutzvorschriften der §§ 321 bis 325 UmwG außer Betracht bleiben. Im Gegensatz zu den Umwandlungsmöglichkeiten Verschmelzung und Spaltung spielen Fragen der Tarifbindung beim Formwechsel keine Rolle. Das Betriebsverfassungsrecht ist rechtsformneutral ausgestaltet, so dass sich auch diesbezüglich keine Veränderungen ergeben.

Da sich die Unternehmensgröße beim Formwechsel nicht ändert, kommen

lediglich Auswirkungen im Bereich der Unternehmensmitbestimmung in Betracht. So kann eine Änderung der Rechtsform den Wegfall bzw. Hinzutritt der Arbeitnehmervertretung im Aufsichtsrat nach sich ziehen. Dies gilt insbesondere dann, wenn der Formwechsel dazu dient, eine Kapital- in eine Personengesellschaft (und umgekehrt) zu überführen (vgl. § 1 MitbestG).[307]

Auch beim Formwechsel einer AG in eine GmbH kann die Notwendigkeit der Bildung eines Aufsichtsrats und damit der Mitbestimmung entfallen. Hier ist bei der Frage der Beteiligung der Arbeitnehmer im Aufsichtsrat zunächst zwischen den vor dem 10. August 1994 und den ab diesem Stichtag in das Handelsregister eingetragenen Aktiengesellschaften zu unterscheiden. Bei den Gesellschaften, die vor diesem Stichtag in das Handelsregister eingetragen wurden und keine Familiengesellschaften sind, ist der Aufsichtsrat ungeachtet der Zahl der Beschäftigten zu einem Drittel mit Vertretern der Arbeitnehmer zu besetzen (vgl. § 76 Abs. 6 S. 1, 2. HS in Verbindung mit § 76 Abs. 1 BetrVG 1952). Dagegen ist eine Beteiligung der Arbeitnehmer im Aufsichtsrat von Aktiengesellschaften, die nach dem 10. August 1994 ins Handelsregister eingetragen wurden, nach § 76 Abs. 6 S. 1, 1. HS BetrVG 1952 erst gegeben, wenn diese mindestens 500 Arbeitnehmer beschäftigt.[308]

307 In der Unternehmenspraxis unterliegen dem MitbestG insbesondere die dominierenden Rechtsformen der Aktiengesellschaft und der GmbH. Die Häufigkeit eines Wechsels von Personengesellschaften in die Aktiengesellschaft und umgekehrt, ist verglichen mit anderen Umstrukturierungsmöglichkeiten jedoch quantitativ gering, vgl. Bartodziej, ZIP 1994, S. 580 (581). Nach Däubler, RdA 1995, S. 136 (145), steht die Mitbestimmung dann zur Disposition des Unternehmensträgers, sofern dieser die möglichen Nachteile einer anderen Rechtsform in Kauf nehmen will.

308 Diese differenzierende Regelung zur „kleinen AG“ und zur Deregulierung des Aktienrechts ist eingeführt worden, um die Gründung von kleinen Aktiengesellschaften zu erleichtern, da sich die Arbeitnehmerbeteiligung im Aufsichtsrat nicht gerade förderlich auf das Gründerverhalten auszuwirken schien. Empirische Untersuchungen haben in diesem Zusammenhang sogar belegt, dass die unterschiedliche Behandlung der AG im Vergleich zur GmbH in mitbestimmungsrechtlicher Hinsicht für mittelständische Un-

Im Falle des Formwechsels einer AG in eine GmbH kommt daher nur dann ein Wegfall der Mitbestimmung in Betracht, sofern die Aktiengesellschaft vor dem 10. August 1994 ins Handelsregister eingetragen wurde, keine Familiengesellschaft ist und weniger als 500 Arbeitnehmer beschäftigt. Deshalb führt umgekehrt der Formwechsel in eine AG, ungeachtet der Zahl der Mitarbeiter, zur gesetzlich vorgeschriebenen Mitbestimmung.[309]

Die Regelung über die Beibehaltung der Mitbestimmungsbeteiligung der Arbeitnehmer im Aufsichtsrat gem. § 325 UmwG findet beim Formwechsel ausweislich des ausdrücklichen Gesetzeswortlauts keine Anwendung.

Die Anforderungen, die § 194 Abs. 1 Nr. 7 UmwG stellt, sind deshalb bereits dann erfüllt, wenn im Umwandlungsbeschluss auf eventuelle Änderungen des Mitbestimmungsstatuts eingegangen und im übrigen klargestellt wird, dass sich aus dem Formwechsel keine Folgen für die Arbeitnehmer und ihre Vertretungen ergeben und auch insoweit keine Maßnahmen vorgesehen sind.[310] Im Falle der Kontinuität der Aufsichtsratsmandate gem. § 203 UmwG bedarf es keines gesonderten Hinweises im Umwandlungsbeschluss. Im Umkehrschluss bedeutet das jedoch, dass es im Falle der Diskontinuität der Aufsichtsratsmandate eines solchen Hinweises im Umwandlungsbeschluss bedarf.[311]

---

ternehmen einen der ausschlaggebendsten Gründe darstellte, die Rechtsform der AG zu umgehen, vgl. Fitting/Kaiser/Heither/Engels, § 76 BetrVG 1952 Rn. 11; Kindler, NJW 1994, S. 3041 (3045); Hahn, DB 1994, S. 1659 (1661); Lutter, AG 1994, S. 429; die große Zahl der Börsengänge der Jahre 1998 und 1999 belegt, dass die Akzeptanz der Aktiengesellschaft als Rechtsform für mittelständische Unternehmen erheblich gestiegen ist, vgl. Mayrhofer/Dohm, DB 2000, S. 961.

309 Die GmbH war bis 500 Arbeitnehmer unabhängig von ihrer Struktur als „Familien-Gesellschaft" stets mitbestimmungsfrei. Die Mitbestimmung tritt bei der GmbH erst bei mehr als 500 Arbeitnehmern ein. Dem Aufsichtsrat müssen dann ebenfalls zu einem Drittel der Sitze Vertreter der Arbeitnehmer angehören (vgl. § 77 Abs. 1 in Verbindung mit § 76 Abs. 1 BetrVG 1952).

310 Dehmer, UmwG 1996, § 194 Rn. 9; Decher, in: Lutter, UmwG 2000, § 194 Rn. 30.

311 Dehmer, UmwG 1996, § 194 Rn. 10, hält es daher für ein besonderes Ärgernis, dass nicht nur der vom Gesetzgeber geforderte Umfang des Umwandlungsbeschlusses nicht genau definiert ist, sondern darüber hinaus noch eine „unsinnige" Mitteilung an den zuständigen Betriebsrat nach § 194 Abs. 2 UmwG zu erfolgen hat. Dehmer sieht für Informationsbedürfnis des Betriebsrats kein Raum, da Individualinteressen der einzelnen Arbeitnehmer beim Formwechsel nicht berührt werden können. Da aber bei der Anmeldung zur Eintragung der neuen Rechtsform die Beachtung der fristgerechten Zuleitung vom Registergericht gem. § 199 UmwG überwacht wird, kommt es schließlich zu einer

b. Keine Überdehnung der Anforderungen

Die Frage der Reichweite der Vertragsangaben ist angesichts der Vorlagepflicht gegenüber dem Registergericht und dessen Prüfungskompetenz im Rahmen von § 17 Abs. 1 UmwG von außerordentlicher praktischer Relevanz (vgl. dazu ausführlich unten S. 265).

Danach hat das Registergericht stets zu prüfen, ob die Anmeldung der erforderlichen Form entspricht und ob die nötigen Angaben und Erklärungen nebst Anlagen vollständig sind.

Darüber hinaus sind die Umwandlungsverträge und die entsprechenden Umwandlungsbeschlüsse auch auf ihre inhaltliche Vollständigkeit (z.B. § 5 Abs. 1 UmwG) zu überprüfen.[312] Die ordnungsgemäße Zuleitung (vgl. dazu ausführlich unten S. 221). des Umwandlungsvertrags an den Betriebsrat ist daher eine materielle Voraussetzung des Umwandlungsvorganges, auf die sich die Prüfungskompetenz des Registergerichts erstreckt (vgl. dazu ausführlich unten S. 265).[313]

Vor diesem Hintergrund verwundert es daher nicht, dass die Darstellung der Arbeitnehmerfolgen – zum Teil auch aus Vorsichtsgründen – den Umfang bisheriger Umwandlungsverträge erheblich übersteigt.[314] Dies resultiert auch durch die in diesem Bereich gegenwärtig fehlende Rechtssicherheit und Rechtsklarheit.[315]

So finden sich in der gesellschaftsrechtlichen Praxis bereits Verträge, in denen die Darstellung der Arbeitnehmerfolgen mehr als die Hälfte des Gesamtumfangs einnimmt, während die übrigen im Umwandlungsvertrag zu behandelnden gesellschaftsrechtlichen Pflichtangaben hingegen kompakt und verhältnismäßig leicht handhabbar wirken.[316]

---

vermeidbaren Verzögerung. Dehmer schlägt daher abschließend de lege ferenda dringend eine Änderung von § 194 Abs. 1 Nr. 7, Abs. 2 UmwG vor.

312 Melchior, GmbHR 1996 S. 833 (834).

313 Melchior, GmbHR 1996 S. 833 (839); ähnlich Bungert, DB 1997 S. 2209 (2212).

314 Vgl. Willemsen, RdA 1998 S. 23 (25); Bungert, DB 1997 S.2209 (2210); Dehmer, UmwG 1996, § 5 Rn. 46.

315 Vgl. Willemsen, RdA 1998 S. 23 (26).

316 Vgl. etwa Verschmelzung der KCG Kauf Center GmbH, Berlin, auf die Kaufhalle AG, Köln, Einladung zur Hauptversammlung, BAnz 1995 S. 5888.

Die Befürchtung ist daher sicherlich nicht unbegründet, dass Umwandlungsverträge zunehmend überwiegend aus arbeitsrechtlichen Inhalten bestehen könnten.[317]

Deshalb wird verstärkt die Forderung aufgestellt, dass die Anforderungen, die an die inhaltliche Konkretisierung der arbeitsrechtlichen Angaben zu stellen sind, einer Begrenzung bedürfen und nicht überspannt werden dürfen. Eine in sämtliche Einzelheiten reichende Darstellung wird daher nicht für erforderlich erachtet. Vielmehr soll es bereits ausreichen, die Themenbereiche derart anzureißen, dass bei den zuständigen Vertretungsorganen das nötige „Problembewusstsein" geweckt wird.[318] Eine Aufklärungspflicht bestehe daher hinsichtlich solcher rechtlicher und tatsächlicher Folgen, die zum Zeitpunkt der Unterrichtung absehbar seien, dass heißt mit deren umwandlungsbedingtem Eintritt mit großer Wahrscheinlichkeit gerechnet werden könne. Verlangt werde daher nicht eine Beschreibung dessen, was nach der Umwandlung tatsächlich eintrete, sondern nur eine Darlegung dessen, was nach dem momentanen Kenntnisstand eintreten soll und voraussichtlich auch eintreten werde.[319] Bei der Breite der Darstellung der Angaben im Umwandlungsvertrag sei zu berücksichtigen, dass diese der Unterrichtung des jeweiligen Betriebsrats dienen. Sinn sei es nicht eine eingehende Rechtsberatung der Arbeitnehmer vorzunehmen, sondern vielmehr eine gezielte Information des Betriebsrats zu gewährleisten, damit dieser in die Lage versetzt werden könne, eine eigenständige arbeitsrechtliche Prüfung anzustellen und danach zu entscheiden, ob und welche Ausübung mitbestimmungsrechtlicher Kompetenzen sinnvoll erscheine. Die Informationen im Umwandlungsvertrag müssen daher so detailliert und präzise sein, dass sich der Betriebsrat auf ihrer Grundlage ein eigenes Bild von der geplanten Umstrukturierungsmaßnah-

---

317 Vgl. die Bedenken von Drygala, ZIP 1996 S. 1365 (1368); Willemsen, RdA 1998 S. 23 (26); ders., in: Kallmeyer, UmwG 1997, § 5 Rn. 53, warnt von einem völligen Ausufern der Angaben nach § 5 Abs. 1 Nr. 9 UmwG; vgl. ferner auch Tischendorf, FAZ vom 23.04.1999.

318 Gehören beispielsweise die übertragende und übernehmende Gesellschaft im Falle einer Verschmelzung unterschiedlichen Arbeitgeberverbänden an, so kommt eine kollektivrechtliche Fortgeltung des bei der A-AG bestehenden Verbandstarifvertrages nicht in Betracht. Die weitere Anwendung der bisherigen Tarifverträge richtet sich daher dementsprechend nach § 324 UmwG in Verbindung mit § 613 a Abs. 1 S. 2 bis 4 BGB.

319 Willemsen, in: Kallmeyer, UmwG 1997, § 5 Rn. 54 f.; Boecken, S. 221; Grunewald/Winter, in: Lutter (Hrsg.), Kölner Umwandlungsrechtstage, S. 19 (22); Wlotzke, DB 1995, S. 40 (45), hält auch die Folgen und Maßnahmen für angabepflichtig die abzusehen sind und sich insbesondere aus den wirtschaftlichen Erwägungen für die Umwandlung ergeben.

me machen könne. Sie seien kein abschließender Vorgang, sondern dienten vielmehr der Vorbereitung bei der Frage, welche mitbestimmungsrechtlichen Kompetenzen[320] von dem zuständigen Vertretungsorgan in eigener Zuständigkeit wahrgenommen werden sollten. Die Angaben hinsichtlich der arbeitsrechtlichen Folgewirkungen müssten deshalb im Umwandlungsvertrag nicht bis in jedes Detail dargestellt werden, so dass die Geschäftsleitungen nicht verpflichtet seien, sämtliche Fragenkomplexe einer abschließenden rechtlichen Beurteilung zuzuführen. Vor dem Hintergrund der Komplexität der arbeitsrechtlichen Folgewirkungen seien die Geschäftsleitungen der betroffenen Unternehmen hierzu auch gar nicht in der Lage.[321]

c. Keine Bezugnahme auf die gesetzlichen Vorschriften

Nach dem Wortlaut der genannten Regelungen sind in dem Umwandlungsvertrag Angaben „über die Folgen der Umwandlung für die Arbeitnehmer und ihre Vertretungen sowie die insoweit vorgesehenen Maßnahmen“ zu machen.

Um einerseits ein völliges Ausufern der arbeitsrechtlich relevanten Angaben zu vermeiden, wird man sie auf diejenigen „Folgen für die Arbeitnehmer und ihre Vertretungen“ begrenzen müssen, die das Gesetz direkt (in §§ 321, 322, 323 Abs. 1, 325 UmwG) oder indirekt (in § 324 UmwG in Verbindung mit § 613 a BGB) erwähnt, nämlich inwieweit sich nach der Umwandlung die betriebsverfassungsrechtliche Struktur verändert, eventuelle Auswirkungen auf die Tarifbindung, Betriebsvereinbarungen und das Mitbestimmungsstatut, Fragen der Anwendbarkeit des Kündigungsschutzgesetzes, ob und inwieweit mit der Umstrukturierungsmaßnahme ein Betriebsübergang, bzw. Betriebsteilübergang nach § 324 UmwG in Verbindung mit § 613 a Abs. 1 BGB erfolgt.[322]

Andererseits hätte es dieser Vorschrift nicht bedurft, wenn es ausgereicht hätte, in dem Umwandlungsvertrag nur darauf zu verweisen, dass sich die Folgen der Umwandlung nach den einschlägigen Vorschriften des UmwG (§§ 321 ff. UmwG) sowie nach § 613 a BGB richten. Lediglich ein Verweis auf die gesetzlichen Vorschriften ist in keiner Weise ausreichend, die nach §§ 5 Abs. 1 Nr. 9,

320 Hier kommen insbesondere die Beteiligungsrechte nach §§ 111 ff. BetrVG im Falle einer – mit der Unternehmensumwandlung einhergehenden – betriebsverfassungsrechtlichen Betriebsänderung in Betracht, vgl. hierzu auch Mengel, S. 345.

321 Vgl. Joost, ZIP 1995, S. 976 (984); Bungert, DB 1997, S. 2209 (2211).

322 Vgl. Willemsen, in: Kallmeyer, UmwG 1997, § 5 Rn. 53.

126 Abs. 1 Nr. 11, 136, 194 Abs. 1 Nr. 7 UmwG erforderlichen Angaben zu erfüllen.[323]

d. Angabepflicht für sämtliche Rechtsträger

Erforderlich ist es, dass sich die arbeitsrechtlichen Pflichtangaben im Umwandlungsvertrag auf sämtliche an der Umwandlung beteiligten Rechtsträger erstrekken. Beispielsweise müssen daher im Falle der Verschmelzung durch Aufnahme, Angaben hinsichtlich des übertragenden als auch des übernehmenden Rechtsträgers gemacht werden.[324]

---

323 Vgl. Beschluss des OLG Düsseldorf vom 15.05.1998, abgedruckt in NZA 1998, S. 766 (767) = DB 1998, S. 1399 = ZIP 1998, S. 1190 (1191); vgl. ferner zur Entscheidung des OLG Düsseldorf, Grunewald/Müller, JZ 1999, S. 442 (454); Trölitzsch, DStR 1999, S. 764 (768); Tischendorf, FAZ vom 23.04.1999; ein Beispiel aus der Umwandlungspraxis bilden die knappen Angaben zu den Folgen der Verschmelzung für die Arbeitnehmer und ihre Vertretungen (vgl. § 8 Abs. 1 und 2 des Verschmelzungsvertrags) in dem Verschmelzungsvertrag der Göttinger Vermögensanlagen AG auf die Datax AG. Im Kern wird hier lediglich auf § 324 UmwG und § 613 a Abs. 1 BGB verwiesen, vgl. Bundesanzeiger, Nr. 81 vom 27.04.1996, S. 5015.

324 Vgl. Beschluss des OLG Düsseldorf vom 15.05.1998, abgedruckt in NZA 1998, S. 766 (767) = DB 1998, S. 1399 = ZIP 1998, S. 1190 (1191). In dem vom OLG Düsseldorf zu entscheidenden Fall, wollte die arbeitnehmer- und infolge dessen betriebsratslose P – GmbH ihr Vermögen im Wege der Verschmelzung durch Aufnahme auf die B – GmbH übertragen, die ihrerseits sowohl Arbeitnehmer beschäftigte als auch über einen Betriebsrat verfügte. Hinsichtlich der arbeitsrechtlichen Pflichtangaben ließ der Verschmelzungsvertrag jedoch offen, ob sich im Zuge der Umwandlungsmaßnahme möglicherweise bei der übernehmenden B – GmbH Änderungen ergeben könnten. Das der übertragende Rechtsträger, die P – GmbH, keine Arbeitnehmer und folglich auch keinen Betriebsrat besitze führe nach Auffassung des OLG Düsseldorf zu keiner anderen Beurteilung, da nämlich auf beiden Seiten möglicherweise Änderungen eintreten könnten, seien die arbeitsrechtlichen Informationen auch für beide, an dem Verschmelzungsvorgang beteiligten Rechtsträger, anzugeben. Der Einwand der Beschwerdeführerin, die Verschmelzung habe keinerlei Auswirkungen auf Arbeitnehmer und Betriebsrat, da die übertragende Gesellschaft keine Arbeitnehmer beschäftige, vermochte den Senat nicht zu überzeugen (vgl. hierzu den Beschluss des LG Stuttgart, DNotZ 1996, S. 701 [702] = WiB 1997, S. 30). Der vom LG Stuttgart entschiedene Fall war insofern anders gelagert, als das beide Gesellschaften über keinen Betriebsrat verfügten. Der Verweis des OLG Düsseldorf auf die Entscheidung LG Stuttgart vom 29.03.1996, Az.: 4 KfH T 1/96, DNotZ 1996, S. 701 (702) = WiB 1997, S. 30, ist insofern unrichtig, als das auf den Aspekt der Gesellschafteridentität von übertragender und aufnehmender Gesellschaft verwiesen wird. Dieser Gesichtspunkt wurde vom LG Stuttgart vielmehr im Rahmen

Diese Auslegung ist insbesondere vor dem Hintergrund der Vorgaben des Europäischen Rechts geboten. Art. 6 Abs. 1 der Richtlinie 77/187EWG vom 14.02.1977 stellt eine grundsätzliche Informationspflicht der Arbeitnehmervertreter sowohl im Betrieb des Veräußerers als auch des Erwerbers auf.[325]

Das LG Stuttgart hat sich im Rahmen eines Beschlusses zur Frage der Entbehrlichkeit arbeitsrechtlicher Angaben im Umwandlungsvertrag folgendermaßen eingelassen.

Nach Auffassung der 4. Kammer für Handelssachen beim Landgericht Stuttgart hat die Beschwerdeführerin zurecht darauf hingewiesen, dass die Verschmelzung keinerlei Auswirkungen auf die Arbeitnehmer der aufnehmenden Gesellschaft haben kann, da in der aufzunehmenden Gesellschaft keine Arbeitnehmer beschäftigt sind.[326]

Der Verschmelzungsvertrag muss jedoch auch Angaben im Hinblick auf mögliche Auswirkungen auf die Position der Arbeitnehmer des übertragenden Rechtsträgers enthalten.

Da nicht nur bei dem aufzunehmenden, sondern auch bei dem übertragenden Rechtsträger, also auf beiden Seiten, möglicherweise Änderungen eintreten könnten, sind die arbeitsrechtlichen Informationen auch zwingend für beide, an dem Verschmelzungsvorgang beteiligte Rechtsträger, anzugeben.

Das Amtsgericht, als Registergericht, hat daher zurecht die Eintragung der Verschmelzung abgelehnt und die Zwischenverfügung erlassen.

---

der Handelsregistersache vom 11.12.1995 (Az.: 4 KfH T 22/95) berücksichtigt. Nach Auffassung des OLG Düsseldorf hat im Ergebnis jedoch das Registergericht zu Recht die Angaben als unzureichend beanstandet und die Registereintragung abgelehnt.

325 Richtlinie vom 14.02.1977 über die Wahrung von Ansprüchen der Arbeitnehmer beim Übergang von Unternehmen, Betrieben oder Betriebsteilen (77/187/EWG), ABl. EG Nr. L 61 vom 05.03.1977, S. 26, abgedruckt bei Lutter, Europäisches Unternehmensrecht, 4. Aufl. 1996, S. 653, 657 ff.

326 Vgl. Beschluss des LG Stuttgart vom 29.03.1996 - 4 KfH T 1/96, DNotZ 1996, S. 701 (702) = WiB 1997, S. 30.

e. Angabe der Folgewirkungen ohne Rücksicht darauf, ob diese vorteilhaft oder nachteilig sind

Wie bereits erwähnt (vgl. Seite 90), sind nach dem eindeutigen Gesetzeswortlaut zu den Folgen und nicht etwa ausschließlich zu den Nachteilen für die Belegschaft Ausführungen zu machen. Damit sollen nämlich sämtliche beabsichtigten unmittelbaren Änderungen erfasst werden, die sich aufgrund der Umwandlung ergeben.[327] Genannt werden müssen daher auch eventuelle Vorteile für die Arbeitnehmer.

aa. Unterschied zu § 111 S. 1 BetrVG

Dass sich die arbeitsrechtlichen Pflichtangaben im Umwandlungsvertrag auf die Folgen der Umwandlung für die Arbeitnehmer und ihre Vertretungen erstrecken müssen ungeachtet der Tatsache, ob diese Folgen für den einzelnen Arbeitnehmer vorteilhaft oder nachteilig sind, macht auch der direkte Vergleich zu § 111 S. 1 BetrVG deutlich. Die Pflicht zur Unterrichtung des Betriebsrats nach § 111 BetrVG erfordert, dass mit wesentlichen Nachteilen für die Belegschaft oder erhebliche Teile der Belegschaft gerechnet werden muss. Hier hat der Gesetzgeber die Informationspflicht im Rahmen von Umwandlungsverträgen eindeutig ausgedehnt, indem die einschlägigen Normen (§§ 5 Abs. 1 Nr. 9, 126 Abs. 1 Nr. 11 und § 194 Abs. 1 Nr. 7 UmwG) Angaben hinsichtlich der Folgen für die Arbeitnehmer fordern. Da § 111 Satz 1 BetrVG explizit das Postulat des „Nachteils“ aufstellt, sind konsequenterweise im Umkehrschluss unter den umwandlungsrechtlichen Folgenbegriff sämtliche vorteilhaften als auch nachteiligen Auswirkungen der Umstrukturierung zu subsumieren.[328]

---

327 Beschluss des OLG Düsseldorf vom 15.05.1998, abgedruckt in NZA 1998, S. 766 (767) = DB 1998, S. 1399 = ZIP 1998, S. 1190 (1191).

328 Missverständlich insoweit Drygala, ZIP 1996, S. 1365 (1370), die von einer umwandlungsrechtlichen Angabepflicht bei jeder negativen personellen Maßnahme ausgeht. Darauf kommt es aber gerade im Einklang mit dem OLG Düsseldorf - zu Recht - nicht an, vgl. OLG Düsseldorf, NZA 1998, S. 766 (767) = DB 1998, S. 1399 = ZIP 1998, S. 1190 (1191).

bb. Art. 6 Abs. 1 der Richtlinie 77/187EWG vom 14.02.1977

Auch die richtlinienkonforme Auslegung von Art. 6 Abs. 1 der Richtlinie 77/187EWG vom 14.02.1977[329] lässt keine andere Betrachtung zu. Danach besteht eine grundsätzliche Informationspflicht der Arbeitnehmervertreter sowohl im Betrieb des Veräußerers als auch des Erwerbers, die nach Abs. 2 in eine Konsultationspflicht umschlägt, wenn (nicht unbedingt nachteilige) Maßnahmen im Hinblick auf die Arbeitnehmer geplant sind.[330]

Neutrale und sogar vorteilhafte in Aussicht genommene Maßnahmen hinsichtlich der Arbeitnehmer unterliegen daher gleichermaßen der Informations- und Konsultationsverpflichtung des Veräußerers bzw. Erwerbers.

Die Ausdehnung der Angabepflicht auf sämtliche – positive oder negative – Folgewirkungen ist daher auch durch die Vorgaben des Europäischen Rechts geboten.

cc. Vergleich zur Berichtspflicht

Darüber hinaus macht auch der Vergleich zum Umfang der Informationspflicht beim Verschmelzungs-, Spaltungs- und Umwandlungsbericht (vgl. §§ 8, 127, 192 UmwG) deutlich, dass jegliche Auswirkungen der Umwandlung darzustellen sind.

Die nach den §§ 8, 127, UmwG vorgesehene Berichtspflicht dient ausschließlich dem Schutz der Anteilinhaber sämtlicher an der Umwandlung beteiligter Rechtsträger, nicht aber der Gläubiger.[331] Dem Arbeitnehmerschutz dienen sie ebenfalls nicht.[332] Hauptfunktion ist die Unterrichtung der Anteilinhaber, damit sie sich vor ihrer Entscheidung ein ausreichendes Bild über die tatsächlichen Grundlagen für die Ermittlung des angemessenen Umtauschverhältnisses ma-

329 Richtlinie vom 14.02.1977 über die Wahrung von Ansprüchen der Arbeitnehmer beim Übergang von Unternehmen, Betrieben oder Betriebsteilen (77/187/EWG), ABl. EG Nr. L 61 vom 05.03.1977, S. 26, abgedruckt bei Lutter, Europäisches Unternehmensrecht, 4. Aufl. 1996, S. 653, 657 ff.

330 Vgl. Lutter, Europäisches Unternehmensrecht, 4. Aufl. 1996, S. 653.

331 Vgl. Schwarz, S. 90; Dörrie, WiB 1995, S. 1 (5); Ganske, WM 1993, S. 1117 (1122); K. Schmidt, ZGR 1993, S. 366 (374); Willemsen, RdA 1998 S. 23 (31).

332 So ausdrücklich Lutter, in: Lutter, UmwG 2000, § 8 Rn. 5.

chen können.[333] Im Falle des Formwechsels dient der Umwandlungsbericht nach § 192 Abs. 1 S. 1 UmwG insbesondere der rechtlichen und wirtschaftlichen Erläuterung über die künftige Beteiligung der Anteilsinhaber am Rechtsträger neuer Rechtsform. An einer ausführlichen Vorabinformation haben die Anteilsinhaber eines jeden Rechtsträgers – ohne Rücksicht auf dessen Rechtsform – ein berechtigtes Informationsinteresse.[334] Die Regelungen des § 8 und § 127 UmwG sind zum Schutz der Anteilsinhaber notwendig, weil der Verschmelzungs- bzw. Spaltungsvertrag als solcher für die an den Verhandlungen nicht beteiligten Anteilsinhaber nicht genügend Informationen enthält, sondern lediglich das Ergebnis der Verhandlungen wiedergibt. Der Bericht soll daher die Grundlage für eine optimale Entscheidungsfindung der Anteilsinhaber – als die eigentlichen Entscheidungs- und Vermögensträger – bilden und im Hinblick auf die geplante Strukturmaßnahme für Akzeptanz bei den Anteilsinhabern sorgen und diese von der Zweckmäßigkeit der Maßnahme überzeugen.[335] Nach §§ 8 Abs. 1 S. 1, 127, 192 Abs. 1 S. 1 UmwG haben die Vertretungsorgane der an der Umwandlung beteiligten Rechtsträger deshalb die Pflicht zur Abfassung eines ausführlichen schriftlichen Berichts. Der Gesetzeswortlaut gibt allerdings keine Antwort auf die Frage, in welchem Umfang die Motive für die Umwandlung darzustellen sind. Nach den Vorstellungen des Gesetzgebers sollen die Leitungsorgane auch darlegen, welche rechtlichen und wirtschaftlichen Gründe gerade die konkrete Umwandlungsmaßnahme als das geeignete Mittel zur Verfolgung des Unternehmenszwecks erscheinen lassen.[336]

Die Anteilsinhaber können nur dann ihr Stimmrecht sachgerecht wahrnehmen, wenn ihnen eine ausreichende Beurteilungsgrundlage an die Hand gegeben wird.[337] Aus diesem Grund wird man es deshalb für erforderlich halten müssen, sämtliche Gründe, die für die Umwandlungsmaßnahme sprechen, anzugeben. Zu

---

333 Vgl. die amtliche Begründung zum Regierungsentwurf, abgedruckt bei Ganske, S. 54. Ergänzend ist beim Spaltungsbericht für eine Aufspaltung oder Abspaltung der Maßstab für die Aufteilung der gewährten Anteile unter den Anteilsinhabern des übertragenden Rechtsträgers zu erläutern und zu begründen.

334 Vgl. die amtliche Begründung zum Regierungsentwurf, abgedruckt bei Ganske, S. 53.

335 Vgl. Dehmer, UmwG 1996, § 8 Rn. 4; Lutter, in: Lutter, UmwG 2000, § 8 Rn. 5; Bork, ZGR 1993, S. 343 (350); Hommelhoff, ZGR 1993, S. 452 (454); Dörrie, WiB 1995, S. 1 (3).

336 Vgl. die amtliche Begründung zum Regierungsentwurf, abgedruckt bei Ganske, S. 53.

337 Vgl. Veil, ZIP 1998, S. 361 (362); Engelmeyer, AG 1996, S. 193 (198), fordert daher, dass die rechtlichen und wirtschaftlichen Gründe für die ins Auge gefasste Umstrukturierungsmaßnahme so detailliert wie möglich darzulegen sind.

erläutern sind daher sämtliche rechtlichen und unternehmerischen Überlegungen, die für und wider die Umwandlung sprechen.[338]

Wenn sich aber die dem Schutz der Anteilseigner dienende Berichtspflicht nicht nur auf die positiven sondern auch auf die negativen Auswirkungen der Umwandlung erstreckt, muss gleiches auch für die arbeitnehmerrelevanten Angaben im Umwandlungsvertrag gelten. Ein sachlicher Grund für eine Ungleichbehandlung ist hier nicht ersichtlich, so dass eine Beschränkung der Darstellung auf lediglich negative (Arbeitnehmer-) Folgewirkungen im Umwandlungsvertrag einen möglichen Verstoß gegen Art. 3 GG darstellen könnte.

Der Umwandlungsvertrag muss deshalb Angaben über die Folgen der Umwandlungsmaßnahme für die Arbeitnehmer und ihre Vertretungen beinhalten, ohne dass es darauf ankommt, ob diese Folgen vorteilhaft oder nachteilig sind.

f. Die Nichterwähnung von Angaben als mögliche Unvollständigkeit

Soweit der Umwandlungsvertrag zu den einzelnen Auswirkungen, wie beispielsweise das Kündigungsschutzrecht, keine Angaben enthält, möchte Willemsen dies im Zweifel nicht als Unvollständigkeit verstanden wissen, sondern vielmehr dahingehend auslegen, dass nach Auffassung der beteiligten Rechtsträger keine solchen Änderungen eintreten werden. Die Nichterwähnung von „Maßnahmen“ wird hingegen bedeuten, dass solche bis auf weiteres nicht zu erwarten sind.[339]

Das OLG Düsseldorf vermag sich hingegen dieser Ansicht nicht anschließen, da eine derart weite Auslegung weder mit dem Wortlaut noch mit dem Sinn der Vorschrift vereinbar sei.[340]

---

338 Vgl. Veil, ZIP 1998, S. 361 (362); Lutter, in: Lutter, UmwG 2000, § 8 Rn. 15, 18; Bork, ZGR 1993, S. 343 (349), ebenso Willemsen, RdA 1998 S. 23 (31), der zu Recht in diesem Zusammenhang bemerkt, dass eine Verpflichtung zur Vorlage des Umwandlungsberichts auch gegenüber den Arbeitnehmervertretungen aus deren Sicht sicherlich hochwillkommen wäre.

339 Vgl. zu solchen „Negativerklärungen“, Willemsen, in: Kallmeyer, UmwG 1997, § 5 Rn. 59.

340 Vgl. OLG Düsseldorf, NZA 1998, S. 766 (767) = DB 1998, S. 1399 (1400) = ZIP 1998, S. 1190 (1191), zu den Anforderungen an die Angaben über die Folgen der Verschmelzung für die Arbeitnehmer im Rahmen von § 5 Abs. 1 Nr. 9 UmwG; vgl. hierzu auch Bungert, Anmerkung zu OLG Düsseldorf, Beschluss vom 15.05.1998, NZG 1998, S. 733 (734). Nach der Entscheidung des Senats waren Negativaussagen zu treffen im

Solange der Umfang der arbeitsrechtlichen Pflichtangaben[341] ungeklärt ist, sehen Willemsen/Müller in der Forderung der Abgabe umfassender Negativerklärungen, auch zu nicht zu erwartenden Folgen, eine zusätzliche Quelle der Rechtsunsicherheit.[342]

Der Zweck der Vorschriften der §§ 5 Abs. 1 Nr. 9, 126 Abs. 1 Nr. 11 , 194 Abs. 1, Nr. 7 UmwG (in Verbindung mit der Zuleitungsverpflichtung nach §§ 5 Abs. 3, 126 Abs. 3, 194 Abs. 2 UmwG) besteht darin, die Arbeitnehmer und insbesondere ihre Vertretungen möglichst frühzeitig über die individual- und kollektivarbeitsrechtlichen Folgen der Umwandlung zu informieren.[343] Der Betriebsrat soll dadurch in die Lage versetzt werden, seine Beteiligungsrechte nach dem BetrVG wirkungsvoll wahrzunehmen.[344] Die Forderung an die umwandlungsbeteiligten Rechtsträger, umfassende Negativerklärungen dazu abzugeben, welche arbeitsrechtlichen Folgen und Maßnahmen im konkreten Fall nicht zu erwarten sind, ist aber gerade in besonderem Maße geeignet, die Transparenz der Umwandlung für die Arbeitnehmer und ihre Vertretungen zu erhöhen.[345]

Die Quelle der Rechtsunsicherheit besteht jedoch entgegen Willemsen/Müller nicht in der Forderung der Abgabe umfassender Negativerklärungen, sondern vielmehr dann, wenn diese Negativerklärungen nicht abgegeben werden. Nur durch umfassende Negativerklärungen kann die Transparenz der Umwandlung und damit eine möglichst sozialverträgliche Durchführung derselben gewährlei-

---

Hinblick auf: Das unveränderte Fortbestehen des Betriebsrats beim aufnehmenden Rechtsträger, dass die Arbeitsverhältnisse der Arbeitnehmer des aufnehmenden Rechtsträgers durch die Verschmelzung weder in ihrem Bestand noch in ihrer inhaltlichen Ausgestaltung tangiert werden, die Tarifzuständigkeit unverändert erhalten bleibt, die Betriebsvereinbarungen ohne jegliche Änderungen fortgelten und sich das Statut der Arbeitnehmermitbestimmung durch die Umwandlung nicht verändert. Es handele sich daher mithin lediglich um eine Umschreibung der Tatsache, dass keine Veränderungen eintreten.

341 Zur Frage der Abgrenzung unmittelbarer bzw. mittelbarer arbeitsrechtlicher Folgewirkungen im Umwandlungsvertrag, vgl. S. 114.

342 Willemsen/Müller, Kommentar zu OLG Düsseldorf, Beschluss vom 15.05.1998, EWiR 1998, S. 855 (856).

343 So ausdrücklich die amtliche Begründung zum Regierungsentwurf, BT-Drucks. 12/6699, S. 83.

344 Willemsen/Müller, Kommentar zu OLG Düsseldorf, Beschluss vom 15.05.1998, EWiR 1998, S. 855 (856); ähnlich Willemsen, RdA 1998, S. 23 (28).

345 Das erkennen im übrigen auch Willemsen/Müller, Kommentar zu OLG Düsseldorf, Beschluss vom 15.5.1998, EWiR 1998, S. 855 (856).

stet werden. Dann nämlich kann der Betriebsrat präzise abschätzen, welche betriebsverfassungsrechtlichen Beteiligungsrechte am wirkungsvollsten wahrgenommen werden können und sollen.[346]

346 Allerdings rät auch Willemsen, in: Kallmeyer, UmwG 1997, § 5 Rn. 59, der Praxis, bis zu einer weiteren Klärung der Rechtslage, das Fehlen von Folgen für die Arbeitnehmer und ihre Vertretungen in bestimmten Teilbereichen, wie beispielsweise das Betriebsverfassungsrecht, gegebenenfalls ausdrücklich zu vermerken. Darüber hinaus ist bereits im Vorfeld der geplanten Umwandlungsmaßnahme eine genaue Auseinandersetzung mit der Praxis des jeweils zuständigen Registergerichts zu empfehlen, vgl. Willemsen/Müller, Kommentar zu OLG Düsseldorf, Beschluss vom 15.5.1998, EWiR 1998, S. 855 (856).

Ausdrückliche Negativerklärungen sind im Verschmelzungsvertrag zwischen Badenwerk Holding AG und der EVS Holding AG aufgeführt (vgl. Bundesanzeiger Nr. 119 vom 02.07.1997, S. 8134). Hier heißt es im § 5 Abs. 1: „Grundsätzlich würden mit dem Wirksamwerden der Verschmelzung sämtliche Arbeitsverhältnisse die mit Badenwerk Holding AG oder mit EVS Holding AG bestehen, auf die Energie Baden-Württemberg AG inhaltlich unverändert übergehen und von dieser fortgeführt werden; bestehende Tarifbindungen und Betriebsvereinbarungen würden nach Maßgabe von § 613a Abs.1 Satz 2 und 3 BGB i.V.m. § 324 UmwG individualvertraglicher Inhalt der in Zukunft mit Energie Baden-Württemberg AG bestehenden Arbeitsverhältnisse. Da jedoch nach der bei beiden Gesellschaften zum 31. Dezember 1996 erfolgten Ausgliederung des wesentlichen operativen Geschäfts und des Grundvermögens weder bei der Badenwerk Holding AG noch bei der EVS Holding AG Arbeitnehmer beschäftigt werden, wird die Verschmelzung keinerlei Einfluss auf bestehende Arbeitsverhältnisse haben. Die jeweils mit den Tochtergesellschaften der Badenwerk Holding AG oder der EVS Holding AG bestehenden Arbeitsverhältnisse bzw. die dort gültigen Tarifbindungen und Betriebsvereinbarungen werden durch die Verschmelzung nicht berührt.“

Weiter heißt es in § 5 Abs. 2: „Da weder bei Badenwerk Holding AG noch bei EVS Holding AG Arbeitnehmer beschäftigt werden, ist bei beiden Gesellschaften weder ein Betriebsrat noch ein Wirtschaftsausschuss, noch ein Sprecherausschuss der leitenden Angestellten eingerichtet ...“ Die Negativerklärungen entsprechen hier den Anforderungen des OLG Düsseldorf, da sich die ausdrücklichen Negativerklärungen auf beide Rechtsträger beziehen.

Der Verschmelzungsvertrag zwischen der Daimler-Benz AG und der Daimler Chrysler AG, enthält die Folgen der Verschmelzung für die Arbeitnehmer und ihre Vertretungen in § 7.

Die Regelung des § 7 Abs. 1 b enthält umfassende Negativerklärungen. Hier heißt es: „Die Daimler Chrysler AG beabsichtigt aus Anlass der Verschmelzung keine Veränderungen in den Arbeitsbedingungen der übergehenden Mitarbeiter. Da die Daimler Chrysler AG vor der Verschmelzung weder über eigene Betriebe noch über Mitarbeiter verfügt sondern erst durch die Verschmelzung der Daimler-Benz AG ausschließlich deren Betriebe und Mitarbeiter unverändert übernimmt, besteht auch keine Notwendigkeit

g. Zahl der betroffenen Arbeitnehmer

Die §§ 5 Abs. 1 Nr. 9, 126 Abs. 1 Nr. 11, 194 Abs. 1 Nr. 7 UmwG sprechen lediglich von den Folgen der Umwandlung für die Arbeitnehmer. Fraglich ist in diesem Zusammenhang, ob hier jede personelle Maßnahme, losgelöst von der Zahl der Betroffenen, im Umwandlungsvertrag aufgeführt werden muss. Die Vorschrift des § 111 S. 1 BetrVG fordert dagegen ausdrücklich, dass mit wesentlichen Nachteilen für die Belegschaft oder erhebliche Teile der Belegschaft gerechnet werden muss. Mögliche Nachteile für nur einzelne Arbeitnehmer erfüllen die Voraussetzungen des § 111 S. 1 BetrVG hingegen nicht.[347] Insbesondere sind deshalb Fälle des Personalabbaus, von denen lediglich eine kleinere Anzahl von Arbeitnehmern betroffen ist, nicht als Betriebsänderung im Sinne von § 111 BetrVG zu qualifizieren. Grundsätzlich kann ein Personalabbau eine Betriebseinschränkung im Sinne von § 111 S. 2 Nr. 1 BetrVG sein. Eine Betriebsänderung liegt jedoch nur dann vor, wenn eine größere Zahl von Arbeitnehmern betroffen ist. Betroffen sind diejenigen Arbeitnehmer, deren Arbeitsplätze abgebaut werden sollen. Die Zahlenangaben des § 17 Abs. 1 KSchG sollen eine Richtschnur dafür sein, in welchen Fällen des Personalabbaus erhebliche Teile der Belegschaft betroffen werden.[348] Bei konsequenter Übertragung dieser Grundsätze auf die umwandlungsrechtliche Angabepflicht nach §§ 5 Abs. 1 Nr. 9, 126 Abs. 1 Nr. 11, 194 Abs. 1 Nr. 7 UmwG, hätte dies im Umkehr-

---

zu einer Harmonisierung von Arbeitsbedingungen. Die Arbeitsbedingungen der Daimler-Benz AG, insbesondere die Regelungen über die Vergütung und die betriebliche Altersversorgung, bleiben daher durch die Verschmelzung auf die Daimler Chrysler AG unberührt." Weiterhin heißt es hinsichtlich der kollektivrechtlichen Auswirkungen der Verschmelzung in § 7 Abs. 2 a: „Da die betrieblichen Strukturen der Daimler Chrysler AG – vorbehaltlich der in Absatz 4 behandelten betrieblichen Veränderungen im Rahmen der weiteren Integration – identisch fortgeführt werden, gibt es auf örtlicher Ebene keine Veränderung bei Gremien oder Vereinbarungen. Aus diesem Grunde ergeben sich auch keine Auswirkungen auf den Gesamtbetriebsrat und auf die Gesamtbetriebsvereinbarungen." Nach § 7 Abs. 2 b gilt „dasselbe auch für den Bestand des Daimler-Benz-Konzern-Betriebsrats, der Konzernbetriebsvereinbarungen sowie des bei Daimler-Benz errichteten europäischen Betriebsrats…".

347 Hess, in: Hess/Schlochauer/Glaubitz, BetrVG, § 111 Rn. 21; Däubler, in: Däubler/Kittner/Klebe, BetrVG, § 111 Rn. 45.

348 Fitting/Kaiser/Heither/Engels, in: BetrVG, § 111 Rn. 70 f.; Richardi, BetrVG, § 111 Rn. 47, 78. Mindestens müssen jedoch 5 % der Belegschaft des Betriebs betroffen sein, so zuletzt BAG, DB 1991, S. 760 (761) = NZA 1991, S. 113 (114).

schluss zur Folge, dass auch nur vereinzelte beabsichtigte Personalentlassungen unterhalb der Schwelle des § 17 Abs. 1 KSchG aufzuführen wären.

Eine solche weite Auslegung würde aber sicherlich den Anwendungsbereich der §§ 5 Abs. 1 Nr. 9, 126 Abs. 1 Nr. 11, 194 Abs. 1 Nr. 7 UmwG sprengen. Bereits der Gesetzeswortlaut „für die Arbeitnehmer„ lässt darauf schließen, dass – ähnlich wie bei § 111 S. 1 BetrVG – ein größerer Teil der Gesamtbelegschaft von der personellen Maßnahme berührt sein muss, damit eine entsprechende Angabe im Umwandlungsvertrag zu erfolgen hat. Es erscheint daher unzweckmäßig im Umwandlungsvertrag auf das arbeitsrechtliche Schicksal jedes einzelnen Arbeitnehmers einzugehen.[349]

Im Rahmen der arbeitnehmerrelevanten Angabepflicht der §§ 5 Abs. 1 Nr. 9, 126 Abs. 1 Nr. 11, 194 Abs. 1 Nr. 7 UmwG ist deshalb nicht jede personelle Maßnahme - unabhängig von der Zahl der Betroffenen - im Umwandlungsvertrag aufzuführen. Vielmehr sind hier die Grundsätze des § 111 BetrVG und damit die Zahlenwerte des § 17 Abs. 1 KSchG ergänzend heranzuziehen, so dass personelle Maßnahmen, die nur eine zu vernachlässigende Anzahl von Arbeitnehmern betreffen, nicht der umwandlungsrechtlichen Angabepflicht der §§ 5 Abs. 1 Nr. 9, 126 Abs. 1 Nr. 11, 194 Abs. 1 Nr. 7 UmwG unterliegen.

III. Abgrenzung unmittelbare/mittelbare Folgen der Umwandlung

1. Die Reichweite der arbeitsrechtlichen Pflichtangaben

Grundlage der Unterrichtung des Betriebsrats über eine geplante Umwandlungsmaßnahme ist zunächst der gesellschaftsrechtliche Vertrag über die in Aussicht genommene Umwandlung mit den dafür vorgesehenen Mindestangaben. Dies gilt gemäß § 5 Abs. 1 Nr. 9 UmwG für den Verschmelzungsvertrag, gemäß § 126 Abs. 1 Nr. 11 UmwG für den Spaltungsvertrag bzw. gemäß §§ 136, 126 Abs. 1 Nr. 11 UmwG für den Spaltungsplan sowie gemäß § 194 Abs. 1 Nr. 7 UmwG für den Umwandlungsbeschluss im Falle des Formwechsels. Für die betroffenen Arbeitnehmer und Betriebsräte ist besonders wichtig, dass die in allen Fällen geltende zwingende Aufnahme von Angaben über die Folgen der Umwandlung für die Arbeitnehmer und ihre Vertretungen sowie die insoweit

349 Vgl. hierzu auch Drygala, ZIP 1996, S. 1365 (1370).

vorgesehenen Maßnahmen erfolgt. Diese Angaben gehören schon aufgrund des eindeutig vorgeschriebenen Gesetzeswortlauts dieser Vorschriften zum unerlässlichen Mindestinhalt des jeweiligen Umwandlungsvertrags. Eine nähere Konkretisierung dieser Begrifflichkeiten ist dem Umwandlungsgesetz allerdings nicht zu entnehmen. Allein die Gesetzesbegründung nennt – allerdings lediglich allgemein und wenig weiterführend – Sinn und Zweck der Maßnahme.

Da die Umwandlung auch die Interessen der Arbeitnehmer und ihrer Vertretungen in den an der Umwandlung beteiligten Rechtsträgern berührt, sind die durch die Umwandlung eintretenden individual- und kollektivarbeitsrechtlichen Änderungen im Umwandlungsvertrag aufzuzeigen. Hierdurch soll insbesondere den Arbeitnehmervertretungen eine frühzeitige Information über die Verschmelzung und die durch sie bewirkten Folgen für die Arbeitnehmer zur Verfügung gestellt werden, um bereits im Vorfeld des Verschmelzungsvorgangs die sozialverträgliche Durchführung zu erleichtern. Die Regelung dient somit auch dem sozialen Frieden.[350]

Es ist nicht nur im Schrifttum, sondern auch in der Praxis eine erhebliche Diskussion darüber in Gang gesetzt worden, welche Funktion und Bedeutung die sog. „Pflichtangaben" nach § 5 Abs. 1 Nr. 9 UmwG (und die entsprechenden Bestimmungen für die übrigen Umwandlungsarten gemäß § 126 Abs. 1 Nr. 11 und § 194 Abs. 1 Nr. 7 UmwG) haben und welche Angaben an dieser Stelle konkret in das Vertragswerk aufzunehmen sind.[351]

Wegen der Reichweite der Angaben unterscheiden Literatur und Rechtsprechung zwischen unmittelbaren und mittelbaren arbeitsrechtlichen Folgen der Umwandlungsmaßnahme.[352]

---

350 Vgl. die amtliche Begründung zum Regierungsentwurf, BT-Drucks. 12/6699 S. 82 f. Entsprechendes sehen § 126 Abs. 1 Nr. 11 und Abs. 3 RegE für die Spaltung sowie § 194 Nr. 7 und Abs. 2 RegE für den Formwechsel vor.

351 Willemsen, RdA 1998 S. 23 (24), spricht in diesem Zusammenhang von einer Art „gesellschaftsrechtlichem Faustpfand„ des Betriebsrats, um dessen arbeits- und betriebsverfassungsrechtliche Vorstellungen nach der Umstrukturierung und etwaige Kompensationsleistungen zugunsten der Arbeitnehmer besser durchsetzen zu können.

352 Statt aller: Bermel/Hannappel in Goutier/Knopf/Tulloch, § 5 Rn. 67 ff.; Beschluss des OLG Düsseldorf vom 15.05.1998, abgedruckt in NZA 1998, S. 766 (767) = DB 1998, S. 1399 = ZIP 1998, S. 1190 (1191).

a. Angabe der unmittelbaren Folgen der Umwandlung

Aufgrund des Wortlauts „Folgen für die Arbeitnehmer und ihre Vertretungen" sind jedenfalls diejenigen Konsequenzen angabepflichtig, die die Arbeitnehmer und ihre Vertretungen infolge des Umwandlungsvorgangs direkt und unmittelbar berühren. Dass sich also die Angabepflicht im Umwandlungsvertrag zunächst – und zumindest – auf die unmittelbar durch die Umwandlung eintretenden Folgen für die Arbeitnehmer und Arbeitnehmervertretungen erstreckt, ist im bisherigen Schrifttum unstreitig. Folgen dieser Art werden auch als „unmittelbare Folgen" bezeichnet.[353]

aa. Angabe der unmittelbar rechtlichen Folgen der Umwandlung

Unter dem Begriff der unmittelbaren Folgen einer Umwandlung sind zunächst die rechtlichen Auswirkungen eines Umstrukturierungsvorgangs zu verstehen.

---

353 Vgl. Bermel/Hannappel, in: Goutier/Knopf/Tulloch, UmwG 1995, § 5 Rn. 67; Lutter, in: Lutter, UmwG 2000, § 5 Rn. 40; Priester, in: Lutter, UmwG 2000, § 126 Rn. 59; ders., in: Lutter (Hrsg.), Kölner Umwandlungsrechtstage, S. 99 (113); ders., DNotZ 1995, S. 427 (435); Decher, in: Lutter, UmwG 2000, § 194 Rn. 28; Dehmer, UmwG 1996, § 5 Rn. 44 ff.; Willemsen, in: Kallmeyer, UmwG 1997, § 5 Rn. 50 ff.; ders., RdA 1998, S. 23 (27); Fitting/Kaiser/Heither/Engels, in: BetrVG, § 1 Rn. 126, § 106 Rn. 46, § 111 Rn. 13; Sagasser/Ködderitzsch, in: Sagasser/Bula/Brünger, J 69; Joost, ZIP 1995, S. 976 (979); Kreßel, BB 1995, S. 925 (926); Heidenhain, NJW 1995, S. 2873 (2878); Drygala, ZIP 1996, S. 1365; Wlotzke, DB 1995, S. 40 (45); Mayer, DB 1995, S. 861 (864); Gaul, DB 1995, S. 2265 (2266); Engelmeyer, DB 1996, S. 2542; dies., AG 1996, S. 193 (197 Fn. 28); K. Müller, DB 1997, S. 713 (714); Trölitzsch, DStR 1999, S. 764 (768); Willemsen/Müller, Kommentar zu OLG Düsseldorf, Beschluss vom 15.05.1998, EWiR 1998, S. 855 (856);Bungert, Anmerkung zu OLG Düsseldorf, Beschluss vom 15.05.1998, NZG 1998, S. 733 (734); Hjort, NJW 1999, S. 750; Tischendorf, FAZ vom 23.04.1999; Mengel, S. 339; Boecken, S. 214; Düwell, in : Kasseler Handbuch zum Arbeitsrecht, Band 2, 6.8 Rn. 37, 77 ff., 181 ff. für die Verschmelzung, Rn. 288 ff. für die Spaltung; Bungert, DB 1997, S. 2209 (2210); Engels, in: Festschrift für Wlotzke, S. 279 (295); Bachner, NJW 1995, S. 2881 (2886); ders. AuA 1996, S. 217 (221); Bachner/ Köstler/ Trittin/ Trümner, S. 86 f.; Grunewald/Winter, in: Lutter (Hrsg.), Kölner Umwandlungsrechtstage, S. 19 (21 f.); Grunewald/Müller, JZ 1999, S. 442 (454); Däubler, RdA 1995, S. 136 (138); Aha, AG 1997, S. 345 (356); Trittin, AiB 1996, S. 270 (274); Kiem, S.13; Melchior, GmbHR 1996, S. 833; Frenz, in: Neye/Limmer/Frenz/Harnacke, S. 40; Ballreich, S. 144; Bayer, ZIP 1997, S. 1613 (1618); Fuhrmann/Simon, AG 2000, S. 49 (51).

Unmittelbar (individualarbeits-)rechtliche Folgen sind zunächst solche, die sich aus dem Wechsel des Arbeitgebers ergeben. Gemeint sind damit vor allem Rechtsfolgen der Umwandlung, zum Beispiel der Übergang von Arbeitsverhältnissen auf einen anderen Rechtsträger im Rahmen von § 324 UmwG in Verbindung mit § 613 a BGB.[354] Die Darstellung arbeitsrechtlicher Folgen nach § 126 Abs. 1 Nr. 11 UmwG erfordert im Rahmen der Spaltung insbesondere auch die Zuordnung von Betrieben und Betriebsteilen mit den dazugehörigen Arbeitsverhältnissen und unter Umständen auch einzelner Arbeitsverhältnisse. Dies folgt für die Spaltung ausdrücklich aus der Regelung des § 126 Abs. 1 Nr. 9 UmwG.

Dies ist weiterhin bei der Verschmelzung auch im Hinblick auf die Haftung nach §§ 20, 22 UmwG (gem. §§ 131, 133, 134 UmwG bei der Spaltung) von entscheidender Bedeutung, da mit der Eintragung in das Register das gesamte Vermögen - einschließlich der Verbindlichkeiten von dem übertragenden Rechtsträger - auf den übernehmenden Rechtsträger übergeht und die übertragenden Rechtsträger erlöschen (§ 20 Abs. 1 Nr.1 und 2 UmwG).

Fragen der Anwendbarkeit des Kündigungsschutzgesetzes und somit der kündigungsrechtliche Status der einzelnen Arbeitnehmer gehören ebenfalls zu dieser katalogartigen Aufzählung.

Anzugeben sind auch die unmittelbaren, auf kollektivarbeitsrechtlicher Ebene eintretenden Folgen der Umwandlung, wie beispielsweise hinsichtlich des Fortbestands oder Wegfalls einer bestehenden Tarifbindung oder die Frage, ob Betriebsvereinbarungen wegen Verlusts der Betriebsidentität enden. Zu den betriebsverfassungsrechtlichen Änderungen zählen der Wegfall der Betriebsratsfähigkeit eines Betriebs, Fortfall oder Errichtung des Gesamtbetriebsrats bzw. Konzernbetriebsrats sowie Änderungen bezüglich des Mitbestimmungsstatuts.

bb. Angabe der unmittelbar tatsächlichen Folgen der Umwandlung

Fraglich erscheint, ob unter den Begriff der unmittelbaren Folgen einer Umwandlung auch die tatsächlichen Auswirkungen eines Umstrukturierungsvorgangs subsumiert werden können.

---

354 Vgl. dazu bereits S. 91; Joost, ZIP 1995 S. 976 (979); Willemsen, RdA 1998 S. 23 (27), unterscheidet zwischen arbeitsrechtlicher Pflichtangaben kraft rechtlichen Zusammenhangs und solcher arbeitsrechtlicher Pflichtangaben kraft direkten Sachzusammenhangs.

Nach Auffassung von Laumann regelt das UmwG ausschließlich rechtliche Fragestellungen. Tatsächlich eintretende Änderungen seien vom Schutzzweck des Gesetzes nicht erfasst und könnten allenfalls als mittelbare Folge der Umwandlung darzustellen sein. Tatsächliche Veränderungen seien deshalb als Realakte, außerhalb des Schutzbereichs der rechtlichen Umwandlung nach dem UmwG, zu behandeln.[355]

Bei erster Betrachtung der amtlichen Begründung zum Regierungsentwurf[356] ließe sich möglicherweise die restriktive Auffassung von Laumann aufrechterhalten. Hiernach sind die individual- und kollektivarbeitsrechtlichen Änderungen darstellungspflichtig. Die Betonung der Begründung liegt daher auf den rechtlichen Änderungen, die zum zwingenden Mindestinhalt des Umwandlungsvertrages gehören. Die Begründung ist jedoch in ihrem Gesamtkontext zu betrachten, wonach durch die gewährten Informationen den Arbeitnehmervertretern eine frühzeitige Informationsgrundlage über die geplante Umwandlungsmaßnahme an die Hand gegeben werden soll.

Durch diese individual- und kollektivarbeitsrechtlichen Darstellungen, verbunden mit der Zuleitungspflicht an den jeweils zuständigen Betriebsrat nach §§ 5 Abs. 3, 126 Abs. 3, 194 Abs. 2 UmwG, wird das Informationsrecht des Betriebsrats durchgesetzt. Der Wortlaut des Gesetzesentwurfs fordert aber nicht nur diese (individual- und kollektivarbeitsrechtlichen) Informationen, sondern ausdrücklich auch Angaben hinsichtlich der durch sie (die konkrete Umwandlungsmaßnahme) bewirkten **Folgen** für Arbeitnehmer.

Das Wort „hierdurch“ nimmt lediglich Bezug auf die individual- und kollektivarbeitsrechtlichen Änderungen der Umwandlung und erscheint in der Wortkette vor den „durch sie bewirkten Folgen für die Arbeitnehmer“.[357]

Unter den „durch sie bewirkten Folgen für die Arbeitnehmer“ sind deshalb auch die **tatsächlichen** Folgen der Umwandlung zu verstehen.

Nur durch eine solche umfängliche Information wird eine sozialverträgliche Durchführung der Umwandlung und damit die Erhaltung des sozialen betrieblichen Friedens erreicht.

---

355 Laumann, in: Goutier/Knopf/Tulloch, UmwG 1995, § 194 Rn. 27; so auch Goutier, in.: Goutier/Knopf/Tulloch, UmwG 1995, § 126 Rn. 27.

356 Vgl. die amtliche Begründung zum Regierungsentwurf, BT-Drucks. 12/6699 S. 82 f.

357 Vgl. die amtliche Begründung zum Regierungsentwurf, BT-Drucks. 12/6699 S. 82 f.

Auch eine genaue Betrachtung des ausdrücklichen Gesetzeswortlauts der §§ 5 Abs. 1 Nr. 9, 126 Abs. 1 Nr. 11 und § 194 Abs. 1 Nr. 7 UmwG lässt keine andere Schlussfolgerung zu. Hiernach sind lediglich zu den Folgen der Umwandlung (im einzelnen Verschmelzung, Spaltung bzw. Formwechsel) Ausführungen zu machen. Eine nähere Konkretisierung sehen die einschlägigen Bestimmungen des UmwG daher nicht vor. Daher sind von dem umwandlungsrechtlichen Folgenbegriff nicht nur die rechtlichen, sonder auch die tatsächlichen Auswirkungen einer Umstrukturierung zu verstehen. Damit gehören zu den arbeitsrechtlichen Pflichtangaben auch die im Zuge einer Umwandlung geplanten tatsächlichen Vorhaben.[358]

Zu den tatsächlichen Folgen der Umwandlung auf Arbeitnehmerseite gehören daher beispielsweise:

- Verlängerte Anfahrtswege bei einer mit der Umwandlung verbundenen Betriebsstättenverlegung[359]
- Wegfall der Möglichkeit zur Nutzung öffentlicher Verkehrsmittel[360]
- Verlust von Personalrabatt bei Privateinkäufen[361]

---

358 Vgl. Boecken, S. 214; Joost, ZIP 1995 S. 976 (979); Düwell, in: Kasseler Handbuch zum Arbeitsrecht, Band 2, 6.8 Rn. 289; Bachner, NJW 1995 S. 2881 (2886); Kort, ZfA 2000, S. 329 (347); Bachner/Köstler/Trittin/Trümner, S. 87 und Wlotzke, DB 1995 S. 40 (45), wobei Wlotzke allerdings die tatsächlichen Folgen der Umwandlung unter den Begriff der ebenfalls der Angabepflicht unterliegenden „insoweit vorgesehenen Maßnahmen" subsumieren will.

359 Joost, ZIP 1995 S. 976 (979); Bachner, NJW 1995 S. 2881 (2886); Bachner/Köstler/Trittin/Trümner, S. 87; Engelmeyer, DB 1996 S. 2542; Boecken, S. 215; Willemsen, in: Kallmeyer, UmwG 1997, § 5 Rn. 50; vgl. auch die anschaulichen Angaben der tatsächlichen Folgen der Umwandlung im Verschmelzungsvertrag der Lahmeyer AG für

Energiewirtschaft mit Sitz in Bad Homburg und Rheinelektra AG (Mannheim) auf die HfB Holding für Beteiligungswerte AG ebenfalls mit Sitz in Mannheim (vgl. Bundesanzeiger Nr. 7 vom 11.01.1997, S. 241). In § 7 Abs. 2 des Verschmelzungsvertrages wird die beabsichtigte Verlegung der Hauptverwaltung beschrieben, indem es heißt: „Im Anschluss an die Verschmelzung ist vorgesehen, die bisherige Hauptverwaltung von Lahmeyer aufzugeben und eine neue Hauptverwaltung in Frankfurt am Main einzurichten. Die bisherige Hauptverwaltung von Rheinelektra in Mannheim soll auf die Bereiche EDV und Immobilien beschränkt werden."

360 Bachner, NJW 1995 S. 2881 (2886); Bachner/Köstler/Trittin/Trümner, S. 87; Engelmeyer, DB 1996 S. 2542.

- Auswirkungen auf Darlehen und/oder Mietverhältnisse zwischen Arbeitgeber und Arbeitnehmer[362]
- Auswirkungen auf eine gegebenenfalls eingerichtete betriebliche Altersversorgung[363] oder Betriebskrankenkasse.[364]

Dehmer möchte auch die künftige arbeitsrechtliche Organisation des übernehmenden Rechtsträgers, wie beispielsweise vorhandene Pläne zum Personalabbau, bereits als unmittelbare tatsächliche Folge der Umwandlung verstanden wissen.[365]

---

361 Vgl. hierzu § 7 Abs. 5 des Verschmelzungsvertrages der Kaufhof Holding AG auf die Metro AG, Bundesanzeiger vom 23.04.1996, S. 4833 (4834): „Arbeitnehmer, deren Arbeitsverhältnisse auf Metro AG übergehen, verlieren ihren Personalrabatt bei Einkäufen in den zur Kaufhof Warenhaus AG und Kaufhalle AG gehörenden Warenhäusern nach Maßgabe der in nachstehendem Absatz 8 genannten Betriebsvereinbarung.“

362 Vgl. dazu § 6 Abs. 7 des Verschmelzungsvertrags zwischen der Hoechst AG und der Cassella AG. Hierin heißt es: „Fortgeführt werden ebenfalls Hypothekendarlehen der Pensionskasse, Arbeitgeberdarlehen und Mietverhältnisse über Werkswohnungen.“

363 Vgl. zu diesem Bereich den Verschmelzungsvertrag zwischen der Bayrische Hypotheken- und Wechselbank AG und der Bayrische Vereinsbank AG, Frankfurter Allgemeine Zeitung vom 8. April 1998, S. 22 f.:

Die betriebliche Altersversorgung ist sehr detailliert und breit in § 7 Abs. 7 beschrieben und nimmt fast die Hälfte der arbeitsrechtlichen Angaben in dem Verschmelzungsvertrag ein: „In beiden Banken beruht das System der betrieblichen Altersversorgung auf zwei Säulen - und zwar zum einen auf der Betriebspension der jeweiligen Bank und zum anderen auf Leistungen der Hypo-Pensionskasse für Mitarbeiter der Hypo-Bank bzw. des BVV-Versicherungsvereins des Bankgewerbes a.G. für Mitarbeiter der VEREINSBANK; letztere sind eigenständige Versicherungsvereine auf Gegenseitigkeit.

Für die Betriebspension der Hypo-Bank sind das Pensionsstatut 59 sowie die Versorgungsordnungen (VO) 74 und 86 maßgebend. Bei der VEREINSBANK existieren ebenfalls verschiedene Versorgungswerke (die Versorgungsordnungen von 1982 und 1988 sowie die Staatsbankenversorgung), zuletzt der über eine Betriebsvereinbarung abgeschlossene, ab 1. Januar 1995 geltende Rentenplan...usw.

364 Geregelt in § 7 Abs. 8 des Verschmelzungsvertrages der Degussa AG und der Hüls AG.

365 Dehmer, UmwG 1996, § 5 Rn. 47; vgl. ferner Boecken, S. 215, der auch die im Zuge einer Umstrukturierung geplanten Rationalisierungen, zu den unmittelbar tatsächlichen Vorhaben einer Umwandlung zählt.

b. Angabe der mittelbaren Folgen der Umwandlung

Umstritten ist, ob auch mittelbare Folgen, die nach Vollzug der Verschmelzung auftreten, in den Vertrag aufzunehmen sind. Ob sich eine solche Auffassung aus dem Wortlaut der Vorschrift ableiten lässt, erscheint fraglich.

Bei den mittelbaren Folgen einer Umwandlung handelt es sich um arbeitsrechtlich relevante Veränderungen, die zwar nicht die direkte rechtliche Folge der gesellschaftsrechtlichen Umwandlung als solche sind, sich jedoch mehr oder minder zwangsläufig als logische Konsequenz aus der – der jeweiligen Umwandlung zugrundeliegenden – unternehmerischen Planung ergeben.[366]

- Beispielsweise im Falle der Zusammenlegung der Verwaltungen mehrerer Unternehmen, insbesondere die Beschreibung einer möglichst sozialverträglichen Gestaltung des damit gegebenenfalls verbundenen Personalabbaus
- Vorhaben durch welche eventuelle Nachteile für die Arbeitnehmer ausgeglichen werden oder die bisherige Organisation den neuen, nach der Umwandlung bestehenden Gegebenheiten angepasst werden soll (Abfindungen bei Entlassungen, Versetzungen, Umschulungen, Zusammenfassung von Produktionseinheiten auf Grund von Synergieeffekten, Angebot von Vorruhestand bzw. sonstige Ausgleichsleistungen).[367]

---

366 Willemsen, RdA 1998 S. 23 (25); vgl. hinsichtlich der mittelbaren Folgewirkungen die Angaben im Verschmelzungsvertrag von REW und VEW. In § 9 Abs. 11 enthält der Vertrag folgende Angaben: „Im Zusammenhang mit der Verschmelzung werden in den nächsten zwei bis drei Jahren im RWE (neu)-Konzern zusätzlich zu den bereits geplanten Personalreduzierungen etwa 3200 Stellen abgebaut. Davon entfallen etwa 2400 auf den bisherige RWE-Konzern und etwa 800 auf den bisherigen VEW-Konzern."

In § 9 Abs. 12 (b) wird ferner ausgeführt: „Der notwendige Personalanpassungsbedarf wird durch eine Ausweitung der bestehenden Vorruhestandsregelungen und weitere sozialverträgliche Instrumente (z.B. Abfindungsregelungen oder Arbeitszeitmodelle) sichergestellt."

Gem. § 9 Abs. 12 (d) steht diese Regelung jedoch unter dem Vorbehalt, „dass sich die gesetzlichen, wirtschaftlichen und energiepolitischen Rahmenbedingungen nicht wesentlich zu Ungunsten von RWE (neu) verändern."

367 Vgl. Bermel/Hannappel, in: Goutier/Knopf/Tulloch, UmwG 1996, § 5 Rn. 97; Lutter, in: Lutter, UmwG 2000, § 5 Rn. 53; Mengel, S. 345.

Besonders detaillierte Angaben zu den mittelbaren Umwandlungsfolgen sind im Verschmelzungsvertrag der Lahmeyer AG für Energiewirtschaft und Rheinelektra AG auf die HfB Holding für Beteiligungswerte AG aufgeführt.[368] Die Folgen der Verschmelzung für die Arbeitnehmer und ihre Vertretungen sind hier im § 7 umfänglich geregelt.

Die präzisen Angaben sind ein gelungener und zugleich deutlicher Beleg dafür, dass eine Ausdehnung auf die mittelbaren Folgen der Umwandlung den Vertrag keinesfalls „überfrachtet„ (vgl. dazu S. 126).[369]

In § 7 Abs. 9 des Verschmelzungsvertrages der Lahmeyer AG für Energiewirtschaft und Rheinelektra AG auf die HfB Holding für Beteiligungswerte AG sind die mittelbaren Auswirkungen der Umwandlung folgendermaßen dargestellt:

„Im Anschluss an die Verschmelzung sind Betriebsänderungen und personelle Maßnahmen geplant. Die für die organisatorische Straffung der Verwaltung und unumgängliche Personalreduzierung wird voraussichtlich 34 Arbeitsplätze betreffen. Durch Fluktuation ist bereits ein Mitarbeiter ausgeschieden, und ein weiterer Mitarbeiter wird ausscheiden. Zudem werden voraussichtlich 6 Mitarbeiter pensioniert. 10 Mitarbeiter werden zu Konzerngesellschaften versetzt. Daher muss aus heutiger Sicht mit 16 Mitarbeitern das Arbeitsverhältnis aufgelöst werden, sofern sich diese Zahl nicht durch weitere Fluktuation ermäßigt; das Arbeitsverhältnis von 4 Mitarbeitern aus dieser Gruppe wurde bereits aufgelöst.“[370]

Derart genaue Angaben zu den mittelbaren Folgewirkungen sind insbesondere deshalb erstaunlich, da HfB nach der Umwandlung ein Unternehmen von ganz erheblicher Größe darstellt.

---

368 Vgl. Bundesanzeiger Nr. 7 vom 11.01.1997, S. 241 f.

369 So aber Lutter, in: Lutter, UmwG 2000, § 5 Rn. 56; Drygala, ZIP 1996, S. 1365 (1368); dies betonen auch Bermel/Hannappel, in: Goutier/Knopf/Tulloch, UmwG 1995, § 5 Rn. 100, dass solche weitergehenden Angaben den Verschmelzungsvertrag unnötig überladen und zu einer erheblichen Rechtsunsicherheit führen würden; im Ergebnis wohl auch Priester in: Lutter (Hrsg.), Kölner Umwandlungsrechtstage, 1995 S. 99 (113).

370 Vgl. Bundesanzeiger Nr. 7 vom 11.01.1997, S. 241.

HfB unterliegt den Regelungen des MitbestG und beschäftigt somit in der Regel mehr als 2000 Arbeitnehmer, vgl. § 1 Abs. 1 Nr. 2 MitbestG. Das Schicksal der Aufsichtsratmandate ist in § 7 Abs. 8 des Verschmelzungsvertrages geregelt.

Hier heißt es: „Mit dem Wirksamwerden der Verschmelzung enden die Mandate aller Mitglieder des Aufsichtsrats von Lahmeyer und des Aufsichtsrats von Rheinelektra. Bei HfB wird ein mitbestimmter Aufsichtsrat mit 20 Mitgliedern nach § 7 Abs. 1 Nr. 3 MitbestG gebildet. Nach dem Übergang ihrer Arbeitsverhältnisse auf HfB sind die bisherigen Arbeitnehmer von Lahmeyer und Rheinelektra sowie die Arbeitnehmer der nachgeordneten Konzernunternehmen bei den nächsten Wahlen zum Aufsichtsrat von HfB aktiv und passiv wahlberechtigt."

Nach § 7 Abs. 1 Nr. 3 MitbestG ist der Aufsichtsrat eines Unternehmens mit in der Regel mehr als 20 000 Arbeitnehmern mit 20 Mitgliedern zu besetzen. Diese setzen sich zusammen aus je zehn Aufsichtsratsmitgliedern der Anteilseigner und der Arbeitnehmer.

Der Verweis auf § 7 Abs. 1 Nr. 3 MitbestG lässt daher klare Schlüsse insofern zu, als es sich bei dem übernehmenden Rechtsträger (HfB) nach der Verschmelzung um eine Gesellschaft mit einer Belegschaftsgröße von mindestens 20 000 Arbeitnehmern handeln muss.

Der Verschmelzungsvertrag zeigt, dass trotz einer Belegschaftsgröße von mindestens 20 000 Arbeitnehmern es offensichtlich dennoch machbar und möglich ist, die unumgängliche Personalreduzierung von voraussichtlich („nur") 34 Arbeitsplätzen darzustellen. Derart präzise und exakte Angaben zu den mittelbaren Folgewirkungen führen daher noch nicht zu einer Überladung des Vertragstextes.

aa. Begrenzung auf die unmittelbaren Folgen der Umwandlung

Für eine Begrenzung der Angabepflicht auf die unmittelbaren Folgen der Umwandlung sprechen im wesentlichen folgende Argumente:

(1) Die Auffassung von Bermel/Hannappel:

Nach Bermel/Hannappel stellt für die Bewältigung mittelbarer Folgen der Unternehmensumwandlung das herkömmliche individualarbeitsrechtliche und betriebsverfassungsrechtliche Instrumentarium in ausreichendem Maße Informationsrechte bereit (vgl. Kündigungsschutz, Interessenausgleich und Sozialplan).[371]

Bermel/Hannappel verweisen auf die Gesetzesbegründung, wonach im Falle der Verschmelzung lediglich „die durch die Verschmelzung eintretenden individual- und kollektivarbeitsrechtlichen Änderungen im Verschmelzungsvertrag aufzuzeigen“ seien. Dass nur die unmittelbaren Rechtsfolgen, nicht aber geplante Änderungen oder Absichten offenzulegen seien, belege ferner auch der Wortlaut der Vorschrift des § 5 Abs. 1 Nr. 9 UmwG, sowie ein Vergleich mit der Vorschrift des § 111 S. 1 BetrVG. Nach § 111 S. 1 BetrVG sei bereits über „geplante Betriebsänderungen“ zu informieren, so dass der Wortlaut dieser Regelung insofern weitgehender sei. Eine Ausdehnung der Informationspflicht auf mittelbare Folgen der Umwandlung würde den Umwandlungsvertrag nur in unnötiger Weise überladen und zu erheblicher Rechtsunsicherheit führen.[372]

Stellungnahme:

Wie Bermel/Hannappel aus der Gesetzesbegründung eine Begrenzung auf unmittelbare Folgen der Umwandlung ableiten wollen, bleibt zweifelhaft. Der Wortlaut, wonach „die durch die Verschmelzung eintretenden individual- und kollektivarbeitsrechtlichen Änderungen im Verschmelzungsvertrag aufzuzeigen“ sind, lässt für sich betrachtet keine Begrenzung der Angabepflicht zu. Bei den in der Gesetzesbegründung expressis verbis aufgeführten „Änderungen“ geht es um solche individual- oder kollektivrechtlicher Natur. Bei diesen Änderungen kann es sich allerdings sowohl um unmittelbare als auch mittelbare Änderungen bzw. Folgen handeln. Die Gesetzesbegründung ist daher kein taugliches Argument die Angabepflicht nicht auch auf mittelbare Folgen der Umwandlung zu erweitern.

Auch der Vergleich mit der betriebsverfassungsrechtlichen Vorschrift des § 111 S. 1 BetrVG, wonach schon bereits über „geplante Betriebsänderungen“ zu informieren ist, lässt im Umkehrschluss keine Begrenzung der umwandlungsrechtlichen Unterrichtungspflicht zu.

---

371 Bermel/Hannappel, in: Goutier/Knopf/Tulloch, UmwG 1995, § 5 Rn. 97.

372 Bermel/Hannappel, in: Goutier/Knopf/Tulloch, UmwG 1995, § 5 Rn. 100.

Die umwandlungsrechtlichen Informationsvorschriften (§§ 5 Abs. 1 Nr. 9, 126 Abs. 1 Nr. 11, 194 Abs. 1 Nr. 7 UmwG in Verbindung mit der Verpflichtung zur Zuleitung an den zuständigen Betriebsrat nach §§ 5 Abs. 3, 126 Abs. 3, 194 Abs. 2 UmwG) sind von der betriebsverfassungsrechtlichen Unterrichtungsregelung des Betriebsrats nach § 111 S. 1 BetrVG abgekoppelt. Bereits der Gesetzeswortlaut dieser Vorschriften ist nicht deckungsgleich. Nach den Regelungen des UmwG sind Angaben zu den Folgen der Umwandlung erforderlich. § 111 S. 1 BetrVG erwähnt hingegen beabsichtigte bzw. geplante Betriebsänderungen. Die betriebsverfassungsrechtliche Betriebsänderung ist aber von der umwandlungsrechtlichen Änderung auf der Ebene des Rechtsträgers zu unterscheiden (dazu aber ausführlich unten S. 193).[373]

Verschiedene Tatbestände zwingen zu unterschiedlicher Gesetzesauslegung. Der Verweis auf den Wortlaut des § 111 S. 1 BetrVG lässt daher ebenfalls keine Einschränkung der umwandlungsrechtlichen Angabepflicht zu.

(2) Die Auffassung von Lutter:

Nach Auffassung von Lutter sind mittelbare Folgen der Umwandlung von § 5 Abs. 1 Nr. 9 UmwG nicht erfasst und müssen deshalb in dem Vertragswerk aus mehrfacher Hinsicht nicht aufgenommen werden.

(1). Zunächst lasse der **Wortlaut** eine Ausdehnung der Angabepflicht auf mittelbare Folgen der Umwandlung nicht zu. Dies ergebe sich bei direktem Vergleich der Vorschriften der § 5 Abs. 1 Nr. 9 und § 194 Abs. 1 Nr. 7 UmwG. Letztere Regelung sehe für den Formwechsel dieselbe Formulierung wie für die Umwandlungsart der Verschmelzung vor. Beim Formwechsel ändere sich aber nur die Rechtsform, nicht hingegen die Identität des Unternehmens. Deshalb seien dort auch nur unmittelbare arbeitsrechtliche Folgen denkbar.[374]

---

373 Mengel, S. 336, spricht sehr anschaulich davon, dass die Vorschriften des UmwG, mangels gegenteiliger Hinweise, in freier Konkurrenz neben den betriebsverfassungsrechtlichen Informationsrechten stehen.

374 Lutter, in: Lutter, UmwG 2000, § 5 Rn. 55; in diesem Sinne auch Drygala, ZIP 1996, S. 1365 (1368).

Richtigerweise entgegen hier Hjort als auch Müller der Auffassung von Lutter – Müller plädiert ansonsten für eine Begrenzung der Angaben auf die unmittelbaren Folgen der Umwandlung -, dass § 194 Abs. 1 Nr. 7 UmwG von den „Folgen des Formwechsels“ und nicht von den in § 5 Abs. 1 Nr. 9 UmwG beschriebenen „Folgen der Verschmelzung“ spricht. Die „Folgen des Formwechsels“ seien aber selbstverständlich andere als die „Folgen der Verschmelzung“. Die Argumentation von Lutter gehe daher ins Leere.[375]

(2). Gegen eine Aufnahme mittelbarer Folgen in den Umwandlungsvertrag spreche nach Auffassung von Lutter auch der **Kontext der Norm.** Im Falle des Verschmelzungsvertrages enthalten die Angaben nach § 5 Abs. 1 Nr. 1 bis 8 UmwG neben den essentialia negotii lediglich bestimmte Grundinformationen. Eine extensive Interpretation des Folgenbegriffs in § 5 Abs. 1 Nr. 9 UmwG könne sich in diese Regelungssystematik nicht einfügen, sondern würde den Vertragstext überladen und in „eine Art Verschmelzungsbericht für Arbeitnehmer umwandeln“.[376]

Stellungnahme:

Bei den von Lutter als essentialia negotii bezeichneten Grundinformationen nach § 5 Abs. 1 Nr. 1 bis 8 UmwG handelt es sich lediglich um gesellschaftsrechtliche Angaben, wie beispielsweise die Bestimmung des Umtauschverhältnisses, Einzelheiten für die Übertragung der Anteile, dem Verschmelzungsstichtag oder die eventuelle Einräumung von Sonderrechten an einzelne Anteilsinhaber.

Diese Angaben waren bereits gleichlautend in § 340 Abs. 2 Nr. 1 bis 8 AktG a.F. enthalten (vgl. hierzu bereits oben S. 67). Durch die Neuregelung der gesamten Vorschrift des § 5 Abs. 1 UmwG ist erstmals eine Erweiterung um die in § 5 Abs. 1 Nr. 9 UmwG normierten Angaben erfolgt. Hierbei handelt es sich

---

375 Vgl. Hjort, NJW 1999, S. 750 (751); Müller, DB 1997, S. 713 (714); ähnlich auch Mengel, S. 341.

376 Vgl. Lutter, in: Lutter, UmwG 2000, § 5 Rn. 56; ebenfalls Drygala, ZIP 1996, S. 1365 (1368); Müller, DB 1997, S. 713 (714); Kiem, S. 13 f.; Mayer, in: Widmann/Mayer, UmwG, § 5 Rn. 183; dem hält Hjort, NJW 1999, S. 750 (752), entgegen, dass ein solcher „Verschmelzungsbericht für die Arbeitnehmer„ gerade das Ziel, der in der Schlussphase der Gesetzgebung eingefügten arbeitsrechtlichen Normierungen, war.

jedoch um ganz anders ausgestaltete Informationen, nämlich um arbeitsrechtliche Mindestangaben, wohingegen die Grundinformationen nach § 5 Abs. 1 Nr. 1 bis 8 UmwG gesellschaftsrechtlicher Natur sind. Sicherlich wären grundsätzliche Zweifel berechtigt, weshalb der Gesetzgeber hier keine deutlichere Trennung gesellschaftsrechtlicher und arbeitsrechtlicher Inhalte vorgenommen hat. Doch handelt es sich um geschriebenes Recht, so dass der in dieser Regelung zum Ausdruck gekommene gesetzgeberische Wille – nämlich die unmittelbare Verknüpfung gesellschaftsrechtlicher (vgl. § 5 Abs. 1 Nr. 1 bis 8 UmwG) und arbeitsrechtlicher (vgl. § 5 Abs. 1 Nr. 9 UmwG) Inhalte in der Vorschrift des § 5 Abs. 1 UmwG – zwingend zu akzeptieren ist.

Hierzu hat ebenfalls Lutter – bereits richtigerweise – bemerkt, dass der Gesetzgeber frei sei, auch ganz und gar unsystematische Lösungen zu treffen und auf diese Weise die Rechtsanwendung zu erschweren.[377]

Gesetzessystematische Bedenken sind daher aufgrund des eindeutigen Willens des parlamentarischen Gesetzgebers zu verwerfen.

Der restriktiven Auffassung von Lutter hält Hjort zu recht entgegen, dass die in § 5 Abs. 1 Nr. 1 bis 8 UmwG geregelten Grundinformationen nicht grundsätzlich eine weite Auslegung der Angaben in § 5 Abs. 1 Nr. 1 bis 8 UmwG verbieten, da damit noch keine Aussage über den erforderlichen Umfang dieser Informationen getroffen werde. Naturgemäß sei die Angabe des Verschmelzungsstichtages nach § 5 Abs. 1 Nr. 6 UmwG oder hinsichtlich der genauen Bezeichnung und Aufteilung der Gegenstände des Aktiv- und Passivvermögens nach § 126 Abs. 1 Nr. 9 UmwG, weniger komplex als diejenigen Angaben nach § 5 Abs. 1 Nr. 9 UmwG.[378]

(3). Der Gesichtspunkt des unternehmerischen **Geheimhaltungsinteresses** spreche darüber hinaus auch gegen eine Ausdehnung auf mittelbare Folgen der Umstrukturierung. Als Begründung führt Lutter hierzu an, dass durch die Veröffentlichung des Vertragstextes (vgl. §§ 47, 61 UmwG) bei weiter Auslegung des Folgenbegriffs Informationen an die Öffentlichkeit gelangen, die von der Konkurrenz nachteilig ausgenutzt werden könnten.[379]

377 Lutter, in: Lutter, UmwG 2000, § 5 Rn. 39.

378 Vgl. Hjort, NJW 1999, S. 750 (752).

379 Lutter, in: Lutter, UmwG 2000, § 5 Rn. 56; ebenfalls vgl. Kiem, S. 13 f.; Mayer, in: Widmann/Mayer, UmwG, § 5 Rn. 183; nach Auffassung von Jung, S. 111, sind im In-

Das vom Gesetzgeber respektierte Geheimhaltungsinteresse nutzen auch Sagasser/Ködderitzsch für ihre Argumentation einer Beschränkung auf unmittelbar durch die Umwandlung bewirkte arbeitsrechtliche Veränderungen der beteiligten Unternehmen. So bestimme § 8 Abs. 2 UmwG für den Verschmelzungsbericht, der den Verschmelzungsvertrag ergänzend erläutern soll, dass dort Tatsachen nicht aufgeführt werden müssen, deren Bekanntwerden geeignet ist, einem der beteiligten Rechtsträger oder einem verbunden Unternehmen einen nicht unerheblichen Nachteil zuzufügen.

Dies müsse nach Auffassung von Sagasser/Ködderitzsch im Erstrechtschluss für strategische unternehmerische Überlegungen gelten, die zudem intern bereits gegenüber dem Betriebsrat nach § 111 BetrVG offenzulegen seien. Im Ergebnis seien daher lediglich die unmittelbar wirkenden Konsequenzen individual- oder kollektivarbeitsrechtlicher Natur in dem Umwandlungsvertrag aufzuführen.[380]

Drygala erwägt deshalb in diesem Zusammenhang, durch eine analoge Anwendung des § 8 Abs. 2 UmwG die Informationspflicht nach § 5 Abs. 1 Nr. 9 UmwG zu begrenzen. Richtigerweise erkennt Drygala jedoch auch, dass durch eine solche analoge Anwendung des § 8 Abs. 2 UmwG lediglich eine Problemverlagerung erfolge, da schon für den Verschmelzungsbericht unklar sei, welche Angaben die Geheimhaltungsinteressen der beteiligten Rechtsträger tangieren könnten.[381]

---

teresse der Anteilseigner und ihrer Information im Umwandlungsbeschluss nach § 194 Abs. 1 Nr. 7 UmwG keine Angaben zur Unternehmensmitbestimmung zu machen. Diese Informationen sollten vielmehr dem Umwandlungsbericht vorbehalten bleiben, wodurch auch eine sinnvolle inhaltliche Unterscheidung zwischen Umwandlungsbeschluss und Umwandlungsbericht erreicht werde.

380 Vgl. Sagasser/Ködderitzsch, in: Sagasser/Bula/Brünger, J 69.

381 Vgl. Drygala, ZIP 1996 S. 1365 (1368). Mengel, S. 343, lässt dieses Argument nicht gelten, da § 8 Abs. 2 UmwG bereits eine Geheimhaltungsprüfung erfordere, die dann auch entsprechend auf die arbeitsrechtlichen Folgen ausgedehnt werden könne. Richtigerweise ist Mengel jedoch entgegenzuhalten, dass bestimmte arbeitsrechtliche Folgen nur dann für geheimhaltungsbedürftig erklärt werden können, wenn eine vorausgehende Prüfung zu dem Ergebnis gelangt, dass durch eine Bekanntmachung gerade dieser Informationen, Geheimhaltungsinteressen der beteiligten Unternehmen tangiert werden könnten. Das Problem der Abgrenzung unmittelbarer/mittelbare Folgen der Umwandlung würde dann lediglich eine Verlagerung erfahren. Hjort, NJW 1999, S. 750 (752), erwägt in diesem Zusammenhang auch an eine analoge Anwendung des § 131 Abs. 3 Nr. 1 AktG.

Stellungnahme:

Auch der Argumentationsansatz des berechtigten Geheimhaltungsinteresses vermag nicht zu überzeugen. Zuleitungsadressat des Umwandlungsvertrags bzw. -entwurfs ist der Betriebsrat und nicht etwa der einzelne Arbeitnehmer. Die Mitglieder des Betriebsrats sind aber nach § 79 BetrVG verpflichtet, Geschäftsgeheimnisse nicht zu offenbaren und nicht zu verwerten. Insofern ist die Geheimhaltungsverpflichtung des Betriebsrats bereits in ausreichendem Maße gewährleistet.

Auch die erforderliche Veröffentlichung des Vertragstextes gem. § 47 UmwG kann die enge Auslegung Lutters nicht hinreichend stützen. Nach § 47 UmwG dient der Verschmelzungsvertrag oder sein Entwurf und der Verschmelzungsbericht der Unterrichtung der Gesellschafter, die gem. § 13 Abs. 1 UmwG ihre Zustimmung zur Umwandlung erteilen sollen. Die Vorschrift konkretisiert das allgemeine Auskunfts- und Einsichtsrecht des GmbH–Gesellschafters (vgl. § 51 a GmbHG) im Rahmen der Verschmelzung.[382]

Der begrenzte Kreis der GmbH – Gesellschafter ist daher nicht als „Öffentlichkeit" im Sinne des allgemeinen Sprachgebrauchs zu bezeichnen.

Der von Lutter zur Begründung der Begrenzung der Angabepflicht auf unmittelbare Folgen der Umwandlung angeführte Verweis auf § 61 UmwG kann ebenfalls nicht überzeugen. § 61 UmwG regelt die Bekanntmachung des Verschmelzungsvertrages bei der Beteiligung von Aktiengesellschaften. Danach ist gem. § 61 S. 1 UmwG der Verschmelzungsvertrag bzw. dessen Entwurf bereits vor der Einberufung der Hauptversammlung, die gem. §§ 13 Abs. 1, 65 UmwG über die Zustimmung zum Verschmelzungsvertrag beschließen soll, zum Handelsregister einzureichen. Das Gericht hat dann gem. § 61 S. 2 UmwG in den für die Bekanntmachung seiner Eintragungen bestimmten Blätter (Bundesanzeiger sowie mindestens ein anderes Blatt, vgl. § 10 Abs. 1 S. 1 HGB) einen Hinweis anzubringen, dass der Vertrag oder sein Entwurf beim Handelsregister eingereicht worden ist. Aufgrund des öffentlichen Zugangs zum Handelsregister gem. § 9 Abs. 1 HGB ist es also nicht nur den Aktionären, sondern jedem Interessierten möglich, Einsicht in den Vertragstext zu nehmen.

382 Vgl. die amtliche Begründung zum Regierungsentwurf, abgedruckt bei Ganske, S. 98.

Die Einsichtnahme beim Handelsregister ist sicherlich geeignet, Kenntnis vom Vertragstext zu erlangen. Ob die bloße Möglichkeit der Einsichtnahme beim zuständigen Handelsregister bereits mit einer uneingeschränkten Veröffentlichung des gesamten Vertragstextes gleichzusetzen ist, erscheint fraglich. An eine echte und uneingeschränkte Veröffentlichung wäre beispielsweise bei einer Auslage im Internet zu denken, wie dies bereits bei US–amerikanischen Mergern gängige Veröffentlichungspraxis ist.

Ferner gilt es, die Geheimhaltungsinteressen der beteiligten Unternehmen gegen das Informationsinteresse des Betriebsrats abzuwägen. Die umwandlungsrechtlichen Unterrichtungsregelungen (§§ 5 Abs. 1 Nr. 9, 126 Abs. 1 Nr. 11, 194 Abs. 1 Nr. 7 UmwG) sind gerade deshalb vom Gesetzgeber in der Endphase des Gesetzgebungsverfahrens ausdrücklich noch implementiert worden, um das Informationsinteresse der betroffenen Arbeitnehmer und ihrer Vertretungen bei Unternehmensumstrukturierungen zu befriedigen. Eine direkte Abwägung der widerstreitenden Interessen lässt daher vor dem Hintergrund der notwendigen Gestaltung umfassender Transparenz der Umstrukturierung eine Begrenzung des Informationsmaterials an den Betriebsrat nicht zu. Im Vordergrund steht daher eine umfängliche und vollumfassende Befriedigung des Informationsinteresses des Betriebsrats. Zur Erzielung einer systematischen und beiden Seiten gerecht werdenden Lösung, die dem Schutzzweck der umwandlungsrechtlichen Informationsvorschriften am weitestgehenden Rechnung trägt, ist deshalb eine Ausweitung der Angabepflicht – auch auf mittelbare Folgen der Umwandlung – zu fordern.

Darüber hinaus ist zu bedenken, dass oftmals bereits im Vorfeld einer geplanten Umstrukturierung Unternehmensabsichten und Planungen an die Öffentlichkeit getragen werden. Bei den Informationen im Umwandlungsvertrag geht es insbesondere um die Frage, wie die Folgen der Umwandlungsmaßnahme sozial verträglich abgefedert werden können. Hjort nennt hier als Beispiele für eine sozial verträgliche Gestaltung eine Vermeidung betriebsbedingter Kündigungen, die Unterstützung von Altersteilzeit- und Vorruhestandsregelungen sowie Interessenausgleich und Sozialplan.[383]

383 Vgl. Hjort, NJW 1999, S. 750 (752); ähnlich auch Mengel, S. 342 f., da solche umfassenden Maßnahmen nicht im Verborgenen stattfinden und daher ohnehin nicht geheim gehalten werden können.

Bei besonders sensiblen Informationen erscheint es in Zusammenarbeit mit dem Betriebsrat ratsam und auch möglich, solche Angaben auszuklammern und gemeinsam allgemein gefasstere Aussagen zu formulieren.[384]

(4). Entscheidend sei aber nach Auffassung von Lutter, dass die Arbeitnehmer und ihre Vertretungen im Umwandlungsvertrag gar nicht über die mittelbaren Folgen informiert werden müssten, weil insofern die bestehenden **Regelungsmechanismen des BetrVG** ausreichende Informationsrechte bereithielten.[385]

Bereits der durch Art. 13 Nr. 1 des Umwandlungsbereinigungsgesetzes neu gefasste § 106 Abs. 3 Nr. 8 BetrVG beziehe auch den Zusammenschluss oder die Spaltung von Unternehmen oder Betrieben mit ein und verpflichte daher den Unternehmer ohnehin zu rechtzeitiger und umfassender Information des Wirtschaftsausschusses über hiermit verbundene arbeitnehmerrelevante Planungen.

Darüber hinaus sei der Betriebsrat auch nach § 111 BetrVG über geplante Betriebsänderungen, die wesentliche Nachteile für die Belegschaft oder erhebliche Teile der Belegschaft zur Folge haben können, rechtzeitig und umfassend zu unterrichten. Die häufig mit einer Verschmelzung verbundenen Maßnahmen der Umstrukturierung erfüllten zugleich auch den Tatbestand der Betriebsänderung im Sinne der betriebsverfassungsrechtlichen Vorschrift des § 111 BetrVG, sofern die Maßnahmen nicht völlig unerheblich seien oder nur eine zu vernachlässigende Zahl von Arbeitnehmern betreffe. Eine extensive Auslegung des § 5 Abs. 1 Nr. 9 UmwG würde demnach lediglich zu einer unnötigen Doppelinformation führen. Auch in zeitlicher Hinsicht sei kein Raum für eine andere Betrachtungsweise, da die Rechtsprechung des BAG zu § 111 BetrVG ohnehin eine Information zum frühestmöglichen Zeitpunkt verlange. Eine frühere Information des Betriebsrats werde somit durch die umwandlungsrechtlichen Mitteilungsvorschriften nicht erreicht.

Für eine Begrenzung der Information allein auf die Vorschriften des BetrVG spreche ferner der Gesichtspunkt des effektiven Rechtsschutzes. Die betriebsverfassungsrechtlichen Vorschriften sähen eine Sanktionierung (Anspruch auf

384 Vgl. auch Hjort, NJW 1999, S. 750 (752).

385 Vgl. Lutter, in: Lutter, UmwG 2000, § 5 Rn. 57; so auch Drygala ZIP 1996, S. 1365 (1368 f.); Aha, AG 1997, S. 345 (356); Kiem, S. 13 f.; Mayer, in: Widmann/Mayer, UmwG, § 5 Rn. 183.

Nachteilsausgleich nach § 113 Abs. 3 BetrVG) bei Verletzung des Beteiligungs- bzw. Informationsrechts des Betriebsrats sowie die Möglichkeit einer einstweiligen (Untersagungs-) Verfügung für den Fall vor, dass die Betriebsänderung vollzogen werden soll, ohne dass ein Interessenausgleich zustande gekommen sei (vgl. §§ 80 ff., 2a Nr. 1, 85 Abs. 2 ArbGG in Verbindung mit § 935 ZPO).

Stellungnahme:

Wie bereits dargestellt (und ausführlich unten auf S. 193 weiter ausgeführt wird), sind bei der Betrachtung der Informationsvorschriften die umwandlungsrechtlichen (§§ 5 Abs. 1 Nr. 9, 126 Abs. 1 Nr. 11, 194 Abs. 1 Nr. 7 UmwG in Verbindung mit der Verpflichtung zur Zuleitung an den zuständigen Betriebsrat nach §§ 5 Abs. 3, 126 Abs. 3, 194 Abs. 2 UmwG) von den betriebsverfassungsrechtlichen Unterrichtungsregelungen des Betriebsrats nach §§ 111, 106, 80 Abs. 2 BetrVG zu unterscheiden.

Der Gesetzgeber wollte mit den umwandlungsrechtlichen Mitteilungsvorschriften nicht die betriebsverfassungsrechtlichen Unterrichtungsregelungen ersetzen, sondern eine weitere zusätzliche Quelle der Information schaffen. Die umwandlungsrechtlichen Vorschriften werden daher keinesfalls durch betriebsverfassungsrechtliche Unterrichtungsregelungen überlagert oder gar verdrängt.

Dieser engen Auffassung ist weiterhin entgegenzuhalten, dass das Beteiligungsrecht des Betriebsrats nach § 111 BetrVG erst ab einer Belegschaftsgröße von in der Regel mehr als 20 wahlberechtigten Arbeitnehmern ausgelöst wird. Eine Unterrichtungspflicht aus § 111 BetrVG kommt ferner dann nicht in Betracht, wenn im Zeitpunkt des Entschlusses zu einer Betriebsänderung ein Betriebsrat in dem Unternehmen überhaupt nicht existiert.[386]

---

386 Vgl. BAG, DB 1982, S. 1727 f., wonach im Falle der Stillegung eines betriebsratslosen Betriebs, ein erst während der Durchführung der Stillegung gewählter Betriebsrat die Aufstellung eines Sozialplans nicht mehr verlangen kann. Die gesetzlich vorgeschriebenen Beteiligungsrechte des Betriebsrats bei Betriebsänderungen laufen nämlich dann leer, wenn die Belegschaft keinen Betriebsrat gewählt hat. Besteht in dem Betrieb kein Betriebsrat, so kann der Unternehmer beabsichtigte Betriebsänderungen alleine – denklogischerweise dann ohne Einschaltung des Betriebsrats – durchsetzen.

Sowohl die Erörterungen über einen Interessenausgleich als auch die Verhandlungen über einen Sozialplan setzen voraus, dass überhaupt ein Verhandlungspartner vorhanden ist, also ein Betriebsrat besteht, vgl. LAG Hamm, DB 1975, S. 697 f.

Die umwandlungsrechtlichen Unterrichtungspflichten sind daher umfassender, da sie eine Unterrichtungspflicht unabhängig von der Größe der Belegschaft vorsehen.

Auch der Wirtschaftsausschuss, der die Aufgabe hat, wirtschaftliche Angelegenheiten mit dem Unternehmer zu beraten und den Betriebsrat zu unterrichten, (vgl. § 106 Abs. 1 S. 2 BetrVG), ist an die Unternehmensgröße gekoppelt. Dieser ist nämlich nur dann zu bilden, wenn in dem Unternehmen in der Regel mehr als 100 Arbeitnehmer ständig beschäftigt sind (vgl. § 106 Abs. 1 S. 1 BetrVG). Gemäß § 106 Abs. 3 Nr. 8 BetrVG, der im Zusammenhang mit der Verabschiedung des neuen Umwandlungsgesetzes durch Art. 13 UmwBerG neu gefasst wurde, gehören zu den wirtschaftlichen Angelegenheiten im Sinne des § 106 insbesondere der Zusammenschluss oder die Spaltung von Unternehmen oder Betrieben (vgl. dazu noch eingehend S. 197).

Nach dem ausdrücklichen Wortlaut des § 111 S. 1 BetrVG hat der Betriebsrat nur dann ein Informations- und Beteiligungsrecht bei wesentlichen Nachteilen, die sich als Folge einer Betriebsänderung darstellen.

Auch hier ist die umwandlungsrechtliche Unterrichtungspflicht weiter ausgestaltet, da sämtliche Folgen – unabhängig ob sich diese vorteilhaft oder nachteilig für die Arbeitnehmer und ihre Vertretungen darstellen – zwingend anzugeben sind (vgl. hierzu bereits OLG Düsseldorf, S. 107).

Abschließend ist daher festzuhalten, dass die umwandlungsrechtlichen Unterrichtungspflichten nicht durch die betriebsverfassungsrechtlichen Informationsrechte des Betriebsrats überlagert werden. Beide Informationsquellen stehen vielmehr unabhängig und selbständig nebeneinander (dazu im übrigen ausführlich unten S. 193).

(5). Schließlich würden nach Auffassung von Lutter und Drygala auch die **Vorgaben des Europäischen Rechts** keine Ausdehnung auf mittelbare Folgen der Umstrukturierung in den Angabekatalog nach § 5 Abs. 1 Nr. 9 UmwG fordern. Zwar seien nach Art. 6 Abs. 1 der Richtlinie des Rates vom 14. Februar 1977 (77/187/EWG)[387] beim Betriebsübergang die betroffenen Arbeitnehmer nicht nur

387 Richtlinie vom 14.02.1977 über die Wahrung von Ansprüchen der Arbeitnehmer beim Übergang von Unternehmen, Betrieben oder Betriebsteilen (77/187/EWG), ABl. EG Nr.

über die rechtlichen, wirtschaftlichen und sozialen Folgen des Übergangs für die Arbeitnehmer zu informieren, sondern auch über die hinsichtlich der Arbeitnehmer in Aussicht genommenen Maßnahmen. Jedoch erlaube Art. 6 Abs. 3 der Richtlinie den Mitgliedstaaten, die Information auf Betriebsänderungen mit wesentlichen Nachteilen für einen erheblichen Teil der Arbeitnehmer zu beschränken, wenn als Ausgleich ein Schiedsverfahren hinsichtlich der beabsichtigten Änderungen vorgesehen sei.

Lutter als auch Drygala vertreten daher übereinstimmend die Auffassung, dass den entsprechenden Informationspflichten ausreichend durch die §§ 111 ff. BetrVG und dort insbesondere durch die Vorschriften über den Interessenausgleich genüge getan sei. Eine Pflicht zu weitergehenden Informationen lasse sich jedenfalls aufgrund Europäischen Rechts nicht begründen. Eine solche weitergehende Information sei auch bei der Einführung des Umwandlungsgesetzes vom deutschen Gesetzgeber nicht beabsichtigt gewesen.[388]

Drygala stützt ferner hier ihre Argumentation auf die Gesetzesmaterialien, die als umzusetzende Richtlinie lediglich die Fusionsrichtlinie (78/855/EWG),[389] nicht aber Art. 6 der Betriebsübergangsrichtlinie (77/187/EWG)[390] erwähnten.[391]

Stellungnahme:

Der Ansicht von Drygala ist jedoch zu entgegnen, dass die Gesetzesmaterialien auf die sechste gesellschaftsrechtliche Richtlinie vom 17.12.1982 betreffend der

---

L 61 vom 05.03.1977, S. 26, abgedruckt bei Lutter, Europäisches Unternehmensrecht, 4. Aufl. 1996, S. 657 ff.

388 Vgl. Lutter, in: Lutter, UmwG 2000, § 5 Rn. 59; Drygala, ZIP 1996, S. 1365 (1371).

389 Dritte gesellschaftsrechtliche Richtlinie vom 09.10.1978 (Fusionsrichtlinie) (78/855/EWG), abgedruckt in ABl. EG Nr. L 295 vom 20.10.1978, S. 36; abgedruckt bei Lutter, Europäisches Unternehmensrecht, 4. Aufl. 1996, S. 131 ff., sowie Lutter, UmwG 2000, Band II, Anh. S. 2815 ff.

390 Richtlinie vom 14.02.1977 über die Wahrung von Ansprüchen der Arbeitnehmer beim Übergang von Unternehmen, Betrieben oder Betriebsteilen (77/187/EWG), ABl. EG Nr. L 61 vom 05.03.1977, S. 26, abgedruckt bei Lutter, Europäisches Unternehmensrecht, 4. Aufl. 1996, S. 657 ff.

391 Vgl. Drygala ZIP 1996, S. 1365 (1371, Fn. 54).

Spaltung von Aktiengesellschaften (82/891/EWG)[392] bezug nehmen.[393] Die sechste gesellschaftsrechtliche Richtlinie bezüglich der Spaltung von Aktiengesellschaften erklärt wiederum in Art. 11 ausdrücklich die Arbeitnehmerrichtlinie 77/187/EWG vom 14.02.1977 für anwendbar (vgl. bereits oben S 71 ff.).

Drygala verkennt weiterhin bei diesem Argumentationsansatz, dass das Umwandlungsrecht selbständige, unabhängige und neue Informations- und Beteiligungsrechte der Betriebsräte formuliert hat, so dass auch hier der schlichte Verweis auf das allgemeine Betriebsverfassungsrecht nicht als Begründung für eine Begrenzung der umwandlungsrechtlichen Angabepflicht ausreicht.

Der umfangreiche Informationskatalog des Art. 6 Abs. 1 der Richtlinie 77/187/EWG vom 14.2.1977 erstreckt sich auf die folgenden Angaben:

- den Grund für den Übergang,
- die rechtlichen, wirtschaftlichen und sozialen Folgen des Übergangs für die Arbeitnehmer,[394]
- die hinsichtlich der Arbeitnehmer in Aussicht genommenen Maßnahmen,
- und seit der Neufassung des Art. 6 durch die Richtlinie 98/50/EG[395] vom 29. Juni 1998 auch auf den Zeitpunkt bzw. den geplanten Zeitpunkt des Übergangs.[396]

---

392 Sechste gesellschaftsrechtliche Richtlinie des Rates der Europäischen Gemeinschaften vom 17.12.1982 bezüglich der Spaltung von Aktiengesellschaften (82/891/EWG), abgedruckt in ABl. EG Nr. L 378 v. 31.12.1982, S. 47 ; abgedruckt bei Lutter, Europäisches Unternehmensrecht, 4. Auflage, S. 199, sowie Lutter, UmwG 2000, Anh. S. 2830.

393 Vgl. die amtliche Begründung zum Regierungsentwurf, BT-Drucks. 12/6699, S. 75.

394 Zur ausschließlichen Anwendung der Unternehmensübergangsrichtlinie auf Arbeitnehmer im Sinne des nationalen Rechts, vgl. EuGH, ZIP 2000, S. 1996 (1999 f.).

395 Richtlinie 98/50/EG des Rates vom 29.06.1998 zur Änderung der Richtlinie 77/187/EWG zur Angleichung der Rechtsvorschriften der Mitgliedsstaaten über die Wahrung von Ansprüchen der Arbeitnehmer beim Übergang von Unternehmen, Betrieben oder Betriebsteilen, ABl. EG Nr. L 201 vom 17.07.1998, S. 88.

396 Vgl. hierzu Waas/Johanns, EuZW 1999, S. 458 ff.

Nach Art. 1 Abs. 1 der Richtlinie 77/187/EWG vom 14. Februar 1977 bzw. Art. 1 Abs. 1a der Richtlinie 98/50/EG vom 29.Juni 1998 gilt diese Vorschrift auch für Verschmelzungen.

Richtigerweise bemerkt daher Hjort, dass diese europäische Vorschrift vom bundesdeutschen Gesetzgeber in der Fassung des § 5 Abs. 1 Nr. 9 UmwG aufgegriffen wurde.[397] Der Gesetzeswortlaut der umwandlungsrechtlichen Informationsvorschriften sei deshalb nicht beschränkt auf unmittelbare Folgen. Offensichtlich erfasst von der Angabepflicht seien vielmehr – insbesondere vor dem Hintergrund der Europäischen Richtlinie 77/187/EWG bzw. 98/50/EG – alle denkbaren relevanten Folgen, also auch wirtschaftliche und soziale.

Lutters und Drygalas schlichter Verweis auf den betriebsverfassungsrechtlichen Interessenausgleich ist daher nicht geeignet, den umfänglichen Angabekatalog der europäischen Richtlinien zu verdrängen.[398]

(6). Lutter erkennt jedoch auch die **erhebliche Rechtsunsicherheit,** die bei einer ungenügenden Erfüllung der Angabepflicht nach § 5 Abs. 1 Nr. 9 UmwG – vor dem Hintergrund der Beanstandung der Eintragung durch das zuständige Registergericht – möglicherweise entstehen kann.

Um Risiken bei der Umwandlung auszuschließen, empfiehlt Lutter, bereits im Vorfeld der Umwandlung einen Interessenausgleich mit dem Betriebsrat über die mittelbaren Folgen zu erwirken. Die Arbeitnehmerbelange seien damit umfassend berücksichtigt. Die Angaben zu den mittelbaren Folgen seien dann darauf zu beschränken, dass vollumfänglich auf den Inhalt der erzielten Einigung verwiesen werden könne.[399]

So heißt es beispielsweise in § 6 Abs. 2 des Verschmelzungsvertrags der Deutschen SB-Kauf AG (DSBK, vormals co op AG) auf die Metro AG:

„Im Anschluss an die Verschmelzung wird der bisherige Verwaltungsbereich der DSBK in Frankfurt aufgelöst. Den Arbeitnehmern der DSBK werden, soweit möglich, Arbeitsplätze am Sitz der Metro AG in den neuen Hauptverwaltungen oder aber in anderen Unternehmen der Metro AG-Gruppe angeboten. Über die

397 Vgl. Hjort, NJW 1999, S. 750 (753).

398 So aber Lutter, in: Lutter, UmwG 2000, § 5 Rn. 59, als auch Drygala, ZIP 1996, S. 1365 (1371).

399 Lutter, in: Lutter, UmwG 2000, § 5 Rn. 59a unter Verweis auf den Verschmelzungsvertrag der Kaufhof Holding AG, vgl. Bundesanzeiger vom 23.4.1996, S. 4834; vgl. ferner auch Drygala, ZIP 1996, S. 1365 (1366).

im Anschluss an die Verschmelzung geplanten Betriebsänderungen und personellen Maßnahmen und zum Ausgleich und zur Milderung der für die Arbeitnehmer daraus entstehenden wirtschaftlichen Nachteile haben der Vorstand der DSBK und der Betriebsrat der DSBK einen Interessenausgleich und einen Sozialplan vereinbart."[400]

In § 7 Abs. 9 des Verschmelzungsvertrags der Bayrischen Hypotheken- und Wechselbank AG auf die Bayrische Vereinsbank AG heißt es, „dass es in Folge der Verschmelzung zu personellen Veränderungen kommen wird. Um möglichst sozialverträgliche Lösungen für die Mitarbeiter zu finden, wurde mit dem Gesamtbetriebsrat der Vereinsbank ein Interessenausgleich und Sozialplan („Betriebsvereinbarung zur Umsetzung der Fusion") abgeschlossen. Die hier getroffenen Regelungen erlangen mit dem Wirksamwerden der Verschmelzung für die Arbeitnehmer der Bayrischen Hypo- und Vereinsbank Geltung....."[401]

Die für den Interessenausgleich maßgebliche Vorschrift ist § 112 BetrVG. Der Abschluss eines Interessenausgleichs setzt daher zwingend eine Betriebsänderung im Sinne von § 111 BetrVG voraus. Als Betriebsänderung gelten beispielsweise nach § 111 S. 2 Nr. 3 BetrVG der Zusammenschluss mit anderen Betrieben oder die Spaltung von Betrieben. Aber nicht jede Verschmelzung, Spaltung oder Vermögensübertragung stellt zugleich eine „Betriebsänderung" im Sinne von § 111 BetrVG dar.

Die Auffassung von Lutter geht also immer dann ins Leere, wenn es sich nicht um eine Betriebsänderung im betriebsverfassungsrechtlichen Sinne handelt. Im Umwandlungsvertrag kann dann auch nicht auf einen mit dem Betriebsrat bereits ausgehandelten Interessenausgleich verwiesen werden, da ein solcher mangels Betriebsänderung gerade nicht erforderlich ist.

Die „reine" Verschmelzung von Unternehmensträgern stellt nämlich keine betriebsverfassungsrechtliche Betriebsänderung dar, da die Verschmelzung der Rechtsträger die Betriebsstruktur unberührt lässt (vgl. dazu eingehend S. 193).

---

400 Vgl. Bundesanzeiger Nr. 72 vom 16.04.1996, S. 4518; ferner die ähnlich lautende Formulierung in § 7 Abs. 8 des Verschmelzungsvertrags der Kaufhof AG auf die Metro AG, Bundesanzeiger vom 23.04.1996, S. 4834. Bei der Ausgliederung von Teilen der Carl Schenck AG auf die Schenck Process GmbH wurde über den Interessenausgleich hinaus eine freiwillige Betriebsvereinbarung abgeschlossen, Bundesanzeiger vom 13.04.1996, S. 4451.

401 Frankfurter Allgemeine Zeitung vom 08.04.1998, S. 23.

Vgl. dazu folgendes Schaubild zur Verschmelzung im Wege der Aufnahme nach § 2 Nr. 1 UmwG. Die Verschmelzung der Farbstoffe GmbH als übertragender Rechtsträger als Ganzes auf die Chemie AG als übernehmender Rechtsträger, berührt die Betriebsstruktur der Unternehmen nicht.

Schaubild 5: Verschmelzung im Wege der Aufnahme

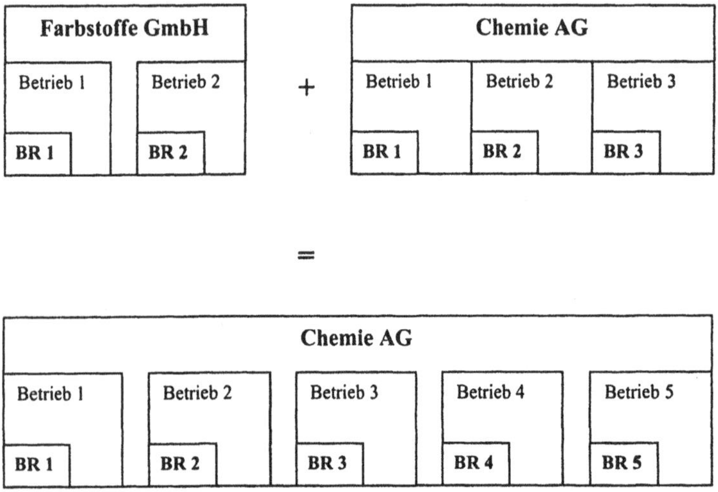

Ein Interessenausgleichsverfahren nach § 112 Abs. 1 BetrVG findet daher immer nur dann statt, wenn die Unternehmensverschmelzung auch mit Betriebsänderungen wie beispielsweise der Zusammenfassung mit anderen Betrieben im Sinne von § 111 S. 2 Nr. 3 BetrVG einhergeht.

Vgl. hierzu als ausdrückliches Beispiel einer Umwandlung auf Rechtsträgerebene § 7 Abs. 5 des Verschmelzungsvertrags zwischen der VIAG AG mit Sitz in München und der VEBA AG mit Sitz in Düsseldorf und Berlin:

„Die Verschmelzung von VEBA und VIAG wird allein auf Unternehmens- (also Holding-) Ebene vollzogen. Sie wirkt sich nicht unmittelbar auf die Betriebe der verbundenen Unternehmen aus. Die Rechtsverhältnisse der Arbeitnehmer der verbundenen Unternehmen von VEBA und VIAG werden durch die Verschmelzung nicht unmittelbar berührt. Die Verschmelzung führt weder bei den Arbeitnehmervertretungen noch bei den Betriebs- oder Gesamtbetriebsvereinbarungen der verbundenen Unternehmen zu Änderungen."

(3) Die Auffassung von Dehmer:

Dehmer fordert lediglich eine katalogartige Aufzählung der wesentlichen konkreten Auswirkungen der Umwandlung im Einzelfall zur Erfüllung der gesetzlich normierten Angabepflicht (vgl. § 5 Abs. 1 Nr. 9 UmwG). Dass Dehmer mit den wesentlichen konkreten Auswirkungen der Umwandlung lediglich die unmittelbaren Folgen meint, geht daraus hervor, dass er bei der Aufzählung der angabepflichtigen Folgen Pläne zum Personalabbau als unmittelbare Folge der Umstrukturierung explizit erwähnt. Darüber hinausgehende allgemeine Ausführungen zu den Wirkungen der Umwandlung auf individual- oder kollektivarbeitsrechtlicher Ebene hält Dehmer – allerdings ohne weitere Begründung – nicht für erforderlich. [402]

Durch die besonderen umwandlungsrechtlichen Vorschriften der §§ 321 ff. UmwG eröffnet sich nach Auffassung von Dehmer ein derart großes Spektrum möglicher arbeitsrechtlicher Pflichtangaben, dass eine sinnvolle und vor allem verständliche Darstellung dieser „Folgen der Umwandlung für die Arbeitnehmer und deren Vertretungen sowie die in soweit vorgesehenen Maßnahmen" den Rahmen eines Umwandlungsvertrages sprengen würde. Dehmer hält es darüber hinaus für fraglich, ob die Anteilseigner mittelbar über die Angabepflicht nach § 5 Abs. 1 Nr. 9 UmwG dazu angehalten werden sollen, sämtliche Motive der Umstrukturierung (Rationalisierungen, Arbeitsplatzabbau) preiszugeben. Dehmer tritt daher im Ergebnis für eine restriktive Auslegung der Angabepflicht ein.[403]

Stellungnahme:

Die Auffassung von Dehmer trifft nicht zu. Die umwandlungsrechtlichen Vorschriften der §§ 321 ff. UmwG und insbesondere die Regelung über die kündigungsrechtliche Stellung gem. § 323 UmwG bzw. die gesetzliche Anordnung in

402 Dehmer, UmwG 1996, § 5 Rn. 47.

403 Dehmer, UmwG 1996, § 5 Rn. 46.

§ 324 UmwG, dass § 613 a Abs. 1 und 4 BGB durch die Wirkung der Eintragung einer Verschmelzung, Spaltung oder Vermögensübertragung unberührt bleibt, liefern für sich betrachtet noch keine ausreichenden Informationen.

Planungen im Hinblick auf die Belegschaft in Gestalt von beabsichtigten Personalkürzungen bzw. Maßnahmen zum Personalabbau werden von diesen, die objektiv-rechtlichen Folgen der Umwandlung regelnden Vorschriften der §§ 321 bis 325 UmwG nicht erfasst.

Im Einklang mit der amtlichen Gesetzesbegründung zu § 5 Abs. 1 Nr. 9 UmwG ist es vielmehr erforderlich, sämtliche Auswirkungen der Umstrukturierung sowohl für die einzelnen Arbeitnehmer als auch für ihre Vertreter so ausführlich wie möglich darzustellen.

(4) Die Auffassung von Priester:

Priester verweist lediglich auf die eingehenden Überlegungen von Lutter und hält eine Ausdehnung auf mittelbare Auswirkungen der Umwandlung für nicht sachgerecht. Beispielhaft führt er an, dass etwa eine im Anschluss an die Umwandlung geplante Betriebsstilllegung nicht unter die Angabepflicht falle.[404] Auch über eine geplante Rationalisierungsmaßnahme im Zusammenhang mit der Umstrukturierung sei nicht zu berichten, da es sich hierbei weder um unmittelbare noch um mittelbare Folgen handele.

Priester bleibt jedoch eine Erklärung schuldig, weshalb solche Maßnahmen im Zusammenhang mit der Umstrukturierung, nicht als mittelbare Folgen der Umwandlung zu begreifen sind.[405] Den Ausführungen von Priester ist daher wohl zu entnehmen, dass dieser eine Ausdehnung der Angabepflicht auf mittelbare Folgen der Umwandlung im Ergebnis ablehnt.

(5) Zur Auffassung von Sagasser/Ködderitzsch:

Nach Auffassung von Sagasser/Ködderitzsch ergebe eine Auslegung der Norm im Gesamtkontext des UmwG sowie dem Sinn und Zweck der Regelung, dass in

---

404 Priester, in: Lutter, UmwG 2000, § 126 Rn. 59; ders. noch in einer früheren Publikation zweifelnd, vgl. in: Lutter (Hrsg.), Kölner Umwandlungsrechtstage, S. 99 (113).

405 Priester, DNotZ 1995, S. 427 (435).

den Umwandlungsvertrag nur die Auswirkungen aufzunehmen seien, die sich unmittelbar durch den gesellschaftsrechtlichen Vorgang der Umwandlung aus individual- und kollektivarbeitsrechtlicher Hinsicht ergeben. Dies folge bereits aus der betriebsverfassungsrechtlichen Unterrichtungspflicht (vgl. §§ 106 Abs. 3 Nr. 8, 111 Nr. 3 BetrVG), so dass über diese Vorschriften die Betriebsräte bereits unabhängig von dem eigentlichen Umwandlungsvorgang von arbeitnehmerrelevanten Planungen erfahren würden (vgl. eingehend zur Abgrenzung der umwandlungsrechtlichen zur betriebsverfassungsrechtlichen Unterrichtungspflicht unten S. 193). Sagasser/Ködderitzsch erachten daher die Aufnahme mittelbarer Folgen in den Umwandlungsvertrag als einen schlichten Pleonasmus.[406]

Als weiteres systematisches Argument komme nach Auffassung von Sagasser/Ködderitzsch hinzu, dass der Umwandlungsvertrag in erster Linie der Unterrichtung der Anteilseigner diene. Für die Gruppe der Anteilseigner sei jedoch anerkannt, dass lediglich mittelbare Folgen der Umwandlung zumindest im Umwandlungsvertrag, nicht weiter erörtert werden müssen. Es erscheint daher nicht nachvollziehbar, weshalb hinsichtlich der Arbeitnehmerangaben eine Erweiterung auf mittelbare Auswirkungen der Umstrukturierung erfolgen solle.[407]

Stellungnahme:

Im Falle der Verschmelzung dient der nach § 8 UmwG vorgesehene Verschmelzungsbericht[408] ausschließlich dem Schutz der Anteilseigner. Dadurch erhalten diese eine normierte und formalisierte Informationsmöglichkeit, die ihnen im Hinblick auf die Hintergründe und wirtschaftliche Zweckmäßigkeit der Um-

406 Sagasser/Ködderitzsch, in: Sagasser/Bula/Brünger, J 69.

407 Sagasser/Ködderitzsch, in: Sagasser/Bula/Brünger, J 69.

408 Ein Verschmelzungsbericht ist bei allen rechtlich möglichen Verschmelzungsformen Pflicht. Darüber hinaus entfaltet die Vorschrift des § 8 UmwG aufgrund der ausgeprägten Verweisungstechnik erhebliche Ausstrahlungswirkung auf andere Arten der Umwandlung. So finden § 8 Abs. 1 Satz 2 bis 4, Abs. 2 und Abs. 3 UmwG auch beim Spaltungsbericht nach § 127 Satz 2 UmwG entsprechende Anwendung. Bei der Ausgliederung ist nach § 162 UmwG ein Ausgliederungsbericht zu erstellen. Bei der Vermögensübertragung nach §§ 174, 176 ff. UmwG ist § 8 UmwG insgesamt entsprechend anzuwenden. § 8 Abs. 1 Satz 2 bis 4 und Abs. 2 UmwG ist darüber hinaus beim Formwechsel nach § 192 Abs. 1 Satz 2 UmwG entsprechend anzuwenden.

strukturierungsmaßnahme die notwendige Transparenz verschafft.[409] Durch den Verschmelzungsbericht soll den Aktionären bei der Entscheidung über die Zustimmung zum Verschmelzungsvertrag eine zuverlässige Beurteilungsgrundlage an die Hand gegeben werden.[410] Verschmelzungsbericht und die auf den Verschmelzungsvertrag folgende Verschmelzungsprüfung nach §§ 9 bis 12 UmwG stehen als eigenständige Mechanismen zum Schutz der Anteilsinhaber selbständig nebeneinander.[411]

Da die Regelung des § 8 UmwG gerade nicht dem Schutz der Arbeitnehmer dient,[412] sind diese auf die alleinige Informationsquelle des § 5 Abs. 1 Nr. 9 in Verbindung mit § 5 Abs. 3 UmwG angewiesen.

Der Verschmelzungsbericht, der unter anderem den Verschmelzungsvertrag erläutert, ist zum Schutz der Anteilsinhaber erforderlich, weil der Verschmelzungsvertrag für sich genommen für die an den Verhandlungen nicht beteiligten Anteilsinhaber (vgl. § 4 Abs. 1 UmwG) nicht genügend Informationen bereit hält. Der Verschmelzungsvertrag beschreibt vielmehr lediglich das Ergebnis der Verhandlungen (mit Ausnahme der Angaben zu § 5 Abs. 1 Nr. 9 UmwG, vgl. dazu bereits S. 66 f.).[413]

Wenn aber bereits der Verschmelzungsvertrag als alleinige Informationsquelle der Belegschaft den Anteilseignern nicht genügend Angaben zur Verfügung stellt, erscheint es ratsam die Arbeitnehmer im Rahmen von § 5 Abs. 1 Nr. 9 in

---

409 Wie der Verschmelzungsbericht im einzelnen den Anteilseignern zugänglich zu machen ist, richtet sich nach der konkreten Rechtsform. Zum Teil ist er zu übersenden (§§ 42, 47, 56 UmwG), teilweise ist er von der Einberufung der Versammlung der Anteilseigner an (§§ 63 Abs. 1 Nr. 4, 73, 101 UmwG) und in der Versammlung selbst in den Geschäftsräumen des Rechtsträgers auszulegen (§§ 64 Abs. 1, 73, 102 UmwG); vgl. ferner zu den Aufgaben des Verschmelzungsberichts OLG Düsseldorf, AG 1999, S. 418 (419); OLG Hamm, AG 1999, S. 422 (424).

410 Vgl. OLG Düsseldorf, AG 1999, S. 418 (419).

411 Vgl. Dehmer, UmwG 1996, § 8 Rn. 1, § 9 Rn. 4; Dörrie, WiB 1995, S. 1 (5); ferner Mertens, AG 1990, S. 20 (22).

412 Da der Bericht ausschließlich dem Schutz der Anteilsinhaber dient, ist er auch dann nach §§ 8 Abs. 3, 36 Abs. 1, 127 S. 2, 135 Abs. 1 UmwG entbehrlich, wenn alle Anteilsinhaber aller beteiligten Rechtsträger durch notariell beurkundete Verzichtserklärung auf seine Erstattung verzichten, vgl. Dörrie, WiB 1995, S. 1 (5); ferner Lutter, in: Lutter, UmwG 2000, § 8 Rn. 5; K. Schmidt, ZGR 1993, S. 366 (374); Ganske, WM 1993, S. 1117 (1122).

413 Vgl. Dehmer, UmwG 1996, § 8 Rn. 4.

Verbindung mit § 5 Abs. 3 UmwG vollumfänglich und möglichst abschließend über die geplante Umstrukturierung zu unterrichten.

Sagasser/Ködderitzsch verkennen ferner, dass die Interessen und Handlungsmöglichkeiten der Anteilseigner einerseits und die der Arbeitnehmer andererseits grundlegend verschieden sind. Nur die Anteilseigner der beteiligten Rechtsträger nehmen an dem Beschlussverfahren über den Umwandlungsvertrag teil. Der Umwandlungsbeschluss ist Wirksamkeitsvoraussetzung für den Umwandlungsvertrag (vgl. § 13 Abs. 1 UmwG). Darüber hinaus ist die Rechtsposition der Anteilseigner durch die Rechte nach §§ 14, 15 UmwG gestärkt, wonach die Anteilseigner Klage gegen die Wirksamkeit der Umwandlungsbeschlusses erheben bzw. eine Verbesserung des Umtauschverhältnisses verlangen können. Auch steht es den Anteilseignern frei, ihre Anteile zu veräußern.

Hingegen sind die Arbeitnehmer in diesen gesellschaftsrechtlichen Prozess nicht eingebunden; sie werden statt dessen mit den unternehmerischen Konsequenzen der Umstrukturierung konfrontiert. Während die Anteilseigner eine Umwandlung nutzen, um daraus wirtschaftliche Vorteile für das Investment zu ziehen (shareholder value), gehen diese beabsichtigten Vorteile auf Seiten der Belegschaft oftmals mit dem Verlust des Arbeitsplatzes einher.[414]

Wie bereits dargestellt (vgl. S. 66 f.), ist § 5 Abs. 1 Nr. 9 UmwG – ebenso wie § 5 Abs. 3 UmwG – erst durch den Regierungsentwurf in das UmwG eingefügt worden. Ansonsten entspricht § 5 Abs. 1 Nr. 1 bis 8 UmwG im wesentlichen den früheren Bestimmungen in §§ 340 Abs. 2 AktG a. F.

Mit den in § 5 Abs. 1 Nr. 1 bis 9 UmwG geforderten Mindestangaben will der Gesetzgeber zum einen dem Informationsbedürfnis der Anteilseigner, insbesondere aber mit § 5 Abs. 1 Nr. 9 und Abs. 3 UmwG dem der Arbeitnehmer und ihrer Vertretungen umfassend Rechnung tragen. Durch diesen Angabekatalog soll im Interesse beider Gruppen, der Anteilseigner sowie der Arbeitnehmer und ihrer Vertretungen, ausreichende Transparenz gewährleistet werden. Im Zusammenhang mit dem Zuleitungserfordernis an den zuständigen Betriebsrat nach § 5 Abs. 3 UmwG ergibt sich dadurch ein geschlossenes Bild über die neue Qualität der Informationsrechte der Arbeitnehmer. Diese arbeitsrechtlichen Informationsrechte lassen keine Begrenzung auf lediglich diejenigen Umwandlungsfolgen zu, die in unmittelbarem Zusammenhang mit der Umstrukturierung

414 Vgl. hierzu auch Hjort, NJW 1999 S. 750 (752).

stehen. Eine Ermittlung des von § 5 Abs. 1 Nr. 9 in Verbindung mit § 5 Abs. 3 UmwG verfolgten Regelungsziels, kann deshalb nur zu einer weiten Auslegung der erforderlichen arbeitsrechtlichen Angaben führen.

(6) Zur Auffassung von Willemsen:

Nach der von Willemsen vertretenen **„Trennungstheorie"** sind selbst globale Angaben zu mittelbaren Folgewirkungen im Umwandlungsvertrag nicht erforderlich, weil sämtliche individual- und kollektivarbeitsrechtlichen Folgen, die nicht direkte („zwingende") Folgen der Umwandlung sind, ausschließlich über die betriebsverfassungsrechtlichen Vorschriften (insbesondere § 106 Abs. 3 Nr. 8 und § 111 Satz 2 Nr. 3 BetrVG) abzuhandeln seien. Willemsen möchte die Anforderungen an die Darlegungslast daher nicht überspannen und hält deshalb eine summarische Darstellung für ausreichend. Die arbeitnehmerrelevanten umwandlungsrechtlichen Pflichtangaben, könnten nicht die Qualität eines vorweggenommenen Interessenausgleichs bzw. Sozialplans haben.[415]

Sollte sich die Auffassung durchsetzen, im Umwandlungsvertrag auch die mittelbaren, d.h. die mit der Umwandlung selbst noch nicht verbundenen Folgen darzustellen, äußert Willemsen die Befürchtung, sei ein völliges Ausufern der entsprechenden arbeitsrechtlichen Angaben im Umwandlungsvertrag geradezu unausweichlich.[416]

Wie sollte dann, bei einer Aufnahme mittelbarer Folgen für die Arbeitnehmer, die Gestaltung künftiger Umwandlungsverträge aussehen? Müssen beispielsweise, wenn im Zusammenhang mit dem Erwerb bereits ein grundsätzliches Konzept hinsichtlich der späteren organisatorischen Zusammenführung beider Tochtergesellschaften erstellt wurde, die konkreten Konsequenzen (Versetzung, Umgruppierung) für jeden einzelnen Arbeitnehmer dargestellt werden? Ist weiterhin aufzuzeigen, wie eine etwa notwendige Sozialauswahl im Rahmen von § 1 Abs. 3 KSchG vorgenommen werden soll? Welche Abfindungszahlungen an ausscheidende Mitarbeiter zu leisten sind und gegebenenfalls bereits im Wege der Rückstellung Berücksichtigung fanden? Müssen zur Diskussion stehende Alternativkonzepte (zu denken ist hier etwa an die Möglichkeit, dass eine Kon-

415 Willemsen, in: Kallmeyer, UmwG 1997, § 5 Rn. 48; ders., NZA 1996, S. 791 (795 ff., 797 f.).

416 Vgl. Willemsen, RdA 1998 S. 23 (26).

zentration der Verwaltungen sowohl am Sitz des aufnehmenden wie auch des aufgenommenen Unternehmens in Betracht kommt) dargelegt werden?[417]

Die beabsichtigte Verlegung der Hauptverwaltungen ist beispielsweise in § 7 Abs. 2 des Verschmelzungsvertrages zwischen der Lahmeyer AG für Energiewirtschaft, der Rheinelektra AG und der HfB Holding für Beteiligungswerte AG ausführlich dargestellt und beschrieben.[418]

Vorsorglich weist Willemsen jedoch bereits darauf hin, dass sich zur Auslegung und erforderlichen Reichweite der Angabepflicht noch keine hinreichend verlässliche „herrschende Meinung“ weder in der Literatur noch in der Rechtsprechung gebildet habe. Der Praxis könne er daher nur anraten, sich bereits im Vorfeld der Umwandlung mit der Praxis des jeweils zuständigen Registergerichts auseinander zu setzen, um die arbeitsrechtlichen „Sprengsätze“ der §§ 5 Abs. 1 Nr. 9, 126 Abs. 1 Nr. 11, 194 Abs. 1 Nr. 7 UmwG möglichst frühzeitig auszuräumen.[419]

Um ein völliges Ausufern der Angaben zu vermeiden, tritt Willemsen für eine Begrenzung auf diejenigen „Folgen für die Arbeitnehmer und ihre Vertretungen“ ein, die das Gesetz selbst direkt in (§§ 321, 322, 323 Abs. 1, 325 UmwG) oder indirekt (§§ 324 UmwG i.V.m. 613a BGB) erwähne.[420]

Fraglich erscheint, ob die von Willemsen favorisierte „kleine bzw. große Lösung“ einen konstruktiven Lösungsvorschlag zur Reichweite der arbeitsrechtlichen Pflichtangaben bereithält. Nach der sog. „kleinen Lösung“ wird eine Beschränkung auf die durch die Umwandlung selbst (unmittelbar) ausgelösten ar-

---

417 Vgl. die Bedenken von Willemsen, RdA 1998 S. 23 (26).

418 Vgl. Bundesanzeiger Nr. 7 vom 11.01.1997, S. 241.

419 Willemsen, in: Kallmeyer, UmwG 1997, § 5 Rn. 52; Willemsen/Müller, Kommentar zu OLG Düsseldorf, Beschluss vom 15.5.1998, EWiR 1998, S. 855 (856); ders., NZA 1996, S. 791 (797), hält den umwandlungsrechtlichen Gesetzeswortlaut für denkbar vage formuliert, so dass damit gerechnet werden müsse, dass Betriebsräte versuchen werden, den unternehmensrechtlichen Vorgang der Umwandlung als „Hebel“ bei der Diskussion über das Volumen des zu erstellenden Sozialplans immer dann nutzen werden, wenn mit der Umwandlung eine gleichzeitige Betriebsänderung einhergeht.

420 Willemsen, in: Kallmeyer, UmwG 1997, § 5 Rn. 53.

beitsrechtlichen Primärfolgen vorgenommen. Die „große Lösung" erfasst hingegen auch die Angabe sämtlicher mittelbarer Folgewirkungen (Sekundärfolgen).[421]

Sinn und Zweck der arbeitsrechtlichen Pflichtangaben nach dem UmwG sei es, die rechtzeitige Information des Betriebsrats sicherzustellen, damit dieser in die Lage versetzt werde, seine Beteiligungsrechte nach dem BetrVG wirkungsvoll wahrzunehmen. Es sei jedoch nicht die Absicht des Gesetzgebers gewesen, mit diesen Vorschriften (§§ 5 Abs. 1 Nr. 9, 126 Abs. 1 Nr. 11, 194 Abs. 1 Nr. 7 UmwG) ein neues Beteiligungsrecht des Betriebsrats sui generis zu schaffen. Dies genau würde aber geschehen, wenn man mit der „großen Lösung" Ausführungen zu allenfalls mittelbar durch die Umwandlung veranlasste arbeitsrechtlichen Folgen für die Arbeitnehmer verlange.[422]

Nach Willemsen läge eine wesentliche Funktion der arbeitsrechtlichen Pflichtangaben (auch) darin, den betriebsverfassungsrechtlichen Status, wie er sich für die von der Umwandlung betroffenen Betriebe und Betriebsteile nach Durchführung der Umwandlung darstelle, zu beschreiben. Nicht mehr zu den „arbeitsrechtlichen Pflichtangaben kraft unmittelbaren Sachzusammenhangs" gehörten solche Veränderungen auf arbeitsrechtlicher bzw. betriebsverfassungsrechtlicher Ebene, die erst nach Durchführung der Umwandlung ausgelöst würden. Aufgabe der umwandlungsrechtlichen Angabepflicht sei zunächst, die Überleitung der Arbeitsverhältnisse sowie Veränderungen der betrieblichen Organisations- und Leitungsstruktur zu beschreiben. Nicht mehr vom Schutzbereich erfasst seien hingegen solche Änderungen, die in Bezug auf die Zusammensetzung von Be-

---

421 Willemsen, RdA 1998, S. 23 (S. 25 ff.), unterscheidet zwischen Primär- und Sekundärfolgen. Die Primärfolgen unterscheidet er in solche kraft rechtlichen Zusammenhangs und solche arbeitsrechtlichen Pflichtangaben kraft direkten Sachzusammenhangs. Zu den arbeitsrechtlichen Pflichtangaben kraft rechtlichen Zusammenhangs gehören alle im Wege einfacher Subsumtion ableitbaren Folgen, wie etwa die Überleitung von Arbeitsverhältnissen, Tarifverträgen, Betriebsvereinbarungen, Haftungsfolgen und Mitbestimmungsstatut. Bei den Angaben kraft Sachzusammenhangs handelt es sich um bei Vertragsschluss geplante Auswirkungen der Umwandlung auf die betriebsverfassungsrechtliche und kündigungsschutzrechtliche Struktur. Zu den Sekundärfolgen zählt Willemsen schließlich die bei Vertragsschluss zwar möglicherweise absehbaren, aber noch nicht konkret geplanten Änderungen der organisatorischen und personellen Strukturen, im weiteren Verlauf nach abgeschlossenem Umwandlungsverfahren.

422 Willemsen/Müller, Kommentar zu OLG Düsseldorf, Beschluss vom 15.5.1998, EWiR 1998, S. 855 (856); Willemsen, RdA 1998, S. 23 (25ff.); ebenfalls Mayer, in: Widmann/Mayer, UmwG, § 5 Rn. 183.

trieben, Personalbestand und Arbeitsbedingungen erst nach durchgeführter Umwandlung erfolgten.

Auch die Schutzfunktion der arbeitsrechtlichen Pflichtangaben gebiete nicht die Aufnahme solcher lediglich mittelbarer bzw. sekundärer Folgen für die Arbeitnehmer und ihre Vertretungen in den Umwandlungsvertrag.[423]

Nach Willemsen sei der Schutz der Arbeitnehmer vor weiteren Veränderungen auf Betriebsebene, insbesondere geplante Maßnahmen der Rationalisierung oder Stillegung von Betrieben bzw. Betriebsteilen, über die §§ 111 ff. BetrVG in gleicher Weise gewährleistet, wie bei entsprechenden Maßnahmen außerhalb des Anwendungsbereich des UmwG.[424] Es stelle somit eine zulässige unternehmerische Entscheidung dar, die betriebsbezogene Planung zunächst auf die Primärfolgen zu beschränken und dadurch den Umfang der umwandlungsrechtlichen Darstellungspflicht zu begrenzen.[425]

Stellungnahme:

Der Gesetzeswortlaut der umwandlungsrechtlichen Unterrichtungsvorschriften lässt nicht erkennen, weshalb nicht auch solche Änderungen in den Vertrag aufzunehmen sind, die hinsichtlich der Zusammensetzung von Betrieben, Personalbestand und Arbeitsbedingungen erst nach durchgeführter Umwandlung erfolgen sollen.

Durch eine Ausdehnung der arbeitsrechtlichen Pflichtangaben auf mittelbare Folgen der Umwandlung wird ferner keinesfalls ein neues Beteiligungsrecht des Betriebsrats geschaffen. Das UmwG sieht lediglich Informationsrechte des Betriebsrats vor. Auch nach Auffassung von Willemsen stehen nämlich die umwandlungsrechtliche sowie die betriebsverfassungsrechtliche Beteiligung des Betriebsrats (bzw. Wirtschafsausschusses) selbständig nebeneinander, so dass die hierfür erforderlichen Voraussetzungen jeweils isoliert geprüft werden müssen.[426]

423 Willemsen, RdA 1998, S. 23 (28).

424 Willemsen, RdA 1998, S. 23 (28).

425 Willemsen, RdA 1998, S. 23 (28 f.).

426 Vgl. Willemsen, RdA 1998, S. 23 (29); sowie eingehend zur Abgrenzung unten S. 193.

(7) Die Auffassung von Gaul:

Angesichts der Schwierigkeiten einer Prognose über die Folgen einer Umwandlung für Arbeitnehmer und Arbeitnehmervertreter, die vom übertragenden Rechtsträger abgegeben, deren Verwirklichung aber im wesentlichen durch den übernehmenden bzw. neuen Rechtsträger beeinflusst werde, möchte Gaul die Pflicht zur Mitteilung zunächst auf die unmittelbaren Konsequenzen der Umwandlung beschränken. Zu diesen Konsequenzen zählt Gaul eventuell erforderliche Versetzungen, neue Organisationsebenen sowie die Ablösung eines Tarifvertrags gemäß § 613 a Abs. 1 S. 3 BGB.[427]

Erstaunlich ist jedoch, dass Gaul mit den unmittelbaren Konsequenzen einer Umwandlung (und diese damit zum Gegenstand der Mitteilungspflicht macht) auch Betriebsänderungen durch den neuen bzw. übernehmenden Rechtsträger erfassen will, wenn diese – da noch nicht „geplant" sind – vom Anwendungsbereich der §§ 111 ff. BetrVG noch nicht erfasst sind.

Stellungnahme:

Mit der Ausdehnung der Angabepflicht auf „vermeintliche Betriebsänderungen" die das Planungsstadium im Sinne vom §§ 111 ff. BetrVG noch nicht überschritten haben, würde eine erheblich höhere Transparenz der Umstrukturierung erreicht werden können. Tendenziell nähert sich die Auffassung Gauls daher eher einer weiten Auslegung des umwandlungsrechtlichen Folgenbegriffs. Nach der Argumentation von Gaul wären daher auch Überlegungen aufzuführen, die bereits konkrete Konturen angenommen haben. Ein Beispiel hierfür bildet der Umwandlungsvertrag zur Ausgliederung des Brauereibetriebes der Dinkelacker Brauerei AG (CD) in Stuttgart auf die Gebrüder Greiner AG Hindenburgbau, Stuttgart (DSB). Hinsichtlich der künftigen betrieblichen Organisation enthält der Entwurf bereits folgende Angaben:

„Die Unternehmensleitung von DSB wird jedoch unverzüglich nach Vollzug der Ausgliederung die sich durch die Zusammenfassung der Brauereibetriebe unter dem Dach von DSB ergebende Produktions- und Vertriebsorganisation prüfen und optimieren. Änderungen oder Anpassungen im Personalbereich des Braue-

427 Vgl. Gaul, DB 1995, S. 2265 (2266).

reibetriebes sind dabei aller Voraussicht nach unvermeidlich und werden unter Berücksichtigung sozialer Interessen und unter Einhaltung des vorgegebenen betriebsverfassungsrechtlichen Verfahrens vollzogen."[428]

Bei den „unvermeidlichen Änderungen oder Anpassungen im Personalbereich des Brauereibetriebes" kann es sich nur um einen geplanten Stellenabbau handeln.

Allerdings vermag der Hinweis von Gaul, dass die Verwirklichung der Folgen im wesentlichen durch den übernehmenden/neuen Rechtsträger beeinflusst werde, nicht zu überzeugen. Die Erfüllung der Angabepflicht entfällt dadurch nämlich nicht. Erforderlich ist es vielmehr, dass sich die Angaben im Umwandlungsvertrag auf sämtliche an der Umwandlung beteiligten Rechtsträger erstrekken (vgl. bereits S. 105). Im Falle der von Gaul beispielhaft erwähnten Verschmelzung müssen sich die Angaben daher auch auf den übernehmenden bzw. neuen Rechtsträger beziehen.[429]

(8) Zur Auffassung von Müller:

Müller zieht ebenfalls ein Vergleich mit der Regelung des § 111 S. 1 BetrVG, wählt jedoch zu einem anderen Argumentationsansatz: Nach Auffassung von Müller, sei nach der ausdrücklichen Vorschrift des § 111 S. 1 BetrVG bereits auch über „geplante Betriebsänderungen" zu unterrichten. Diese Formulierung sei weiter, so dass im Umkehrschluss bei § 5 Abs. 1 Nr. 9 UmwG nur die unmittelbaren Folgen der Umwandlung zu beschreiben seien.[430]

Stellungnahme:

Im Rahmen von § 111 S.1 BetrVG ist nicht „auch", sondern ausschließlich über geplante Betriebsänderungen zu unterrichten; nichts anderes ist Regelungsgegenstand des § 111 S. 1 BetrVG.

---

428 Vgl. Bundesanzeiger, Nr. 75 vom 19.04.1996, S. 4685.

429 Vgl. hierzu auch den Beschluss des OLG Düsseldorf vom 15.05.1998, abgedruckt in NZA 1998, S. 766 (767) = DB 1998, S. 1399 = ZIP 1998, S. 1190 (1191).

430 Vgl. Müller, aaO.

§ 111 S. 1 BetrVG enthält eine allgemeine Bestimmung zur Frage, wann eine Betriebsänderung vorliegt. § 111 S. 2 BetrVG zählt dann beispielhaft auf, welche Tatbestände als Betriebsänderung im Sinne des § 111 S. 1 BetrVG zu qualifizieren sind.

Zusammenfassung und Zwischenergebnis:

Nach Auffassung derjenigen Vertreter die für eine Begrenzung der Angabepflicht auf die unmittelbaren Umwandlungsfolgen eintreten, stellt für die Bewältigung mittelbarer Folgen der Unternehmensumwandlung das herkömmliche individualarbeitsrechtliche und betriebsverfassungsrechtliche Instrumentarium in ausreichendem Maße Informationsrechte bereit.

Über mittelbare Folgen der Umwandlung seien die Arbeitnehmer und ihre Vertretungen nicht zu informieren, weil insofern die bestehenden Regelungsmechanismen des BetrVG ausreichende Informationsrechte bereithielten. So sei der Betriebsrat nach § 111 BetrVG über geplante Betriebsänderungen, die wesentliche Nachteile für die Belegschaft oder erhebliche Teile der Belegschaft zur Folge haben können, rechtzeitig und umfassend zu unterrichten. Eine weite Auslegung der umwandlungsrechtlichen Informationsansprüche würde demnach lediglich zu einer unnötigen Doppelinformation führen.

Gegen eine Aufnahme mittelbarer Folgen in den Umwandlungsvertrag spreche ferner der Kontext der Norm. Im Falle des Verschmelzungsvertrages enthalten die Angaben nach § 5 Abs. 1 Nr. 1 bis 8 UmwG neben den essentialia negotii lediglich bestimmte Grundinformationen. Eine weite Interpretation des Folgenbegriffs in § 5 Abs. 1 Nr. 9 UmwG könne sich in diese Regelungssystematik nicht einfügen. Die Auslegung der Norm im Gesamtkontext des UmwG sowie dem Sinn und Zweck der Regelung ergebe vielmehr, dass in den Umwandlungsvertrag nur die Auswirkungen aufzunehmen seien, die unmittelbar durch den gesellschaftsrechtlichen Vorgang der Umwandlung aus individual- und kollektivarbeitsrechtlicher Hinsicht ausgelöst werden.

Als weiteres Argument für eine Begrenzung der Angabepflicht wird geltend gemacht, dass der Umwandlungsvertrag in erster Linie der Unterrichtung der Anteilseigner diene. Für die Gruppe der Anteilseigner sei jedoch anerkannt, dass mittelbare Folgen der Umwandlung zumindest im Umwandlungsvertrag nicht weiter erörtert werden müssen. Absicht des Gesetzgebers sei es nicht gewesen, mit den umwandlungsrechtlichen Vorschriften (§§ 5 Abs. 1 Nr. 9, 126 Abs. 1 Nr. 11, 194 Abs. 1 Nr. 7 UmwG) ein neues Beteiligungsrecht des Betriebsrats sui generis zu schaffen.

bb. Ausdehnung auch auf die mittelbaren Folgen der Umwandlung

Eine Ausweitung der Angabepflicht auch auf mittelbare Folgen der Umwandlung führt zu größerer Transparenz und damit auch zu höherer Akzeptanz der Umstrukturierung auf Seiten der Belegschaft.

(1) Die Auffassung von Mengel:

Nach Auffassung von Mengel ergebe sich zunächst unmittelbar aus dem Gesetzeswortlaut (vgl. §§ 5 Abs. 1 Nr. 9, 126 Abs. 1 Nr. 11, 194 Abs. 1 Nr. 7 UmwG), dass der Umwandlungsvertrag zwingend auf die Folgen der Umwandlung für die Arbeitnehmer und ihre Vertretungen sowie die insoweit vorgesehenen Maßnahmen eingehen müsse. Damit seien im Umwandlungsvertrag also bereits nach seinem gesetzlich vorgeschriebenen Mindestinhalt über die Vereinbarung der eigentlichen Umwandlung hinaus auch die Wirkungen derselben für die Zukunft zu beschreiben. Auch Mengel stellt zunächst jedenfalls klarstellend fest, dass im Umwandlungsvertrag nach sämtlichen Auffassungen zwingend zumindest die unmittelbaren Folgen der Umwandlung aufzuführen seien.[431]

Für eine Begrenzung der Darstellungspflicht im Umwandlungsvertrag auf die unmittelbaren Umwandlungsfolgen könnte nach Ansicht von Mengel zwar sprechen, dass sich die übrigen (gesellschaftsrechtlichen) Pflichtinhalte des Umwandlungsvertrages in §§ 5 Abs. 1, 126 Abs. 1 und § 194 Abs. 1 UmwG eng auf den Umwandlungsvorgang als solchen und seine unmittelbaren Rechtsfolgen bezögen. Die Beschreibung der arbeitnehmerrelevanten Angaben sei daher den übrigen Vertragsvorgaben anzugleichen.[432]

---

431 Vgl. Mengel, S. 339 f.

432 Vgl. Mengel, S. 340.

Zutreffenderweise seien aber auch die mittelbaren Folgen der Umwandlung, also insbesondere durch die Maßnahme bedingte oder veranlasste betriebliche Umstrukturierungen sowie in deren Folge eventuell in Betracht kommende Pläne zum Personalabbau, im Umwandlungsvertrag aufzuführen.[433]

Eine Beschränkung auf unmittelbar arbeitsrechtliche Folgen der Umwandlung, würde sich daher nicht schon zwingend allein aufgrund des Gesetzeswortlauts ergeben, da den beteiligten Rechtsträgern ein nicht unerheblicher Gestaltungsspielraum einzuräumen sei.

Andererseits sei mit dem Wortlaut der Vorschriften (vgl. §§ 5 Abs. 1 Nr. 9, 126 Abs. 1 Nr. 11 und § 194 Abs. 1 Nr. 7 UmwG) auch eine weite Auslegung vereinbar, da mittelbare Konsequenzen einer Umwandlung, also vor allem die sich an die Umwandlung mit Vermögensübertragung oftmals anschließenden betrieblichen Umstrukturierungen, dem Sprachverständnis nach Folgen, also „Ergebnisse" oder „Auswirkungen", der Umwandlung seien könnten.[434]

Gegen eine weite Auslegung spreche auch nicht die wortgleiche Formulierung in § 194 Abs. 1 Nr. 7 UmwG.

Bei den Formwandlungsarten der Verschmelzung, Spaltung und Vermögensübertragung seien die regelmäßig auftretenden mittelbaren Folgen von unterschiedlicher Quantität und Qualität.[435] Auch für die Verschmelzung und die Spaltung sei trotz einer einheitlichen Formulierung in §§ 5 Abs. 1 Nr. 9 bzw. 126 Abs. 1 Nr. 11 UmwG das Potential unmittelbarer und mittelbarer Folgen für jeden Umwandlungstyp isoliert zu betrachten. Der Wortlaut der Vorschriften ermögliche deshalb sowohl ein enges als auch ein weites Verständnis des Folgenbegriffs.

Auch die amtliche Gesetzesbegründung helfe nach Auffassung von Mengel bei der Beantwortung dieser konkreten Frage nicht weiter.[436]

---

433 Vgl. Mengel, S. 340 f.; beispielhaft nennt Mayer, DB 1995, S. 861 (864), etwa im Zuge der Umstrukturierung geplante Maßnahmen des Personalabbaus, Betriebsstillegungen und andere mit wirtschaftlichen Nachteilen verbundene Betriebsänderungen im Sinne von § 111 BetrVG.

434 Vgl. Mengel, S. 341.

435 Vgl. Mengel, S. 341.

436 Vgl. Mengel, S. 342.

Hinsichtlich einer systematischen Gesetzesinterpretation gibt Mengel allerdings zu bedenken, dass die mit den Angaben nach §§ 5 Abs. 1 Nr. 9, 126 Abs. 1 Nr. 11, 194 Abs. 1 Nr. 7 UmwG in direktem funktionalem Zusammenhang stehende Aufnahme des Informationsrechts des Betriebsrats gemäß §§ 5 Abs. 3, 126 Abs. 3, 194 Abs. 2 UmwG ohnehin als Systembruch eines arbeitsrechtlichen Informationsanspruchs in einem gesellschaftsrechtlichen Regelwerk zu verstehen sei,[437] so dass gesetzessystematische Aspekte bei der Interpretation dieser Tatbestände daher zu vernachlässigen seien.[438]

Auch der Hinweis, dass bei Unternehmensumstrukturierungen bereits im Betriebsverfassungsrecht ausreichende Informationsansprüche der Arbeitnehmerschaft normiert seien, könne nicht gegen eine weite Auslegung der §§ 5 Abs. 1 Nr. 9, 126 Abs. 1 Nr. 11 und § 194 Abs. 1 Nr. 7 UmwG sprechen. Der Gesetzgeber habe gerade in Kenntnis der bereits existierenden betriebsverfassungsrechtlichen Beteiligungsansprüche[439] weitere Regelungen im Umwandlungsrecht für notwendig erachtet.

Der Wille des Gesetzgebers dürfe daher nicht übergangen werden, indem aus bereits bestehenden betriebsverfassungsrechtlichen Regelungen Argumente für eine Auslegung umwandlungsrechtlicher Normen gewonnen würden.[440]

Ausschlaggebend sei deshalb nach Ansicht von Mengel die am Normzweck orientierte Auslegung des Begriffs „Folgen“. Insbesondere wegen des Zwecks der Vorschrift, eine möglichst sozialverträgliche Durchführung der Umwandlung durch frühzeitige Information der Belegschaft zu erleichtern, müsse geschlossen werden, auch mittelbare Folgen im Umwandlungsvertrag aufzuführen. Eine ganze Reihe von Konsequenzen der Umwandlung, die aber für die Arbeitnehmer von ebenso großer oder gar größerer Bedeutung seien als die unmittelbaren Umwandlungsfolgen, würden erst durch betriebliche Änderungen im Anschluss an die eigentliche Umwandlung durchgesetzt werden. So würde insbesondere der Abbau von Arbeitsplätzen durch Bündelungseffekte oder der Verlust von

437 Vgl. Dehmer, UmwG 1996, § 5 Rn. 46; Joost, ZIP 1995, S. 976 (978); Lutter, in: Lutter, UmwG 2000, § 5 Rn. 39; Willemsen, in NZA 1996, S. 791 (796).

438 Vgl. Mengel, S. 342.

439 Deren Anwendung der Gesetzgeber auf Umwandlung durch Art. 13 UmwBerG sogar noch ausdrücklich klargestellt und erweitert hat.

440 Vgl. Mengel, S. 343.

Betriebsräten im Zuge von Verschmelzungen erst nach Abschluss der Umstrukturierungsmaßnahme durchgesetzt. Bei den umwandlungsrechtlichen Vorschriften handele es sich um reine Informationsrechte, die anders als etwa § 111 BetrVG nicht mit weitergehenden Mitbestimmungsrechten (vgl. Interessenausgleich und Sozialplan gem. § 112 BetrVG) verknüpft seien.[441]

Hinsichtlich noch ungewisser Planungen betrieblicher Umstrukturierungen nach der Umwandlung könnten zwar nicht dieselben Anforderungen an die inhaltliche Substanz der Angaben gestellt werden, diese seien aber dennoch als mittelbare Folgen der Umwandlung zwingend aufzuführen. Auch wenn die Vorgehensweise des Gesetzgebers, Informationsansprüche der Arbeitnehmer eines Unternehmens an gesellschaftsrechtliche Vereinbarungen zu knüpfen, als ungewöhnlich und unsystematisch einzustufen sein mag, so handele es sich dennoch um zwingendes und damit zu beachtendes Recht.[442]

Soweit die umwandlungsrechtlichen Regelungen als „Pleonasmus“[443] bezeichnet würden, sollten auch keine inhaltlichen Einwände gegen eine doppelte Information der Arbeitnehmer erhoben werden.

Darüber hinaus sei davon auszugehen, dass dem Entschluss, eine Umstrukturierung durchzuführen, umfassende betriebswirtschaftliche Studien vorangestellt und alle in Betracht kommenden betrieblichen Strukturänderungen zumindest soweit konkretisiert würden, dass eine kurze Bezugnahme im Umwandlungsvertrag möglich sei.[444]

Hier lässt sich beispielhaft auf den gemeinsamen Verschmelzungsbericht der Vorstände der Cassella AG und der Hoechst AG verweisen.

Im Rahmen der Erläuterung und Begründung der Verschmelzung sind unter 3.7 des Verschmelzungsberichts Alternativen zur Verschmelzung aufgeführt:

„Als Alternative zur Verschmelzung wurden die Möglichkeiten einer Eingliederung sowie des Abschlusses eines Beherrschungs- und Gewinnabführungsvertrages geprüft. Eine Eingliederung kam deshalb nicht in Betracht, weil Hoechst

441 Vgl. Mengel, S. 343.

442 Vgl. Mengel, S. 344.

443 So ausdrücklich Sagasser/Ködderitzsch, in: Sagasser/Bula/Brünger, J 69; sich anschließend Drygala, ZIP 1996, S. 1365 (1369).

444 Vgl. Mengel, S. 344.

die hierfür erforderliche Beteiligung von 95 % am Grundkapital von Cassella nicht erreicht hat. Darüber hinaus lässt sich durch eine Eingliederung oder den Abschluss eines Beherrschungs- und Gewinnabführungsvertrages die erforderliche Straffung der Konzernstruktur nicht in gleicher Weise bewirken wie durch eine Verschmelzung. Wie dargestellt, erfordert die notwendige sehr enge Zusammenarbeit von Hoechst und Cassella eine Zusammenführung der operativen Geschäftsstrukturen beider Unternehmen. Durch eine Verschmelzung werden organisatorische und in der Konsequenz auch finanzielle Reibungsverluste vermieden, die bei der Zusammenarbeit zweier unabhängiger Rechtsträger entstehen könnten.“

Der Einwand, dass die Verpflichtung, mittelbare Folgen zu skizzieren, tendenziell uferlos sei,[445] würde ebenfalls nicht zutreffen, da der Umwandlung schließlich ausführliche betriebswirtschaftliche Planungen vorausgingen, auf die als zeitliche und sachliche Begrenzung der Darstellungspflicht zurückgegriffen werden könne.

Vergleichbare Abgrenzungsprobleme würden auch bei der Beteiligung des Wirtschaftsausschusses nach § 106 BetrVG bestehen, ohne dass deshalb eine inhaltliche Beschränkung der Informationspflicht erfolge. Zwar bliebe eine gewisse Restunsicherheit bestehen, dies sei aber vor dem Hintergrund der Tragweite der durch Umwandlungen bedingten Veränderungen für das Unternehmen unausweichlich.[446]

Je unbestimmter die bestehenden Planungen mittelbarer Folgen seien, desto mehr müssten sich die Angaben auf eine stichwortartige Darstellung der Folgen als solche beschränken, ohne dass bereits konkrete Maßnahmen genannt werden müssten.[447]

Im Hinblick auf die mittelbaren Folgen der Umwandlung sei dann jedoch jedenfalls eine kurze Angabe der Art der betrieblichen Umstrukturierung und der damit möglicherweise verbundenen Beeinträchtigung der Belegschaft (wie beispielsweise Versetzungen oder Entlassungen) als Mindestinhalt zu fordern. Sobald schließlich genauere Planungen absehbar seien, würden nach Ansicht von

---

445 Vgl. Drygala, ZIP 1996, S. 1365 (1366).

446 Vgl. Mengel, S. 344.

447 Vgl. Mengel, S. 345.

Mengel die betriebsverfassungsrechtlichen Informationsrechte, insbesondere § 111 S. 1 BetrVG, eingreifen.[448]

Mengel favorisiert damit eine Lösung, die den Betriebsrat in die Lage versetzt, das tatsächliche Ausmaß der Veränderungen ohne weitere aufwendige Analyse zu ermitteln.

(2) Die Auffassung von Fitting/Kaiser/Heither/Engels:

Nach Ansicht von Fitting/Kaiser/Heither/Engels müssen auch die mittelbaren, nach der Umwandlung eintretenden, Folgen bekannt gegeben werden. Zu den mittelbaren Folgen gehöre demnach beispielsweise ein beabsichtigter Personalabbau im Falle der Zusammenlegung von Betrieben, Versetzungen, Umschulungen und sonstige Ausgleichsleistungen. Aufgrund der Angaben im Umwandlungsvertrag könnten sich die Betriebsräte ein zuverlässiges Bild über die künftige Betriebs- und Unternehmensstruktur machen. Die Betriebsräte seien so in der Lage, zu erkennen, ob eine Um- bzw. Neuorganisation der Interessenvertreter erforderlich werde, ob ein Übergangsmandat auszuüben sei, oder ob und ggf. in welchen Betrieben rechtzeitige Wahlvorbereitungen getroffen werden müssten.[449]

(3) Die Auffassung von Heidenhain:

Vor dem Hintergrund der bestehenden Unsicherheiten, wie ausführlich die Auswirkungen darzustellen sind, empfiehlt Heidenhain eine möglichst präzise Beschreibung der Umwandlungsfolgen. Dies gelte für die unmittelbar als auch für die mittelbar verbundenen „Folgen" der Umwandlung.[450] Heidenhain tritt daher ebenfalls für eine Ausdehnung der Angabepflicht ein.

---

448 Vgl. Mengel, S. 346.

449 Vgl. Fitting/Kaiser/Heither/Engels, in: BetrVG, § 1 Rn. 126, § 106 Rn. 46, § 111 Rn. 13.

450 Vgl. Heidenhain, NJW 1995, S. 2873 (2878).

(4) Die Auffassung von Tischendorf:

Tischendorf kritisiert in seinen Ausführungen die Entscheidung des OLG Düsseldorf. Eine Erweiterung der Darstellungspflicht hält er zunächst aus unterschiedlichen Gründen für nicht sinnvoll. Durch die Problematik der Abgrenzung der inhaltlichen Darstellungspflicht wurde – entgegen der eigentlichen Intention des UmwG – ein erfolgreicher Vollzug von Unternehmenstransaktionen sogar behindert. Fraglich sei, ob nur zeitnahe Folgen darzustellen seien oder auch solche, die erst sehr viel später realisiert würden. Für jede einzelne Folge sei darüber hinaus zu klären, welcher Zeitraum als zeitnah zu betrachten sei. Auch sei zu klären, wie konkret und wahrscheinlich bestimmte Folgen sein müssten, um in den Vertragstext aufgenommen zu werden.

Trotz dieser erheblichen Kritik befürwortet Tischendorf im Ergebnis dennoch eine Ausdehnung der Darstellungspflicht auf die mittelbaren Folgen der Umwandlung. Unter Beachtung der Auffassung des OLG Düsseldorf seien die für eine Unternehmenstransaktion nach dem UmwG verantwortlichen Personen gut beraten, die Auffassung des Senats zu beachten. Daher seien im Umwandlungsvertrag auch Angaben zumindest zu den wesentlichen mittelbaren arbeitsrechtlichen Folgen zu machen.[451]

(5) Die Auffassung von Bungert:

Die Darstellung der Folgen der Umwandlung für die Arbeitnehmer und ihre Vertretungen sei aus der Sicht der Vertragsparteien, d.h. der am Vertrag beteiligten Unternehmen, vorzunehmen. Hierbei handele es sich um eine subjektive Darstellungsweise. Soweit Rechtsfragen von Bedeutung seien, dürften die Vertragsparteien im Grundsatz derjenigen Auffassung folgen, die sie für zutreffend erachten und die sie – soweit dies von ihrem Willen abhänge – mit der Umwandlung und im Anschluss daran umsetzen wollen. Bei den Folgen, die im Anschluss an die Umwandlung umgesetzt werden sollen, verweist Bungert auch auf die mittelbaren Arbeitnehmerfolgen. Bungert lässt jedoch offen, ob er deren Darstellung im Umwandlungsvertrag für notwendig erachtet.[452]

451 Vgl. Tischendorf, Frankfurter Allgemeine Zeitung vom 23.4.1999.

452 Vgl. Bungert, DB 1997, S. 2209 (2210, Fn. 11).

(6) Die Auffassung von Grunewald:

Da in der Gesetzesbegründung ausdrücklich die individualarbeitsrechtlichen Änderungen angesprochen seien, hält Grunewald auch die im Zuge der Umwandlung geplante Rationalisierungsmaßnahmen dann für angabepflichtig, sofern diese eine Einbuße an Arbeitsplätzen nach sich ziehen.

Dass sämtliche Folgen bei der Abfassung des Umwandlungsvertrages oftmals nicht endgültig feststünden, sei nach Auffassung von Grunewald unbeachtlich, da lediglich eine Darstellung dessen erwartet werde, was nach dem momentanen Stand der Entwicklung eintreten soll und voraussichtlich dann auch eintreten werde.[453]

In der Sache fordert Grunewald daher auch eine Aufnahme der mittelbaren Folgen der Umwandlung.

(7) Die Auffassung von Trittin:

Der Umwandlungsvertrag hat nach Auffassung von Trittin die Folgen der jeweiligen Umwandlungsmaßnahme und die insoweit vorgesehenen Maßnahmen, jeweils bezogen auf die Arbeitnehmer und ihre Vertretungen, anzugeben. Danach seien zum einen die Folgen für die einzelnen Arbeitnehmer, zum anderen die weiteren mit der Umwandlung zusammenhängenden Planungen darzustellen. Trittin nennt in diesen Zusammenhang Vorhaben geplanter Personalreduzierung oder eine Änderung der Organisationsstrukturen, die in der Vorplanung bereits erkennbar seien und in zeitlicher Hinsicht mindestens innerhalb der Jahresfrist des § 613a Abs. 1 S. 2 BGB realisiert würden.[454]

Unter die weiteren mit der Umwandlung zusammenhängenden Planungen seien auch die mittelbaren Folgewirkungen der Umstrukturierung zu subsumieren. Begrenzt wird die Forderung Trittins lediglich durch das zeitliche Moment der Absehbarkeit binnen der Jahresfrist des § 613a Abs. 1 S. 2 BGB.

453 Grunewald/Winter, in: Lutter (Hrsg.), Kölner Umwandlungsrechtstage, S. 19 (21f.).

454 Vgl. Trittin, AiB 1996, S. 270 (274).

Die anschließende Zuleitung bezwecke, dass der Betriebsrat bereits im Vorfeld die Auswirkungen der Umwandlung prüfen und hierzu Stellung nehmen könne. Dazu müssten die vorgelegten Informationen vollständig und zutreffend sein.[455]

Zwar nicht explizit doch der Sache nach fordert Trittin somit eine Ausdehnung der Angabepflicht auch auf die mittelbaren Folgen der Umwandlung. Dies wird insbesondere im Zusammenhang mit seinen weiteren Ausführungen deutlich, in denen er im Falle von Änderungen des Vertrages nach erstmalig erfolgter Zuleitung an den Betriebsrat eine erneute Übermittlung des geänderten Vertrags fordert[456] (vgl. dazu eingehend Seite 247).

(8) Die Auffassung von Düwell

Düwell hält auch geplante Betriebsstillegungen, sofern diese bereits vor der Verschmelzung geplant seien, für angabepflichtig. Solche Vorhaben seien bereits im Rahmen der Pflichtangaben nach § 5 Abs. 1 Nr. 9 UmwG aufzuführen, da hiernach die Folgen der Verschmelzung für die Arbeitnehmer darzustellen seien. Zu den eigentlichen „Folgen" zählten nicht nur die unmittelbar mit der Unternehmensumwandlung in Zusammenhang stehenden Rechtsfolgen, sondern auch die tatsächlichen Auswirkungen in personeller, wirtschaftlicher und sozialer Hinsicht. Auch Düwell verweist zur Begründung seiner Auffassung auf das Gebot der gemeinschaftsfreundlichen Auslegung. Die umwandlungsrechtlichen Pflichtangaben dienten der Umsetzung der Betriebsübergangsrichtlinie 77/187/EWG.[457] Erforderlich sei daher eine detaillierte Information über die rechtlichen, wirtschaftlichen und sozialen Folgen des Übergangs. Daher seien im Falle einer Verschmelzung auch Betriebseinschränkungen und Stillegungen angabepflichtig, die wegen der Nutzung von Synergieeffekten in einem zeitlichen und sachlichen Zusammenhang mit der Umwandlung beabsichtigt seien. Spätestens einen Monat vor dem Umwandlungsbeschluss sollte die Belegschaft daher über die sich für sie ergebenden Auswirkungen und die insoweit von Seiten des Arbeitgebers vorgesehenen Kompensationsmaßnahmen aufgeklärt wer-

---

455 Trittin, AiB 1996, S. 270 (275).

456 Trittin, AiB 1996, S. 270 (275).

457 Richtlinie des Rates der Europäischen Gemeinschaften vom 14.02.1977 über die Wahrung von Ansprüchen der Arbeitnehmer beim Übergang von Unternehmen, Betrieben oder Betriebsteilen (77/187/EWG), ABl. EG Nr. L 61 vom 05.03.1977, S. 26 ff; abgedruckt bei Lutter, Europäisches Unternehmensrecht, 4. Aufl. 1996, S. 657 ff.; ebenfalls abgedruckt bei Oetker/Preis, S. 91 ff.

den. Nach Einschätzungen von Düwell habe sich die Beratungspraxis bereits frühzeitig auf diese Anforderungen eingestellt und zur Vermeidung von Eintragungshindernissen detaillierte Angaben im Umwandlungsvertrag gemacht.[458] Zur Vermeidung von Unklarheiten empfiehlt Düwell, die Verschmelzungsberichte und Prüfervermerke sorgfältig zu studieren. Was dort als Maßnahmen zur Nutzung von Synergieeffekten beschrieben sei, müsse mit den im Verschmelzungsvertrag bezeichneten Folgen korrespondieren.[459]

Eine Teilung der Umstrukturierung dergestalt, dass in einer Art Zwei-Stufen-Modell zunächst die gesellschaftsrechtliche Umwandlung herbeigeführt und erst danach, vor Durchsetzung von Änderungen auf Betriebsebene, das hierfür vorgesehene Verfahren nach §§ 111 ff. BetrVG durchgeführt wird, hält Düwell für entbehrlich.[460] Es sei bei diesem Modell bereits fraglich, ob die Anteilsinhaber einer Umwandlung ihre Zustimmung erteilen würden, deren Synergieeffekte noch nicht absehbar seien. Darüber hinaus bestünde für eine solche „Verdunkelung" auch keine Notwendigkeit, da sich der Betriebsrat der geplanten Umwandlung ohnehin nicht widersetzten könne (vgl. S. 283). Mit dem identitätserhaltenden Übergang der Betriebe auf den übernehmenden Rechtsträger nach § 20 Abs. 1 Nr. 1 UmwG sei zunächst nur eine Änderung der vermögensrechtlichen Zuordnung, nicht aber eine Änderung der Betriebsebene verbunden. Seien vom übertragenden Rechtsträger bereits Verhandlungen über ein Interessenausgleich aufgenommen, so könnten die Beratungen mit dem übernehmenden

---

458 Düwell bezieht sich in diesem Zusammenhang auf den Verschmelzungsvertrag der Kaufhalle AG Köln und der KCG Kauf Center GmbH, Berlin, vom 26.05.1995 (Bundesanzeiger vom 27.05.1995, S. 5888).

459 Vgl. Düwell, in : Kasseler Handbuch zum Arbeitsrecht, Band 2, 6.8 Rn. 77; vgl. hierzu den gemeinsamen Verschmelzungsbericht der Vorstände der Casella AG und der Hoechst AG. Hier heißt es in 6.5. im Hinblick auf die Folgen der Verschmelzung für die Arbeitnehmer und ihre Vertretungen ganz am Ende: „Das Erfordernis eines Interessenausgleiches im Falle einer Herabsetzung der Mitarbeiterzahl ist im Verschmelzungsvertrag berücksichtigt." In § 6 Abs. 12 des Verschmelzungsvertrages findet sich dann tatsächlich folgender korrespondierender Wortlaut: „Sollte die Zahl von Arbeitnehmern deren Arbeitsverhältnisse gemäß Absatz 1 auf HOECHST übergegangen sind, im Zusammenhang mit den Auswirkungen der Verschmelzung herabgesetzt werden müssen, wird HOECHST mit den zuständigen Arbeitnehmervertretungen Verhandlungen über den Abschluss eines angemessenen Interessenausgleichs und Sozialplans führen."

460 So aber die gewählte Konstruktion von Willemsen, RdA 1998, S. 23 (35), der in diesem Zusammenhang auf die „Ankündigung" in § 7 Abs. 3 des Ausgliederungs- und Übernahmevertrags der Dinkelacker Brauerei AG und der Gebrüder Greiner AG Hindenburgbau verweist, Bundesanzeiger, Nr. 75 vom 19.04.1996, S. 4685, vgl. S. 148.

Rechtsträger fortgesetzt werden, denn dieser würde nahtlos an die Stelle des bisherigen Arbeitgebers treten.[461]

(9) Die Auffassung von Hjort

Hjort hält den schlichten Hinweis auf die unmittelbaren gesetzlichen Folgen der Umwandlung nicht für ausreichend. Insbesondere reiche eine solche Darstellung nicht aus, um die vom Gesetzgeber geforderte Komponente der „sozialen Verträglichkeit" inhaltlich auszufüllen. Vor dem Hintergrund der Reichweite, mit dem das UmwG unterschiedliche Modelle von Umstrukturierungen und den sich daraus ergebenden erheblichen Konsequenzen für große Teile der Belegschaft ermöglicht und beschleunigt, muss die Aufnahme arbeitsrechtlicher Schutzvorschriften in das UmwG akzeptiert und entsprechend dem erklärten Willen des Gesetzgebers ausgelegt werden. Wortlaut als auch Entstehungsgeschichte des Gesetzes seien daher deutliche Merkmale für eine weite Interpretation des Folgenbegriffs.[462]

Durch Übersendung des Umwandlungsvertrags an die Betriebsräte vor der Umwandlung – mit dezidierten Angaben zum Umwandlungsvorgang im Hinblick auf Folgen und Maßnahmen – fände eine Vorverlagerung der Beteiligung des Betriebsrats statt. Eine solche Vorverlagerung der betriebsrätlichen Beteiligungsrechte sei vom Gesetzgeber ausdrücklich beabsichtigt gewesen, da nur so das neue Umwandlungsrecht Beteiligungsrechte erweitern könne. Bei Unternehmensumstrukturierungen gehe es in erster Linie um Strukturveränderungen, die gegebenenfalls nach der Umwandlung umgesetzt werden sollen. Sind diese aber bereits konkret absehbar, da die beteiligten Geschäftsleitungen entsprechende Maßnahmen planen, hat eine entsprechende Aufnahme in den Vertragstext zu erfolgen. Damit geht die Darstellung einher, wie die sozialen Folgen abgemildert oder ausgeschlossen werden können. Andernfalls würden die Interessen der von der Umwandlung betroffenen Arbeitnehmer in der entscheidenden Phase der Umstrukturierung keine hinreichende Berücksichtigung finden.[463]

---

461 Vgl. Düwell, in : Kasseler Handbuch zum Arbeitsrecht, Band 2, 6.8 Rn. 78.

462 Vgl. Hjort, NJW 1999, S. 750 (751).

463 Vgl. Hjort, NJW 1999, S. 750 (753).

cc. Die Auffassung des Oberlandesgerichts Düsseldorf zur inhaltlichen Reichweite der Angabepflicht

In der Entscheidung des OLG Düsseldorf musste – nach Auffassung des Senats – die strittige Frage, ob in dem Vertrag detaillierte Angaben auch in Bezug auf lediglich mittelbare personelle und organisatorische Folgewirkungen gemacht werden müssen oder ob pauschale Angaben zu den unmittelbaren Folgen etwa in Form einer katalogartigen Aufzählung bereits ausreichen, nicht beantwortet werden. In dem vom Senat zu entscheidenden Fall genügten die Angaben im Umwandlungsvertrag nicht einmal den Mindestanforderungen, da bereits die unmittelbaren Folgen der Umstrukturierung nicht zu erkennen waren.

Der Senat führt in der Begründung seines Beschlusses weiterhin aus, dass einer Umwandlung wirtschaftliche Überlegungen zu Grunde liegen, in deren Folge sich durchaus personelle Veränderungen wie etwa Umgruppierungen, Versetzungen oder die Zuweisung neuer Arbeitsplätze ergeben könnten. Hierbei handele es sich um Folgen der Umwandlung, zu denen im Umwandlungsvertrag Angaben gemacht werden müssten.[464]

Die vom OLG Düsseldorf aufgeführten Maßnahmen, wie beispielsweise Umgruppierungen, Versetzungen oder die Zuweisung neuer Arbeitsplätze, sind solche, die erst nach durchgeführter Umwandlung umgesetzt werden. Die Forderung des Senats, auch solche Vorhaben, die erst im Anschluss an die Umstrukturierung umgesetzt werden, im Umwandlungsvertrag aufzuführen, lässt das Postulat erkennen, die arbeitnehmerrelevanten Umwandlungsfolgen möglichst umfänglich und abschließend darzustellen.

2. Stimmen zur Entscheidung des OLG Düsseldorf:

Willemsen/Müller sehen in der Entscheidung des OLG Düsseldorf ein eindeutiges Bekenntnis zur „Großen Lösung“, d.h. eine Ausweitung der Angabepflicht auch auf die mittelbaren Folgen der Umwandlung. Dies gelte jedenfalls dann, wenn der übertragende Rechtsträger keine Arbeitnehmer beschäftige und in Fol-

464 Beschluss des OLG Düsseldorf vom 15.05.1998, abgedruckt in NZA 1998, S. 766 (767) = DB 1998, S. 1399 = ZIP 1998, S. 1190 (1191).

ge dessen kein Betrieb im arbeitsrechtlichen Sinne unterhalte (vgl. hierzu den Sachverhalt über den das OLG Düsseldorf zu entscheiden hatte, S. 105 Fn. 324). Maßnahmen personeller Veränderungen, „wie etwa Umgruppierungen, Versetzungen und Zuweisungen neuer Arbeitsplätze“, könnten dann allenfalls in einem mittelbaren Zusammenhang mit der Umwandlung stehen. Die Umwandlung erschöpfe sich in einem solchen Fall in der Übertragung – arbeitsrechtlich – unverbundener Vermögensgegenstände, dem Erwerb neuer Maschinen oder anderer Betriebsmittel vergleichbar.[465]

Auch Tischendorf sieht in den Anforderungen des OLG Düsseldorf eine Erweiterung der Darstellungspflicht. Tischendorf erkennt eine Verschärfung der Angabepflicht darin, dass nicht nur die unmittelbaren Folgen, sondern auch die mittelbaren personellen und organisatorischen Folgen, also solche, die der Umwandlung nachfolgen, anzugeben seien. Dies folge bereits daraus, dass das OLG Düsseldorf auch Angaben zu Umgruppierungen und Versetzungen verlange.[466]

Trölitzsch sieht in den Ausführungen des OLG Düsseldorf ebenfalls ein Bekenntnis zur „weiten Auslegung“, dass heißt die Verpflichtung zur Darlegung detaillierter Angaben auch in Bezug auf lediglich mittelbare personelle und organisatorische Folgewirkungen. In der Beanstandung des OLG Düsseldorf, dass der konkret gegenständliche Umwandlungsvertrag nicht erkennen lasse, ob mit personellen Veränderungen in Gestalt von Umgruppierungen, Versetzungen bzw. der Zuweisung neuer Arbeitsplätze zu rechnen sei, sei dass Gericht indirekt der „weiten“, auch mittelbare Folgen berücksichtigende, Auffassung gefolgt.[467] Tendenziell ist zu erkennen, dass Trölitzsch vor dem Hintergrund der Entscheidung des OLG Düsseldorf im Ergebnis ebenfalls eine Aufnahme der mittelbaren Folgewirkungen in den Umwandlungsvertrag erwägt. Vorsorglich rät er nämlich der Beratungspraxis, der „weiten“ Auffassung zu folgen und in den Umwandlungsvertrag auch umfassende Negativerklärungen dazu aufzunehmen, welche arbeitsrechtlichen Folgen und Maßnahmen im konkreten Fall nicht zu erwarten seien.[468]

---

465 Vgl. Willemsen/Müller, Kommentar zu OLG Düsseldorf, Beschluss vom 15.05.1998, EWiR 1998, S. 855 (856).

466 Vgl. Tischendorf, Frankfurter Allgemeine Zeitung vom 23.4.1999.

467 Vgl. Trölitzsch, DStR 1999, S. 764 (768).

468 Vgl. Trölitzsch, DStR 1999, S. 764 (768).

Ähnlich auch Bungert, der bemerkt, dass in dem vom OLG Düsseldorf zu entscheidenden Fall ohnehin kaum unmittelbare Arbeitnehmerfolgen zu schildern gewesen seien. Der wesentliche Fehler der Verschmelzungsparteien habe daher wohl darin gelegen, dass bei der gegebenen Sachverhaltskonstellation nicht ausdrücklich dokumentiert wurde, dass keine Nachteile für die Arbeitnehmer der aufnehmenden Gesellschaft zu befürchten seien. Bungert sieht daher in der Forderung des Senats eine übertriebene Förmelei. Bei der richterlichen Rechtsfortbildung von § 5 Abs. 1 Nr. 9, 126 Abs. 1 Nr. 11, 194 Abs. 1 Nr. 7 UmwG sei jedenfalls darauf zu achten, dass keine übertriebenen Anforderungen an die Darstellungspflicht arbeitsrechtlicher Angaben im Umwandlungsvertrag gestellt würden.[469]

Auch nach Auffassung von Mayer[470] vermag die Entscheidung des OLG Düsseldorf nicht zu überzeugen. Die Regelung des § 5 Abs. 1 Nr. 9 UmwG wolle den Vertragsparteien keineswegs zur Pflicht auferlegen, alle betrieblichen, personellen und organisatorischen Konsequenzen der Verschmelzung darzulegen; vielmehr sei wesentlich, „eine rechtzeitige Information des Betriebsrats" zu gewährleisten. Es widerspreche sowohl dem zeitlichen Ablauf wie auch der systematischen Stellung des § 5 Abs. 1 Nr. 9 UmwG, die an der Umwandlung beteiligten Rechtsträger bereits im Text des Verschmelzungsvertrages zu detaillierten Angaben im Hinblick auf mittelbare personelle oder organisatorische Folgewirkungen der Verschmelzung oder gar zur Abgabe von Negativerklärungen zu zwingen. Allenfalls könne nach Auffassung von Mayer gefordert werden, dass der Verschmelzungsvertrag Möglichkeiten oder Wahrscheinlichkeiten mittelbarer Folgewirkungen lediglich global aufzeige. Auf eine genaue Darstellung in allen Einzelheiten könne jedenfalls verzichtet werden.[471] Mittelbare Folgen der Umstrukturierung seien daher nicht anzugeben.[472]

---

469 Vgl. Bungert, Anmerkung zu OLG Düsseldorf, Beschluss vom 15.05.1998, NZG 1998, S. 733 (734).

470 Mayer, in: Widmann/Mayer, UmwG, § 5 Rn. 183.

471 Vgl. Mayer, in: Widmann/Mayer, UmwG, § 5 Rn. 183, 201, der etwa folgendes Formulierungsbeispiel vorschlägt: „Infolge der Verschmelzung wird es zu personellen Veränderungen kommen. Um möglichst sozialverträgliche Lösungen für die Mitarbeiter zu finden, wird zu gegebener Zeit die Verhandlung mit dem Betriebsrat/Gesamtbetriebsrat gemäß §§ 111 ff. BetrVG aufgenommen werden. Dabei werden die Geschäftsleitungen rechtzeitig über die mit der Verschmelzung verbundenen organisatorischen und personellen Veränderungen informiert..." Der Umwandlungsvertrag zwischen der Dinkelakker Brauerei AG und der Gebrüder Greiner AG Hindenburgbau (§ 7 Abs. 3), Bundesan-

Der Auffassung von Mayer ist jedoch entgegenzutreten: Die Verpflichtung der an der Umwandlung beteiligten Rechtsträger zur Darlegung der „Folgen" der Verschmelzung, ist Regelungsgegenstand des § 5 Abs. 1 Nr. 9 UmwG. Die „rechtzeitige Information des Betriebsrats", also die Übersendung des Umwandlungsvertrages, ist hingegen über § 5 Abs. 3 UmwG hinreichend abgesichert. Die rechtzeitige Information des Betriebsrats ist aber auch alleiniger Regelungsgegenstand von § 5 Abs. 3 UmwG. § 5 Abs. 1 Nr. 9 UmwG ist bei der Betrachtung streng von § 5 Abs. 3 UmwG zu trennen. Die Verpflichtung zur rechtzeitigen Zuleitung des Umwandlungsvertrages an den zuständigen Betriebsrat nach § 5 Abs. 3 UmwG, rechtfertigt keine Beschränkung der Angabepflicht nach § 5 Abs. 1 Nr. 9 UmwG auf lediglich unmittelbare Umwandlungsfolgen.

3. Eigene Auffassung und Stellungnahme zum Umfang der Angabepflicht

Aus dem Gesamtkontext des UmwG sowie Sinn und Zweck der Norm ergibt sich, dass in den Umwandlungsvertrag nicht lediglich solche Auswirkungen aufzunehmen sind, die sich unmittelbar aus dem gesellschaftsrechtlichen Vorgang der Umwandlung aus individual- und kollektivarbeitsrechtlicher Sicht selbst ergeben.

Im Ergebnis erscheint mit der „großen Lösung" deshalb eine weite Auslegung des Folgenbegriffs vorzugswürdig. Die Arbeitnehmerschutzfunktion steht bei dieser Form der weiten Auslegung noch nicht einmal im Vordergrund, da die Vertretungsorgane ohnehin keinen Einfluss auf den Umwandlungsvorgang nehmen können (vgl. dazu auch S. 283). Bei den im UmwG installierten Regelungen handelt es sich nämlich um reine Informationsrechte der Arbeitnehmervertretungen, die anders als etwa § 111 BetrVG nicht mit weitergehenden Mitbestimmungsrechten (vgl. Interessenausgleich und Sozialplan gem. § 112 BetrVG) verbunden sind.

Da es sich bei den umwandlungsrechtlichen Regelungen um reine Unterrichtungsrechte der Arbeitnehmervertretungen - ohne weitergehende Mitbestim-

---

zeiger, Nr. 75 vom 19.04.1996, S. 4685 (vgl. S. 148), kommt diesem Formulierungsvorschlag wohl nahe.

472 Vgl. Mayer, in: Widmann/Mayer, UmwG, § 5 Rn. 200.

mungsrechte[473] – handelt, erscheint es nicht überzeugend, diese auf die Unmittelbarfolgen zu begrenzen. Vielmehr ist eine weite und somit umfassende Darstellung der arbeitsrechtlichen Folgewirkungen geboten.

Den Haupteinwand gegen eine Ausdehnung der Angabepflicht auch auf mittelbare Folgen der Umwandlung sehen die Vertreter der sogenannten „kleinen Lösung“ offenbar darin, dass der Umfang der mittelbaren Folgen tendenziell uferlos sei. Die Regelungen in § 5 Abs. 1 Nr. 1 bis 8 UmwG enthielten lediglich die essentialia negotii und gewährten einen gewissen Mindestinhalt an Informationen. Daher wird auch die Befürchtung geäußert, dass Verschmelzungs-, Spaltungs- und sonstige Umwandlungsverträge künftig ganz überwiegend aus arbeitsrechtlichen Inhalten bestehen könnten. Ein so weit verstandener Folgenbegriff in § 5 Abs. 1 Nr. 9 UmwG widerspreche der Gesetzessystematik, überfrachte den Vertragstext und wandle ihn in eine Art „Verschmelzungsbericht für Arbeitnehmer“ um.[474]

Um einen „Verschmelzungsbericht für Arbeitnehmer“ handelt es sich, wie bereits aufgezeigt, aber gerade nicht, da die Gruppe der Arbeitnehmer vom Schutzzweck des § 8 UmwG überhaupt nicht erfasst wird. Bei der Ausdehnung auf die mittelbaren Umwandlungsfolgen geht es auch nicht um eine zu befürchtende „Überfrachtung“ durch arbeitsrechtliche Vertragsinhalte, sondern vielmehr darum, die Belegschaft „sozialverträglich“ auf die bevorstehende Umstrukturierung vorzubereiten und das eigentliche Umwandlungsverfahren so transparent wie möglich darzustellen. Durch eine umfassende Darstellung der arbeitsrechtlichen Angaben wird die vom Gesetzgeber normierte Worthülse der „Sozialverträglichkeit“ inhaltlich mit Leben ausgefüllt.

---

473 Die Zuleitung des Entwurfs des Umwandlungsbeschlusses im Rahmen des Formwechsels nach § 194 Abs. 2 UmwG unterstellt keine Genehmigung. Die Regelung soll vielmehr die Information des Betriebsrats gewährleisten, sie macht sie aber nicht von dessen Zustimmung oder Genehmigung abhängig, vgl. OLG Naumburg, Urteil vom 06.02.1997, DB 1997, S. 466 (467).

474 Vgl. Drygala, ZIP 1996 S. 1365 (1368); Lutter, in: Lutter, UmwG 2000, § 5 Rn. 56; dies betonen auch Bermel/Hannappel in: Goutier/Knopf/Tulloch, UmwG 1996, § 5 Rn. 100; ferner Willemsen, RdA 1998, S. 23 (26).

In der Praxis der Unternehmensumwandlungen zeigen sich Beispiele, in denen der Angabepflicht auch im Hinblick auf die mittelbaren Folgen der Umwandlung in ausreichendem Maße Rechnung getragen wird. Die Umwandlungsverträge wirken dennoch weder überladen, noch bestehen diese überwiegend aus arbeitsrechtlichen Inhalten.

Den Anforderungen an eine breite und detaillierte Darstellung der Umwandlungsfolgen wird der Verschmelzungsvertrag der Degussa AG mit Sitz in Frankfurt auf die Hüls AG, Marl, gerecht. § 7 des Verschmelzungsvertrages enthält insgesamt zehn Absätze, in denen die Folgen der Verschmelzung für die Arbeitnehmer und ihre Vertretungen umfänglich dargestellt sind.

§ 7 Abs. 9 des Verschmelzungsvertrages regelt die tatsächlichen und mittelbaren Folgen der Umwandlung.

Hier heißt es: „Infolge der Verschmelzung kann es zu Versetzungen von Arbeitnehmern aus Betrieben der Degussa AG in den Betrieb Marl der Hüls AG und umgekehrt kommen. Zum Zwecke der Flankierung solcher Arbeitsplatzwechsel werden zwischen der Degussa AG, der Hüls AG und den Arbeitnehmervertretungen Regelungen über die Erstattung von Umzugskosten und Mehraufwendungen im Falle einer doppelten Haushaltsführung abgestimmt.“

Durch die Ausweitung auf mittelbare Folgen der Umwandlung ist es den an der Umwandlung beteiligten Rechtsträgern (Degussa/Hüls) gelungen, den eigentlichen Umwandlungsvorgang umfänglich zu beleuchten und transparent zu gestalten.

Nur möglichst weitgehende, umfassende und präzise Darstellungen stehen am ehesten mit dem durch die Pflicht zur Aufnahme arbeitsrechtlicher Angaben verfolgten Zweck in Einklang, insbesondere den Arbeitnehmervertretungen eine Informationsgrundlage zur Verfügung zu stellen, um bereits im Vorfeld des Umwandlungsvorgangs eine möglichst sozialverträgliche Durchführung zu erleichtern.[475]

Bei der Auslegung des Umfangs des umwandlungsrechtlichen Begriffs der arbeitnehmerrelevanten Folgen muss zwingend der Hintergrund der gesetzgeberi-

---

475 Vgl. die amtliche Begründung zum Regierungsentwurf, BT-Drucks. 12/6699 S. 83.

schen Entwicklung betrachtet werden (vgl. hierzu ausführlich S. 17). Zunächst wurden im Rahmen des langwierigen Gesetzgebungsverfahrens die Interessen der Arbeitnehmer und ihrer Vertretungen nur unzureichend berücksichtigt, was sich insbesondere in der zögerlichen Implementierung flankierender arbeitsrechtlicher Schutzvorschriften äußerte. Erst mit dem Regierungsentwurf wurden die Vorschriften über die Unterrichtung der Arbeitnehmer bei geplanten Umstrukturierungen in das UmwG aufgenommen (vgl. §§ 5 Abs. 1 Nr. 9, 126 Abs. 1 Nr. 11, 194 Abs. 1 Nr. 7 UmwG).

So heißt es in der Begründung zum Regierungsentwurf dann auch:

Nach Nummer 9 sind auch die durch die Verschmelzung eintretenden individual- und kollektivarbeitsrechtlichen Änderungen im Verschmelzungsvertrag aufzuzeigen, da die Verschmelzung auch die Interessen der Arbeitnehmer und ihrer Vertretungen in den an der Verschmelzung beteiligten Rechtsträgern berührt. Hierdurch soll insbesondere den Arbeitnehmervertretungen (vgl. Absatz 3) eine frühzeitige Information über die Verschmelzung und die durch sie bewirkten Folgen für die Arbeitnehmer zur Verfügung gestellt werden, um bereits im Vorfeld des Verschmelzungsvorgangs seine möglichst sozialverträgliche Durchführung zu erleichtern. Die Regelung dient somit auch dem sozialen Frieden.[476]

Dieser gesetzgeberische Wille ist deshalb bei der Auslegung des umwandlungsrechtlichen Begriffs „der arbeitnehmerrelevanten Folgen“ zwingend zu berücksichtigen.

Für die Belegschaft ist somit insbesondere von Interesse, welche operativen Möglichkeiten durch die Unternehmensumwandlung eröffnet werden. Ein Hinweis auf die lediglich unmittelbaren gesetzlichen Folgen der Umstrukturierung ist deshalb nicht das geeignete Mittel, um die vom Gesetzgeber geforderte Komponente der „Sozialverträglichkeit“ auszufüllen. Ein von Lutter kritisch bezeichneter „Verschmelzungsbericht für die Arbeitnehmer“[477] war gerade die Absicht des Gesetzgebers. Mit diesen - erst in der Endphase des Gesetzgebungsverfahrens aufgenommenen - arbeitsrechtlichen Bestimmungen sollte gerade die

476 Vgl. die amtliche Begründung zum Regierungsentwurf, BT-Drucks. 12/6699 S. 82 f. Entsprechendes sehen § 126 Abs. 1 Nr. 11 RegE für die Spaltung sowie § 194 Nr. 7 RegE für den Formwechsel vor.

477 Vgl. Lutter, in: Lutter, UmwG 2000, § 5 Rn. 56.

postulierte „Sozialverträglichkeit", bzw. Transparenz der Umstrukturierung gewährleistet werden. Vor dem Hintergrund der überragenden Tragweite unternehmerischer Umgestaltungen nach den einschlägigen Bestimmungen des Umwandlungsgesetzes und ihre erheblichen Auswirkungen auf die Position der in den Unternehmen beschäftigten und betroffenen Arbeitnehmern muss sich eine Interpretation der arbeitsrechtlichen Schutzvorschriften eng an der Zielsetzung des Gesetzgebers orientieren. Mögen diese arbeitsrechtlichen Schutzvorschriften auch als „Anhängsel"[478] eines gesellschaftsrechtlichen Vertragswerks betrachtet werden, so handelt es sich dennoch um zwingende Bestandteile des Umwandlungsvertrags. Wortlaut als auch Entstehungsgeschichte lassen daher nur eine weite Auslegung des arbeitsrechtlichen Folgenbegriffs zu, da es in jedem Fall gilt, die beabsichtigte Umstrukturierung so transparent wie möglich darzustellen.

Eine Einbeziehung mittelbarer Folgen der Umwandlung ist auch im Hinblick auf nachgeordnete Unternehmen im konzernrechtlichen Sinne erforderlich. Die isoliert nur auf unmittelbare Folgen der Umwandlung abstellende Auffassung ist insbesondere bei Holding–Tochterunternehmen nicht praktikabel. Beispielsweise begreift das Mitbestimmungsgesetz in § 5 Abs. 1 S. 1 MitbestG auch die Arbeitnehmer der nachgeordneten Konzernunternehmen als Arbeitnehmer des herrschenden Unternehmens. Die einschlägigen arbeitsrechtlichen Angaben im Umwandlungsvertrag müssen sich daher übergreifend auf die Arbeitsverhältnisse der im gesamten Konzern tätigen Arbeitnehmer erstrecken.[479]

Darüber hinaus macht auch der Vergleich zur Berichtspflicht deutlich, dass eine Ausdehnung auf die mittelbaren Folgewirkungen der Umstrukturierung nicht abschlägig beschieden werden kann.

Nach Auffassung von Sagasser/Ködderitzsch diene der Umwandlungsvertrag in erster Linie der Unterrichtung der Anteilseigner (vgl. S. 140). Für die Gruppe der Anteilseigner sei jedoch anerkannt, dass lediglich mittelbare Folgen der Umwandlung, zumindest im Umwandlungsvertrag, nicht weiter erörtert werden müssen.[480]

---

478 Vgl. nur die Kritik Lutters an der Aufnahme der Vorschriften, in: Lutter, UmwG 2000, § 5 Rn. 39.

479 Vgl. Hjort, NJW 1999, S. 750 (754).

480 Sagasser/Ködderitzsch, in: Sagasser/Bula/Brünger, J 69.

Dieser Begründungsansatz fordert umgekehrt im Erstrechtschluss im Umwandlungsvertrag gerade eine Ausdehnung auch auf die mittelbaren Folgen der Umwandlung für die Arbeitnehmer und ihre Vertretungen. Die Arbeitnehmer und ihre Vertretungen können nämlich als einzige Informationsquelle auf den Umwandlungsvertrag Zugriff nehmen, da beispielsweise im Falle der Verschmelzung der nach § 8 UmwG vorgesehene Verschmelzungsbericht ausschließlich dem Schutz der Anteilseigner dient.[481]

Die Anteilseigner der jeweiligen Rechtsträger als die eigentlichen Entscheidungs- und Vermögensträger sollen durch den Verschmelzungsbericht in die Lage versetzt werden, ihre Zustimmung oder Ablehnung zur Verschmelzung in Kenntnis aller wesentlichen Umstände abgeben zu können.[482] Der nach § 8 Abs. 1 UmwG zu erstattende Verschmelzungsbericht hat unter anderem den Verschmelzungsvertrag rechtlich und wirtschaftlich ausführlich zu erläutern. Im System des Gesellschafterschutzes der §§ 5, 8, 9 ff. UmwG dient die Regelung des § 8 UmwG vor allem der Information der Gesellschafter darüber, ob die Ver-

---

481 Vgl. die amtliche Begründung zum Regierungsentwurf, abgedruckt bei Ganske, S. 54; Lutter, in: Lutter, UmwG 2000, § 8 Rn. 5. Willemsen, RdA 1998, S. 23 (31), denkt daher an eine Vorlage des Verschmelzungs- bzw. Umwandlungsberichts an den bzw. die zuständigen Betriebsräte der beteiligten Rechtsträger. Eine solche Vorlagepflicht hält er schon deshalb aus Sicht der Arbeitnehmervertretungen für willkommen, da der Verschmelzungs- oder sonstige Umwandlungsbericht auch nachteilige Folgen der Umstrukturierung darstellen muss (Lutter, in: Lutter, UmwG 2000, § 8 Rn. 17). Hierfür ist allerdings nicht die Vorlage des Umwandlungsberichts erforderlich, da auch im Umwandlungsvertrag zwingend Angaben zu nachteiligen arbeitnehmerrelevanten Folgen der Umstrukturierung gemacht werden müssen (vgl. S. 94). Zutreffenderweise verweist Willemsen (aaO.) jedoch darauf, dass der Gesetzgeber die Information von Anteilseignern und Betriebsrat separat geregelt hat; der Umwandlungsbericht dient jedenfalls ausschließlich dem Schutz der Anteilseigner (vgl. für den Verschmelzungsbericht, die amtliche Begründung zum Regierungsentwurf, abgedruckt bei Ganske, S. 54). Willemsen begründet die Trennung von Vertrag und Bericht mit der unterschiedlichen Interessenlage der Anteilseigner einerseits und der Belegschaft andererseits, sowie dem Geheimhaltungsinteresse der beteiligten Rechtsträger. Das Geheimhaltungsinteresse der beteiligten Rechtsträger ist jedoch kein taugliches Argument für eine getrennte Information von Anteilseignern und Betriebsrat. Adressat der umwandlungsvertraglichen Angabepflicht sind nicht die einzelnen Arbeitnehmer, sondern vielmehr der Betriebsrat. Die Mitglieder und Ersatzmitglieder des Betriebsrats sind bereits über § 79 Abs. 1 BetrVG in ausreichendem Maße zur Geheimhaltung verpflichtet.

482 Vgl. BGHZ 107, S. 296 (304 ff.); OLG Düsseldorf, AG 1999, S. 418 (419); OLG Hamm, AG 1999, S. 422 (424).

schmelzung wirtschaftlich sinnvoll und gesetzmäßig ist.[483] Der Normzweck, der bei der Auslegung von § 8 UmwG stets zu berücksichtigen ist, fordert, den jeweiligen Anteilsinhabern einen möglichst abschließenden Einblick zu gewähren. Ein Verschmelzungsbericht, in dem lediglich der Verschmelzungsvertrag in einem anderen Wortlaut wiedergegeben wird, erfüllt ebenso wenig die gesetzlichen Anforderungen, wie allgemein gehaltene Ausführungen zur Sinnhaftigkeit der Umwandlung als solche.[484]

Der Gesellschafter soll in die Lage versetzt werden, eine Plausibilitätskontrolle durchzuführen,[485] nicht aber, den Vorgang bis in alle Einzelheiten nachzuvollziehen.[486]

Da die Arbeitnehmer und ihre Vertretungen über die Folgen der in Aussicht genommenen Umwandlung ausschließlich im Rahmen des Umwandlungsvertrags unterrichtet werden (vgl. für die Verschmelzung § 5 Abs. 1 Nr. 9 in Verbindung mit § 5 Abs. 3 UmwG), erscheint eine Begrenzung auf die unmittelbaren Umwandlungsfolgen in keiner Weise interessengerecht.

Dies gilt insbesondere deshalb, da bei den im Rahmen des Verschmelzungsberichts (§ 8 UmwG) dargestellten Erläuterungen zum Verschmelzungsvertrag (§ 5 UmwG) die Belegschaft nicht als Adressat der weiteren Informationen in Betracht kommt. Diese weiteren Informationen nach § 8 UmwG gehen aber gerade über den Informationsgehalt des Umwandlungsvertrags hinaus.[487]

483 BGHZ 107, S. 296 (303); vgl. ferner zur Bestimmung des Berichtsinhalts Mertens, AG 1990, S. 20 (22 f.).

484 Vgl. Dehmer, UmwG 1996, § 8 Rn. 8 f.

485 Vgl. OLG Düsseldorf, AG 1999, S. 418 (419); OLG Hamm, AG 1999, S. 422 (424); OLG Hamm, DB 1988, S. 1842 (1843); OLG Karlsruhe, WM 1989, S. 1134 (1138); Dehmer, UmwG 1996, § 8 Rn. 10; Lutter, in: Lutter, UmwG 2000, § 8 Rn. 14; Priester, DNotZ 1995, S. 427 (439); Mertens, AG 1990, S. 20 (22); Sagasser/Ködderitzsch, in: Sagasser/Bula/Brünger, J 86.

486 Vgl. OLG Hamm, AG 1999, S. 422 (424); OLG Karlsruhe, WM 1989, S. 1134 (1138); LG Frankenthal, WM 1989, S. 1854 (1857); ebenso Engelmeyer, S. 78 f. zum Spaltungsbericht nach § 127 UmwG.

487 Vgl. hierzu den gemeinsamen Verschmelzungsbericht der Vorstände der Casella AG und der Hoechst AG. Unter Punkt 6. des Verschmelzungsberichts erfolgt die Erläuterung des Verschmelzungsvertrages. Im Rahmen von 6.5 des Verschmelzungsberichts werden die Folgen der Verschmelzung für die Arbeitnehmer und ihre Vertretungen erläutert. Diese wiederum sind als „Regelungen zu den Folgen für die Arbeitnehmer und ihre Vertretungen" in § 6 des Verschmelzungsvertrages aufgeführt. Hierbei fällt auf,

Auch die Vorgaben des Europäischen Rechts fordern schließlich eine Ausweitung des Vertragstextes auf die mittelbaren Folgen der Umwandlung. Während die umwandlungsrechtlichen Informationsvorschriften (§§ 5 Abs. 1 Nr. 9, 126 Abs. 1 Nr. 11, 194 Abs. 1 Nr. 7 UmwG) lediglich eine Angabe der Folgen der jeweiligen Umwandlungsmaßnahme fordern, präzisiert Art. 6 Abs. 1 der Richtlinie 77/187/EWG vom 14. Februar 1977 die Anforderungen dahingehend, dass die rechtlichen, wirtschaftlichen und auch sozialen Folgen des Übergangs für die Arbeitnehmer zu übermitteln sind. Der Folgenbegriff erfährt durch diese drei Konkretisierungsmerkmale eine klare inhaltliche Ausgestaltung. Der Richtlinie ist keine Begrenzung auf unmittelbare Folgen des Übergangs zu entnehmen. Da der Europäische Gesetzgeber bereits den Folgenbegriff näher erläutert hat und die Belegschaft über sämtliche Folgen des Übergangs informiert wissen will, schließt dies auch die weiteren, mittelbaren Folgen mit ein.

Ferner ist nach Art. 6 Abs. 1 der Richtlinie auch hinsichtlich der Arbeitnehmer in Aussicht genommenen Maßnahmen zu informieren.

Bei den in Aussicht genommenen Maßnahmen handelt es sich um zukünftige Maßnahmen, für die aber bereits ein gewisses Planungskonzept und hinreichende Planungssicherheit besteht. Der Folgenbegriff ist daher im Kontext zu den in Aussicht genommenen Maßnahmen auszulegen. Ziel ist es, die vom Übergang betroffenen Arbeitnehmer über ihre Beschäftigungs- und Arbeitsbedingungen umfassend zu informieren. Deshalb sind auch Angaben zu den mittelbaren Folgewirkungen aufzuführen.

Art. 6 Abs. 1 a.E. fordert die rechtzeitige Übermittlung dieser Informationen, bevor die Arbeitnehmer von dem Übergang hinsichtlich ihrer Beschäftigungs- und Arbeitsbedingungen unmittelbar betroffen werden. Auch der umwandlungsrechtliche Gesetzeswortlaut sieht keine Beschränkung auf unmittelbare „rechtliche“ Folgen vor. Vielmehr sind hier vor dem Hintergrund der europäischen Rechtssetzung alle denkbar in Betracht kommenden relevanten Folgen aufzuführen. Auch die „insoweit vorgesehenen Maßnahmen“ im Sinne des UmwG sehen keine Begrenzung vor. Hierunter sind alle Maßnahmen zu verstehen, die die beteiligten Unternehmen vorsehen, um auf die Umwandlung zu reagieren und gegebenenfalls nachteilige Folgen abzumildern. Zu denken ist etwa an einen

dass die Erläuterungen zu den Folgen der Verschmelzung für die Arbeitnehmer und ihre Vertretungen im Verschmelzungsbericht fast den doppelten Umfang gegenüber den Angaben in § 6 des Verschmelzungsvertrages einnehmen. Vgl. ferner die ebenfalls ausführlicheren Erläuterungen im Verschmelzungsbericht zum Verschmelzungsvertrag Deutsche SB-Kauf AG/Metro AG.

Kündigungsverzicht, Schaffung tarifverträglicher Schutznormen, Interessenausgleich und Sozialplan.[488]

Auch der direkte Vergleich mit den betriebsverfassungsrechtlichen Unterrichtungsregelungen der §§ 80, 106, 111 BetrVG macht deutlich, dass die umwandlungsrechtliche Unterrichtungspflicht des Betriebsrats (vgl. § 5 Abs. 1 Nr. 9 in Verbindung mit § 5 Abs. 3, § 126 Abs. 1 Nr. 11 in Verbindung mit § 126 Abs. 3, § 194 Abs. 1 Nr. 7 in Verbindung mit § 194 Abs. 2 UmwG) eine Begrenzung auf die unmittelbaren Umwandlungsfolgen nicht zulässt. §§ 80 Abs. 2 Satz 1, 106 Abs. 2 und § 111 Satz 1 BetrVG fordern einheitlich eine „umfassende" Unterrichtung des Betriebsrats bzw. Wirtschaftsausschusses.

Umfassend im Sinne von § 80 Abs. 2 Satz 1 BetrVG ist die Information, wenn der Betriebsrat von allen Angaben Kenntnis erlangt, die er zur ordnungsgemäßen Erfüllung seiner Aufgaben benötigt.[489]

§ 106 Abs. 2 BetrVG verlangt eine Unterrichtung, nach der der Wirtschaftsausschuss alle Informationen erhält, die für eine sinnvolle Beratung erforderlich sind.[490]

Nach § 111 Satz 1 BetrVG ist die Unterrichtung immer dann umfassend, wenn sich der Betriebsrat aus den gegebenen Informationen ein vollständiges Bild von der geplanten Maßnahme und deren Auswirkungen machen kann.[491]

Die Unterrichtungspflicht erstreckt sich auf alle Angaben bzw. sämtliche Informationen, um den Vertretungsgremien eine sinnvolle Wahrnehmung ihres gesetzlich übertragenen Aufgabenbereichs zu gewährleisten. Ein vollständiges Bild kann sich deshalb nur machen, wer umfassend über beabsichtigte Maßnahmen informiert wird.

---

488 Vgl. Hjort, NJW 1999, S. 750 (754).

489 Vgl. statt aller Hanau/Kania, in: Erfurter Kommentar zum Arbeitsrecht, § 80 BetrVG Rn. 19.

490 Vgl. statt aller Hanau/Kania, in: Erfurter Kommentar zum Arbeitsrecht, § 106 BetrVG Rn. 5.

491 Vgl. statt aller Hanau/Kania, in: Erfurter Kommentar zum Arbeitsrecht, § 111 BetrVG Rn. 21.

Alle drei betriebsverfassungsrechtlichen Unterrichtungsquellen dienen daher der vollständigen Aufklärung des Betriebsrats bzw. Wirtschaftsausschusses und somit der Erzielung bestmöglicher Transparenz im Hinblick auf die Umsetzung und Durchführung der beabsichtigten Maßnahmen.

Nach § 80 Abs. Satz 2 und § 106 Abs. 2 BetrVG hat der Betriebsrat bzw. Wirtschaftsausschuss darüber hinaus sogar explizit einen Anspruch auf Vorlage bzw. Einsichtnahme (vgl. § 108 Abs. 3 BetrVG) in die „erforderlichen Unterlagen". Das Zurverfügungstellen von Unterlagen steht im Kontext mit der Informationspflicht des Arbeitgebers bzw. Unternehmers und dient zusätzlich der komplexen und abschließenden Unterrichtung von Betriebsrat und Wirtschaftsausschuss. Somit ergibt sich ein geschlossener Kreis an Informationsdichte zur Schaffung und Gestaltung erheblicher Rechtsklarheit und Rechtssicherheit.

Adressat der betriebsverfassungsrechtlichen Unterrichtungsquellen (§§ 80 Abs. 2 Satz 1, 106 Abs. 2, § 111 Satz 1 BetrVG) als auch der umwandlungsrechtlichen Informationsvorschriften (vgl. § 5 Abs. 1 Nr. 9 in Verbindung mit § 5 Abs. 3, § 126 Abs. 1 Nr. 11 in Verbindung mit § 126 Abs. 3, § 194 Abs. 1 Nr. 7 in Verbindung mit § 194 Abs. 2 UmwG) ist der Betriebsrat bzw. Wirtschaftsausschuss (im Fall des § 106 Abs. 2 BetrVG). Ob als Rechtsquelle des Informationsanspruchs das Betriebsverfassungsrecht oder das Umwandlungsrecht zur Anwendung gelangt oder beide Quellen möglicherweise kumulativ, kann im Ergebnis dahinstehen; entscheidend ist im Ergebnis jedoch vielmehr, dass das zur Verfügung gestellte Informationsmaterial umfassend ist und eine abschließende Unterrichtung des Adressatenkreises und somit eine umfassende Beurteilung der beabsichtigen Maßnahme ermöglicht.

Eine umfassende und abschließende Unterrichtung des Betriebsrats kann durch die im UmwG verankerte Angabepflicht nur durch Darlegung und Beschreibung sämtlicher Umwandlungsfolgen erreicht werden.

Der unmittelbare Vergleich mit der umfassenden betriebsverfassungsrechtlichen Unterrichtungspflicht des Betriebsrats zwingt deshalb dazu, die umwandlungsrechtliche Angabepflicht der Vertretungsorgane, der an der Umwandlung beteiligten Rechtsträger, auch auf die mittelbaren Folgen der Umstrukturierung auszudehnen. Jede andere Auslegung wird dem Informationsbedürfnis des Betriebsrats nicht gerecht.[492]

Es sind weder stichhaltige noch überzeugende Argumente ersichtlich, auf umwandlungsrechtlicher Seite den Informationsumfang zugunsten des Betriebsrats zu verkürzen. Da die betriebsverfassungsrechtlichen Regelungen der umfassenden Unterrichtung von Betriebsrat und Wirtschaftsausschuss dienen, verbietet sich eine Begrenzung der umwandlungsrechtlichen Informationsvorschriften (vgl. §§ 5 Abs. 1 Nr. 9, 126 Abs. 1 Nr. 11, 194 Abs. 1 Nr.7 UmwG) auf die unmittelbaren Umwandlungsfolgen; jede andere Auslegung ist daher unstatthaft und verkürzt den umwandlungsrechtlichen Beteiligungsanspruch des Betriebsrats in unzulässiger Weise.

Im Rahmen der umwandlungsrechtlichen Unterrichtungspflicht sind sämtliche geplanten Veränderungen umfangreich und detailliert aufzuführen. Die Arbeitnehmer und ihre Vertreter sind deshalb umfassend und abschließend, d. h. auch über die mittelbaren Folgen, die sich aus den Vollzug der Umstrukturierung ergeben, zu informieren. Sind zur Nutzung von Synergieeffekten Stillegungen von Betrieben oder Betriebsteilen bereits vor der Umwandlung geplant, so sind solche Vorhaben im Umwandlungsvertrag jedenfalls aufzuführen.

4. Insoweit vorgesehene Maßnahmen

Neben den Folgen der Umwandlung für die Arbeitnehmer und ihre Vertretungen, sind nach §§ 5 Abs. 1 Nr. 9, 126 Abs. 1 Nr. 11, 194 Abs. 1 Nr. 7 UmwG als weitere arbeitsrechtliche Angaben **„die insoweit vorgesehenen Maßnahmen"** in dem dem jeweiligen Umwandlungsvorgang zugrundeliegenden Rechtsgeschäft bzw. dessen Entwurf anzugeben. Durch diese Formulierung wird deutlich, dass auch die mittelbar mit der Umwandlung verbundenen Folgen in dem Umwandlungsvertrag, -plan, -beschluss bzw. der entsprechenden Entwürfe aufzunehmen ist.

492 Jung, S. 307, tritt den abstrakten Oberbegriffen der „Mittelbarkeit" oder „Unmittelbarkeit" entgegen und will im Rahmen der Angabepflicht arbeitsrechtlicher Angaben vielmehr die Erforderlichkeit für jede mögliche Veränderung einzeln auf der Grundlage einer umfassenden Auslegung getrennt prüfen.

Boecken nimmt deshalb eine deutliche Differenzierung zwischen Folgen der Umwandlung und den „insoweit vorgesehene Maßnahmen“ vor. Unter Verweis auf die „insoweit“ - Formulierungen seien deshalb von Seiten der umwandlungsbeteiligten Rechtsträger auch geplante Maßnahmen der Folgenbewältigung zu verstehen, also solche, mit denen auf die rechtlichen und tatsächlichen Auswirkungen einer Umwandlung reagiert werden solle.[493]

Der Umfang der arbeitsrechtlichen Regelungen, hinsichtlich der umwandlungsbetroffenen Arbeitnehmer wird von Boecken weiterhin dahingehend präzisiert: Sämtliche durch eine Umwandlung eintretenden Änderungen seien insoweit aufzuzeigen, als diese individualarbeitsrechtliche Bedeutung hätten, sowie darüber hinaus die zur ihrer Bewältigung insoweit vorgesehenen Maßnahmen.[494] Im individualarbeitsrechtlichen Bereich zählt Boecken hierzu etwa die Angabe geplanter Ausgleichsleitungen für den Verlust eines Arbeitsplatzes oder wegen entstehender Mehraufwendungen infolge einer räumlichen Verlagerung des Betriebs.[495]

Neben den Folgen einer Umwandlung ebenfalls angabepflichtigen „insoweit vorgesehenen Maßnahmen“ gehörten alle konkret geplanten tatsächlichen und rechtlichen Vorhaben, mit denen auf umwandlungsbedingte Auswirkungen im Hinblick auf Arbeitnehmerinteressen reagiert werden solle.[496] Unter die „insoweit vorgesehenen Maßnahmen“ lassen sich somit sämtliche Folgebewältigungsmaßnahmen subsumieren.

Trotz der zum Teil unklaren Trennung zwischen Folgen der Umwandlung und den insoweit vorgesehenen Maßnahmen, fordert Boecken eine Ausdehnung der Angabepflicht auch auf die mittelbaren Folgen der Umstrukturierung. Dies wird insbesondere dadurch deutlich, dass er die Angabepflicht dahingehend präzisiert, **sämtliche** durch eine Umwandlung eintretenden arbeitsrechtlichen Änderungen im Vertrag aufzuzeigen.

Nach Auffassung von **Joost** betreffe die Angabe der „insoweit vorgesehenen Maßnahmen“ auch die weiteren mit der Umwandlung zusammenhängenden Planungen der Unternehmensleitungen; dazu könne z.B. eine durch die Umwandlung als solche noch nicht eintretende, aber für den weiteren Verlauf be-

493 Vgl. Boecken, S. 215.

494 Vgl. Boecken, S. 216.

495 Boecken, S. 215.

496 Vgl. Boecken, S. 218.

reits geplante und mit der Umwandlung bezweckte Personalreduzierung gehören. Zu den Maßnahmen zählten ferner „Vorhaben, durch welche Nachteile für die Arbeitnehmer ausgeglichen werden oder die bisherige Organisation den neuen nach der Umwandlung bestehenden Gegebenheiten angepasst werden soll".[497] Hier spricht Boecken von den so genannten Folgenbewältigungsmaßnahmen. Im Kern gelangen beide Auffassungen jedoch zu dem gleichen Ergebnis.

Auch Joost fordert hiermit der Sache nach eine Ausdehnung der Pflichtangaben auch auf die mittelbar durch die Umwandlung bewirkten Folgen.

Wlotzke schließt aus der Formulierung der „insoweit vorgesehenen Maßnahmen", dass damit auch die weiteren Folgen nach der Umwandlung gemeint seien. Beispielhaft führt Wlotzke auf, dass nach einer Verschmelzung beabsichtigt sei, die Verwaltungen der Unternehmen zusammenzulegen[498] und mit welchen Maßnahmen ein damit verbundener Personalabbau sozialverträglich gestaltet werden könne (Abfindungen bei Entlassungen, Versetzungen, Umschulungen, sowie sonstige Ausgleichsleistungen).

Solche und andere Folgen, sowie die dafür vorzusehenden Maßnahmen, seien jedenfalls insoweit anzugeben, als sie abzusehen seien, insbesondere wenn sie sich aus den wirtschaftlichen Erwägungen der Umwandlung ergäben.[499]

Bei den von Wlotzke als „weitere Folgen" bezeichneten anzugebenden Auswirkungen kann es sich nur um die mittelbaren Folgen der Umwandlung handeln. Dies lässt sich bereits daraus schließen, dass Wlotzke zunächst ausdrücklich auf das Erfordernis der Angabe der unmittelbar durch die Umwandlung herbeigeführten Folgen abstellt. Darüber hinaus dehnt er die Angabepflicht auch auf die „weiteren Folgen" nach der Umwandlung aus. Der in diesem Zusammenhang von Wlotzke zur Verdeutlichung beispielhaft aufgeführte Personalabbau im Zu-

---

497 Joost, ZIP 1995, S. 976 (979).

498 Vgl. hierzu auch den Verschmelzungsvertrag der Lahmeyer AG für Energiewirtschaft mit Sitz in Bad Homburg und Rheinelektra AG (Mannheim) auf die HfB Holding für Beteiligungswerte AG ebenfalls mit Sitz in Mannheim, S. 105.

499 Vgl. Wlotzke, DB 1995, S. 40 (45); ähnlich auch Boecken, S. 216.

ge einer Verschmelzung[500] belegt, dass damit nur die mittelbar durch die Umwandlung bewirkten Folgen gemeint sein können.

Mengel hält eine solche Auslegung nicht für zwingend. Entgegen den Ausführungen von Joost und Wlotzke, ergebe sich eine weite Interpretation nicht bereits aus der gesetzlichen Formulierung „sowie die insoweit vorgesehenen Maßnahmen".[501] Die zum Schutz der Arbeitnehmer zu treffenden Maßnahmen könnten sich nämlich auch allein auf die unmittelbaren Folgen der Umwandlung beziehen. Denn auch für die unmittelbar mit dem Umwandlungsvorgang als solchen, die Arbeitnehmer tangierenden Folgen, könnten Maßnahmen vorgesehen werden. In Betracht kommen beispielsweise Regelungen hinsichtlich der Arbeitgeberverbandsmitgliedschaft, die Weiterführung gespaltener Betriebe als betriebliche Einheit im Sinne des § 322 Abs. 2 UmwG oder die Mitbestimmungsbeibehaltung nach § 325 Abs. 2 UmwG.[502]

Der von Mengel gewählte Begründungsansatz vermag nicht zu überzeugen. Die Forderung nach der Aufnahme der „insoweit vorgesehenen Maßnahmen" in den Vertragstext bezieht sich nicht lediglich auf die vorangestellten „Folgen" der Umwandlung. Beide Tatbestandsmerkmale stehen vielmehr selbständig nebeneinander und sind deshalb eigenständig zu untersuchen.[503]

Gaul befürwortet eine Angabepflicht entsprechender Maßnahmen immer dann, wenn diese im Vorfeld der Umstrukturierung bereits erkennbar seien und innerhalb der Jahresfrist des § 613 a Abs. 1 S. 2 BGB mit einer Realisierung zu rechnen sei. Eine inhaltliche Konkretisierung des Darstellungsumfangs erfolgt dahingehend, dass Gaul nicht nur bestandsschutzgefährdende Maßnahmen, son-

---

500 Vgl. Wlotzke, DB 1995, S. 40 (45). Unzutreffenderweise stellt Boecken, S. 215, Fn. 31, im Ergebnis fest, Wlotzke habe die tatsächlichen Folgen einer Umwandlung unter den Begriff der „insoweit vorgesehenen Maßnahmen„ einordnen wollen. Wlotzke hat jedoch mit den „insoweit zutreffenden Maßnahmen„ vielmehr die „weiteren„ bzw. mittelbaren Folgen der Umwandlung und nicht die tatsächlichen Folgen der Umwandlung beschrieben (vgl. Wlotzke, aaO.).

501 Vgl. Joost, ZIP 1995, S. 976 (979); Wlotzke, DB 1995, S. 40 (45).

502 Vgl. Mengel, S. 341.

503 **A.A.:** Bermel/Hannappel, in: Goutier/Knopf/Tulloch, UmwG 1995, § 5 Rn. 100; Müller, DB 1997, S. 713 (714 Fn. 22); Jung, S. 97, allerdings für den Formwechsel.

dern auch solche Regelungen, die auf den Inhalt des Arbeitsverhältnisses in irgendeiner Weise einwirken, für mitteilungspflichtig erachtet. Hierzu zählt er Maßnahmen, die eine inhaltliche Änderung der Arbeitsverhältnisse wirtschaftlich kompensieren oder aber zumindest abfedern sollen. Die umwandlungsrechtlichen Unterrichtungsregelungen würden bereits schon dann einen entsprechenden Hinweis im Vertragstext fordern, falls beabsichtigte Betriebsänderungen noch nicht derart fortgeschritten seien, dass diese in den Anwendungsbereich der §§ 111 ff. BetrVG fielen. Aufgrund dieses früheren umwandlungsrechtlichen Unterrichtungszeitpunkts (im Unterschied zum betriebsverfassungsrechtlichen Informationszeitpunkt, vgl. hierzu eingehend S. 212) könne der Betriebsrat bereits im Vorfeld und unabhängig von seinen betriebsverfassungsrechtlichen Beteiligungsrechten die Auswirkungen der Umwandlung prüfen und hierzu Stellung nehmen[504] (vgl. eingehend zur Abgrenzung umwandlungsrechtliche/betriebsverfassungsrechtliche Beteiligung des Betriebsrats, S. 193).

Auch nach Auffassung von **Engelmayer** sind die mittelbaren Folgen, die sich erst nach Vollzug der Umwandlung für die Belegschaft ergeben, anzugeben. Die Ausdehnung der Angabepflicht auf die weiteren bzw. mittelbaren Folgen der Umwandlung ergebe sich aus der Formulierung „sowie die insoweit vorgesehenen Maßnahmen“. Als weitere Folgen führt Engelmayer Personalabbau, Betriebsstillegungen sowie andere mit wirtschaftlichen Nachteilen behaftete Betriebsänderungen im Sinne von § 111 BetrVG auf. Bei beabsichtigten Personalreduzierungen sei insbesondere darzustellen, wie der Personalabbau sozialverträglich gestaltet werden solle (z.B. durch Abfindungszahlungen, Versetzungen, Umschulungen sowie sonstige Ausgleichsleistungen).[505]

Bei den „insoweit vorgesehenen Maßnahmen“ handele es sich nach Auffassung von Engelmayer um weitere Planungen der Unternehmensleitungen, die mit der Umwandlung in Zusammenhang stünden. Gemeint seien damit Vorhaben, die bereits im Vorfeld der Umwandlung das Stadium konkreter Planungen erreicht hätten, aber erst nach der Umwandlung umgesetzt werden sollen. Als konkrete Maßnahmen nennt Engelmayer in diesem Zusammenhang Rationalisierungen, Personalreduzierungen oder Vorhaben zur Anpassung der bisherigen Organisation an die neuen Unternehmensstrukturen. Nach Engelmayer sei die jeweils geplante Maßnahme als solche anzugeben. Die mit dieser Maßnahme verbundenen

504 Vgl. Gaul, DB 1995, S. 2265 (2266).

505 Vgl. Engelmayer, DB 1996, S. 2542 (2543).

Konsequenzen für die Arbeitnehmer seien bereits als mittelbare Folgen darzulegen.[506]

Bei Engelmayer verwischen sich zwar die Abgrenzungskriterien, wann eine geplante Personalreduzierung als mittelbare Folge oder aber als insoweit vorgesehene Maßnahme der gesetzlich vorgeschriebenen Angabepflicht unterliegt. Im Ergebnis kann es jedoch offen bleiben, ob der geplante Personalabbau als mittelbare Folge oder aber als insoweit vorgesehene Maßnahme in das Vertragswerk aufgenommen wird; entscheidend ist vielmehr, dass zu dem Vorhaben überhaupt Angaben gemacht werden. Im Ergebnis kann daher eine genaue Abgrenzung dahinstehen, da nach der weiten Auslegung die mittelbaren Folgen als auch die insoweit vorgesehenen Maßnahmen der Angabepflicht unterfallen.

Zutreffend begründet **Hjort** eine Ausdehnung der Angabepflicht, auch auf die mittelbaren Folgen der Umwandlung, mit dem Wortlaut der gesetzlichen Vorschriften. Die insofern eindeutige Formulierung des § 5 Abs. 1 Nr. 9 UmwG lasse bereits darauf schließen, dass auch eine Angabe der mittelbaren Folgen der Verschmelzung erfolgen müsse. Über die Benennung der Folgen der Verschmelzung hinaus seien insbesondere auch „die insoweit zu treffenden Maßnahmen" im Verschmelzungsvertrag aufzuführen. Sofern § 5 Abs. 1 Nr. 9 UmwG so auszulegen wäre, dass nur unmittelbare Folgen der Umstrukturierung anzugeben seien, hätte es dieser zusätzlichen Formulierung nicht bedurft.[507]

---

506 Vgl. Engelmayer, DB 1996, S. 2542 (2543).

507 Vgl. Hjort, NJW 1999, S. 750 (751); ähnlich auch Frenz, in: Neye/Limmer/Frenz/ Harnacke, S. 40 f.: Nach Auffassung von Frenz würde eine Begrenzung auf die unmittelbaren Folgen der Umwandlung zweifellos eine klare Handhabung zur Bestimmung des notwendigen Vertragsinhaltes gewährleisten. Dies sei um so wünschenswerter, als die Folgen unvollständiger oder falscher Angaben umstritten seien (vgl. dazu S. 268). Gegen eine enge Auslegung – der Begrenzung auf unmittelbare Folgen der Umwandlung – spräche aber insbesondere, dass eine solche dem Gesetzeswortlaut des UmwG nicht gerecht werde. Der Wortlaut erwähne nicht nur die Folgen, sondern auch die vorgesehenen Maßnahmen. Maßnahmen seien aber nicht mehr nur Rechtsfolgen der Umwandlung sondern auch projektierte Handlungskonzepte der beteiligten Rechtsträger. Sie umfassten demnach durchaus auch „mittelbare„ Folgen. Geplante Rationalisierungsmaßnahmen als mittelbare Folgen der Umwandlung seien demnach ebenfalls anzugeben.

Das die „Folgen" des Übergangs von den „Maßnahmen" zu unterscheiden und scharf zu trennen sind, lässt sich auch am ehesten mit der Europäischen Rechtssetzung vereinbaren. Nach Art. 6 Abs. 1 der Richtlinie 77/187/EWG vom 14.2.1977 erstreckt sich die Informations- und Konsultationspflicht von Veräußerer und Erwerber auf folgende - selbständig nebeneinander stehende - Merkmale:

- den Grund für den Übergang,
- die rechtlichen, wirtschaftlichen und sozialen Folgen des Übergangs für die Arbeitnehmer,
- die hinsichtlich der Arbeitnehmer in Aussicht genommenen Maßnahmen,
- und seit der Neufassung des Art. 6 durch die Richtlinie 98/50/EG[508] vom 29. Juni 1998 auch auf den Zeitpunkt bzw. den geplanten Zeitpunkt des Übergangs.

Das selbständige Tatbestandsmerkmal der „insoweit vorgesehenen Maßnahmen", führt deshalb ebenfalls zu einer extensiven Interpretation der Angabepflicht. Im Ergebnis wird daher durch die Darstellung der „insoweit vorgesehenen Maßnahmen", eine Erweiterung der Offenbarungspflicht bewirkt.

5. Weitere geplante Umwandlungen

Fraglich ist, ob der Folgenbegriff auch solche Umstrukturierungen erfasst, die erst im Anschluss an die Umwandlung geplant sind. Gemeint sind damit weitere, im Anschluss an die erste Umstrukturierung beabsichtigte Umwandlungen.

Sind weitere Umwandlungen bereits zum Zeitpunkt der ersten Umstrukturierung geplant und bekannt, unterliegen diese gleichfalls der Angabepflicht. Der Folgenbegriff erstreckt sich daher auch auf weitere bereits geplante Umwandlungen.

---

508 Richtlinie 98/50/EG des Rates vom 29.06.1998 zur Änderung der Richtlinie 77/187/EWG zur Angleichung der Rechtsvorschriften der Mitgliedsstaaten über die Wahrung von Ansprüchen der Arbeitnehmer beim Übergang von Unternehmen, Betrieben oder Betriebsteilen, ABl. EG Nr. L 201 vom 17.07.1998, S. 88.

Diese weiteren bereits geplanten Umwandlungen wurden im Rahmen der Verschmelzung der Degussa AG auf die Hüls AG in ausreichendem Maße berücksichtigt.

§ 7 Abs. 9 des Verschmelzungsvertrages regelt weitere geplante Umwandlungen.

Hier heißt es: „Im Anschluss an das Wirksamwerden der Verschmelzung der Degussa AG auf die Hüls AG ist geplant, die CREANOVA Spezialchemie GmbH sowie die SIVENTO Chemie GmbH und die SIVENTO Chemie Rheinfelden GmbH auf die Degussa-Hüls AG zu verschmelzen. Als Folge der Verschmelzung der SIVENTO Chemie GmbH und der SIVENTO Chemie Rheinfelden GmbH auf die Degussa-Hüls AG sollen Arbeitsplätze der SIVENTO Chemie GmbH aus Düsseldorf verlegt sowie die beiden bisher selbständigen Betriebe der SIVENTO Chemie Rheinfelden GmbH und der Degussa AG am Standort Rheinfelden zusammengeschlossen werden. Ferner ist beabsichtigt, die Agomer GmbH, eine Tochtergesellschaft der Degussa AG, auf die Rhöm GmbH, eine Tochtergesellschaft der Hüls AG, zu verschmelzen. Im Zuge dieser Verschmelzung wird es zur Verlegung von Betriebsteilen der Agomer GmbH in Betriebe der Rhöm GmbH und umgekehrt kommen. Diese Verschmelzungen und die sich hieraus ergebenden Folgen werden Gegenstand eigener Verschmelzungsverträge und Vereinbarungen mit dem zuständigen Arbeitnehmervertretern sein.“

Weiterhin wird in § 7 Abs. 9 ausgeführt: „Außerdem ist geplant, die unternehmerischen Aktivitäten der Hüls Infracor GmbH (zukünftig Infracor GmbH) im Anschluss an die Verschmelzung der Degussa AG auf die Hüls AG auf einige zur Degussa AG gehörende Betriebe zu erstrecken. In der Infracor GmbH sollen die technischen und analytischen standortgebundenen Dienstleistungen sowie die Dienstleitungen und die Infrastruktur für die Standorte Marl und Wolfgang gebündelt werden. Hierdurch werden Arbeitsplätze von der Degussa-Hüls AG zur Infracor GmbH und umgekehrt verlagert werden.“

Schließlich wird in § 7 Abs. 9 noch weiter ausgeführt: „Die Vorstände der Degussa AG, der Hüls AG sowie die Geschäftsleitungen der weiteren genannten Unternehmen werden die jeweils zuständigen Arbeitnehmervertretungen rechtzeitig über konkret erkennbare organisatorische oder personelle Veränderungen und Auswirkungen dieser Maßnahmen informieren und sie unter Wahrung ihrer betriebsverfassungsrechtlichen Mitbestimmungsrechte beteiligen."

Der Verschmelzungsvertrag Degussa/Hüls zeigt beispielhaft auf, dass nicht nur weitere Umwandlungen bereits dezidiert beschrieben werden können,[509] sondern auch die damit verbundenen mittelbaren Folgen für die Arbeitnehmer im Hinblick auf eine Verlegung von Arbeitsplätzen und einer Bündelung von Dienstleistungen.

Weitere zum Zeitpunkt der Umwandlungen bereits geplante Umstrukturierung unterliegen daher gleichfalls der Angabepflicht. Der Folgenbegriff erstreckt sich somit auch auf weitere geplante Umwandlungen.

IV. Reichweite der Angaben bei bestehendem Interessenausgleich und Sozialplan

Um bereits im Vorfeld der Umwandlung jedes Risiko auszuschließen und der erheblichen Rechtsunsicherheit im Hinblick auf die erforderliche Registereintragung entgegenzuwirken, wäre an einen vorgezogenen Abschluss eines Interessenausgleichs und Sozialplans zu denken. Bezüglich der mittelbaren Folgen der Umstrukturierung könnte im Umwandlungsvertrag dann eine entsprechende Verweisung auf den Inhalt der erzielten Einigung erfolgen (vgl. bereits S. 136).[510]

Die für den Interessenausgleich und Sozialplan maßgebliche Vorschrift ist § 112 BetrVG. Der Abschluss eines Interessenausgleichs und eine Einigung über einen Sozialplan setzen daher zwingend eine Betriebsänderung im Sinne von § 111

509 Vgl. hierzu ebenfalls § 7 Abs. 3 des Verschmelzungsvertrages zwischen der Lahmeyer AG für Energiewirtschaft, der Rheinelektra AG und der HfB Holding für Beteiligungswerte AG, Bundesanzeiger Nr. 7 vom 11.01.1997, S. 241; ferner § 7 Abs. 5 des Verschmelzungsvertrags der VIAG AG auf die VEBA AG hinsichtlich der im Anschluss vorgesehenen Zusammenführung der Bayernwerk AG auf die PreussenElektra AG im Wege der Verschmelzung.

510 Lutter, in: Lutter, UmwG 2000, § 5 Rn. 59a unter Verweis auf den Verschmelzungsvertrag der Kaufhof Holding AG auf die Metro AG, vgl. Bundesanzeiger vom 23.4.1996, S. 4834; vgl. ferner hierzu den Vertrag über die Verschmelzung der DSBK auf die Metro AG, Bundesanzeiger vom 16.4.1996, S. 4518; vgl. ferner auch Drygala, ZIP 1996, S. 1365 (1366); Bachner/Köstler/Trittin/Trümner, S. 102; Baumann, DStR 1995, S. 888 (889); Kreßel, BB 1995, S. 925 (926).

BetrVG voraus. Eine Verweisung kann also immer dann nicht erfolgen, wenn es sich nicht um eine Betriebsänderung im betriebsverfassungsrechtlichen Sinne handelt. Die „reine“ Verschmelzung von Unternehmensträgern stellt nämlich keine betriebsverfassungsrechtliche Betriebsänderung dar, da die Verschmelzung der Rechtsträger die Betriebsstruktur unberührt lässt. Im Umwandlungsvertrag kann darüber hinaus auch nicht auf einen mit dem Betriebsrat bereits ausgehandelten Interessenausgleich verwiesen werden, wenn ein solcher – trotz in der Regel mehr als 20 wahlberechtigter Arbeitnehmer, vgl. § 111 Satz 1 BetrVG - nicht eingerichtet wurde.

Nach der hier vertretenen Auffassung sind auch weitere zum Zeitpunkt der Umwandlung bereits geplante Umstrukturierungen vom Umfang der umwandlungsrechtlichen Angabepflicht erfasst. Im Umwandlungsvertrag sind nicht nur weitere in Aussicht genommene Umstrukturierungsmaßnahmen aufzuführen, sondern auch die damit einhergehenden mittelbaren Folgen für die Arbeitnehmer, wie beispielsweise im Hinblick auf eine beabsichtigte Verlegung von Standorten zur Nutzung von Synergieeffekten oder Maßnahmen zur Durchsetzung einer organisatorischen Straffung der Verwaltung. Strukturüberlegungen die noch nicht die Reife einer „geplanten Betriebsänderung“ angenommen haben, können zwangsläufig ebenfalls nicht Gegenstand eigenständiger Verhandlungen über den Abschluss eines Interessenausgleichs und Sozialplans sein.

Durch die Aufnahme einer schlichten Verweisungsvorschrift in den Umwandlungsvertrag, auf den Abschluss eines frühzeitigen Interessenausgleichs und Sozialplans, ist daher der umwandlungsrechtlichen Angabepflicht noch nicht hinreichend Genüge getan.

V. Schutzrichtung der Norm

Um die gesetzgeberischen Ziele der §§ 5 Abs. 1 Nr. 9, 126 Abs. 1 Nr. 11, 194 Abs. 1 Nr. 7 UmwG sicherzustellen, sehen §§ 5 Abs. 3 für die Verschmelzung, 126 Abs. 3, 135 Abs. 1 Satz 1, 136 Satz 1 für die Spaltung und § 194 Abs. 2 UmwG für den Formwechsel in Anlehnung an § 2 Abs. 4 SpTrUG die nachzuweisende (vgl. § 17 Abs. 1 UmwG) Zuleitung des Umwandlungsvertrages oder seines Entwurfes an den jeweils zuständigen Betriebsrat der an der Verschmelzung beteiligten Rechtsträger vor.[511]

511 Vgl. die amtliche Begründung zum Regierungsentwurf, BT-Drucks. 12/6699, S. 83.

Nach der amtlichen Begründung zu § 5 Abs. 1 Nr. 9 UmwG soll mit dieser Vorschrift gewährleistet werden, dass auch die durch die Verschmelzung eintretenden individual- und kollektivarbeitsrechtlichen Änderungen im Verschmelzungsvertrag aufgezeigt werden, da die Verschmelzung auch die Interessen der Arbeitnehmer und ihrer Vertretungen in den an der Verschmelzung beteiligten Rechtsträgern berührt. Insbesondere soll den Arbeitnehmervertretungen (vgl. Absatz 3) eine frühzeitige Information über die Verschmelzung und die durch sie bewirkten Folgen für die Arbeitnehmer zur Verfügung gestellt werden, um bereits im Vorfeld des Verschmelzungsvorgangs seine möglichst sozialverträgliche Durchführung zu erleichtern.[512]

Fraglich ist, ob die aufgeführten umwandlungsrechtlichen Unterrichtungsregelungen über ihren betriebsverfassungsrechtlichen Sinn hinaus auch den Schutz der Individualinteressen des einzelnen Arbeitnehmers bzw. aller einzelner Arbeitnehmer bezwecken.

1. Betriebsrat und Arbeitnehmer als mögliche Adressaten der umwandlungsrechtlichen Unterrichtungspflicht.

Schon aufgrund des Wortlauts der Gesetzesbegründung „....insbesondere den Arbeitnehmervertretungen....“, dient die Verpflichtung zur Aufnahme arbeitsrechtlicher Angaben in erster Linie dem Interesse des Betriebsrats an einer rechtzeitigen Information über die in Aussicht genommene Umwandlung.[513] Die umwandlungsrechtliche Informationspflicht dient daher zunächst dem Betriebsrat selbst als gewählter Repräsentant der Beschäftigten.

Fraglich erscheint jedoch, ob über die Arbeitnehmervertreter hinaus, auch der einzelne umwandlungsbetroffene Arbeitnehmer von der informellen arbeitnehmerschützenden Zielrichtung der §§ 5 Abs. 1 Nr. 9, 126 Abs. 1 Nr. 11, 194 Abs. 1 Nr. 7 UmwG erfasst wird.

---

512 Vgl. die amtliche Begründung zum Regierungsentwurf, BT-Drucks. 12/6699 S. 82 f. Entsprechendes sehen § 126 Abs. 1 Nr. 11 RegE für die Spaltung sowie § 194 Nr. 7 RegE für den Formwechsel vor.

513 Vgl. Boecken, S. 212; Geck, DStR 1995, S. 416 (419); Joost, ZIP 1995, S. 976 (978 f.); Lutter, in: Lutter, UmwG 2000, § 5 Rn. 87; Trölitzsch, Anmerkung zu LG Stuttgart, WiB 1996, S. 994; Grunewald/Müller, JZ 1997, S. 698 (710).

Joost gibt zu bedenken, dass das Gesetz im Hinblick auf die einzelnen Arbeitnehmer keine Rechtsfolgen mit den arbeitsrechtlichen Angaben im Umwandlungsvertrag verbinde.[514] Aus dem Gesamtkontext zwischen den arbeitsrechtlichen Angaben im Umwandlungsvertrag und der vorgesehenen Informationspflicht gegenüber dem Betriebsrat ergebe sich, dass die Regelung ausschließlich den Schutz der Kollektivinteressen der Arbeitnehmer bezwecke. Das Individualinteresse des einzelnen Arbeitnehmers sei nicht Regelungsgegenstand des Umwandlungsvertrages.[515]

Die von Joost vorgenommene Auslegung ist zu eng. Nach der Begründung des Gesetzentwurfs soll die Regelung „insbesondere" die rechtzeitige Information des Betriebsrats sicherstellen. Dies aber schließt die Verfolgung weiterer Zwecke gerade nicht aus. Daher ist auch der Schutz der Individualinteressen des einzelnen Arbeitnehmers bezweckt.

Auch wenn das Informationsbedürfnis der Belegschaft von Seiten des umwandlungsbeteiligten Rechtsträgers nicht individuell, sondern über den jeweils zuständigen Betriebsrat befriedigt wird, verbleibt es dennoch wegen der vielschichtigen und komplexen individualarbeitsrechtlichen Auswirkungen von Umstrukturierungen bei einem eigenständigen Informationsinteresse der Belegschaft.[516]

Dass der Vertrag bzw. sein Entwurf dem jeweils zuständigen Betriebsrat zuzuleiten ist (vgl. §§ 5 Abs. 3, 126 Abs. 3, § 194 Abs. 2 UmwG), dient lediglich der Vereinfachung der Durchführung des Verfahrens, da der Umwandlungsvertrag nicht sämtlichen im Unternehmen tätigen Personen zur Einsicht vorgelegt werden kann. Der Betriebsrat – als durch Wahlen legitimiertes Gremium und Interessenvertreter der Arbeitnehmer – hat lediglich die Aufgabe, den gesetzlich normierten Informationsanspruch im Interesse der Belegschaft durchzusetzen. Eine sozial verträgliche Durchführung der Umwandlung und damit die Erhaltung des sozialen Friedens kann nur durch eine Einbindung der Arbeitnehmer in den Umwandlungsvorgang erfolgen.

514 Vgl. Joost, ZIP 1995, S. 976 (978).

515 Vgl. Joost, ZIP 1995, S. 976 (979); ähnlich Frenz, in: Neye/Limmer/Frenz/Harnacke, S. 40, der in der Regelung des § 5 Abs. 3 UmwG lediglich ein Mitbestimmungsrecht des Betriebsrates und nicht etwa des einzelnen Arbeitnehmers erkennt.

516 Vgl. Boecken, S. 213; Engelmeyer, DB 1996, S. 2542 (2544); Bachner/Köstler/Trittin/Trümner, S. 91.

Auch der einzelne umwandlungsbetroffene Arbeitnehmer kommt deshalb als Adressat der umwandlungsrechtlichen Unterrichtungspflicht in Betracht.

2. Das Informationsinteresse der Anteileigner

Schließlich könnte die Pflicht zur Aufnahme arbeitsrechtlicher Angaben im Umwandlungsvertrag auch dem Informationsinteresse der Gesellschafter der umwandlungsbeteiligten Rechtsträger dienen.[517] Eine Information dieser Personengruppe könnte durch diese Informationen (§§ 5 Abs. 1 Nr. 9, 126 Abs. 1 Nr. 11, 194 Abs. 1 Nr. 7 UmwG) zumindest mitbezweckt sein.

Joost verweist auf die fehlenden Gestaltungsmöglichkeiten der Rechtsträger im Hinblick auf die Folgen der Umwandlung für die Arbeitnehmer und ihre Vertretungen und lehnt deshalb im Ergebnis den Schutz der Gesellschafter ab.[518] Nach Auffassung von Priester diene die Vorschrift ausschließlich der Wahrung von Arbeitnehmerinteressen. Die Gesellschafter seien daher nicht Schutzadressaten dieser Bestimmung.[519]

Dem hält Lutter jedoch zu Recht entgegen, dass sich aus der Formulierung der Gesetzesbegründung ergebe, dass die Norm nicht nur eine Information der Betriebsräte bezwecke. Die arbeitsrechtlichen Angaben seien vielmehr in den Katalog der Vorschriften aufgenommen, die den Mindestinhalt des Umwandlungsvertrages bestimmten. Der Umwandlungsvertrag richte sich aber in erster Linie an die Beteiligten des jeweiligen Umwandlungsrechtsgeschäfts und ihre Gesellschafter, die über die Umwandlung zu entscheiden hätten. Somit sei eine Information dieser Personengruppe zumindest mitbezweckt.[520]

---

517 Ablehnend – allerdings ohne weitere Begründung -, Frenz, in: Neye/ Limmer/ Frenz/ Harnacke, S. 40.

518 Vgl. Joost, ZIP 1995, S. 976 (979); ebenfalls Priester, in: Lutter (Hrsg.), Kölner Umwandlungsrechtstage, S. 99 (113 f.), der auf den fehlenden Regelungscharakter der Vorschriften verweist.

519 Vgl. Priester, in: Lutter (Hrsg.), Kölner Umwandlungsrechtstage, S. 99 (113); in diesem Sinne auch Mayer, in: Widmann/Mayer, UmwG, § 5 Rn. 202.

520 Vgl. Lutter, in: Lutter, UmwG 2000, § 5 Rn. 87; so auch Boecken, S. 224; ausdrücklich auch für eine Information der Gesellschafter im Rahmen der Spaltung, Fuhrmann/Simon, AG 2000, S. 49 (51), ferner Engelmeyer, DB 1996, S. 2542 (2544).

Ebenfalls zutreffend weisen Grunewald/Winter darauf hin, dass auch die Gruppe der Anteilseigner ein ganz erhebliches Interesse daran habe, die Folgen der Umwandlung für die Arbeitnehmer erläutert zu bekommen. Gerade bei der geplanten Umwandlung könnten Schwierigkeiten im Hinblick auf arbeitnehmerrelevante Rationalisierungsmaßnahmen auftreten. Etwa geplante Rationalisierungen könnten erhebliche Rückstellungen für die Umwandlungspartner erforderlich machen, um sozialverträgliche Lösungsmodelle für die Arbeitnehmer zu finanzieren. Darüber hinaus hätten die Anteilseigner – auch unabhängig von eventuell zu erwartenden Kosten – ein Interesse daran, wie sich die Folgen der Umwandlung nach deren Durchsetzung für die Arbeitnehmer darstellen werden.[521]

Die Pflicht zur Aufnahme arbeitsrechtlicher Angaben im Umwandlungsvertrag dient auch dem Informationsinteresse der Gesellschafter der umwandlungsbeteiligten Rechtsträger. Die Anteilseigner sind daher gleichfalls Schutzadressaten der umwandlungsrechtlichen Unterrichtungspflicht.

3. Individualansprüche der Arbeitnehmer

Das gesetzliche Erfordernis der Darstellung der arbeitnehmerbezogenen Folgen sowie der insoweit vorgesehenen Maßnahmen wirft die Frage auf, ob den Arbeitnehmern möglicherweise hieraus auf rechtsgeschäftlicher Grundlage eigene Rechte und Ansprüche erwachsen können.

---

521 Vgl. Grunewald/Winter, in: Lutter (Hrsg.), Kölner Umwandlungsrechtstage, S. 19 (22 f.); Trölitzsch, Anmerkung zu LG Stuttgart, Beschluss vom 11.12.1995 – 4 KfH T 22/95, WiB 1996, S. 994, betont, dass auch die Anteilseigner ein Interesse an einer möglichst sozialverträglichen Durchführung der Umwandlung haben können; ders., Anmerkung zu LG Stuttgart, Beschluss vom 29.03.1996 – 4 KfH T 1/96, WiB 1997, S. 32, die Angaben nach § 5 Abs. 1 Nr. 9 UmwG, wie auch der gesamte Verschmelzungsvertrag, dienten vor allem der Information der Anteilsinhaber der betreffenden Rechtsträger; ferner Grunewald, JZ 1997, S. 698 (710), die auch die Unterrichtung der Anteilseigner als Regelungsziel der Informationsvorschriften erachtet; sowie Boecken, S. 213 f.; Bayer, ZIP 1997, S. 1613 (1618); anderer Ansicht Priester, in: Lutter (Hrsg.), Kölner Umwandlungsrechtstage, S. 99 (113), der die zum Teil erheblichen Belastungen bei der Erstellung eines Sozialplanes und der Finanzierung von Ausgleichsmaßnahmen nicht gelten lässt, da derartige Gesellschafterinformationen im jeweiligen Umwandlungsbericht unterzubringen seien.

Solche Rechte, wie beispielsweise die Erhaltung der kündigungsrechtlichen Stellung eines Arbeitnehmers über die in § 323 Abs. 1 UmwG vorgesehene Dauer von zwei Jahren hinaus, erfordern eine separate rechtlich bindende Einigung zwischen den jeweils zuständigen Vertragspartnern. Da der Umwandlungsvertrag nur inter partes wirkt, wird es in aller Regel an einem entsprechendem Bindungswillen des Arbeitgebers gegenüber dem Betriebsrat fehlen.[522]

Es ist nicht erkennbar, aus welchem Grund das UmwG als gesellschaftsrechtliches Gesetz den Arbeitnehmern eigene Rechte einräumen sollte. Die vertragsschließenden Rechtsträger werden auch durch das UmwG nicht verpflichtet, den Arbeitnehmern Rechte bestimmter Art einzuräumen.

Umgekehrt steht es den vertragsschließenden Rechtsträgern natürlich frei, besondere Rechte und Ansprüche der Belegschaft zu vereinbaren. Eine solche Rechtsposition kann beispielsweise durch eine vertragliche Regelung abgesichert werden. Mögliche Ansprüche und Rechte können aber auch im weiteren Verlauf der Umstrukturierung auf der Grundlage von Interessenausgleich und Sozialplan verankert werden. Zur Sicherung der Rechtsposition von Arbeitnehmern und Betriebsrat sind in jedem Fall bindende vertragliche Regelungen außerhalb des Umwandlungsvertrages erforderlich, andernfalls haben die arbeitsrechtlichen Angaben lediglich Berichtscharakter (vgl. S. 73) und Ankündigungsfunktion.[523]

Dem tritt Däubler mit der Argumentation entgegen, dass durchaus auch Fälle denkbar seien, in denen den Arbeitnehmern in dem jeweiligen Umwandlungsrechtsgeschäft konkrete Rechte eingeräumt würden. Zu denken sei beispielsweise an eine garantierte Erhaltung ihrer Arbeitsplätze für einen bestimmten Zeitraum.[524]

Diese Vorgehensweise dürfte allerdings zu erheblicher Rechtsunsicherheit führen und ist deshalb abzulehnen. Den Arbeitnehmern selbständige Rechte im Umwandlungsvertrag einzuräumen, ist nicht nur in der Darstellung umständlich,

---

522 Vgl. Mengel, S. 350; ebenso Willemsen, RdA 1998, S. 23 (34), der dem Betriebsrat anrät – soweit es nicht nur bei unverbindlichen Erklärungen bleiben solle – auf eine freiwillige Betriebsvereinbarung nach § 88 BetrVG zu drängen.

523 Vgl. Joost, ZIP 1995, S. 976 (985 f.); Willemsen, RdA 1998, S. 23 (34); ders., in: Kallmeyer, UmwG 1997, § 5 Rn. 48. So erfordert etwa die Fortsetzung von Rechten des Betriebsrates nach § 325 Abs. 2 UmwG eine gesonderte rechtlich verbindliche Einigung zwischen den jeweils zuständigen Vertragspartnern, also Arbeitgeber und Betriebsrat bzw. Arbeitgeber und die einzelnen Arbeitnehmer, vgl. Mengel, S. 350 f.

524 Däubler, RdA 1995, S. 136 (138).

sondern würde im Streitfall auch zu einer erheblichen und unnötigen Belastung der Gerichtsbarkeit führen.[525] Zweckmäßiger ist es daher, in der umwandlungsrechtlichen Praxis den Abschluss jeweils isolierter einzelvertraglicher Vereinbarungen zu fordern.[526]

Konstruktion eines Vertrages zugunsten Dritter:

Möglicherweise können die relevanten Arbeitnehmerangaben in dem jeweiligen Umwandlungsvertrag auch als Bestandteile eines Vertrags zugunsten Dritter verstanden werden, so dass Regelungen, welche die Arbeitnehmer gegenüber dem objektiven Recht privilegieren, auch ohne deren direkte vertragliche Einbindung bei Abschluss des Vertrages wirksam werden könnten.[527]

Es erscheint in diesem Zusammenhang allerdings fraglich, ob den Vertretungsorganen der an der Umwandlung beteiligten Rechtsträger ein solcher Bindungswille im Hinblick auf die Einbindung der Arbeitnehmer in den Umwandlungsvorgang unterstellt werden kann.[528]

Nach Auffassung von Joost geht ein solches Verständnis jedoch mit dem gesetzlich verfolgten Regelungszweck nicht konform. Das UmwG fordere von den Vertragsschließenden keine rechtsgeschäftliche Willensbildung bezüglich der Arbeitnehmer, sondern die Beschreibung der ohnehin in Folge der Umstrukturierung auf die Belegschaft zukommenden Folgen sowie insoweit vorgesehenen

---

525 Nach § 2 Abs. 1 Nr. 3 a) ArbGG wäre bei einer solchen bürgerlichen Rechtsstreitigkeit zwischen Arbeitnehmer und Arbeitgeber aus dem Arbeitsverhältnis die Zuständigkeit der Arbeitsgerichtsbarkeit begründet. Die für Arbeitssachen zuständigen Gerichte müssten dann über die (arbeitsrechtlichen) Inhalte des gesellschaftsrechtlichen Umwandlungsvertrags entscheiden.

526 Mengel, S. 350, Fn. 1485.

527 Eine solche Konstruktion halten Grunewald/Winter jedenfalls für möglich, vgl. Grunewald/Winter, in: Lutter (Hrsg.), Kölner Umwandlungsrechtstage, S. 19 (22 f.); nach dem heutigen Stand der Rechtsprechung konstituieren folgende Kriterien zusammen eine Haftung ohne formal bestehende Vertragsbindung (Vertrag mit Schutzwirkung zugunsten Dritter als besondere Art der Drittberechtigung): Leistungsnähe, Gläubigernähe, Erkennbarkeit und Schutzbedürftigkeit, vgl. Palandt/Heinrichs, § 328 Rn. 16 ff.

528 Vgl. die Bedenken von Priester, in: Lutter (Hrsg.), Kölner Umwandlungsrechtstage, S. 99 (114); ebenfalls zweifelnd Mayer, in: Widmann/Mayer, UmwG, § 5 Rn. 204.

Maßnahmen. Die Angaben im Umwandlungsvertrag hätten keine rechtsändernde Bedeutung, sondern dienten lediglich der Unterrichtung. Deshalb seien nach der amtlichen Begründung des Gesetzesentwurfs, die „ ... Änderungen im Verschmelzungsvertrag aufzuzeigen, ...“. Es gehe also um die mit der Umstrukturierung einhergehenden Änderungen, nicht aber darum, den Arbeitnehmern eine gesonderte Rechtsposition zu verschaffen, die mit der Umwandlung als solcher nicht bereits verbunden seien.[529]

Die am Umwandlungsvertrag Beteiligten wollen den Arbeitnehmern in der Regel wohl kaum eigene Forderungsrechte verschaffen. Der Belegschaft – als am Vertrag beteiligte Dritte – soll kein eigener Anspruch gegen den Schuldner eingeräumt werden. Ein primärer Leistungsanspruch aus § 328 Abs. 1 BGB in Verbindung mit den arbeitsrechtlichen Angaben im Umwandlungsvertrag scheidet mithin aus.

Besondere Rechte oder Ansprüche werden den Arbeitnehmern durch den Umwandlungsvertrag nicht eingeräumt. Die arbeitsrechtlichen Regelungen werden demnach weder unmittelbar noch im Wege der Konstruktion eines Vertrages zugunsten Dritter im Sinne von § 328 BGB Inhalt der vertraglichen Rechtsstellung des Arbeitnehmers, dem somit keine eigenen Erfüllungsansprüche erwachsen.

529 Vgl. Joost, ZIP 1995, S. 976 (985); ferner im Ergebnis ebenso Willemsen, RdA 1998, S. 23 (34). Entgegen der Ansicht von Grunewald/Winter, in: Lutter (Hrsg.), Kölner Umwandlungsrechtstage, S. 19 (24) und Bachner/Köstler/Trittin/Trümner, S. 91, kommt auch die Gewährung eines Schadensersatzanspruchs aus 823 Abs. 2 BGB nicht in Betracht. Die arbeitsrechtlichen Informationsvorschriften können nicht als Schutzgesetze im Sinne von § 823 Abs. 2 BGB verstanden werden. Mayer, in: Widmann/Mayer, UmwG, § 5 Rn. 204, hält Schadensersatzansprüche von Arbeitnehmern gegen die beteiligten Vertretungsorgane des übertragenden Rechtsträgers nach § 25 UmwG dann für möglich, sofern man die Arbeitnehmer auch als Gläubiger im Sinne dieser Vorschrift betrachtet.

D. Verhältnis zwischen umwandlungsrechtlicher und betriebsverfassungsrechtlicher Beteiligung des Betriebsrats

I. Informationsmöglichkeiten nach dem Betriebsverfassungsgesetz

Durch das Nebeneinander von Umwandlungs- und Arbeitsrecht ist zunächst die betriebsverfassungsrechtliche Beteiligung des Betriebsrats bei Unternehmensumstrukturierungen systematisch zu behandeln und darzustellen. Die widerstreitenden Belange zwischen den beteiligten Rechtsträgern an einer möglichst problemlosen und zügigen Durchführung der Umwandlung auf der einen Seite, und die der Arbeitnehmer und ihrer Vertretungen an einer frühzeitigen und effektiven Wahrnehmung ihrer Interessen auf der anderen Seite, sind einer beiden Gruppierungen gerecht werdenden Lösung zuzuführen. Die Frage nach dem Verhältnis zwischen der umwandlungsrechtlichen Beteiligung und den allgemeinen Informations- und Mitbestimmungsrechten des Betriebsrats nach den einschlägigen Normen des BetrVG ist daher zu klären.

Für das systematische Verhältnis beider Regelungsbereiche und die Darstellung dieser Problemkreise ist zunächst erneut darauf hinzuweisen, dass es sich bei der Regelungsmaterie des Umwandlungsrechts um Unternehmensrecht handelt. Das UmwG regelt die Beziehungen der an einer Umwandlung beteiligten Rechtsträger und deren Anteilseigner untereinander, sowie die Rechtsbeziehungen der beteiligten Rechtsträger zu Dritten, insbesondere Gläubigern. Gläubiger können zwar auch Arbeitnehmer sein, dennoch wird das UmwG dadurch noch nicht zu einem arbeitsrechtlichen Gesetz.

1. Änderung der betriebsverfassungsrechtlichen Vorschriften

Das Unterrichtungsrecht des Wirtschaftsausschusses nach § 106 Abs. 3 Nr. 8 BetrVG wie auch jenes des Betriebsrates im Falle von Betriebsänderungen gem. § 111 Satz 2 Nr. 3 BetrVG wurden durch Art. 13 UmwBerG im Zusammenhang mit der Verabschiedung des Umwandlungsgesetzes neu gefasst.

2. Grundsätzliche Abgrenzung

Neben der dargestellten Unterrichtungspflicht in Gestalt der Zuleitung des Umwandlungsvertrags an den jeweils zuständigen Betriebsrat nach den einschlägigen Vorschriften des UmwG (vgl. § 5 Abs. 1 Nr. 9 in Verbindung mit § 5 Abs. 3, § 126 Abs. 1 Nr. 11 in Verbindung mit § 126 Abs. 3, § 194 Abs. 1 Nr. 7 in Verbindung mit § 194 Abs. 2 UmwG) bestehen im Falle von Unternehmensumstrukturierungen eine Reihe von betriebsverfassungsrechtlichen Unterrichtungspflichten des Arbeitgebers bzw. umwandelnden Rechtsträgers, die es zu beachten gilt. Die rechtzeitige und umfassende Information der betriebsverfassungsrechtlichen Organe soll insbesondere über die Vorschriften der § 80 Abs. 2 und der bereits erwähnten §§ 106 Abs. 2 und 111 Satz 1 BetrVG gewährleistet werden. Diese im BetrVG normierten Unterrichtungsvorschriften der arbeitnehmerseitigen Vertretungsorgane bei einer geplanten Umstrukturierung werden durch die umwandlungsgesetzliche Informationspflicht nicht tangiert. Die Unterrichtungspflicht nach allgemeinem Betriebsverfassungsrecht und die nach dem UmwG bestehen vielmehr selbständig nebeneinander.[530] Dies folgt bereits daraus, dass es sich bei den Regelungen der §§ 5 Abs. 1 Nr. 9, 126 Abs. 1 Nr. 11, 194 Abs. 1 Nr. 7 UmwG um arbeitsrechtliche Inhalte, gekleidet in ein rein gesellschaftsrechtliches Regelwerk handelt. Die umwandlungsrechtlichen Informationsvorschriften nach §§ 5 Abs. 1 Nr. 9, 126 Abs. 1 Nr. 11, 194 Abs. 1 Nr. 7 UmwG verbunden mit der jeweiligen Zuleitungsverpflichtung an den zuständigen Betriebsrat (vgl. §§ 5 Abs. 3, 126 Abs. 3, 194 Abs. 2 UmwG) werden daher nicht zu betriebsverfassungsrechtlichen Beteiligungsrechten des Betriebsrats nach dem BetrVG.

---

530 Boecken, S. 227; Joost, ZIP 1995, S. 976 (977); ders., in: Lutter (Hrsg.), Kölner Umwandlungsrechtstage, S. 297 (307); Melchior, GmbHR 1996, S. 833 (836 f.); Willemsen, IDW 1993, S. 105 (126); ders., RdA 1998 S. 23 (29); ders., NZA 1996 S. 791 (795, 798); ferner Willemsen, in: Kallmeyer, UmwG 1997, § 5 Rn. 48; § 321 Rn. 1 ff., § 322 Rn. 1; Plander, NZA 2000, S. 393 (396); wohl auch Priester, in: Lutter (Hrsg.), Kölner Umwandlungsrechtstage, S. 99 (114); Mengel, S. 361; nach Auffassung von /Kaiser/Heither/Engels, in: BetrVG, § 1 Rn. 126 f., bestehen die Informationsrechte des Betriebsrats nach den allgemeinen betriebsverfassungsrechtlichen Vorschriften uneingeschränkt weiter. Die Vorgänge auf der Unternehmensebene sind streng von möglichen Veränderungen der Betriebsstruktur im Sinne des Betriebsverfassungsrechts zu unterscheiden. Das heißt natürlich auch, dass beide Informationsrechte unabhängig und isoliert voneinander zu betrachten sind, vgl. ferner § 111 Rn. 13, 41; ebenso zu § 2 Abs. 4 SpTrUG Engels, DB 1991, S. 966.

Deutlich wird die Notwendigkeit einer getrennten Betrachtung bei der Frage eines bestehenden Übergangsmandats des Betriebsrats im Falle einer Betriebsspaltung nach § 321 UmwG. Für die Bejahung eines Übergangsmandats des Betriebsrats muss die Spaltung oder Teilübertragung eines Rechtsträgers zur Spaltung eines Betriebes führen. Die Umwandlung nach § 1 Abs. 1 Nr. 2 und 3 UmwG muss also Auswirkungen auf die betriebliche Organisationseinheit haben. Dies ist keinesfalls die Regel. Eine Betriebsspaltung liegt dann nicht vor, wenn der Rechtsträger im Wege der Spaltung oder der Teilübertragung jeweils eigene Betriebe als Gesamtheit auf verschiedene Rechtsträger überträgt. Bei dieser Fallvariante wird lediglich die Struktur des Unternehmens (auf Ebene des Rechtsträgers), nicht hingegen die des einzelnen Betriebes verändert. Die betriebliche Einheit wird auch dann nicht angetastet, wenn einzelne Vermögensteile auf einen anderen Rechtsträger übertragen, sie aber unverändert vom übernehmenden Rechtsträger genutzt werden. Eine mögliche Betriebsspaltung ist daher gegenüber der Spaltung auf der Ebene des Rechtsträgers stets selbständig festzustellen.[531]

II. Informationsansprüche von Betriebsrat und Wirtschaftsausschuss

Im Folgenden werden in einem Überblick die wesentlichen betriebsverfassungsrechtlichen Informations- und Beteiligungsrechte des Betriebsrats und Wirtschaftsausschusses bei Maßnahmen der Unternehmensumstrukturierungen dargestellt und erörtert.

1. Pflicht zur Unterrichtung des Betriebsrats nach § 80 Abs. 2 BetrVG

Gem. § 80 Abs. 2 Satz 1 BetrVG ist der Betriebsrat zur Durchführung seiner Aufgaben nach diesem Gesetz rechtzeitig und umfassend vom Arbeitgeber zu unterrichten. Nach § 80 Abs. 2 Satz 2 BetrVG sind dem Betriebsrat auf Verlan-

---

531 Vgl. Dehmer, UmwG 1996, § 321 Rn. 4, § 322 Rn. 3; Joost, in: Lutter, UmwG 2000, § 321 Rn. 8 f.; ders., in: Lutter (Hrsg.), Kölner Umwandlungsrechtstage, S. 297 (300); Willemsen, in: Kallmeyer, UmwG 1997, § 321 Rn. 1; Bermel, in: Goutier/ Knopf/Tulloch, UmwG 1995, § 321 Rn. 13 f.; Düwell, in : Kasseler Handbuch zum Arbeitsrecht, Band 2, 6.8 Rn. 262; Boecken, S. 236; Eisemann, in: Erfurter Kommentar zum Arbeitsrecht, § 321 UmwG Rn. 4.

gen jederzeit die zur Durchführung seiner Aufgaben erforderlichen Unterlagen zur Verfügung zu stellen.

Zu den betriebsverfassungsgesetzlichen Aufgaben des Betriebsrats gehört es unter anderem nach § 80 Abs. 1 Nr. 1 BetrVG, über die Einhaltung gesetzlicher und sonstiger Vorschriften zugunsten der Arbeitnehmer zu wachen. Da Unternehmensumstrukturierungen in verschiedener Weise die individualarbeitsrechtliche Stellung der Arbeitnehmer eines umwandelnden Rechtsträgers tangieren, hat der Arbeitgeber von sich aus nach § 80 Abs. 2 Satz 1 BetrVG den Betriebsrat über das geplante Umwandlungsvorhaben zu informieren, um diesem eine angemessene Wahrnehmung der in § 80 Abs. 1 Nr. 1 BetrVG genannten Aufgaben zu eröffnen.[532]

Der Unterschied zwischen dem Auskunftsanspruch nach § 80 Abs. 2 BetrVG und den Informationsansprüchen auf der Grundlage des UmwG besteht vor allem in zeitlicher Hinsicht, da § 80 Abs. 2 Satz 1 BetrVG keinen festen Informationszeitpunkt vorsieht, sondern eine rechtzeitige arbeitgeberseitige Unterrichtung des Betriebsrats fordert. Der Zeitpunkt der Unterrichtungspflicht nach § 80 Abs. 2 Satz 1 BetrVG könnte daher durchaus gegenüber der umwandlungsrechtlichen Unterrichtungspflicht zu einer Vorverlagerung führen.[533]

Ob die aus dem UmwG resultierenden Informationsansprüche als speziellere Ansprüche ein stärkeres Recht vermitteln als der allgemeine Informationsanspruch aus § 80 Abs. 2 Satz 1 BetrVG,[534] mag dahinstehen, da beide Ansprüche unabhängig voneinander bestehen.

---

532 Vgl. Boecken, S. 228 f.; Däubler, RdA, 1995 S. 136 (138); Gaul, DB 1995, S. 2265, hält die Unterrichtungspflicht gegenüber dem Betriebsrat nach § 80 Abs. 2 BetrVG in der Praxis für weitgehend bedeutungslos; Fitting/Kaiser/Heither/Engels, in: BetrVG, § 80 Rn. 37; Hanau/Kania, in: Erfurter Kommentar zum Arbeitsrecht, § 80 BetrVG Rn. 17.

533 Vgl. Boecken, S. 229; Bachner/Köstler/Trittin/Trümner, S. 92; so auch – jedoch in Bezug auf das Verhältnis zwischen § 80 Abs. 2 BetrVG und § 2 Abs. 4 SpTrUG – Engels, DB 1991, S. 966 (967).

534 So aber Bachner/Köstler/Trittin/Trümner, S. 92.

Gegenüber den speziellen betriebsverfassungsrechtlichen Informationspflichten des Arbeitgebers nach §§ 106, 111 BetrVG tritt die Generalklausel des § 80 Abs. 2 Satz 2 BetrVG allerdings zurück.[535]

2. Pflicht zur Unterrichtung des Wirtschaftsausschusses nach § 106 Abs. 2 BetrVG

In Unternehmen, mit in der Regel mehr als einhundert ständig beschäftigten Arbeitnehmern, ist ein Wirtschaftsausschuss zu bilden, der die wirtschaftlichen Angelegenheiten mit dem Unternehmer zu beraten und den Betriebsrat darüber zu unterrichten hat.

Nach Maßgabe des § 106 Abs. 2 BetrVG hat der Arbeitgeber den Wirtschaftsausschuss rechtzeitig und umfassend über die wirtschaftlichen Angelegenheiten des Unternehmens unter Vorlage der erforderlichen Unterlagen zu unterrichten, soweit dadurch nicht die Betriebs- und Geschäftsgeheimnisse des Unternehmens gefährdet werden, sowie die sich daraus ergebenden Auswirkungen auf die Personalplanung darzustellen. [536]

Der Wirtschaftsausschuss wird für das gesamte Unternehmen, unabhängig von der Zahl der Betriebe und Betriebsräte, gebildet. Bilden mehrere Unternehmen einen einheitlichen Betrieb (Gemeinschaftsbetrieb) mit zusammen mehr als einhundert Arbeitnehmern, so ist ein Wirtschaftsausschuss zu bilden, selbst wenn diese Unternehmen rechtlich selbständig bleiben.[537]

Zu den unterrichtungspflichtigen wirtschaftlichen Angelegenheiten gehören unter anderem gemäß der durch Art. 13 Nr. 1 UmwBerG neugefassten Regelung

---

535 Vgl. BAG 18.09.1973 und 11.12.1973 AP Nr. 3 und Nr. 5 zu § 80 BetrVG 1972; Fitting/Kaiser/Heither/Engels, in: BetrVG, § 80 Rn. 40; Buschmann, in: Däubler/ Kittner/Klebe, BetrVG, § 80 Rn. 33; Hanau/Kania, in: Erfurter Kommentar zum Arbeitsrecht, § 80 BetrVG Rn. 17.

536 Vgl. zum Umfang des Unterrichtungsanspruchs, BAG DB 1991, S. 1176 f.; DB 1992, S. 435 f.

537 Vgl. BAG 01.08.1990 AP Nr. 8 zu § 106 BetrVG 1972; Fitting/Kaiser/Heither/Engels, in: BetrVG, § 106 Rn. 11 f.; Hanau/Kania, in: Erfurter Kommentar zum Arbeitsrecht, § 106 BetrVG Rn. 2; Richardi, BetrVG, § 106 Rn. 6 ff.; Däubler, in: Däubler/ Kittner/Klebe, BetrVG, § 106 Rn 5; Schaub, § 243 I 2; Joost, in: Münchener Handbuch zum Arbeitsrecht, Band 3, § 319 Rn. 6; Plander, NZA 2000, S. 393 (395).

des § 106 Abs. 3 Nr. 8 BetrVG der Zusammenschluss oder die Spaltung von Unternehmen oder Betrieben.

1. Beispiel:

Die Unternehmen A und B, die jeweils einen Betrieb unterhalten, werden auf A als aufnehmendes Unternehmen verschmolzen. Beide Betriebe bleiben organisatorisch selbständig. Es handelt sich hierbei um eine Umwandlung im Sinne von § 2 Nr. 1 UmwG (Verschmelzung im Wege der Aufnahme), nicht aber um eine Betriebsänderung im Sinne von § 111 BetrVG. Gem. § 106 Abs. 3 Nr. 8 BetrVG ist der Wirtschaftsausschuss wegen des Zusammenschlusses von ***Unternehmen*** *zu unterrichten, nicht aber der Betriebsrat nach §§ 111 ff. BetrVG zu beteiligen, da die Betriebe nicht fusioniert werden sollen und somit Veränderungen auf Betriebsebene nicht vorgenommen werden (zu beachten ist in diesem Zusammenhang der differenzierende Sprachgebrauch in § 106 Abs. 3 Nr. 8 BetrVG: Zusammenschluss oder die Spaltung von* ***Unternehmen*** *oder Betrieben).*[538]

Da die Vorschrift des § 106 Abs. 3 Nr. 8 BetrVG ausdrücklich auch von Unternehmen spricht, ist aufgrund der durch Art. 13 Nr. 1 UmwBerG zum Ausdruck gekommenen Verbindung dieser Regelung mit dem UmwG davon auszugehen, dass diese Begrifflichkeit zumindest auch im Sinne von „unternehmenstragendem Rechtsträger" zu verstehen ist. Gem. § 106 Abs. 3 Nr. 8 BetrVG besteht daher im Falle der umwandlungsgesetzlichen Unternehmensumstrukturierung eine Pflicht zur Information des Wirtschaftsausschusses bei verschmelzenden wie auch teilenden Veränderungen bezogen sowohl auf die **Unternehmens(Rechtsträger)ebene** wie auch die **Betriebsebene**. Darüber hinaus erfasst diese Regelung als allgemeine betriebsverfassungsrechtliche Vorschrift im übrigen natürlich auch außerhalb des UmwG durchzuführende Zusammenschlüsse und Spaltungen von Unternehmen oder Betrieben im Wege der Einzelrechtsnachfolge.[539]

---

538 Entnommen bei Willemsen, NZA 1996, S. 791 (795).

539 Vgl. Boecken, S. 230 f.; ebenso Kreßel, BB 1995 S. 925 (926 f.), der darauf hinweist, dass nach dem Wortlaut dieser Vorschrift das Informations- und Beratungsrecht des Wirtschaftsausschusses sich sowohl auf Veränderungen der Unternehmens- als auch der betrieblichen Strukturen beziehe; Richardi, BetrVG, § 106 Rn. 52; Hanau/Kania, in: Erfurter Kommentar zum Arbeitsrecht, § 106 BetrVG Rn. 15; das umwandlungsrechtliche

Im Hinblick auf das UmwG sind unter dem Begriff „Zusammenschluss von Unternehmen“, die Umwandlungsarten der Verschmelzung sowie der Vermögensübertragung in Gestalt der Vollübertragung von Rechtsträgern zu subsumieren. Die Spaltung von Unternehmen erfasst die unterschiedlichen Möglichkeiten der Rechtsträgerspaltung nach den §§ 123 ff. UmwG sowie die Teilübertragung als weitere Variante der im vierten Buch geregelten Vermögensübertragung.

Mit dem Zusammenschluss von Betrieben ist vor dem Hintergrund des Anwendungsbereichs des UmwG sowohl die umwandlungsbedingte Zusammenführung mehrerer Betriebe zu einer arbeitstechnischen Organisationseinheit wie auch die Eingliederung eines Betriebs in einen anderen zu verstehen.

Die Spaltung von Betrieben erfasst im Bereich des UmwG die im Zuge einer Umwandlung herbeigeführte Teilung von Betrieben. Mit der rechtlichen Teilung eines Betriebs, muss nicht auch eine tatsächliche organisationsändernde Teilung einhergehen.[540]

Informationsrecht, das nach Meinung von Mengel, S. 336 f., tatbestandlich Veränderungen auf Unternehmensebene erfordere, entspreche in dieser Hinsicht dem Informationsrecht nach § 106 Abs. 2 BetrVG und nicht dem nach § 111 Satz 1 BetrVG, das an betriebliche Strukturen anknüpfe; zwar entspreche die Vorschrift des § 106 Abs. 3 Nr. 8 BetrVG nach Auffassung von Fitting/Kaiser/Heither/Engels, in: BetrVG, § 106 Rn. 44, der Regelung des § 111 Satz 2 Nr. 3 BetrVG, doch sei der Anwendungsbereich erweitert worden. § 106 Abs. 3 Nr. 8 BetrVG betreffe Unternehmensspaltungen nach dem UmwG, aber auch Betriebsspaltungen, die innerhalb eines Unternehmens verwirklicht werden, ohne dass damit eine Einzel- oder Gesamtrechtsnachfolge verbunden sei; zweifelnd aber Joost, ZIP 1995, S. 976 (977 f): Die Vorschrift sei insofern unschlüssig, als sie die Spaltung von Unternehmen betreffe. Das Umwandlungsgesetz regele gerade nicht die Spaltung von Unternehmen, sondern die Spaltung von Rechtsträgern unabhängig davon, ob die Rechtsträger Unternehmen sind oder Unternehmen betreiben. Es sei deshalb zweifelhaft, ob mit der Neufassung von § 106 Abs. 3 Nr. 8 BetrVG die Spaltung von Unternehmen im arbeitsrechtlichen Sinne gemeint sein soll, oder vielmehr die Spaltung von unternehmenstragenden Rechtsträgern im umwandlungsrechtlichen Sinne; Joost in: Lutter (Hrsg.), Kölner Umwandlungsrechtstage, S. 297 (308), spricht ferner von einem möglichen Redaktionsversehen; ferner ders., in: Festschrift für Kissel, S. 433 (439), die Funktionsbezeichnung als Unternehmen bringe zum Ausdruck, dass die Mitbestimmungskompetenzen des Wirtschaftsausschusses nicht auf den Unternehmensträger als Rechtsträger bezogen seien, sondern vielmehr auf dessen Unternehmen und die darin gegebenen Entscheidungsfunktionen. Bei der Mitbestimmung des Wirtschaftsausschusses gehe es deshalb um das Betreiben des Unternehmens. Diese Auffassung würde bei näherer Betrachtung der unterschiedlichen Tatbestände in § 106 Abs. 3 Nr. 1 bis 9 BetrVG deutlich, die alle Ausschnitte aus dem Betreiben des Unternehmens zum Gegenstand hätten.

540 Vgl. Boecken, S. 231; Mengel, S. 330.

3. Pflicht zur Unterrichtung des Betriebsrats nach § 111 S. 1 BetrVG

Nicht jede Unternehmensumwandlung ist zugleich auch eine Betriebsänderung im Sinne des BetrVG. Umgekehrt gibt es eine Vielzahl von Betriebsänderungen, die vollständig außerhalb des UmwG abgewickelt werden, selbst wenn dabei das gesamte Unternehmen umstrukturiert wird. Es handelt sich vielmehr bildlich gesprochen um zwei eigenständige, sich lediglich teilweise überschneidende Rechtskreise.[541]

Die arbeitsrechtlich bedeutsame Spaltung eines Betriebes im betriebsverfassungsrechtlichen Sinne ist streng zu trennen von der umwandlungsrechtlichen Spaltung des Rechtsträgers. Eine Betriebsspaltung liegt vor, wenn der Betrieb im arbeitsrechtlichen Sinne seine Einheit verliert und verschiedene neue betriebliche Einheiten entstehen. Die Spaltung eines Betriebes ist daher von der Spaltung des Rechtsträgers unabhängig.

Betriebsänderungen außerhalb des UmwG sind Ausfluss des reinen Optionscharakters des Umwandlungsrechts. Der Praxis sollen durch das UmwG zusätzliche Gestaltungsmöglichkeiten unter Ausnutzung des Prinzips der Gesamtrechtsnachfolge an die Hand gegeben werden, ohne den schon bereits möglichen Weg der rechtsgeschäftlichen Einzelübertragung von Unternehmen oder Betrieben bzw. Betriebsteilen in irgendeiner Weise einzuschränken.[542]

Nach § 111 S. 1 BetrVG hat der Unternehmer in Betrieben mit in der Regel mehr als zwanzig wahlberechtigten Arbeitnehmern den Betriebsrat über geplante Betriebsänderungen, mit denen wesentliche Nachteile für die Belegschaft oder erhebliche Teile der Belegschaft verbunden sein können, rechtzeitig und umfassend zu unterrichten und diese mit dem Betriebsrat zu beraten. Das Informations- und Beteiligungsrecht des Betriebsrates nach § 111 BetrVG greift ein, wenn es sich bei der geplanten Maßnahme um eine in Satz 2 aufgeführte Betriebsänderung handelt. Andererseits enthält nach zutreffender Auffassung § 111 Satz 2 BetrVG keinen abschließenden Katalog der mitbestimmungspflichtigen

541 Willemsen, RdA 1998, S. 23 (29), spricht in diesem Zusammenhang auch von Trennungstheorie; ders., NZA 1996, S. 791 (795, 798); ferner Willemsen, in: Kallmeyer, UmwG 1997, § 5 Rn. 48; Joost, ZIP 1995, S. 976 (977).

542 Vgl. bereits ausführlich die Ausführungen auf S. 34.

Tatbestände. Das Mitbestimmungsrecht des Betriebsrats greift nicht nur bei den in § 111 Satz 2 BetrVG bezeichneten Maßnahmen, sondern auch bei anderen Betriebsänderungen kann der Betriebsrat von seinem eingeräumten Mitbestimmungsrecht Gebrauch machen, wenn die Voraussetzungen des § 111 Satz 1 BetrVG vorliegen.[543] Als Betriebsänderung gelten nach § 111 Satz 2 Nr. 4 BetrVG insbesondere auch Änderungen in der betrieblichen Organisation. Diese in § 111 Satz 2 BetrVG aufgeführten Betriebsänderungen indizieren in der Regel wesentliche Nachteile für die Belegschaft, so dass eine diesbezügliche Einzelfallprüfung für entbehrlich gehalten wird.[544] In Betracht kommen Nachteile materieller Art wie beispielsweise Verlust des Arbeitsplatzes, Vergütungseinbußen infolge einer Versetzung, längere Anfahrtswege und somit erhöhte Fahrtkosten oder auch Mehrkosten in Folge doppelter Haushaltsführung. Als Nachteile immaterieller Art kommen eine psychische Mehrbelastung durch zusätzliche Kontrollen mit oder ohne Verwendung technischer Hilfsmittel, Qualifikationsverluste oder schlechteres Betriebsklima in Betracht.[545]

Der allgemeine arbeitsrechtliche Betriebsbegriff ist auch auf das Betriebsverfassungsrecht anzuwenden. Nach ständiger Rechtsprechung des BAG ist der Betrieb i.S. des BetrVG und damit i.S. des § 111 BetrVG die organisatorische Einheit, innerhalb derer ein Arbeitgeber allein oder mit seinen Arbeitnehmern mit

---

543 Vgl. Fitting/Kaiser/Heither/Engels, in: BetrVG,; § 111 Rn. 42; ebenfalls gegen einen abschließenden Charakter der Vorschrift des § 111 Satz 2 BetrVG, Heither, ZIP 1985, S. 513 (514); Zöllner/Loritz, § 49 II 1 d; Däubler, in: Däubler/Kittner/Klebe, BetrVG; § 111 Rn 33, macht darauf aufmerksam, dass der Wortlaut des § 111 BetrVG hätte präziser formuliert werden können. Durch Aufnahme des Wortes „insbesondere“, hätte der Gesetzgeber den beispielhaften, durch das Wort „nur“, den abschließenden Charakter der Regelung verdeutlichen können; die Frage ist jedoch ohne große praktische Bedeutung, da § 111 Satz 2 BetrVG bereits alle denkbaren Fälle von Betriebsänderungen erfasst; so auch Hoyningen-Huene, S. 346, der den Meinungsstreit für im wesentlichen theoretischer Natur hält; so auch Hanau/Kania, in: Erfurter Kommentar zum Arbeitsrecht, § 111 BetrVG Rn. 19; für den beispielhaften Charakter der Regelung des § 111 Satz 2 BetrVG ebenfalls Ring, S. 441; Dütz, S. 386; unklar im Hinblick auf die beispielhafte Aufzählung der einzelnen Fallgruppen, Hanau/Adomeit, S. 135; wohl für einen abschließenden Charakter der Regelung, Brox/Rüthers, S. 254.

544 Vgl. BAG, DB 1983, S. 344 f.; Fitting/Kaiser/Heither/Engels, in: BetrVG,; § 111 Rn. 40; Hanau/Kania, in: Erfurter Kommentar zum Arbeitsrecht, § 111 BetrVG Rn. 7; Ring, S. 442; Dütz, S. 387.

545 Vgl. Fitting/Kaiser/Heither/Engels, in: BetrVG,; § 111 Rn. 43; Hanau/Kania, in: Erfurter Kommentar zum Arbeitsrecht, § 111 BetrVG Rn. 7.

Hilfe von sächlichen und immateriellen Mitteln bestimmte **arbeitstechnische Zwecke** fortgesetzt verfolgt, die sich nicht in der Befriedigung des Eigenbedarfs erschöpfen. Vom Betriebsbegriff umfasst sind auch die im Betrieb beschäftigten Arbeitnehmer.[546]

Von dem Betrieb ist das Unternehmen betriebsverfassungsrechtlich zu unterscheiden. Auch für das Unternehmen wird ein allgemeiner arbeitsrechtlicher Begriff zugrunde gelegt. Das Unternehmen ist danach eine organisatorische Einheit, innerhalb derer ein Arbeitgeber allein oder mit seinen Arbeitnehmern mit Hilfe von technischen und immateriellen Mitteln entferntere, **hinter dem arbeitstechnischen Zweck liegende Zwecke** (regelmäßig einen wirtschaftlichen Zweck) fortgesetzt verfolgt.[547]

Beide Begriffsbildungen stoßen auf Bedenken, weil es einen derartigen Allgemeinbegriff nicht gibt. Eine klare Unterscheidung von Betrieb und Unternehmen wird durch diese Definitionen nicht ermöglicht.[548]

Entscheidend ist, dass im Betriebsverfassungsrecht mit dem Unternehmen als Mitbestimmungsebene der gesamte Geschäftsbereich des Arbeitgebers als Rechtsträger bezeichnet wird.[549]

---

546 Vgl. BAG 14.09.1988 E 59, S. 319 (324) = AP Nr. 9 zu § 1 BetrVG 1972; BAG 13.07.1955 E 2, S. 91 (93) = AP Nr. 1 zu § 81 BetrVG; BAG 17.02.1981 AP Nr.9 zu § 111 BetrVG 1972; BAG 23.09.1982 E 40 S. 163 (165) = AP Nr. 3 zu § 4 BetrVG 1972; BAG 07.08.1986 und 25.09.1986 E 52, S. 325 (329) und E 53 S. 119 (127) = AP Nr. 5 und 7 zu § 1 BetrVG 1972; BAG 29.05.1991 E 68 S. 67 (71) = AP Nr. 5 zu § 4 BetrVG 1972; BAG, DB 1981 S. 1190; DB 1987 S. 1842 (1843); der herrschende Betriebsbegriff geht zurück auf die Definition von Jacobi, Betrieb und Unternehmen als Rechtsbegriffe, S. 9; ders., Grundlehren des Arbeitsrechts, S. 286: Betrieb ist danach die „Vereinigung von persönlichen, sächlichen und immateriellen Mitteln zur fortgesetzten Verfolgung eines von einem oder mehreren Rechtssubjekten gemeinsam gesetzten technischen Zweckes“.

547 Vgl. etwa BAG 03.12.1954 E 1, S. 175 (178) = AP Nr. 1 zu § 88 BetrVG; BAG 13.07.1955 E 2, S. 91 (93) = AP Nr. 1 zu § 81 BetrVG; BAG 24.02.1976 AP Nr. 2 zu § 4 BetrVG 1972; nach der Definition von Jacobi ist unter Unternehmen die Vereinigung von persönlichen sächlichen und immateriellen Mitteln durch das von einem Rechtssubjekt (oder von mehreren Rechtssubjekten gemeinsam) verfolgte Ziel, ein bestimmtes Bedürfnis zu befriedigen zu verstehen, vgl. Jacobi, Grundlehren des Arbeitsrechts, S. 286.

548 Zur Kritik eingehend, Joost, S. 77 ff., 83 ff., 168 f., 208 ff.

549 Vgl. Joost, in: Lutter, UmwG 2000, § 321 Rn. 11; nach Auffassung von Berkowsky, in: Münchener Handbuch zum Arbeitsrecht, Band 2, § 138 Rn. 16, sei es bislang nicht ge-

Für den Beteiligungstatbestand nach § 111 BetrVG ist kennzeichnend, dass es sich um eine Änderung auf Betriebsebene handeln muss.

Kommt über die geplante Betriebsänderung nach § 111 BetrVG zwischen den Betriebsparteien auch nach Ausschöpfung der in § 112 Abs. 2 und 3 BetrVG vorgesehenen Vermittlungsmöglichkeiten keine Einigung zustande, kann der Arbeitgeber die Betriebsänderung durchführen. Eine Einigung über den Interessenausgleich (ob, wann und wie die Betriebsänderung durchgeführt wird) ist im Umkehrschluss zu § 112 Abs. 4 BetrVG durch den Betriebsrat nicht erzwingbar.

Weicht der Unternehmer von einem erzielten Interessenausgleich über die geplante Betriebsänderung ohne zwingenden Grund ab, steht den aufgrund der Betriebsänderung bzw. infolge der Abweichung von dem Interessenausgleich entlassenen Arbeitnehmern ein Abfindungsanspruch nach Maßgabe des § 113 Abs. 1 BetrVG zu (Nachteilsausgleich). Ein Nachteilsausgleich findet gleichermaßen dann statt, wenn der Unternehmer eine geplante Betriebsänderung nach § 111 BetrVG durchführt, ohne über sie einen Interessenausgleich mit dem Betriebsrat versucht zu haben, und infolge der Maßnahme Arbeitnehmer entlassen werden oder andere wirtschaftliche Nachteile erleiden, vgl. § 113 Abs. 3 BetrVG.

Ein Sozialplan, das heißt, eine Einigung über den Ausgleich oder Milderung der wirtschaftlichen Nachteile der von der Betriebsänderung betroffenen Arbeitnehmern (vgl. § 112 Abs. 1 Satz 2 BetrVG) ist vom Betriebsrat grundsätzlich erzwingbar (Ausnahme: Neugründungen nach § 112a Abs. 2 BetrVG). Denn die fehlende Einigung der Betriebspartner wird gem. § 112 Abs. 4 BetrVG durch den Spruch der Einigungsstelle ersetzt. Der Sozialplan hat nach § 112 Abs. 1 Satz 2 und 3 BetrVG die Wirkung einer Betriebsvereinbarung.

Der durch Art. 13 Nr. 2 UmwBerG zum 1. Januar 1995 ausdrücklich neugefasste § 111 Satz 2 Nr. 3 BetrVG ordnet an, dass auch ein Zusammenschluss mit

---

lungen, einen – zumindest im Arbeitsrecht – allgemein gültigen Unternehmensbegriff zu definieren; demgegenüber hält Richardi, in: Münchener Handbuch zum Arbeitsrecht, Band 1, § 31 Rn. 18, es gar nicht für erforderlich, für das Arbeitsrecht einen besonderen Unternehmensbegriff zu entwickeln. Vielmehr gelten dieselben Aspekte wie auch sonst für die Festlegung des Unternehmens als Rechtsbegriff. Als Arbeitgeber käme nur eine Rechtsperson oder eine als Gesamthand anerkannte Personengemeinschaft in Betracht.

anderen Betrieben oder die Spaltung von Betrieben als Betriebsänderung im Sinne des § 111 Satz 1 BetrVG gilt.

In der früheren Fassung von § 111 S. 2 Nr. 3 BetrVG wurde nur der „Zusammenschluss mit anderen Betrieben“ als Betriebsänderung genannt. Gleichwohl steht bei der durch Art. 13 Nr. 2 UmwBerG erfolgten Änderung die Klarstellungsfunktion im Vordergrund, da schon nach bisheriger Auffassung in Rechtsprechung und Literatur die Spaltung von Betrieben als Betriebsänderung im Sinne von § 111 BetrVG betrachtet wurde.[550]

Der in § 111 S. 2 Nr. 3 BetrVG aufgeführte Tatbestand der Betriebsänderung hat daher nicht nur Bedeutung für Umwandlungen im Sinne des UmwG, sondern insbesondere auch für solche, die außerhalb des UmwG erfolgen. Gemeint sind damit Betriebsspaltungen generell, und zwar auch solche, die sich innerhalb eines Unternehmens vollziehen, also ohne dass damit eine Einzelrechts- oder Gesamtrechtsnachfolge verbunden ist.[551]

2. Beispiel:

Unternehmen A erwirbt von Unternehmen B dessen 5 km entfernt liegenden Betrieb und fügt diesen organisatorisch in den bei A bereits vorhandenen Betrieb ein. Es handelt sich dabei um eine Betriebsänderung im Sinne von § 111 BetrVG in der Form des Zusammenschlusses von Betrieben (§ 111 S. 2 Nr. 3 BetrVG), nicht jedoch um eine Verschmelzung oder sonstige Umwandlung im Sinne des UmwG, da der Zusammenschluss (der Betriebe) die für eine Umwandlung nach dem UmwG relevante Rechtsträgerebene unberührt lässt.[552]

---

550 Vgl. BAG in DB 1987, S. 1842 (1843); bereits 1987 wurde durch das Bundesarbeitsgericht entschieden, dass die Betriebsaufspaltung eine Betriebsänderung im Sinne des § 111 S. 2 Nr. 4 BetrVG (grundlegende Änderung der Betriebsorganisation oder des Betriebszwecks) sein kann; vgl. Däubler, RdA, 1995 S. 136 (144); Wlotzke, DB 1995 S. 40 (47); Boecken, S. 233; Richardi, BetrVG, § 111 Rn. 88, 92.

551 Vgl. Wlotzke, DB 1995, S. 40 (46 f.); Hanau/Kania, in: Erfurter Kommentar zum Arbeitsrecht, § 111 BetrVG Rn. 14.

552 Entnommen bei Willemsen, NZA 1996, S. 791 (795).

Dieses Beispiel macht deutlich, dass hier der Zusammenschluss von Betrieben im Sinne von § 111 Satz 2 Nr. 3 BetrVG allein die Betriebsebene tangiert. Ein Zusammenschluss bzw. eine Verschmelzung der Rechtsträger (Unternehmen A und Unternehmen B) wird durch die Betriebsänderung hingegen nicht ausgelöst. Die aufgezeigte Betriebsänderung berührt daher die Rechtsträgerebene nicht.

Umgekehrt beinhaltet nicht jeder Umwandlungsvorgang automatisch eine Betriebsänderung im Sinne des BetrVG.

3. Beispiel:

Eine Gesellschaft betriebt ein Kaufhaus, im Sortiment werden unter anderem auch Sportartikel angeboten. Es ist beabsichtigt, den Geschäftsbereich Sportartikel auf eine neue Gesellschaft abzuspalten.

Wird die Sportartikelabteilung unverändert fortgeführt, dann liegt keine Betriebsänderung vor. Erst wenn die Abspaltung beispielsweise mit einer örtlichen Auslagerung oder mit einer organisatorischen Änderung im Bereich der Personalbuchhaltung und des Personaleinsatzes einhergeht, liegt auch eine Betriebsänderung vor.[553]

Die in § 111 S. 2 Nr. 3 BetrVG verwendeten Begriffe des Zusammenschlusses und der Spaltung von Betrieben haben nahezu dieselbe Bedeutung wie im Rahmen von § 106 Abs. 3 Nr. 8 BetrVG. Eine Abweichung gilt jedoch insofern, als die umwandlungsbedingt herbeigeführte lediglich rechtliche Teilung eines Betriebs unter Beibehaltung seiner arbeitstechnischen Organisationseinheit keine Betriebsänderung im Sinne von § 111 BetrVG darstellt, wohl aber die Unterrichtungspflicht des Wirtschaftsausschusses nach § 106 Abs. 2 in Verbindung mit § 106 Abs. 3 Nr. 8 BetrVG auslöst.[554] Bei der Spaltung von Betrieben nach § 106 Abs. 3 Nr. 8 BetrVG ist lediglich auf die rechtliche Teilung eines Betriebs

553 Vgl. Melchior, GmbHR 1996, S. 833 (839).

554 Vgl. Boecken, S. 233; Kreßel, BB 1995, S. 925 (927); unter dem der Betriebsänderung ist allgemein jede Änderung der Betriebsorganisation, der Betriebsstruktur, des Tätigkeitsbereichs oder auch der Arbeitsweise zu verstehen.

abzustellen. Ob damit auch eine tatsächliche organisationsändernde Teilung einhergeht oder die bisherige Organisation beibehalten wird, kann dahinstehen.[555]

Der Gesetzeswortlaut des § 111 S. 1 BetrVG verlangt eine „umfassende" Unterrichtung des Betriebsrats. Notwendig ist danach die Darlegung der wirtschaftlichen und sozialen Gründe, die nach Auffassung des Unternehmers für die Betriebsänderung sprechen. Die Unterrichtung hat daher so umfänglich zu erfolgen, dass sich der Betriebsrat ein vollständiges Bild von der geplanten Umstrukturierungsmaßnahme machen kann. Zu diesem Zweck sind dem Betriebsrat, wie auch bei § 80 Abs. 2 Satz 2 BetrVG, die erforderlichen Unterlagen vorzulegen. Hierzu zählen etwa Gutachten von Unternehmensberatungen, Wirtschaftsprüferberichte und Bilanzen.[556]

4. Beispiel:

Wie Beispiel 2, jedoch wird zusätzlich B auf A als aufnehmendes Unternehmen verschmolzen. Hier finden hinsichtlich der Fusion auf Betriebsebene §§ 111 ff. BetrVG neben den Vorschriften des UmwG Anwendung.[557]

Wie das letzte Beispiel deutlich macht, gibt es einen „Überschneidungsbereich" zwischen Umwandlungs- und Betriebsverfassungsrecht (insbesondere §§ 111 ff. BetrVG) nämlich immer dann, wenn mit der unternehmensrechtlichen Veränderung auf Ebene des Rechtsträgers eine Veränderung der betriebsorganisatorischen Strukturen verbunden ist. Für den Fall der Spaltung gilt dabei genau dasselbe wie bei der Verschmelzung: Die Spaltung des Rechtsträgers kann, muss aber nicht mit einer Spaltung eines oder mehrerer Betriebe einhergehen. Nur bei einer mit einer Rechtsträger- verbundenen Betriebsspaltung, kommt es tatsächlich zu der beschriebenen „Doppelinformation"; d.h. die umwandlungsrechtliche

555 Vgl. Boecken, S. 231 f.

556 Vgl. Hanau/Kania, in: Erfurter Kommentar zum Arbeitsrecht, § 111 BetrVG Rn. 21; Fitting/Kaiser/Heither/Engels, in: BetrVG, § 111 Rn. 102; Bachner/Köstler/Trittin/Trümner, S. 93 f.; Richardi, BetrVG, § 111 Rn. 143 ff.; Däubler, in: Däubler/Kittner/Klebe, BetrVG; § 111 Rn 133 f.; das gilt im übrigen auch für die Unterrichtung des Wirtschaftsausschusses nach § 106 Abs. 2 BetrVG.

557 Entnommen bei Willemsen, NZA 1996 S. 791 (795).

als auch betriebsverfassungsrechtliche Unterrichtungspflicht werden durch die Umstrukturierung ausgelöst.[558]

5. Beispiel:

Ein Fall der §§ 111 ff. BetrVG liegt nicht vor, wenn ein Unternehmen mit zwei Betrieben in der Weise aufgespaltet wird, dass zwei Unternehmen mit je einem Betrieb entstehen.

Anders jedoch, wenn einzelne (wesentliche) Betriebsteile im Zuge der Spaltung organisatorisch einem anderen Betrieb zugewiesen werden.[559]

---

558 Dieser „Überschneidungsbereich" war bei beispielsweise bei der Verschmelzung zwischen der Thyssen AG, Duisburg und der Fried. Krupp AG Hoesch-Krupp, Essen und Dortmund tangiert. Thyssen und Krupp übertrugen ihr Vermögen als Ganzes gemäß § 2 Nr. 2 UmwG auf die neue, von ihnen dadurch gegründete Thyssen Krupp AG mit dem Sitz in Düsseldorf (Verschmelzung durch Neugründung).
Hier heißt es im § 6 Abs. 2 des Verschmelzungsvertrages: „Die Thyssen Krupp AG wird nach Umsetzung der Zielstruktur einen Betrieb in Düsseldorf mit weiteren Standorten in Duisburg und Essen haben, für den ein Betriebsrat gebildet wird. Die Bildung der Hauptverwaltung der Thyssen Krupp AG mit ihren neuen Funktionen, ihrer neuen Organisation sowie ihrer veränderten Mitarbeiterzahl bedeutet eine Betriebsänderung im Sinne des § 111 BetrVG hinsichtlich der bestehenden Hauptverwaltungen von Thyssen und Krupp. Deshalb beabsichtigen der Vorstand von Thyssen mit dem Betriebsrat von Thyssen und der Vorstand von Krupp mit dem Betriebsrat von Krupp, vor dem Wirksamwerden der Verschmelzung jeweils einen Interessenausgleich und Sozialplan zu vereinbaren. Im Rahmen des Interessenausgleichs soll auch ein Personalkonzept vereinbart werden. Dabei werden entsprechend der zwischen Thyssen und Krupp einerseits sowie der IG Metall und dem DGB andererseits unter dem 2. Februar 1998 getroffenen Vereinbarung fusionsbedingte Kündigungen bis zum 31. Dezember 2001 ausgeschlossen. Der Ausschluss gilt nicht für die Mitarbeiter, die eine zumutbare Regelungen im Rahmen des Personalkonzeptes ablehnen.

Zur Aufnahme in den Sozialplan wird zum Ausgleich oder zur Milderung der mit der Betriebsänderung verbundenen wirtschaftlichen Nachteile unter anderem über Regelungen über Verdienstsicherung, Fahrtkostenerstattung und Umzugskostenbeihilfen verhandelt werden. In Verhandlungen mit dem Betriebsrat sollen ferner die Grundsätze zur Harmonisierung der Kollektivregelungen, wie z.B. Betriebsvereinbarungen und Tarifregelungen, festgelegt werden. Soweit und solange keine neuen Regelungen getroffen werden, wird der Inhalt der bisher geltenden Betriebsvereinbarungen und tarifvertraglichen Regelungen nach Maßgabe von § 613a Abs. 1 BGB Inhalt der Einzelarbeitsverträge."

Dieser „Überschneidungsbereich“ wird zum Teil im UmwG unmittelbar erwähnt, nämlich in § 126 Abs. 1 Nr. 9 UmwG, wo von der Zuordnung „der übergehenden Betriebe und Betriebsteile“ im Spaltungsvertrag die Rede ist. Noch deutlicher ist die Vorschrift des § 321 Abs. 1 UmwG. Danach besteht ein Übergangsmandat des Betriebsrats dann, wenn die Spaltung des Rechtsträgers auch die Spaltung eines Betriebs zur Folge hat. Ein Übergangsmandat des Betriebsrats besteht dann natürlich nicht, wenn die Spaltung eines Unternehmens nicht mit einer Betriebsspaltung nach § 321 UmwG einhergeht.

Vgl. ferner die durch § 325 Abs. 2 UmwG eröffnete Möglichkeit der Beibehaltung betriebsverfassungsrechtlicher Rechte, die voraussetzt, dass infolge einer Spaltung oder Teilübertragung eines Rechtsträgers (§§ 123, 177 UmwG) ein Betrieb gespalten wird.

6. Beispiel:

Ein bisher rechtlich einheitliches Unternehmen wird derart aufgespaltet, dass der Hauptbetrieb (120 Arbeitnehmer) in Köln der (neugegründeten) X-GmbH und der Zweigbetrieb in München (40 Arbeitnehmer) der (ebenfalls neugegründeten) Y-GmbH zugewiesen wird. Die tatsächliche Organisation der Betriebe wird jedoch nicht geändert.[560]

Rechtsfolge:

Die in Köln und München gewählten Betriebsräte bleiben unverändert bestehen, so dass § 321 Abs. 1 UmwG nicht einschlägig ist und auch kein Übergangsmandat des Betriebsrats besteht. Die Spaltung des Rechtsträgers hat in diesem Beispiel nicht die Spaltung eines Betriebs zur Folge. Ein Fall der Betriebsänderung nach §§ 111 ff. BetrVG liegt nicht vor. Das Betriebsratsmandat besteht vielmehr bis zum Ende der regulären Amtszeit fort.

Fusion und Spaltung auf Unternehmensebene einerseits und auf Betriebsebene andererseits müssen daher deutlich unterschieden und getrennt behandelt werden. Nach der von Willemsen geprägten so genannten „Trennungstheorie“ un-

559 Entnommen bei Willemsen, NZA 1996 S. 791 (795).

560 Entnommen bei Willemsen, in: Kallmeyer, UmwG 1997, § 321 Rn.2.

terliegen der Mitbestimmung des Betriebsrats gem. §§ 111 ff. BetrVG daher nur Strukturveränderungen auf Betriebsebene. Die Vorschriften sind damit betriebsbezogen und betreffen nur Betriebsänderungen nach dem BetrVG. Die jeweils erforderlichen Voraussetzungen müssen daher separat geprüft werden.[561]

Bei Organisationsänderungen auf betrieblicher Ebene handelt es sich um Umstrukturierungen im und nicht am Unternehmen im rechtlichen Sinne. Bei Änderungen im Unternehmen handelt es sich um solche Änderungen, welche die Arbeits- und Organisationsabläufe innerhalb des Unternehmens und seiner einzelnen Betriebe betreffen, die rechtliche Unternehmensstruktur jedoch nicht tangieren.[562]

Ob es sich um eine Betriebsänderung im Sinne der §§ 111 ff. BetrVG handelt, ist daher jeweils isoliert allein anhand arbeitsrechtlicher Grundsätze zu überprüfen. Dies gilt auch dann, wenn es sich unzweifelhaft um eine Umwandlung im Sinne des UmwG (etwa Ausgliederung) handelt. Das Erfordernis einer solchen getrennten Prüfung ergibt sich daraus, dass das UmwG Veränderungen auf Unternehmensebene, § 111 BetrVG dagegen Strukturveränderungen auf Betriebsebene erfasst.

Es handelt sich daher um zwei sich nur teilweise überschneidende Rechtskreise. Die betriebsverfassungsrechtlichen Unterrichtungsregelungen sind somit materiell-rechtlich nicht deckungsgleich mit der umwandlungsrechtlichen Unterrichtungspflicht.

Die bisher schon bestehenden betriebsverfassungsgesetzlich verankerten Unterrichtungspflichten werden von den umwandlungsrechtlichen Sonderregelungen

---

561 Vgl. Willemsen, NZA 1996 S. 791 (795 ff.); ders., RdA 1998, S. 23 (29); Willemsen, in: Kallmeyer, UmwG 1997, § 321 Rn 1; Willemsen, in: Willemsen/ Hohenstatt/Schweibert, B 34; ferner Fitting/Kaiser/Heither/Engels, in: BetrVG, § 106 Rn. 44, § 111 Rn. 55; Richardi, BetrVG, § 111 Rn. 90; Bungert, DB 1997, S. 2209 (2211); Plander, NZA 2000, S. 393 (396 f.); Bachner/Köstler/Trittin/Trümner, S. 97; Däubler, in: Däubler/Kittner/Klebe, BetrVG, § 111 Rn 136; Kort, ZfA 2000, S. 329 (332, 349).

Ausführlich zum Verhältnis von Betriebsänderung nach § 111 BetrVG und Betriebsübergang im Sinne von § 613 a BGB zueinander, Matthes, NZA 2000, S. 1073 ff.

562 Vgl. Willemsen, in: Willemsen/Hohenstatt/Schweibert, B 44, B 39.

nicht tangiert und insbesondere nicht verdrängt. Beide Unterrichtungspflichten bestehen selbständig nebeneinander.[563]

Es handelt sich also keinesfalls etwa um eine „doppelte Informationspflicht" über den „gleichen Vorgang".[564] Die betriebsverfassungsrechtlichen Unterrichtungspflichten sind vielmehr vom gesellschaftsrechtlichen Vorgang der Umwandlung und den damit verbundenen Informationsregelungen zu trennen.

Nur wenn der sogenannte „Überschneidungsbereich" berührt wird, also Umstrukturierungen auf Ebene des Rechtsträgers mit einer Betriebsänderung im Sinne von § 111 BetrVG verbunden sind, wird die von Lutter angeführte „Doppelinformation" ausgelöst. Andernfalls verbleibt es bei der aufgezeigten „entweder/oder Lösung", dass heißt, es werden bei Umstrukturierungen, beschränkt auf Rechtsträgerebene, lediglich die umwandlungsrechtlichen Unterrichtungspflichten, bei Betriebsänderungen begrenzt auf Betriebsebene, nur die betriebsverfassungsrechtlichen Informationsmechanismen ausgelöst.

Da das UmwG, wie bereits ausgeführt wurde, kein arbeitsrechtliches, sondern ein unternehmensrechtliches Gesetz ist, ist die beschriebene „Trennungstheorie"

---

563 Vgl. Boecken, S. 227; Joost, ZIP 1995, S. 976 (977); ähnlich wohl auch Priester in: Lutter (Hrsg.), Kölner Umwandlungsrechtstage, S. 114; ferner Hjort, NJW 1999, S. 750 (753); Engels, in: Festschrift für Wlotzke, S. 279 (295); Trölitzsch, DStR 1999, S. 764 (768); unklar insofern Mayer, in: Widmann/Mayer, UmwG, § 5 Rn. 179, da eine Verschmelzung auf Rechtsträgerebene nur dann als Betriebsänderung im Sinne von § 111 Satz 1 BetrVG gilt, wenn darüber hinaus auch tatsächlich Änderungen auf Betriebsebene vorgenommen werden.

564 So aber Lutter, in: Lutter, UmwG 2000, § 5 Rn. 39; vgl. auch S. 131; die Aufnahme von arbeitnehmerrelevanten Planungen in den gesellschaftsrechtlichen Umwandlungsvertrag ist daher auch nicht als bloßer „Pleonasmus" zu bezeichnen (so aber Sagasser/Ködderitzsch, in: Sagasser/Bula/Brünger, J 69, vgl. bereits S. 140). Aber auch Drygala, ZIP 1996, S. 1365 (1369), spricht insofern von „Pleonasmus", als § 5 Abs. 1 Nr. 9 UmwG nicht über das hinausgehe, was bereits nach Betriebsverfassungsrecht und insbesondere nach § 111 BetrVG an Information geschuldet sei (vgl. bereits S. 134). Die Auffassung ist auch dann nicht haltbar, wenn nach Betriebsverfassungsrecht keine Informationspflicht der Arbeitnehmervertreter ausgelöst wird. Insofern können die nach §§ 5 Abs. 1 Nr. 9, 126 Abs. 1 Nr. 11, 194 Abs. 1 Nr. 7 UmwG erforderlichen Angaben auch nicht als „Pleonasmus" bezeichnet werden, da dann zumindest (bei fehlender betriebsverfassungsrechtlicher Informationspflicht) die umwandlungsrechtlichen Informationsansprüche des Betriebsrats eingreifen. Ähnlich auch die Ausführungen von Willemsen, RdA 1998, S. 23 (24), der befürchtet, dass erhebliche Irritation und Rechtsunsicherheit entstehen könne, wenn der Betriebsrat etwa durch Vorlage des Verschmelzungsvertrages über die „Folgen der Verschmelzung" informiert werden soll, hinsichtlich derer er nach Betriebsverfassungsrecht ohnehin ein Mitspracherecht habe.

für die vorzunehmende Unterscheidung zwischen Unternehmensebene und Betriebsebene konsequent anzuwenden.[565] Nur so lassen sich in der Beratungspraxis Fehler mit unter Umständen weitreichenden haftungsrechtlichen Folgen vermeiden. Zu denken wäre hier beispielsweise an eine rechtlich überflüssige und vermeidbare Kosten verursachende Durchführung von Verhandlungen über einen Interessenausgleich und Sozialplan, bei unzutreffender Bejahung einer Betriebsänderung nach § 111 BetrVG. Auch ein umgekehrter aber ebenso folgenschwerer Fehler wäre denkbar, falls die mit der Umstrukturierung betrauten Sachverständigen verkennen, dass es sich nicht um eine „reine" Fusion auf Unternehmensebene handelt, sondern diese mit einer Betriebsänderung nach § 111 BetrVG verbunden ist (beispielsweise etwa eine grundlegende Änderung der Betriebsorganisation bei dem aufnehmenden Unternehmen im Sinne von § 111 S. 2 Nr. 4 BetrVG).[566]

Ein Informationsanspruch des Betriebsrats nach dem Betriebsverfassungsrecht besteht im Hinblick auf § 111 BetrVG immer dann nicht, wenn in dem Betrieb zwanzig oder weniger wahlberechtigte Mitarbeiter beschäftigt sind. Eine hinreichende Absicherung des Informationsanspruchs des Betriebsrats durch die Re-

565 Vgl. zur Trennung Unternehmensebene/Betriebsebene den Verschmelzungsvertrag zwischen der Daimler-Benz AG und der DaimlerChrysler AG (Bundesanzeiger Nr. 146 vom 8.08.1998, S. 11685). Die Betriebsänderungen im Zusammenhang mit der Verschmelzung der Daimler-Benz AG und der DaimlerChrysler AG sind in § 7 Abs. 4 des Verschmelzungsvertrages geregelt: „Im Zusammenhang mit der Verschmelzung der Daimler-Benz AG auf die DaimlerChrysler AG sind keine Betriebsänderungen geplant. Soweit es nachfolgend im Rahmen der weiteren Integration der bisherigen Unternehmensstrukturen von Daimler-Benz und Chrysler auch zu betrieblichen Veränderungen kommen sollte, werden in den davon betroffenen Betrieben der DaimlerChrysler AG die zuständigen Betriebsräte nach den betriebsverfassungsrechtlichen Vorschriften beteiligt." Ferner zur Unterscheidung Betriebs- bzw. Unternehmensebene, § 7 Abs. 4 des Verschmelzungsvertrages der Bayrischen Hypotheken- und Wechsel-Bank AG und der Bayrischen Vereinsbank AG (Frankfurter Allgemeine Zeitung vom 8. April 1998, S. 22): „Mit Wirksamwerden der Verschmelzung der beiden Fusionsbanken auf Unternehmensebene wird der rechtliche Bestand der einzelnen Betriebe und der örtlichen Betriebsräte zunächst nicht tangiert. Im Zuge der tatsächlichen Umsetzung der Verschmelzung wird es jedoch zu Zusammenlegungen von Betrieben/Betriebsteilen kommen. Es ist beabsichtigt, die zukünftigen Niederlassungen des Unternehmensbereichs Privatkunden und Geschäftskunden als Betriebe im betriebsverfassungsrechtlichen Sinne anzusehen. Daher können nach Errichtung dieser Niederlassungen die Mitarbeiter der diesen zugeordneten Einheiten Betriebsräte wählen..."

566 Vgl. Willemsen, NZA 1996, S. 791 (796).

gelungen der §§ 111 ff. BetrVG ist also immer dann nicht gegeben, wenn die in § 111 Satz 1 normierte Betriebsgröße nicht erreicht wird. Der Anwendungsbereich der umwandlungsrechtlichen Unterrichtungsregelungen ist daher weiter, da die Informationspflicht des Betriebsrats (vgl. §§ 5 Abs. 1 Nr. 9 in Verbindung mit Abs. 3, 126 Abs. 1 Nr. 11 in Verbindung mit Abs. 3, 194 Abs. 1 Nr. 7 in Verbindung mit Abs. 2 UmwG) lösgelöst von der Zahl der beschäftigten Mitarbeiter ausgelöst wird (vgl. bereits S. 113).

Inhaltlich ist im Rahmen der umwandlungsrechtlichen Unterrichtungsregelungen über „Folgen sowie die insoweit vorgesehenen Maßnahmen" der jeweiligen Umwandlungsmöglichkeit zu informieren. Wie sich diese Folgen und Maßnahmen auf Arbeitnehmer- bzw. Arbeitnehmervertreterseite darstellen kann dahinstehen (vgl. bereits S. 107). Die Angabepflicht nach dem UmwG umfasst daher nicht nur nachteilige sondern auch vorteilhafte Auswirkungen der Umwandlung auf die Position der Arbeitnehmer und deren Vertreter. Materiell-rechtlich unterscheiden sich daher die umwandlungsrechtlichen Unterrichtungsnormen nach §§ 5 Abs. 1 Nr. 9, 126 Abs. 1 Nr. 11, 194 Abs. 1 Nr. 7 UmwG ebenfalls von § 111 Satz 1 BetrVG. Die Regelung des § 111 Satz 1 BetrVG fordert ausdrücklich: „Wesentliche Nachteile für die Belegschaft oder erhebliche Teile der Belegschaft."

4. Zeitpunkt der Unterrichtung nach §§ 80 Abs. 2 Satz 1, 106 Abs. 2, 111 Satz 1 BetrVG

Anders als die umwandlungsgesetzliche Unterrichtungspflicht sehen die betriebsverfassungsrechtlichen Regelungen keinen festen Informationszeitpunkt vor; fordern jedoch eine „rechtzeitige" arbeitgeberseitige Unterrichtung. §§ 80 Abs. 2 Satz 1, 106 Abs. 2 und § 111 Satz 1 BetrVG stellen daher mithin das Postulat der rechtzeitigen Unterrichtung von Betriebsrat und Wirtschaftsausschuss auf.

Fraglich ist, ob dieser durch das BetrVG eingeräumte Informationszeitpunkt bereits vor dem umwandlungsrechtlichen Unterrichtungszeitpunkt einsetzt.

Nach §§ 5 Abs. 3 und 126 Abs. 3 UmwG ist der Vertrag spätestens einen Monat vor dem Tage der Versammlung der Anteilsinhaber jedes beteiligten Rechtsträgers, die über die Zustimmung zum Umwandlungsvertrag beschließen soll, dem zuständigen Betriebsrat dieses Rechtsträgers zuzuleiten. Nach § 194 Abs. 2 UmwG ist der Entwurf des Umwandlungsbeschlusses spätestens einen Monat vor dem Tage der Versammlung der Anteilsinhaber, die den Formwechsel beschließen soll, dem zuständigen Betriebsrat des formwechselnden Rechtsträgers zuzuleiten.

Möglicherweise wird daher der betriebsverfassungsrechtliche Unterrichtungszeitpunkt bereits vor dem umwandlungsgesetzlich normierten Zuleitungszeitpunkt, innerhalb der Frist von spätestens einem Monat, ausgelöst.

Das BetrVG hat den Begriff der Rechtzeitigkeit – im Gegensatz zum UmwG – nicht näher konkretisiert.

Nach § 17 Abs. 1 UmwG ist unter anderem ein Nachweis über die ***rechtzeitige*** Zuleitung[567] des Verschmelzungsvertrages oder seines Entwurfs an den zuständigen Betriebsrat als Anlage zum Zeitpunkt der Registeranmeldung beizufügen. Das Tatbestandsmerkmal der rechtzeitigen Zuleitung wird durch § 5 Abs. 3 UmwG ausgefüllt und konkretisiert. Danach hat die Zuleitung innerhalb der Frist von spätestens einem Monat vor der Versammlung der Anteileigner an den zuständigen Betriebsrat zu erfolgen.

Im BetrVG fehlt es an einer solchen Konkretisierung des Begriffs der „Rechtzeitigkeit". Vielmehr wurde dieser durch die Rechtsprechung ausgefüllt. Danach ist die Unterrichtung im Sinne von § 80 Abs. 2 Satz 1 BetrVG immer dann rechtzeitig, wenn dem Betriebsrat die Gelegenheit eingeräumt wird, sich mit der Angelegenheit zu befassen; er darf daher nicht vor vollendete Tatsachen gestellt werden. Die Unterrichtung hat daher noch im Planungsstadium zu erfolgen, damit der Betriebsrat durch die Ausschöpfung seiner Mitwirkungs- und Mitbestimmungsrechte die Möglichkeit der Einwirkung hat und Alternativvorschläge einbringen kann, die noch zu einer Änderung von Entscheidungen oder Verhalten des Arbeitgebers führen können.[568]

Nach § 106 Abs. 2 BetrVG hat die Unterrichtung so frühzeitig zu erfolgen, dass die Angelegenheit mit dem Unternehmer noch in einer Sitzung des Wirtschaftsausschusses beraten werden und der Betriebsrat von dem Ergebnis unterrichtet werden kann (vgl. § 106 Abs. 1 Satz 2, 108 Abs. 4 BetrVG). Die Unterrichtung

---

567 Nach Auffassung von Stohlmeier, BB 1999, S. 1394, Fn. 3, handelt es sich bei dem Merkmal „rechtzeitige Zuleitung" um ein Redaktionsversehen. In § 17 Abs. 1 UmwG hätte es vielmehr „fristgemäß" heißen sollen, um den Unterschied zu „rechtzeitig" im Sinne von §§ 80 Abs. 2 Satz 1, 106 Abs. 2, 111 Satz 1 BetrVG zu verdeutlichen. Die Vorschriften nach dem BetrVG zielten nämlich gerade nicht auf die Einhaltung einer gesetzlich genau festgelegten Frist ab.

568 Vgl. BAG 27.06.1989 AP Nr. 37 zu § 80 BetrVG 1972; BAG 18.02.1972 AP Nr. 10 zu § 72 BetrVG.

hat daher zu einem Zeitpunkt zu erfolgen, bevor die geplante Maßnahme durchgeführt werden soll. Die Unterrichtung ist jedenfalls dann verspätet, wenn die Entscheidung im betreffenden Unternehmensorgan bereits getroffen worden ist.[569] Schon der Entschluss zur Planung kann Unterrichtungspflichten auslösen, wenn Ziele und Wege erörtert werden sollen.[570]

Nach § 111 S. 1 BetrVG hat der Unternehmer den Betriebsrat rechtzeitig und umfassend über geplante Betriebsänderungen zu unterrichten. Endgültige unternehmerische Entscheidungen dürfen noch nicht getroffen sein, da die geplante Betriebsänderung mit dem Betriebsrat abzustimmen ist. Die Einbeziehung des Betriebsrats hat daher zu einem Zeitpunkt zu erfolgen, in welchem hinsichtlich der Betriebsänderung noch keine abschließenden Entscheidungen gefallen sind. Die Unterrichtung ist somit nur dann rechtzeitig, wenn die praktische Umsetzung der Maßnahme noch nicht erfolgt ist. Dies ist schon deshalb erforderlich, da der Beteiligungsanspruch des Betriebsrats nach § 111 BetrVG auch dazu dient, Alternativen zur unternehmerischen Planung zu entwickeln. Der Arbeitgeber darf den Betriebsrat nicht vor vollendete Tatsachen stellen. Sind „die Würfel bereits gefallen“ ist es für eine Unterrichtung zu spät.[571]

Im Rahmen der Unterrichtung nach § 111 Satz 1 BetrVG soll der Betriebsrat nämlich aufgrund der vom Arbeitgeber gegebenen Informationen noch in die Lage versetzt werden, auf das Ob und Wie der geplanten Betriebsänderung Einfluss nehmen zu können. Das Beteiligungsverfahren muss deshalb zu einem Zeitpunkt erfolgen, in dem der Plan noch nicht, und zwar auch noch nicht teilweise umgesetzt ist. Auf der anderen Seite braucht der Betriebsrat nicht in sämtliche Vorüberlegungen der Unternehmensleitung eingebunden werden; dem Unternehmer steht es vielmehr frei, von sich aus abzuklären, ob überhaupt Handlungsbedarf besteht.[572]

---

569 Vgl. BAG 20.11.1984 E 47, S. 218 (222) = AP Nr. 3 zu § 106 BetrVG 1972; BAG 17.09.1974 AP Nr. 1 zu § 113 BetrVG 1972.

570 Vgl. Fitting/Kaiser/Heither/Engels, in: BetrVG, § 106 Rn. 20.

571 Vgl. Hanau/Kania, in: Erfurter Kommentar zum Arbeitsrecht, § 111 BetrVG Rn. 20; Fitting/Kaiser/Heither/Engels, in: BetrVG, § 111 Rn. 98 ff.; Bachner/Köstler/Trittin/Trümner, S. 93, 96. Richardi, BetrVG, § 111 Rn. 137 ff.; Däubler, in: Däubler/Kittner/Klebe, BetrVG, § 111 Rn. 132; Löwisch, S. 207.

572 Vgl. BAG 14.09.1976 AP Nr. 2 zu § 113 BetrVG 1972; LAG Düsseldorf, NZA 1986, S. 371 f.

Das Mitbestimmungsrecht des Betriebsrats setzt allerdings dann ein, sobald die Planung des Unternehmers zu einer gewissen Reife gelangt ist, dass heißt sobald sich der Unternehmer im Grundsatz für die Umsetzung der Maßnahme entschlossen hat. Dies gilt für jeden Willensentschluss des Unternehmers, eine Betriebsänderung ins Auge zu fassen. Das Wort „geplant“ im Sinne von § 111 Satz 1 BetrVG ist kein eigenständiges Tatbestandsmerkmal. Das führt dazu, dass das Mitbestimmungsrecht nicht davon abhängig ist, ob und in welcher Weise der Unternehmer eine vorausgegangene Planung durchgeführt hat oder nicht. Bei Betriebsänderungen hat das Wort „geplant“ nur rein zeitliche Bedeutung und kennzeichnet den Zeitpunkt für die Einbindung des Betriebsrats. Dieser ist bei juristischen Personen erreicht, sobald der Vorstand oder die Geschäftsleitung sich zu einer Maßnahme entschlossen hat, selbst wenn noch nicht die Genehmigung des Aufsichtsrats, des Beirats oder eines ähnlichen Gremiums vorliegt.[573]

In dem Planungsstadium bis „Vorüberlegung“ und zwischen „Vorüberlegung“ und dem Zeitpunkt zu dem sich der Unternehmer zur Umsetzung einer Maßnahme im Sinne von § 111 BetrVG entschlossen hat, ist der Betriebsrat daher nicht zu partizipieren.

Da nach § 111 S. 1 BetrVG die Unterrichtung rechtzeitig zu erfolgen habe, würde nach Auffassung von Drygala, selbst bei Anwendung der strengeren zeitlichen Maßstäbe des BAG, die Informationspflicht über nachteilige Betriebsänderungen nach § 111 BetrVG, daher bereits im Vorfeld der Umwandlung einsetzten, sofern zu dieser Zeit bereits ein unternehmerisches Konzept existiere.[574]

Insbesondere die betriebsverfassungsrechtlichen Mitwirkungsrechte nach § 106 Abs. 2 und § 111 Satz 1 BetrVG sehen nach Auffassung von Drygala insgesamt, im Vergleich zur umwandlungsrechtlichen Pflicht zur Unterrichtung des zuständigen Betriebsrats, eine frühzeitigere Beteiligung von Betriebsrat und Wirtschaftsausschuss vor. Die betriebsverfassungsrechtlichen Beteiligungsrechte führten deshalb im Ergebnis dazu, dass danach Betriebsrat und Wirtschaftsausschuss früher als auf der Grundlage der umwandlungsgesetzlichen

---

573 Vgl. Fitting/Kaiser/Heither/Engels, in: BetrVG, § 111 Rn. 99.

574 Vgl. Drygala ZIP 1996, S. 1365 (1370) unter Verweis auf BAG DB 1977, S. 309; BAG DB 1974, S. 2207; dennoch verbleibt es bei den unterschiedlichen und voneinander unabhängigen betriebsverfassungsrechtlichen bzw. umwandlungsrechtlichen Unterrichtungsquellen.

Unterrichtungspflicht zu informieren und in die vorbereitende Planung der Umwandlung einzubeziehen seien.[575]

Auf der anderen Seite ist vor dem Entschluss zur Planung einer wirtschaftlichen Angelegenheit im Sinne von § 106 BetrVG und bis zu dem Zeitpunkt zu dem sich der Unternehmer zur Umsetzung einer Maßnahme im Sinne von § 111 BetrVG entschlossen hat, eine Einbindung der betriebsverfassungsrechtlichen Gremien gerade nicht bzw. noch nicht erforderlich.

Die Unterrichtungspflicht des Betriebsrats und Wirtschaftsausschusses nach §§ 80 Abs. 2 Satz 1, 106 Abs. 2, 111 Satz 1 BetrVG wird daher nur dann vor dem umwandlungsgesetzlich normierten Zuleitungszeitpunkt binnen Monatsfrist (vgl. § 5 Abs. 3, § 126 Abs. 3, § 194 Abs. 2 UmwG) liegen, sofern das konkrete Planungsstadium bereits erreicht bzw. überschritten ist.[576] Dies gilt im Falle von betriebsverfassungsrechtlichen Vorüberlegungen jedenfalls nicht.

III. Selbständiges Nebeneinander der Unterrichtungspflichten nach allgemeinem Betriebsverfassungsrecht und Umwandlungsrecht

Die im UmwG verankerten Informationsrechte einerseits und die Beteiligungsrechte im BetrVG andererseits sind vom Gesetzgeber bewusst als getrennte und jeweils in sich geschlossene Regelungsbereiche geschaffen worden.

Nach Auffassung von Trölitzsch sollten durch die umwandlungsrechtlichen Regelungen zu den „Arbeitnehmerangaben“ keine weiteren – über die betriebsverfassungsrechtlichen Mitbestimmungsrechte hinaus – Beteiligungsrechte des Betriebsrats geschaffen werden.[577]

---

575 Vgl. Drygala ZIP 1996, S. 1365 (1370); im Ergebnis ebenso Boecken, S. 229, 232 und 234, im Hinblick auf die Vorschriften §§ 80 Abs. 2, 106 Abs. 2 und § 111 Satz 1 BetrVG; Stohlmeier, BB 1999, S. 1394 (1396 f.); Heinze, ZfA 1997, S. 1 (4); Mengel, S. 351; ferner Engels, DB 1991, S. 966 f., allerdings bezogen auf das Verhältnis zwischen §§ 80 Abs. 2 Satz 1, 106 Abs. 2 BetrVG und § 2 Abs. 4 SpTrUG.

576 Dies verkennt Heinze, ZfA 1997, S. 1 (4), der den Angaben im Umwandlungsvertrag lediglich protokollierende und keine konstitutive Bedeutung beimessen will.

577 Vgl. Trölitzsch, DStR 1999, S. 764 (768); Stohlmeier, BB 1999, S. 1394 (1396 f.), spricht in diesem Zusammenhang richtigerweise von einer bloßen Informationsfunktion der umwandlungsrechtlichen Zuleitung; Baumann, DStR 1995, S. 888 (892), bemerkt ebenso, dass durch die §§ 5 Abs. 3, 126 Abs. 3, 194 Abs. 2 UmwG kein neuer Mitbestimmungstatbestand eingeführt wird.

Von „Beteiligungsrechten" ist im Falle der umwandlungsrechtlichen Pflichtangaben nach §§ 5 Abs. 1 Nr. 9, 126 Abs.1 Nr. 11, 194 Abs. 1 Nr. 7 UmwG auch keine Rede. Durch den umwandlungsrechtlichen Anspruch des Betriebsrats aus §§ 5 Abs. 3, 126 Abs. 3, 194 Abs. 2 UmwG hat dieser ein Recht auf Zuleitung und Kenntnisnahme des Umwandlungsvertrags bzw. –beschlusses. Es verbleibt mithin an einer passiven Einbindung des Betriebsrats.

Die Beteiligungsrechte der Arbeitnehmer im Rahmen der Betriebsverfassung werden in Mitwirkungs- und Mitbestimmungsrechte unterteilt und sind deshalb voneinander abzugrenzen. Mitbestimmung ist die stärkste Form der Beteiligung. Maßnahmen des Arbeitgebers die der Mitbestimmung unterliegen, können regelmäßig nur mit Zustimmung des Betriebsrats getroffen werden. Die Mitwirkung steht hierzu in einem abgeschwächten Verhältnis und bedeutet Mitsprache in Form von Unterrichtung, Anhörung oder Beratung.[578]

Diese betriebsverfassungsrechtlichen Grundsätze der Einbindung der Arbeitnehmervertreter übertragen auf die umwandlungsrechtliche Beteiligung des Betriebsrats führen zu dem Ergebnis, dass sich die umwandlungsrechtliche Beteiligung des Betriebsrats auf einer Stufe der Mitwirkung bewegt. Mitbestimmungsrechte im Sinne einer aktiven Beteiligung am Umstrukturierungsvorgang – über eine Mitwirkung hinaus - werden durch das UmwG dem Betriebsrat nicht eingeräumt.

Zutreffenderweise hat das OLG Naumburg in einem Urteil von 06.02.1997 festgestellt, dass die Zuleitung des Umwandlungsbeschlusses im Falle des Formwechsels nach § 194 Abs. 2 UmwG keine Genehmigung des Betriebsrats „unterstellt" (hier hätte es stattdessen besser heißen müssen „erfordert"). Diese Regelung soll vielmehr die Information des Betriebsrats sicherstellen. Die Vorschrift macht den Formwechsel aber nicht von dessen Zustimmung oder Genehmigung abhängig.[579]

Ähnlich ist die Situation bei den Vorschriften der §§ 80 Abs. 2 Satz 1 und 106 Abs. 2 BetrVG. Danach haben Betriebsrat und Wirtschaftsausschuss ein Recht auf Information. Dieses Recht auf Information bewegt sich auf der Stufe der Mitwirkungsmöglichkeit im Rahmen der Betriebsverfassung.

578 Vgl. Wollenschläger, S. 295.

579 Vgl. OLG Naumburg, Urteil vom 06.02.1997, DB 1997, S. 466 (467).

Dagegen ist § 111 BetrVG als Mitbestimmungsrecht (Initiativrecht) im Sinne einer echten Beteiligung zu verstehen. Nach § 112 BetrVG hat der Betriebsrat einen Anspruch auf Interessenausgleich und Sozialplan. Der Sozialplan, d.h. eine Einigung über den Ausgleich oder Milderung der wirtschaftlichen Nachteile der von der Betriebsänderung betroffenen Arbeitnehmer, ist darüber hinaus vom Betriebsrat gemäß § 112 Abs. 4 BetrVG grundsätzlich erzwingbar. Die §§ 111 ff. BetrVG räumen daher dem Betriebsrat eine Mitbestimmungsmöglichkeit ein, die über die umwandlungsrechtliche Mitwirkung, als reines Informationsrecht, (vgl. §§ 5 Abs. 3, 126 Abs. 3, 194 Abs. 2 UmwG) hinaus geht.

Von einem echten Mitbestimmungsrecht des Betriebsrats ist beispielsweise auch im Falle von § 102 BetrVG auszugehen. Nach § 102 Abs. 5 Satz 1 BetrVG kann der Betriebsrat bei Widerspruch gegen eine ordentlichen Kündigung einen vorläufigen Weiterbeschäftigungsanspruch des Arbeitnehmers dann erwirken, wenn dieser Kündigungsschutzklage erhebt. Eine Mitbestimmung, im Sinne einer aktiven Beteiligung, sieht auch § 103 Abs. 1 BetrVG vor. Hiernach bedarf beispielsweise unter anderem die außerordentliche Kündigung eines Betriebsratsmitglieds der ausdrücklichen Zustimmung des Betriebsrats.

Die Zuleitung von Umwandlungsvertrag bzw. -beschluss an den Betriebsrat nach den Vorschriften des Umwandlungsgesetztes und die sich daran anschließende Kenntnisnahme über den Umwandlungsvorgang sind daher lediglich abgeschwächte Formen der Beteiligung im Sinne einer Mitwirkung. Nur die betriebsverfassungsrechtliche Mitbestimmung, insbesondere nach §§ 111 ff. BetrVG, kann daher als echte Beteiligung verstanden werden. Das Recht auf Mitbestimmung geht über das Recht zur Mitwirkung hinaus.

Die Verletzung der betriebsverfassungsrechtlichen Angabepflicht nach §§ 106 Abs. 2, 111 BetrVG ist darüber hinaus gem. § 121 BetrVG bis zu 20.000,- DM bußgeldbewehrt.

Die betriebsverfassungsrechtlich fundierten Pflichten zur Beteiligung der arbeitnehmerseitigen Repräsentationsorgane nach §§ 80 Abs. 2 Satz 1, 106 Abs. 2, 111 BetrVG an einer geplanten Umwandlung werden durch die umwandlungsgesetzliche Unterrichtungspflicht nicht verdrängt, sondern bestehen zusätzlich. Für die bereits beschriebenen betriebsverfassungsrechtlichen Unterrichtungsregelungen nach §§ 80 Abs. 2 Satz 1, 106 Abs. 2, 111 BetrVG (vgl. S. 195.) gilt ferner, dass diese materiell-rechtlich nicht deckungsgleich mit der umwandlungsgesetzlichen Unterrichtungspflicht sind. Es ist deshalb bei jeder Unternehmensumstrukturierung von einem selbständigen Nebeneinander der Unterrichtungspflichten nach allgemeinem Betriebsverfassungsrecht und Umwandlungsrecht auszugehen.[580]

Da die bereits bestehenden betriebsverfassungsrechtlichen Informationsrechte des Betriebsrats die umwandlungsrechtlichen erweitern, mithin die Informationsansprüche getrennt zu prüfen sind, lässt eine eventuell bestehende betriebsverfassungsrechtliche Angabepflicht keine Einschränkung der umwandlungsrechtlichen Unterrichtungspflicht zu.[581] Das selbständige Nebeneinander von Betriebsverfassungsrecht und Umwandlungsrecht kann daher im Ergebnis nicht dazu führen, umwandlungsrechtliche Informationsansprüche unter Verweis auf das Betriebsverfassungsrecht zu verkürzen.

Die betriebsverfassungsrechtlichen Regelungen erlauben daher ebenfalls keine Reduzierung der umwandlungsrechtlichen Angabepflicht auf lediglich unmittelbare Folgen der Umwandlung. Der Verweis auf die Informationsvorschriften des BetrVG ist daher kein taugliches Argument, die umwandlungsrechtliche Angabepflicht auf die Unmittelbarfolgen der Umstrukturierung zu beschränken.

---

580 Vgl. im Ergebnis ebenso Boecken, S. 227; Joost, ZIP 1995, S. 976 (977); Hjort, NJW 1999, S. 750 (753); Bungert, DB 1997, S. 2209 (2211); Bermel/Hannappel, in: Goutier/Knopf/Tulloch, UmwG 1995, § 5 Rn. 83 ff.; Willemsen, RdA 1998, S. 23 (29, 35, 37); ders., NZA 1996, S. 791 (795, 798); ferner Willemsen, in: Kallmeyer, UmwG 1997, § 5 Rn. 48; Stohlmeier, BB 1999, S. 1394 (1396 f.); Mengel, S. 330; nach Auffassung von Melchior, GmbHR 1996, S. 833 (835, 839), sei aus der Tatsache, dass der Gesetzgeber mit dem UmwBerG den Anwendungsbereich des BetrVG (vgl. §§ 106 Abs. 3 Nr. 8, 111 Satz 2 Nr. 3 BetrVG) zwar erweitert, die Beteiligung des Betriebsrats auf dem Gebiet des Umwandlungsrechts aber auf einen Informationsanspruch begrenzt habe, sei mithin dahingehend auszulegen, dass eine Vorverlagerung betriebsverfassungsrechtlicher Positionen in das Gesellschaftsrecht nicht gewollt sei; vgl. ferner Trölitzsch, DStR 1999, S. 764 (768); Engels, in: Festschrift für Wlotzke, S. 279 (295); ders., DB 1991, S. 966, allerdings bezogen auf das Verhältnis § 2 Abs. 4 SpTrUG zu den Mitwirkungsrechten nach dem BetrVG; Fitting/Kaiser/Heither/Engels, in: BetrVG, § 1 Rn. 125.

581 Insbesondere ist der Auffassung von Jung, S. 123, eine Absage zu erteilen, die umwandlungsrechtlichen Regelungen zur Schließung eventuell bestehender betriebsverfassungsrechtlicher Informationslücken heranzuziehen. Zu Informationszwecken gegenüber dem Betriebsrat seien die „arbeitsrechtlichen Angaben" im Umwandlungsrechtsakt damit sogar insgesamt entbehrlich (Jung, S. 124).

E. Die Zuleitungspflicht nach §§ 5 Abs. 3, 126 Abs. 3, 194 Abs. 2 UmwG

I. Umwandlungsrechtliche Bedeutung und Zweck der Norm

Um die gesetzgeberischen Ziele des § 5 Abs. 1 Nr. 9 UmwG sicherzustellen, sieht § 5 Abs. 3 UmwG in Anlehnung an § 2 Abs. 4 SpTrUG die nachzuweisende (vgl. § 17 Abs. 1 UmwG) Zuleitung des Verschmelzungsvertrages oder seines Entwurfs an den jeweils zuständigen Betriebsrat der an der Verschmelzung beteiligten Rechtsträger vor.[582]

Für Spaltungsverträge gilt dies gemäß § 126 Abs. 3 UmwG und für den Umwandlungsbeschluss im Falle des Formwechsels gemäß § 194 Abs. 2 UmwG.[583]

Verschmelzungs- und Spaltungsvertrag sowie Umwandlungsbeschluss sind spätestens einen Monat vor dem Tag der Versammlung der Anteilsinhaber jedes beteiligen Rechtsträgers, die über die Zustimmung zu dem entsprechenden Vertrag beschließen soll, dem zuständigen Betriebsrat dieses Rechtsträgers zuzuleiten. Die fristgemäße Zuleitung ist bei der Anmeldung einer Verschmelzung zum Registergericht gemäß § 17 Abs. 1 UmwG, bei der Spaltung nach §§ 125, 17 Abs. 1 UmwG und im Falle des Formwechsels gemäß § 199 UmwG nachzuweisen und somit Eintragungsvoraussetzung. Ohne diesen Nachweis kann das Registergericht die Umwandlung nicht eintragen; die Umwandlung wird nicht wirksam.[584]

---

582 Vgl. die amtliche Begründung zum Regierungsentwurf, BT-Drucks. 12/6699, S. 83; die Frist nach § 5 Abs. 3 UmwG ist vor dem Hintergrund von Sinn und Zweck auszulegen. Ratio legis des Informationsanspruchs ist die Wahrung und Sicherung des sozialen Friedens durch rechtzeitige Bekanntmachung der geplanten Umwandlungsmaßnahme gegenüber dem Betriebsrat, vgl. Melchior, GmbHR 1996, S. 833 (837); ferner Kinzelmann, Anmerkung zu LG Stuttgart, Beschluss vom 11.04.2000 – 4 KfH T 17 u. 18/99, GmbHR 2000, S. 622 (623).

583 § 126 Abs. 3 UmwG sieht wie § 5 Abs. 3 UmwG die Zuleitung des Spaltungs- und Übernahmevertrages an den jeweils zuständigen Betriebsrat vor. Auf die Begründung zu dieser Vorschrift wird verwiesen, vgl. Ganske, S. 157; § 194 Abs. 2 UmwG ist eine Parallelvorschrift zu § 5 Abs. 3 und § 126 Abs. 3 UmwG, deren Begründung auch auf den Rechtsformwechsel zutrifft, vgl. Ganske S. 218.

584 Vgl. Lutter, in: Lutter, UmwG 2000, § 5 Rn. 88; Bermel/Hannappel, in: Goutier/Knopf/Tulloch, UmwG 1995, § 5 Rn. 118; Willemsen, in: Kallmeyer, UmwG 1997; § 5 Rn. 74; Marsch-Barner, in: Kallmeyer, UmwG 1997, § 5 Rn. 63; Dehmer, UmwG 1996, § 5 Rn. 58; Engelmeyer, DB 1996, S. 2542 (2545); Müller, DB 1997, S. 713 (717); Wlotzke, DB 1995, S. 40 (45); Gaul, DB 1995, S. 2265 (2266); Bach-

Soll die Beschlussfassung der Anteilseigner der beteiligten Rechtsträger vor Abschluss des jeweiligen Umwandlungsvertrages erfolgen, muss sein Entwurf dem zuständigen Betriebsrat des Rechtsträgers zugeleitet werden (vgl. für die Verschmelzung §§ 5 Abs. 3, 13 Abs. 3 Satz 2, 2. Alternative, 4 Abs. 2 UmwG). Durch die Zuleitung, die die Offenlegungsverpflichtung der Vertretungsorgane der beteiligten Rechtsträger nach §§ 5 Abs. 1 Nr. 9, 126 Abs. 1 Nr. 11, 194 Abs. 1 Nr.7 UmwG flankiert, soll sich der Betriebsrat ein verlässliches Bild über die zukünftige Betriebs- und Unternehmensstruktur verschaffen.[585] Die Betriebsräte sollen durch die Einbindung in den Umwandlungsvorgang vor dem Zeitpunkt der Versammlung der Anteilseigner die Möglichkeit erhalten, Einwendungen geltend zu machen, sowie auf etwaige Änderungen, zumindest hinsichtlich der Folgen für die Arbeitnehmer und ihre Vertretungen, sowie der insoweit vorgesehenen Maßnahmen hinzuwirken.[586]

Die Vorlagepflicht gegenüber den Betriebsräten der beteiligten Rechtsträger erstreckt sich auf den gesamten Vertrag und nicht etwa lediglich auf die arbeitsrechtlichen Angaben der Umwandlung.[587]

---

ner/Köstler/Trittin/Trümner, S. 90; Priester, DNotZ 1995, S. 427 (435); Joost, in: Lutter (Hrsg.), Kölner Umwandlungsrechtstage, S. 297 (307); Geck, DStR 1995, 416 (419); Fuhrmann/Simon, AG 2000, S. 49 (51); Sagasser/Ködderitzsch, in: Sagasser/Bula/Brünger, J 70.

585 Bermel/Hannappel, in: Goutier/Knopf/Tulloch, UmwG 1995, § 5 Rn. 119.

586 Vgl. Kallmeyer, ZIP 1994, S. 1746 (1754); Boecken, S. 225, ähnlich Müller, DB 1997, S. 713. Durch die Zuleitung soll sich der Betriebsrat ein Urteil über die bevorstehende Umwandlung machen. Die gesetzlich vorgeschriebene frühzeitige Information der Arbeitnehmervertreter widerspricht natürlich auf der anderen Seite dem Interesse der Unternehmensleitung an einer zügigen und reibungslosen Durchführung der Umwandlung, vgl. AG Duisburg, Beschluss vom 04.01.1996 – 23 HRB 4942, 5935, GmbHR 1996, S. 372.

587 Vgl. Willemsen, RdA 1998, S. 23 (32); Willemsen, in: Kallmeyer, UmwG 1997, § 5 Rn. 74; Auszüge aus den Vertragsurkunden, die beispielsweise nur Angaben zu §§ 5 Abs. 1 Nr. 9, 126 Abs. 1 Nr. 11, 194 Abs. 1 Nr. 11 UmwG enthalten, reichen demnach nicht aus, vgl. Melchior, GmbHR 1996, S. 833 (835); wohl auch Bermel/Hannappel, in: Goutier/Knopf/Tulloch, UmwG 1995, § 5 Rn. 120. Bei einer Verschmelzung durch Neugründung muss wegen § 37 UmwG in dem Verschmelzungsvertrag auch der Gesellschaftsvertrag des neuen Rechtsträgers enthalten sein, worauf Schmidt zu Recht ausdrücklich aufmerksam macht, vgl. H. Schmidt, in: Lutter (Hrsg.), Kölner Umwandlungsrechtstage, S. 59 (72).

II. Zuleitung an den zuständigen Betriebsrat

Gemäß den Regelungen der §§ 5 Abs. 3 , § 126 Abs. 3, 194 Abs. 2 UmwG ist das dem Umwandlungsvertrag zugrundeliegende Rechtsgeschäft bzw. dessen Entwurf dem „zuständigen Betriebsrat“ jedes umwandlungsbeteiligten Rechtsträgers zuzuleiten. Die Frage, welcher Betriebsrat im konkreten Fall zuständig ist, richtet sich nach den Vorschriften des Betriebsverfassungsrechts (vgl. 50, 58 BetrVG).[588] Die Zuleitung an den betriebsverfassungsrechtlich unzuständigen Repräsentanten erfüllt das Zuleitungserfordernis nicht und kann sich daher als Eintragungshindernis erweisen.[589]

Immer zuständig ist der Betriebsrat, dessen Betrieb auch Gegenstand der Umwandlung ist. Im Falle einer Verschmelzung sind das alle Betriebe der beteiligten Rechtsträger, also demnach mehrere Betriebsräte.[590]

Hat das Unternehmen, das aus mehreren Betrieben im Sinne des BetrVG bestehend, einen Gesamtbetriebsrat , so begründet sich dessen Zuständigkeit nach § 50 Abs. 1 BetrVG, weil alle Umwandlungen unternehmensbezogen sind.[591]

Nach § 50 Abs. 1 Satz 1, 1. Alternative BetrVG ist der Gesamtbetriebsrat zuständig bei Maßnahmen, die das Gesamtunternehmen oder mehrere Betriebe betreffen. Umwandlungsvorgänge nach dem UmwG betreffen immer die Rechtsträger und damit die von diesen getragenen Unternehmen als solche. Kumulativ fordert § 50 Abs. 1 Satz 1, 2. Alternative BetrVG als weitere Voraussetzung, dass die Angelegenheit nicht durch die einzelnen Betriebsräte innerhalb ihrer Betriebe geregelt werden kann.

---

588 So ausdrücklich die amtliche Begründung zum Regierungsentwurf, BT-Drucks. 12/6699, S. 83.

589 Vgl. Willemsen, RdA 1998, S. 23 (32); Willemsen, in: Kallmeyer, UmwG 1997, § 5 Rn. 75; Boecken, S. 223.

590 Vgl. Lutter, in: Lutter, UmwG 2000, § 5 Rn. 86; Joost, ZIP 1995, S. 976 (984); Zimmermann, in: Kallmeyer, UmwG 1997, § 17 Rn. 3.

591 Vgl. Willemsen, RdA 1998, S. 23 (32); Willemsen, in: Kallmeyer, UmwG 1997, § 5 Rn. 75; Lutter, in: Lutter, UmwG 2000, § 5 Rn. 86; Joost, ZIP 1995, S. 976 (984); Boecken, S. 222; Engelmeyer, DB 1996, S. 2542 (2545); Wlotzke, DB 1995, S. 40 (45); Melchior, GmbHR 1996, S. 833 (834); Bermel/Hannappel, in: Goutier/Knopf/Tulloch, UmwG 1995, § 5 Rn. 125.

Der Gesamtbetriebsrat hat eine originäre Zuständigkeit dann, wenn eine betriebsübergreifende Regelung notwendig erscheint. Die Rechtsträger- bzw. Unternehmensbezogenheit der Umwandlung wirft in der Regel Fragen auf, die zwingend einer betriebsübergreifenden, einheitlichen Regelung innerhalb des Gesamtunternehmens bedürfen. Beispielhaft führt Joost in diesem Zusammenhang die Zuordnung von Betrieben, Betriebsteilen und Arbeitnehmern auf, die nur einheitlich für das Unternehmen des Rechtsträgers gelöst werden können.[592]

In Fällen des Bestehens eines Gesamtbetriebsrats ist grundsätzlich dieses Repräsentationsgremium als „zuständiger Betriebsrat" im Sinne der umwandlungsrechtlichen Zuleitungsvorschriften zu betrachten.[593]

Ob bei konzerninterner Umwandlung – etwa bei Verschmelzung zweier verbundener Unternehmen – der Konzernbetriebsrat gemäß § 58 Abs. 1 BetrVG richtiger Adressat der Zuleitung des Umwandlungsvertrages ist, erscheint trotz der entsprechenden Stellungnahme des Rechtsausschusses des Deutschen Bundestages[594] fraglich. Das Gesetz verlangt in den einschlägigen Regelungen die Zuleitung an den zuständigen Betriebsrat „dieses Rechtsträgers", womit die jeweiligen umwandlungsbeteiligten Rechtsträger gemeint sind, deren Anteilseigner der Umwandlung zustimmen müssen. Der Konzernbetriebsrat ist jedoch kein Betriebsrat eines umwandlungsbeteiligten Rechtsträgers. Ferner spricht gegen eine Zuständigkeit des Konzernbetriebsrats der Gesetzeszweck einer unternehmensnahen Repräsentation der Belegschaft im Umwandlungsverfahren.[595]

---

592 Joost, ZIP 1995, S. 976 (985); ferner Boecken, S. 222.

593 Vgl. Boecken, S. 222; Sagasser/Ködderitzsch, in: Sagasser/Bula/Brünger, J 71; Wlotzke, DB 1995, S. 40 (45); Däubler, RdA 1995, S. 136 (138); so auch der Rechtsausschuss in seiner Stellungnahme zu § 5 Abs. 3 RegE, der in der Regel von einer ausschließlichen Zuständigkeit des Gesamtbetriebsrats oder des Konzernbetriebsrats ausgeht, vgl. Ganske, S. 50 f.; ferner Engels, DB 1991, S. 966, allerdings bezogen auf § 2 Abs. 4 SpTrUG; zu § 2 Abs. 4 SpTrUG ferner Heiss, S. 183 f., die eine Übersendung des Spaltungsplans an den Betriebsrat bei Bestehen eines Wirtschaftsausschusses sogar für verzichtbar erachtet; einschränkend Joost, ZIP 1995, S. 976 (984).

594 Vgl. den Bericht des Rechtsausschusses in seiner Stellungnahme zu § 5 Abs. 3 RegE. Danach ist in der Regel von einer ausschließlichen Zuständigkeit des Gesamtbetriebsrats oder des Konzernbetriebsrats auszugehen, vgl. Ganske, S. 50 f.

595 Vgl. Boecken, S. 223; Däubler, RdA 1995, S. 136 (138); Willemsen, RdA 1998, S. 23 (32); ähnlich Bermel/Hannappel, in: Goutier/Knopf/Tulloch, UmwG 1995, § 5 Rn. 126, die von einer subsidiären Zuständigkeit des Konzernbetriebsrats ausgehen; so auch Engelmeyer, DB 1996, S. 2542 (2545); nach Auffassung von Müller, DB 1997, S. 713

Bei konzerninternen Umwandlungen, die mehrere konzernzugehörige Unternehmen berühren, genügt daher die Zuleitung des Vertrages bzw. seines Entwurfs an den Konzernbetriebsrat nicht, um die Monatsfrist auszulösen.

Sollten Zweifel an der Zuständigkeit des geeigneten Repräsentationsorgans bestehen, empfiehlt sich vorsorglich eine Übersendung des Vertrags bzw. Entwurfs an alle möglicherweise in Betracht kommenden Betriebsräte. So ist im Falle der Zuständigkeit des Gesamtbetriebsrats aus Gründen der Transparenz und zur Wahrung des sozialen Friedens auch eine Unterrichtung der Einzelbetriebsräte durchaus zu befürworten. Auf diesem Wege können unnötige Risiken im Hinblick auf eine Ablehnung der Eintragung der Umwandlung durch den zuständigen Registerrichter (vgl. § 17 Abs. 1 UmwG) bereits im Vorfeld ausgeschaltet werden.[596]

III. Empfangszuständigkeit innerhalb des Betriebsratsgremiums

Die Zuleitung an den Betriebsrat erfolgt gegenüber dem Betriebsratsvorsitzenden, bzw. bei dessen Verhinderung gegenüber seinem Stellvertreter (vgl. § 26 Abs. 3 Satz 2 BetrVG). Die Regelung des § 26 Abs. 3 BetrVG gilt für den Ge-

---

(715, 718), tritt die Zuständigkeit des Konzernbetriebsrats (zusätzlich) neben die des Einzel- oder Gesamtbetriebsrats, wenn das herrschende Konzernunternehmen selbst als übertragender Rechtsträger an der Verschmelzung beteiligt ist.

596 Vgl. Willemsen, RdA 1998, S. 23 (32); Willemsen, in: Kallmeyer, UmwG 1997, § 5 Rn. 75; Wlotzke, DB 1995, S. 40 (45); Boecken, S. 223; Kreßel, BB 1995, S. 925; ferner Engels, DB 1991, S. 966, zu § 2 Abs. 4 SpTrUG; ablehnend Dehmer, UmwG 1996, § 5 Rn. 54, der bei einer Zuständigkeit des Gesamtbetriebsrats eine gleichzeitige Zuleitung des Vertrages oder seines Entwurfs auch an sämtliche Einzelbetriebsräte des Unternehmens für entbehrlich hält. Dehmer hält zum einen den Gesetzestext („dem") für eindeutig, zum anderen bestehe kein Bedürfnis für die Begründung einer doppelten Zuständigkeit von Einzelbetriebsräten und Gesamtbetriebsrat. Die Begründung einer doppelten Zuständigkeit von Einzelbetriebsräten und Gesamtbetriebsrat würde vielmehr die vom Gesetz angedachte Stellung und Autorität des Gesamtbetriebsrats aushöhlen. Existiert in einem Unternehmen mit mehreren Betrieben kein Gesamtbetriebsrat, dafür aber mehrere Einzelbetriebsräte, so ist auch nach Auffassung von Dehmer den Anforderungen an die Zuleitungsverpflichtung nur dann Genüge getan, wenn die Zuleitung gegenüber allen Betriebsräten erfolgt, vgl. Dehmer, UmwG 1996, § 5 Rn. 55.

samtbetriebsrat nach § 51 Abs. 1 BetrVG und für den Konzernbetriebsrat nach § 59 Abs. 1 BetrVG entsprechend.[597]

Die Übersendung an ein anderes Betriebsratsmitglied reicht daher nicht aus, die Monatsfrist nach §§ 5 Abs. 3, 126 Abs. 3, 194 Abs. 2 UmwG in Gang zu setzten, da diese zur Entgegennahme nicht berechtigt und damit nur Empfangsbote sind. In einem solchen Fall ist für das In-Gangsetzen der Frist der Zeitpunkt maßgebend, in dem der Vorsitzende Kenntnis von der Erklärung genommen hat. Sind sowohl der Betriebsratsvorsitzende als auch sein Stellvertreter verhindert und hat der Betriebsrat versäumt, für diesen Fall Vorkehrungen zu treffen, kann grundsätzlich die Zuleitung gegenüber jedem Betriebsratsmitglied erfolgen, so dass dann die Monatsfrist zu laufen beginnt.[598]

IV. Der umwandlungsrechtliche Begriff der Zuleitung

Fraglich ist, ob mit der Begrifflichkeit „zuzuleiten" schon ein bloßes Absenden des Umwandlungsvertrages, -planes, -beschlusses bzw. der entsprechenden Entwürfe vereinbar ist. Bereits der Gesetzeswortlaut verlangt hier mehr als ein schlichtes Absenden der entsprechenden Dokumente. Unter dem umwandlungsrechtlichen Begriff der Zuleitung ist deshalb der bürgerlich-rechtliche Begriff des Zugangs im Sinne von § 130 Abs. 1 Satz 1 BGB zu verstehen.[599]

Eine unter Abwesenden abgegebene Willenserklärung wird in dem Zeitpunkt wirksam, in dem sie dem Empfänger zugeht. Zugegangen ist demnach die Willenserklärung nach § 130 Abs. 1 Satz 1 BGB, wenn sie so in den Bereich des Empfängers gelangt ist, dass dieser unter normalen Verhältnissen die Möglichkeit hat, vom Inhalt der Erklärung Kenntnis zu nehmen.[600] Vollendet ist der Zu-

---

597 Vgl. Düwell, in : Kasseler Handbuch zum Arbeitsrecht, Band 2, 6.8 Rn. 47.

598 Vgl. BAGE 49, S. 136 (144); LAG Frankfurt, BB 1977, S. 1048 sowie DB 1990, S. 1728; Fitting/Kaiser/Heither/Engels, in: BetrVG, § 26 Rn. 44; Richardi, BetrVG, § 26 Rn. 53 ff.

599 Vgl. Joost, ZIP 1995, S. 976 (986); Stohlmeier, BB 1999, S. 1394 (1395, Fn. 12); Müller, DB 1997, S. 713 (717, Fn. 68); Laumann, in: Goutier/Knopf/Tulloch, UmwG 1995, § 194 Rn. 32; Däubler, RdA 1995, S. 136 (138), spricht von „erhalten"; Boecken, S. 225; Düwell, in : Kasseler Handbuch zum Arbeitsrecht, Band 2, 6.8 Rn. 112; wohl auch Bermel/Hannappel, in: Goutier/Knopf/Tulloch, UmwG 1995, § 5 Rn. 121, die nur von „Zugang" sprechen.

600 RGZ 144, S. 289 (292); BGHZ 67, S. 271 (275); BGH, NJW 1980, S. 990; NJW 1983, S. 929 (930); BAG, NJW 1984, S. 1651.

gang erst, wenn die Kenntnis durch den Empfänger möglich und nach der Verkehrsanschauung zu erwarten ist.[601] Für das Wirksamwerden der Erklärung nach § 130 Abs. 1 Satz 1 BGB kommt es nur auf den Zugang der Willenserklärung beim Empfänger und nicht auch auf die tatsächliche Kenntnisnahme an.[602]

Will man deshalb die Möglichkeit der Fristeinhaltung bzw. -überschreitung nicht in das Belieben des Betriebsrats stellen, ist nur auf den Empfang und nicht auch auf die tatsächliche Kenntnisnahme durch den zuständigen Betriebsrat abzustellen.[603]

V. Nachweis über die rechtzeitige Zuleitung

Nach § 17 Abs. 1 UmwG ist mit der Anmeldung zur Eintragung in das Register ein Nachweis über die rechtzeitige Zuleitung des Verschmelzungsvertrages oder seines Entwurfs an den zuständigen Betriebsrat einzureichen. Entsprechendes gilt für Spaltungen, Vermögensübertragungen und Formwechsel, vgl. §§ 125, 176 f., 199 UmwG. Mit der Anmeldung ist daher eine Nachweis zu führen über den Gegenstand der Zuleitung und über den Zuleitungsadressaten sowie seine Zuständigkeit.[604]

Nach der amtlichen Begründung zum Regierungsentwurf zu § 17 soll es der Praxis überlassen bleiben, wie der erforderliche formalisierte Nachweis der Zuleitung des Verschmelzungsvertrages oder seines Entwurfs an den jeweils zuständigen Betriebsrat erbracht wird. In Betracht komme etwa die Vorlage des Übersendungsschreibens oder der Empfangsbestätigung des Vorsitzenden des jeweiligen Betriebsrats.[605]

Nach Auffassung von Melchior muss der nach § 17 Abs. 1 UmwG zu erbringende Nachweis Angaben enthalten über

- Bezeichnung des Umwandlungsvertrags (Datum, Notar, Urkundsrollen-Nummer); bei Zuleitung des Entwurfs Bezeichnung durch Bezugnahme auf das Zuleitungsschreiben,

601 RGZ 142, S. 402 (408 f.).

602 RGZ 144, S. 289 (293).

603 So im Ergebnis auch Boecken, S. 225.

604 Vgl. Melchior, GmbHR 1996, S. 833 (837).

605 Vgl. die amtliche Begründung zum Regierungsentwurf, abgedruckt bei Ganske, S. 71.

- Art des Umwandlungsvorgangs und Firma der beteiligten Gesellschaften mit Sitz
- Unterschrift des die Empfangsbestätigung ausstellenden (vorsitzenden) Betriebsratsmitglieds mit Angabe seiner Amtsstellung.[606]

Joost bezweifelt, ob eine Vorlage des Übersendungsschreibens – wie im Regierungsentwurf für ausreichend erachtet – bereits geeignet ist, den Zugang des Umwandlungsvertrages bzw. des Entwurf des Umwandlungsbeschlusses in hinreichendem Maße zu beweisen. Anfertigung und Unterschrift unter ein Schreiben seien etwas anderes, als dessen Absendung und Zugang beim Empfänger. Unter dem umwandlungsrechtlichen Begriff der Zuleitung sei aber gerade nicht nur die Absendung, sondern insbesondere auch der Zugang beim empfangszuständigen Betriebsratsvorsitzenden bzw. dessen Stellvertreter zu verstehen (vgl. bereits S. 226).[607]

Die Vorlage eines einfachen Übersendungsschreibens ist daher nicht geeignet, gegenüber dem Registergericht den erforderlichen Nachweis über die rechtzeitige Zuleitung des Umwandlungsvertrages, -plans oder –beschlusses bzw. der entsprechenden Entwürfe an den zuständigen Betriebsrat zu dokumentieren.

Der Umwandlungspraxis ist daher vielmehr zu raten, dass sich die Vertretungsorgane der an der Umwandlung beteiligten Rechtsträger zum Nachweis der rechtzeitigen Zuleitung gegenüber dem Registergericht (vgl. § 17 Abs. 1

606 Vgl. Melchior, GmbHR 1996, S. 833 (837), der im übrigen jedes Betriebsratsmitglied für befugt hält, eine Empfangsbestätigung zu erteilen. Er begründet seine Ansicht damit, dass es sich hierbei um keinen Fall der Aktivvertretung handele. Melchior ist allerdings zu entgegnen, dass dann im Rahmen der Ausfertigung der Empfangsbestätigung deutlich gemacht werden muss, dass die Zuleitung aufgrund der betriebsverfassungsrechtlichen Empfangszuständigkeit gegenüber dem Betriebsratsvorsitzenden bzw. seinem Stellvertreter bewirkt wurde (§ 26 Abs. 3 Satz 2 BetrVG). Vor dem Hintergrund eventuell auftretender Beweisschwierigkeiten dürfte es allerdings zweckmäßiger und vor allem der Rechtssicherheit und Rechtsklarheit dienlicher sein, die Empfangsbestätigung unmittelbar nach Aushändigung der Dokumente von dem empfangszuständigen Betriebsratsmitglied, also dem Vorsitzenden bzw. seinem Stellvertreter, einzuholen, so im Ergebnis auch Dehmer, UmwG 1996, § 17 Rn. 6; kritisiert wird die Auffassung von Melchior auch von Müller, DB 1997, S. 713 (717 Fn. 67), der allerdings übersieht, dass die Zuleitung an den Betriebsratsvorsitzenden, von der Erteilung der Empfangsbestätigung zu trennen ist.

607 Vgl. Joost, ZIP 1995, S. 976 (986).

UmwG) eine Empfangsbestätigung bzw. Empfangsquittung aushändigen lassen.[608]

Sollte der Betriebsratsvorsitzende bzw. dessen Stellvertreter keine Empfangsbestätigung ausstellen, empfiehlt sich zum Nachweis über die rechtzeitige Zuleitung die Anfertigung eines Übergabeprotokolls. Das Übergabeprotokoll müsste dann die Angaben enthalten, die auch im Rahmen der Empfangsbestätigung zu machen sind (vgl. S. 227); insbesondere aber Angaben zu der Person, die im Auftrag der Gesellschaft die Zuleitung vornimmt. Ist bereits im Vorfeld der Zuleitung mit einer Weigerung der empfangszuständigen Betriebsratsmitglieder zu rechnen, ist an eine Übersendung mittels Einschreiben/Rückschein oder unter Einschaltung eines Gerichtsvollziehers zu denken.[609]

Sind die nach § 17 Abs. 1 UmwG der Anmeldung beizufügenden Unterlagen unvollständig, also fehlt beispielsweise ein geeigneter Nachweis über die rechtzeitige Zuleitung des Umwandlungsvertrages oder seines Entwurfs an den zuständigen Betriebsrat, können solche Mängel bis zur Eintragung der Umwandlung im Register behoben werden (vgl. § 19 Abs. 1 Satz 2 UmwG für die Verschmelzung). Hierzu muss der Registerrichter, da es sich um ein behebbares Hindernis handelt, durch Zwischenverfügung unter Fristsetzung den Vertretungsorganen Gelegenheit geben (vgl. § 26 Satz 2 HRegVfg), die Unterlage über den Nachweis der rechtzeitigen Zuleitung nachzureichen.[610]

---

608 Vgl. Joost, ZIP 1995, S. 976 (986); Melchior, GmbHR 1996, S. 833 (837); Müller, DB 1997, S. 713 (717); Fuhrmann/Simon, AG 2000, S. 49 (51); Priester, DNotZ 1995, S. 427 (434); Boecken, S. 226; Mengel, S. 346; Bermel/Hannappel, in: Goutier/Knopf/Tulloch, UmwG 1995, § 5 Rn. 121; Bermel, in: Goutier/Knopf/Tulloch, UmwG 1995, § 17 Rn. 5; Willemsen, in: Kallmeyer, UmwG 1997, § 5 Rn. 74; Zimmermann, in: Kallmeyer, UmwG 1997, § 17 Rn. 3; Dehmer, UmwG 1996, § 17 Rn. 6, möchte die zum Nachweis der Anhörung des Betriebsrats im Zusammenhang mit einer Kündigung entwickelten Grundsätze entsprechend anwenden und fordert daher im Ergebnis ebenfalls eine Empfangsbestätigung; für ausreichend erachtet Bork, in: Lutter, UmwG 2000, § 17 Rn. 3, hingegen die Vorlage des Übersendungsschreibens.

609 Vgl. Melchior, GmbHR 1996, S. 833 (837), der in diesem Zusammenhang allerdings nicht von einer Weigerung des Betriebsratsvorsitzenden bzw. dessen Stellvertreter ausgeht, sondern auf das einzelne Betriebsratsmitglied abstellt.

610 Vgl. Bork, in: Lutter, UmwG 2000, § 17 Rn. 2; Zimmermann, in: Kallmeyer, UmwG 1997, § 17 Rn. 7; Melchior, GmbHR 1996, S. 833 (837); Mayer, in: Widmann/Mayer, UmwG, § 5 Rn. 206.

Die 8-Monats-Frist nach § 17 Abs. 2 Satz 4 UmwG stellt kein Hindernis dar. Für die Rechtzeitigkeit im Sinne einer Fristwahrung nach § 17 Abs. 2 Satz 4 UmwG ist es nämlich nicht erforderlich, dass die Anmeldung auch ohne weiteres zur Eintragung führen kann. Der Gesetzeswortlaut ist insofern eindeutig und berechnet den Stichtag nach der Anmeldung und nicht nach der Eintragung. Für den Stichtag ist es daher ohne Bedeutung, wenn zum Zeitpunkt der Anmeldung Unterlagen unvollständig sind oder fehlen, wenn diese nachgereicht werden können. Abzustellen ist bei der Berechnung des Stichtages im Sinne von § 17 Abs. 2 Satz 4 UmwG nur auf die Anmeldung und nicht auch auf die Vollständigkeit der Eintragungsunterlagen.[611]

VI. Fehlender Betriebsrat

1. Auswirkungen auf die Zuleitungsverpflichtung

Spezifische Fragen können sich ergeben, wenn es bei den an der Umwandlung beteiligten Rechtsträgern keinen Betriebsrat gibt. Adressat der umwandlungsrechtlichen Informationsansprüche nach § 5 Abs. 1 Nr. 9 in Verbindung mit § 5 Abs. 3, § 126 Abs. 1 Nr. 11 in Verbindung mit § 126 Abs. 3, § 194 Abs. 1 Nr. 7 in Verbindung mit § 194 Abs. 2 UmwG, ist nur der Betriebsrat. Hat nun einer der beteiligten Rechtsträger keinen Betriebsrat, dann kann diesem denklogischerweise auch nichts zugeleitet werden. In Ermangelung eines Adressaten entfällt damit auch zunächst – unstreitig - das Zuleitungserfordernis nach §§ 5 Abs. 3, 126 Abs. 3, 194 Abs. 2 UmwG. Die Zuleitungspflicht geht somit ins Leere. Es gibt keinen gesetzlichen Zwang, Betriebsräte eigens zu errichten, da das UmwG,

611 Vgl. Bork, in: Lutter, UmwG 2000, § 17 Rn. 6; Zimmermann, in: Kallmeyer, UmwG 1997, § 17 Rn. 7; Kallmeyer, ZIP 1994, S. 1746 (1756); anderer Ansicht offenbar AG Duisburg, GmbHR 1996, S. 372, wonach die Vorschrift des § 17 Abs. 2 Satz 4 UmwG davon ausgehe, dass die Anmeldung bei ihrer Einreichung ordnungsgemäß und vollständig sei und die Registereintragung sich zügig anschließe. Eine derart weite Interpretation der Vorschrift ist wohl kaum mehr mit dem Gesetzeswortlaut vereinbar, da zu einer eventuellen Unvollständigkeit der Anmeldeunterlagen keinerlei Ausführungen gemacht werden; auch die amtliche Begründung zum Regierungsentwurf enthält hierzu keine näheren Angaben. Eine differenzierte Betrachtung ist wohl allerdings dann erforderlich, wenn die Anmeldung grob ordnungswidrig ist und der anmeldende Rechtsträger sie auch nicht innerhalb der vom Registergericht gesetzten Nachfrist vervollständigt hat (vgl. AG Duisburg aaO.). Dann jedenfalls ist der Eintragungsantrag als unzulässig zurückzuweisen.

wie im übrigen auch das BetrVG[612], keine Verpflichtung enthält, Betriebsräte aufzustellen.[613] Mangels bestehender Zuleitungspflicht entfällt in weiterer Konsequenz auch der Nachweis über die rechtzeitige Zuleitung des Umwandlungsvertrags, -plans, oder –beschlusses bzw. der entsprechenden Entwürfe an den zuständigen Betriebsrat nach § 17 Abs. 1, § 125 in Verbindung mit § 17 Abs. 1, § 199 UmwG.

Zuzustimmen ist der Auffassung von Mayer, der eine Zuleitungsverpflichtung auch dann ablehnt, wenn erst innerhalb der Monatsfrist nach §§ 5 Abs. 3, 126

---

612 Trotz des eindeutigen Wortlauts in § 1 BetrVG („...,werden Betriebsräte gewählt.") unterliegt die Errichtung eines Betriebsrats dem Freiwilligkeitsprinzip. Die Entscheidung liegt vielmehr allein bei den Arbeitnehmern des Betriebs, ob sie von der Möglichkeit der Bildung eines Betriebsrates Gebrauch machen. Die Wahl von Betriebsräten kann vom Arbeitgeber nicht mit Hilfe staatlicher Zwangsmaßnahmen durchgesetzt werden, da die Arbeitnehmer nicht zu einer Wahl gezwungen werden dürfen. Entscheidend ist allein der Wille der Belegschaft. Hat sich die Belegschaft allerdings entschlossen, in einem betriebsratsfähigen Betrieb einen Betriebsrat zu wählen, so trifft den Arbeitgeber eine Duldungspflicht, vgl. Trümner, in: Däubler/Kittner/Klebe, BetrVG, § 1 Rn. 2; Joost, in: Münchener Handbuch zum Arbeitsrecht, Band 3, § 304 Rn. 1; Richardi, BetrVG, § 1 Rn. 2; zutreffend bemerkt Felix, KÖSDI, 1995, S. 10232 (10234), dass das UmwG kein Büttel des Betriebsverfassungsrechts sei, wonach die Belegschaften zur Bildung von Betriebsräten lediglich berechtigt seien.

Neuste Auswertungen haben ergeben, dass 50 Prozent aller Beschäftigten der Privatwirtschaft in Betrieben mit mehr als fünf Beschäftigten in den alten Ländern und nur 38 Prozent in den neuen Bundesländern über Betriebsräte verfügen. Demnach arbeiten 60 Prozent der Beschäftigten im produzierenden Gewerbe und 40 Prozent der Beschäftigten im Dienstleistungssektor in Westdeutschland in einem Betrieb mit Betriebsrat. Allerdings steigt die Vertretungsquote mit der Betriebsgröße. In Großbetrieben mit über 1001 Mitarbeitern liegt der Anteil der Betriebe mit Betriebsrat in allen Landesteilen sowohl im produzierenden Gewerbe wie im Bereich der Dienstleistungen deutlich über 90 Prozent. Der für das Bestehen eines Betriebsrats entscheidende Faktor ist die Betriebsgröße und zwar weitgehend unabhängig von der Branchenzugehörigkeit. Nach den Ergebnissen des Hannoveraner Firmenpanels besteht in weniger als einem Prozent der Betriebe mit fünf bis zehn Mitarbeitern ein Betriebsrat, vgl. Hassel/Kluge, Gewerkschaftliche Monatshefte, 1999, S. 167 (174); Bericht der Kommission Mitbestimmung (Hrsg.), S. 50.

613 Vgl. Bermel/Hannappel, in: Goutier/Knopf/Tulloch, UmwG 1995, § 5 Rn. 129; Engelmeyer, DB 1996, S. 2542 (2543, 2545); Mayer, in: Widmann/Mayer, UmwG, § 5 Rn. 202; Frenz, in: Neye/Limmer/Frenz/Harnacke, S. 40; Priester, DNotZ 1995, S. 427 (434); Mengel, S. 337; ausdrücklich für die Spaltung, Geck, DStR 1995, S. 416 (419): „Soweit bei einem der beteiligten Rechtsträger kein Betriebsrat besteht, muss dieser nicht zwecks Durchführung der Spaltung begründet werden. Das Erfordernis der Zuleitung des Spaltungsvertrages an den Betriebsrat entfällt mithin für diesen Rechtsträger."

Abs. 3, 194 Abs. 2 UmwG ein Betriebsrat konstituiert wird. Der Betriebsrat muss vielmehr bereits zum Zeitpunkt der Erfüllung der Informationspflichten bestanden haben. Bei anderer Betrachtungsweise könnte die unerwartete und plötzliche Errichtung eines Betriebsrats als gezielte Blockademaßnahme eingesetzt werden um den Umstrukturierungsvorgang zu gefährden.[614]

2. Entbehrlichkeit der arbeitsrechtlichen Angaben

Hat keiner der an der Umwandlung beteiligten Rechtsträger einen Betriebsrat, kommt es demzufolge zu einem Wegfall der Übersendungsverpflichtung nach §§ 5 Abs. 3, 126 Abs. 3, 194 Abs. 2 UmwG.

Fraglich ist dann in diesem Zusammenhang insbesondere, ob die Pflicht zur Aufnahme arbeitsrechtlicher Angaben in dem Umwandlungsvertrag, -plan, oder –beschluss bzw. den entsprechenden Entwürfen dann dennoch aufrechterhalten bleibt (vgl. §§ 5 Abs. 1 Nr. 9, 126 Abs. 1 Nr. 11, 194 Abs. 1 Nr. 7 UmwG).

Diesem Problemkreis - der Entbehrlichkeit arbeitsrechtlicher Angaben im Umwandlungsvertrag - hat sich die 4. Kammer für Handelssachen beim Landgericht Stuttgart, als Beschwerdekammer, im Rahmen einer Beschlusssache angenommen.

Nach Auffassung der Beschwerdekammer hatte keine der beiden zu verschmelzenden Gesellschaften einen Betriebsrat, welchem gegenüber die in § 5 Abs. 3 UmwG geregelte Informationspflicht wahrzunehmen gewesen wäre. Damit erweise sich die Beanstandung des Registergerichts als unzutreffend.

Ferner wird in der streitgegenständlichen Entscheidung noch ausgeführt, dass die Verschmelzung in dem konkreten Fall keinerlei Auswirkungen auf die Arbeitnehmer der aufnehmenden Gesellschaft (**übernehmender Rechtsträger** im Sinne von § 2 Nr. 1 UmwG) haben könne, da in der aufzunehmenden Gesellschaft keine Arbeitnehmer beschäftigt seien.[615] Der vom Registergericht gesehene Verstoß gegen § 5 Abs. 1 Nr. 9 UmwG bestehe daher nur nach dem Wortlaut, nicht jedoch nach dem Sinn und Zweck der Vorschrift.

---

614 Vgl. Mayer, in: Widmann/Mayer, UmwG, § 5 Rn. 263.

615 Vgl. Beschluss des LG Stuttgart vom 29.03.1996 - 4 KfH T 1/96, DNotZ 1996, S. 701 (702) = WiB 1997, S. 30; zustimmend Sagasser/Ködderitzsch, in: Sagasser/Bula/ Brünger, J 70.

Dem Amtsgericht Waiblingen als Registergericht und Entscheidungsträger der Ausgangsentscheidung ist aber, entgegen der Auffassung der Beschwerdekammer beim LG Stuttgart, beizutreten.

Der Verschmelzungsvertrag lässt nämlich offen, ob die Verschmelzung möglicherweise Auswirkungen auf die Position der Arbeitnehmer des **übertragenden Rechtsträgers** haben kann. Hierzu enthält der Verschmelzungsvertrag keine Angaben. Erforderlich ist es aber, dass sich die arbeitsrechtlichen Pflichtangaben im Umwandlungsvertrag auf sämtliche an der Umwandlung beteiligten Rechtsträger erstrecken. Die Beschwerdekammer beim LG Stuttgart hätte daher respektieren müssen, dass im streitgegenständlichen Fall der Verschmelzung durch Aufnahme gemäß § 2 Nr. 1 UmwG, Angaben hinsichtlich des übertragenden als auch des übernehmenden Rechtsträgers obligatorisch sind.[616]

Joost begründet einen Verzicht arbeitsrechtlicher Angaben damit, dass die Verpflichtung zur Darstellung der arbeitsrechtlichen Folgen der Umwandlung und Übersendung an den Betriebsrat als einheitlicher Komplex zu betrachten sei. Dies ergebe der Normzweck der Regelung. Abzustellen sei allein auf das kollektive Interesse der Arbeitnehmer an einer wirksamen Wahrnehmung der betriebsverfassungsrechtlichen Mitbestimmungskompetenzen. Die arbeitsrechtlichen Angaben dienten der Unterrichtung des Betriebsrats. Könne dieses Unterrichtungsziel mangels eines bestehenden Adressatenkreises nicht erreicht werden, so werde damit auch die Verpflichtung zur Aufnahme der entsprechenden arbeitsrechtlichen Angaben obsolet.[617]

---

616 Vgl. Beschluss des OLG Düsseldorf vom 15.05.1998, abgedruckt in NZA 1998, S. 766 (767) = DB 1998, S. 1399 = ZIP 1998, S. 1190 (1191).

617 Vgl. Joost, ZIP 1995, S. 976 (985); ders., in: Lutter (Hrsg.), Kölner Umwandlungsrechtstage, S. 245 (249), im Rahmen des Formwechsels; zustimmend im Hinblick ein Entfallen sämtlicher arbeitnehmerbezogenen Angaben, Mayer, in: Widmann/Mayer, UmwG, § 5 Rn. 202; Decher, in: Lutter, UmwG 2000, § 194 Rn. 31, für den Umwandlungsbeschluss im Falle des Formwechsels, wobei dann im Umwandlungsbeschluss auf das Fehlen eines Betriebsrats und damit das Entfallen der arbeitsrechtlichen Angaben ausdrücklich hingewiesen werden sollte. Decher rät jedoch dennoch aus Gründen äußerster Vorsorge und der entgegenstehenden überwiegenden Auffassung in der Literatur, die arbeitnehmerrelevanten Angaben nach § 194 Abs. 1 Nr. 7 UmwG auch bei Fehlen eines Betriebsrates aufzunehmen; unklar – im Hinblick auf die Verpflichtung zur Darlegung der arbeitsrechtlichen Folgen - Frenz, in: Neye/Limmer/Frenz/Harnacke, S.40, der aber auf jeden Fall die Unterrichtungspflicht nach § 5 Abs. 3 UmwG entfallen lässt, falls kein Betriebsrat vorhanden ist; ferner Geck, DStR 1995, S. 416 (420), der bei fehlender Übersendungspflicht ebenfalls keinen Anlass sieht, im Falle der Spaltung von

Nach der amtlichen Begründung zum Regierungsentwurf zu § 5 UmwG soll durch die Angaben nach § 5 Abs. 1 Nr. 9 UmwG **insbesondere** den Arbeitnehmervertretungen eine frühzeitige Information über die Verschmelzung und die durch sie bewirkten Folgen für die Arbeitnehmer zur Verfügung gestellt werden,...[618]

Lutter hält daher der Auffassung von Joost entgegen, dass dieser den Normzweck von § 5 Abs. 1 Nr. 9 UmwG zu eng interpretiere. Durch die „insbesondere" Formulierung der Gesetzesbegründung werde deutlich, dass die Vorschrift nicht nur der Information der Betriebsräte diene. Die arbeitsrechtlichen Angaben nach § 5 Abs. 1 Nr. 9 UmwG seien vielmehr nur ein Teil der Katalogangaben der gesamten Bestimmung des § 5 Abs. 1 Nr. 1 bis 9 UmwG, die den Mindestinhalt des Verschmelzungsvertrages bestimmten. Der Verschmelzungsvertrag richte sich aber in erster Linie an die Vertragsparteien und ihre Anteilseigner. Somit sei eine Information dieser Personengruppen zumindest mitbezweckt.[619]

Nach Meinung von Müller sei eine solche Auslegung allerdings nicht zwingend. Die „insbesondere" Formulierung der Gesetzesbegründung folge nämlich unmittelbar der Feststellung, dass die Verschmelzung auch die Interessen der Ar-

---

Rechtsträgern entsprechende Angaben zu arbeitsrechtlichen Folgen in den Spaltungs- und Übernahmevertrag aufzunehmen; ferner im Ergebnis auch LG Stuttgart, Beschluss vom 11.12.1995 (4 KfH T 22/95) = DNotI-Report 5/1996, S. 43, wonach die unterbliebene Beachtung der Bestimmung § 5 Abs. 1 Nr. 9 UmwG jedenfalls dann unschädlich ist, die Gesellschafter der übertragenden und der aufnehmenden Gesellschaft identisch sind und beide Gesellschaften über keinen Betriebsrat verfügen; ähnlich auch AG Duisburg vom 04.01.1996 (23 HRB 4942, 5935) = GmbHR 1996, S. 372: Erst der den Verschmelzungsvertrag ergänzende Vertrag enthielt die arbeitnehmerrelevanten Angaben nach § 5 Abs. 1 Nr. 9 UmwG. Wäre nämlich die Glaubhaftmachung, es bestehe kein Betriebsrat, durch eidesstattliche Versicherung der beteiligten gesetzlichen Vertreter erfolgt, hätte das Gericht wohl auch auf die arbeitsrechtlichen Angaben nach § 5 Abs. 1 Nr. 9 UmwG verzichtet.

618 Vgl. die amtliche Begründung zum Regierungsentwurf, BT-Drucks. 12/6699, S. 83.

619 Vgl. Lutter, in: Lutter, UmwG 2000, § 5 Rn. 87; den zwingenden Mindestinhalt der Regelung betont ebenfalls Engelmeyer, DB 1996, S. 2542 (2544); auf das Informationsinteresse der Anteilseigner stellen auch Boecken, S. 224, Mengel, S. 337 und Trölitzsch, Anmerkung zu LG Stuttgart, Beschluss vom 11.12.1995 – 4 KfH T 22/95, WiB 1996, S. 994; ders., Anmerkung zu LG Stuttgart, Beschluss vom 29.03.1996 – 4 KfH T 1/96, WiB 1997, S. 32, ab und bejahen deshalb eine Pflicht zur Aufnahme arbeitsrechtlicher Angaben in das jeweilige Vertragswerk auch bei Fehlen eines Betriebsrats; im Ergebnis ebenso Grunewald/Müller, JZ 1997, S. 698 (710); auch Fuhrmann/Simon, AG 2000, S. 49 (51), raten aus Gründen der Rechtssicherheit auf die entsprechenden arbeitsrechtlichen Angaben in der Praxis nicht zu verzichten.

beitnehmer berühre. Die „insbesondere" Formulierung könne sich daher auch als rein sprachliche Verdeutlichung darauf beziehen, dass der Verschmelzungsvertrag nach § 5 Abs. 3 UmwG eben ausschließlich dem Betriebsrat und nicht aber der Belegschaft selbst, zuzuleiten sei.[620]

Ausschlaggebend sei aber nach Meinung von Müller vielmehr die Überlegung, dass § 5 Abs. 1 Nr. 9 UmwG und § 5 Abs. 3 UmwG gerade in keinem Abhängigkeitsverhältnis zueinander stünden. Die Formulierung des § 5 Abs. 1 UmwG sei insofern eindeutig, als die dort aufgeführten Angaben im Vertrag bzw. seinem Entwurf zwingend enthalten sein müssten (...muss mindestens...). § 5 Abs. 3 UmwG würde lediglich die zusätzliche Übersendung an den Betriebsrat (soweit vorhanden) fordern. Der Wegfall der zusätzlichen Übersendungspflicht ändere aber an dem zwingend vorgeschriebenen Mindestinhalt nichts.[621]

Wäre es richtig, dass die Angaben über die Folgen der Verschmelzung für die Arbeitnehmer dann entbehrlich sind, wenn es in keinem der an der Verschmelzung beteiligten Rechtsträger einen Betriebsrat gibt, so müsste nach systematischer Betrachtungsweise nicht nur die Zuleitungspflicht sondern auch die inhaltliche Informationspflicht der Arbeitnehmer in § 5 Abs. 3 UmwG und nicht in § 5 Abs. 1 UmwG geregelt sein. Für eine solche Auslegung spreche ferner, dass der gesamte Angabenkatalog des § 5 Abs. 1 UmwG (mit Ausnahme der Angaben nach § 5 Abs. 1 Nr. 2 bis 5 UmwG im Falle von Konzernverschmelzungen nach § 5 Abs. 2 UmwG) zwingend vorgeschrieben sei. Auf die erforderlichen arbeitsrechtlichen Angaben nach § 5 Abs. 1 Nr. 9 UmwG könne deshalb nicht mit dem Argument verzichtet werden, es gebe keine Betriebsräte.[622]

Willemsen stellt für die Notwendigkeit arbeitsrechtlicher Angaben im Umwandlungsvertrag, auch bei Fehlen eines Betriebsrats, nicht auf das Informationsinteresse der Anteileigner ab.

In solchen Fallkonstellationen werde ein gewisser Arbeitnehmerschutz vielmehr dadurch bewirkt, dass die Vertretungsorgane ausdrücklich im Umwandlungsvertrag die Folgen für die Arbeitnehmer sowie eventuell vorgesehene Maßnah-

---

620 Vgl. Müller, DB 1997, S. 713 (716).

621 Vgl. Müller, aaO.

622 Vgl. Trölitzsch, Anmerkung zu LG Stuttgart, Beschluss vom 29.03.1996 – 4 KfH T 1/96, WiB 1997, S. 32; ders., Anmerkung zu LG Stuttgart, Beschluss vom 11.12.1995 – 4 KfH T 22/95, WiB 1996, S. 994.

men benennen müssten. Dies zwinge dazu, wesentliche arbeitnehmerrelevante Fragestellungen – auch im Interesse der Belegschaft – frühzeitig zu klären.

Auch nach Ansicht von Willemsen sind daher bei Fehlen eines Betriebsrats die entsprechenden Angaben über die Folgen der Umwandlung für die Arbeitnehmer zu machen. Verzichtet werden könne logischerweise lediglich auf diejenigen Angaben, die sich auf die Arbeitnehmervertretungen bezögen.[623]

a. Vereinbarkeit mit dem Willen des Gesetzgebers

Ausweislich der amtlichen Begründung zum Regierungsentwurf sind nach § 5 Abs. 1 Nr. 9 UmwG auch die durch die Verschmelzung eintretenden individual- und kollektivarbeitsrechtlichen Änderungen im Verschmelzungsvertrag aufzuzeigen, da die Verschmelzung auch die Interessen der Arbeitnehmer und ihrer Vertretungen in den an der Verschmelzung beteiligten Rechtsträgern berührt. Hierdurch soll insbesondere den Arbeitnehmervertretungen (vgl. Absatz 3) eine frühzeitige Information über die Verschmelzung und die durch sie bewirkten Folgen für die Arbeitnehmer zur Verfügung gestellt werden,...[624]

Die Angaben nach § 5 Abs. 1 Nr. 9 UmwG sind daher auch deshalb erforderlich, da die Verschmelzung auch die Interessen der Arbeitnehmer in den an der Verschmelzung beteiligten Rechtsträgern berührt. Dieses Interesse der Belegschaft besteht lösgelöst von einem eventuellen Bestehen eines Betriebsrates. Da die Errichtung eines Betriebsrates aber vom Willen der Belegschaft abhängt, kann es durchaus in grundsätzlich betriebsratsfähigen Betrieben dazu kommen, dass die Belegschaft sich entschließt, keinen Betriebsrat zu etablieren, also von ihrem Recht nach § 1 BetrVG gerade keinen Gebrauch macht. Das Interesse der Arbeitnehmer, über die beabsichtigte Unternehmensumstrukturierung möglichst umfassend unterrichtet zu werden, bleibt dennoch – auch bei Fehlen eines Betriebsrates – bestehen. Informationsinteresse der Belegschaft und die Möglichkeit der Errichtung eines Betriebsrates stehen in keinem Konnex zueinander und sind daher zu trennen.

Darüber hinaus soll neben der Information der Arbeitnehmervertretungen auch die Information der Belegschaft gewährleistet werden. Die amtliche Begründung zum Regierungsentwurf stellt die Arbeitnehmervertretungen als Repräsentanten

623 Vgl. Willemsen, RdA 1998, S. 23 (32); Willemsen, in: Kallmeyer, UmwG 1997; § 5 Rn. 78.

624 Vgl. die amtliche Begründung zum Regierungsentwurf, BT-Drucks. 12/6699, S. 82 f.

der Arbeitnehmerinteressen in den Vordergrund, da nach den allgemeinen Prinzip des Betriebsverfassungsrechts die dort beschriebenen Beteiligungsgerechte nur von den entsprechenden Organen ausgeübt werden dürfen.[625]

Das bei einem Fehlen von Betriebsräten nicht auch auf die arbeitsrechtlichen Angaben im Umwandlungsvertrag verzichtet werden kann, spricht das formale Argument, dass die Regelungen der §§ 5 Abs. 1 Nr. 9, 126 Abs. 1 Nr. 11, 194 Abs. 1 Nr. 7 UmwG nicht nur die Arbeitnehmervertretungen aufführen, sondern auch und zuerst die Arbeitnehmer. Nach der Vorstellung des Gesetzgebers kann demnach den Arbeitnehmern in einem betriebsratslosen Betrieb ein Informationsbedürfnis nicht grundsätzlich abgesprochen werden.[626]

Die Angaben zu den arbeitsrechtlichen Folgen der Umwandlung gemäß §§ 5 Abs. 1 Nr. 9, 126 Abs. 1 Nr. 11, 194 Abs. 1 Nr. 7 UmwG sind also auch dann erforderlich, wenn keiner der beteiligten Rechtsträger über einen Betriebsrat verfügt und somit eine Zuleitungspflicht nach §§ 5 Abs. 3, 126 Abs. 3, 194 Abs. 2 UmwG nicht besteht.[627]

b. Vereinbarkeit mit dem Europäischen Recht

Dass Angaben zu den arbeitsrechtlichen Folgen der Umwandlung auch dann gemacht werden müssen, wenn keiner der beteiligten Rechtsträger über einen Betriebsrat verfügt und somit keine Zuleitungsverpflichtung besteht, ist insbesondere vor dem Hintergrund der europäischen Rechtssetzung geboten.

Die Richtlinie 98/50/EG des Rates vom 29.06.1998 zur Änderung der Richtlinie 77/187/EWG zur Angleichung der Rechtsvorschriften der Mitgliedstaaten über

625 Vgl. Richardi, BetrVG, Einleitung, Rn. 95 f.

626 Vgl. Stohlmeier, BB 1999, S. 1394 (1395).

627 So im Ergebnis auch der überwiegende Teil der Stimmen in der Literatur, vgl. Lutter, in: Lutter, UmwG 2000, § 5 Rn. 87; Decher, in: Lutter, UmwG 2000, § 194 Rn. 43; Boecken, S. 224; Mengel, S. 337; Stohlmeier, BB 1999, S. 1394 (1396); Engelmeyer, DB 1996, S. 2542 (2544); Müller, DB 1997, S. 713 (716); Willemsen, RdA 1998, S. 23 (32); Willemsen, in: Kallmeyer, UmwG 1997; § 5 Rn. 78, § 194 Rn. 59; Trölitzsch, Anmerkung zu LG Stuttgart, Beschluss vom 11.12.1995 – 4 KfH T 22/95, WiB 1996, S. 994; ders., Anmerkung zu LG Stuttgart, Beschluss vom 29.03.1996 – 4 KfH T 1/96, WiB 1997, S. 32; offen gelassen von Heidenhain, NJW 1995, S. 2873 (2878) und Bayer, ZIP 1997, S. 1613 (1618).

die Wahrung von Ansprüchen der Arbeitnehmer beim Übergang von Unternehmen, Betrieben oder Betriebsteilen, hatte unter anderem zu präzisieren, unter welchen Umständen die Arbeitnehmer zu informieren sind, wenn es keine Arbeitnehmervertreter gibt.[628]

Nach Art. 6 Abs. 6 der Richtlinie 98/50/EG sehen die Mitgliedstaaten vor, dass die betreffenden Arbeitnehmer für den Fall, dass es unabhängig von ihrem Willen in einem Unternehmen oder in einem Betrieb keine Vertreter der Arbeitnehmer gibt, vorher zu informieren sind über

- den Zeitpunkt bzw. den geplanten Zeitpunkt des Übergangs,
- den Grund für den Übergang,
- die rechtlichen, wirtschaftlichen und sozialen Folgen des Übergangs für die Arbeitnehmer,
- die hinsichtlich der Arbeitnehmer in Aussicht genommenen Maßnahmen.

Während die Vorgängerbestimmung des Art. 6 Abs. 5 der Richtlinie 77/187/EWG noch als Sollvorschrift ausgestaltet war, haben die Unternehmen oder Betriebe im Hinblick auf die Information der betreffenden Arbeitnehmer nunmehr gem. Art. 6 Abs. 6 der Richtlinie 98/50/EG keinen Ermessensspielraum mehr.

In der Bundesrepublik Deutschland werden von Art. 6 Abs. 6 der Richtlinie 98/50/EG mithin zunächst jene Arbeitnehmer begünstigt, die in Betrieben mit weniger als fünf ständig wahlberechtigten Arbeitnehmern beschäftigt sind (vgl. § 1 BetrVG).

Darüber hinaus werden durch die Regelung, trotz ihres insofern missverständlichen Wortlauts „unabhängig von ihrem Willen", die Belegschaften erfasst, die trotz grundsätzlicher Betriebsratsfähigkeit gemäß § 1 BetrVG von ihren Errichtungsrecht keinen Gebrauch gemacht haben. Diese Arbeitnehmer haben nämlich gerade einen ausdrücklichen Willen. Sie haben sich „abhängig von ihrem Willen" bewusst für eine Nichtgeltendmachung ihrer Rechte nach § 1 BetrVG entschieden.

628 Vgl. Absatz (12) der Erwägungen, ABl. EG Nr. L 201 vom 17.07.1998, S. 88 (89).

Als eine weitere Fallgruppe werden die Belegschaften erfasst, die in Betrieben tätig sind, in denen die zur Errichtung eines Betriebsrats führenden Betriebsratswahlen durch den Arbeitgeber behindert oder sabotiert werden.

Auf welchem Weg die Arbeitnehmer die Informationen nach Art. 6 Abs. 6 der Richtlinie 98/50/EG erhalten, ist dabei zweitrangig, da vordergründig auf die Befriedigung des individuellen Informationsbedürfnisses abzustellen ist. Dies kann durch eine unmittelbare Information der einzelnen Arbeitnehmer durch den Arbeitgeber als auch mit einer lediglich mittelbaren Unterrichtung durch die Arbeitnehmervertretung erreicht werden. Eine lückenlose Unterrichtung der betroffenen Arbeitnehmer kann nur dadurch sichergestellt werden, dass die Pflicht zur Information der einzelnen Arbeitnehmer in all jenen Fällen vorgesehen wird, in denen eine Arbeitnehmervertretung nicht besteht.[629]

Insbesondere auch vor dem Hintergrund der Richtlinie 98/50/EG des Rates vom 29.06.1998 sind daher Angaben zu den arbeitsrechtlichen Folgen der Umwandlung selbst dann zu fordern, wenn keiner der beteiligten Rechtsträger über einen Betriebsrat verfügt.

§§ 5 Abs. 3, 126 Abs. 3, 194 Abs. 2 UmwG sind daher bei gemeinschaftsrechtskonformer Auslegung dahingehend zu interpretieren, dass auch bei fehlender Arbeitnehmervertretung eine Information der Belegschaft erfolgt.[630]

---

629 Vgl. Willemsen/Annuß, NJW 1999, S. 2073 (2080), die im übrigen bei einer Umsetzung der Richtlinie in das deutsche Recht für eine systemgerechte Lösung eintreten, die dem Schutzzweck der Vorschrift möglichst weitgehend Rechnung trägt; Oetker, NZA 1998, S. 1193 (1201), bemerkt, dass eine der Vorschrift des Art. 6 Abs. 6 der Richtlinie 98/50/EG entsprechende Norm im deutschen Recht fehlt. Ein vom Betriebsübergang betroffener Arbeitnehmer kann das Widerspruchsrecht gegen den automatischen Wechsel seines Vertragspartners nicht ausüben, wenn er hiervon keine hinreichende Kenntnis erlangt. Daraus ergebe sich nach Ansicht von Oetker zumindest für den veräußernden Arbeitgeber die vertragliche Nebenpflicht, die betreffenden Arbeitnehmer durch ausreichende Information in die Lage zu versetzen, von ihrem Widerspruchsrecht Gebrauch machen zu können. Ein individueller Informationsanspruch der Arbeitnehmer des veräußerten Betriebs stellt sich damit als notwendiger Reflex ihres Widerspruchsrechts dar.

630 Der EuGH hat nämlich entschieden, dass das innerstaatliche Recht so zu interpretieren ist, dass es mit dem Gemeinschaftsrecht übereinstimmt. Vgl. zur Frage der gemeinschaftsrechtskonformen Auslegung insbesondere EuGH, NJW 1984, S. 2021 (2022); NJW 1994, S. 921 (922); S. 2473 (2474).

3. Kenntniserlangung durch die Arbeitnehmer

Hat ein beteiligter Rechtsträger keinen Betriebsrat, so entfällt – wie bereits festgestellt – mangels Adressat die Zuleitung des Vertrags (vgl. S. 230). In der Umwandlungspraxis ergibt sich dann allerdings die Problematik, wie bzw. in welcher Form die Arbeitnehmer mangels Zuleitung über die Angaben zu den arbeitsrechtlichen Folgen der Umwandlung gemäß §§ 5 Abs. 1 Nr. 9, 126 Abs. 1 Nr. 11, 194 Abs. 1 Nr. 7 UmwG in Kenntnis gesetzt werden können oder sollen.

Eine Zuleitung der Vertragstexte unmittelbar an sämtliche Arbeitnehmer des betroffenen Rechtsträgers sehen die Regelungen der §§ 5, 126, 194 UmwG nicht vor.

Der Umwandlungsvertrag richtet sich aber nicht nur an die Vertragsparteien und ihre Anteilseigner. Die Verpflichtung zur Aufnahme arbeitsrechtlicher Angaben dient darüber hinaus auch dem Informationsbedürfnis der Arbeitnehmer.[631] Ausweislich der amtlichen Begründung zum Regierungsentwurf soll durch die Darstellung der arbeitsrechtlichen Änderungen im Verschmelzungsvertrag insbesondere den Arbeitnehmervertretungen (vgl. Absatz 3) eine frühzeitige Information über die Verschmelzung und die durch sie bewirkten Folgen für die Arbeitnehmer zur Verfügung gestellt werden, um bereits im Vorfeld des Verschmelzungsvorgangs seine möglichst sozialverträgliche Durchführung zu erleichtern. Die Regelung diene somit auch dem sozialen Frieden.[632]

Die Beschreibung der arbeitsrechtlichen Änderungen und die sich daran anschließende Information der Arbeitnehmervertretungen sollen insbesondere eine sozialverträgliche Durchführung der Umwandlung erleichtern. Regelungsziel ist damit auch der soziale Frieden in dem von der Umwandlung betroffenen Rechtsträger.

Kann es zu keiner Information der Arbeitnehmervertretungen kommen, sei es mangels Betriebsratsfähigkeit gem. § 1 BetrVG oder weil sich die Belegschaft trotz grundsätzlich bestehender Betriebsratsfähigkeit gegen die Errichtung eines Betriebsrats ausgesprochen hat, so verbleibt es dennoch bei dem vom Gesetzgeber klar definierten Regelungsziel; einer möglichst sozialverträgliche Durchführung der Umwandlung.

---

631 Vgl. Engelmeyer, DB 1996, S. 2542 (2544); Bachner/Köstler/Trittin/Trümner, S. 91; Boecken, S. 213.

632 Vgl. die amtliche Begründung zum Regierungsentwurf, BT-Drucks. 12/6699, S. 83.

Eine sozialverträgliche Durchführung der Umwandlung sowie die Sicherung des sozialen Friedens innerhalb der Belegschaft muss daher losgelöst von einer eventuell bestehenden Arbeitnehmervertretung gewährleistet werden.

Da die Umwandlung auch die Interessen der Arbeitnehmer in den an der Umwandlung beteiligten Rechtsträger berührt,[633] wäre im Falle einer fehlenden Arbeitnehmervertretung beispielsweise an eine direkte Information der betroffenen Arbeitnehmer zu denken. Der soziale Frieden würde auf diesem Wege gewahrt.

Über die Vorschriften der §§ 5 Abs. 3, 126 Abs. 3, 194 Abs. 2 UmwG kann eine solche Information der Arbeitnehmer allerdings nicht erfolgen, da diese Normen ausdrücklich nur den (zuständigen) Betriebsrat als Zuleitungsadressaten aufführen. Für den Fall, dass kein Betriebsrat existiert, fehlt eine entsprechende Regelung.

Nach Auffassung von Joost gehe aus dem Zusammenhang zwischen den arbeitsrechtlichen Angaben im Umwandlungsvertrag und der Unterrichtungspflicht gegenüber dem Betriebsrat hervor, dass die Regelung ausschließlich dem Schutz der Kollektivinteressen der Arbeitnehmer diene. Das Individualinteresse des einzelnen Arbeitnehmers sei nicht Regelungsgegenstand des Umwandlungsvertrages.[634] So entbindet Joost, bei Fehlen eines Betriebsrats, in weiterer Konsequenz die beteiligten Rechtsträger von ihrer Verpflichtung zur Darstellung der arbeitsrechtlichen Folgen der Umwandlung nach §§ 5 Abs. 1 Nr. 9, 126 Abs. 1 Nr. 11, 194 Abs. 1 Nr. 7 UmwG (vgl. bereits S. 232). Bei fehlendem Betriebsrat könnten dann auch keine Kollektivinteressen tangiert werden, die es zu wahren gilt.

Der Standpunkt von Joost lässt sich jedoch weder mit dem insoweit deutlichen Wortlaut der amtlichen Begründung zum Regierungsentwurf, noch mit dem der Richtlinie 98/50/EG des Rates vom 29.06.1998 zur Änderung der Richtlinie 77/187/EWG vereinbaren. Danach sind die eintretenden individualarbeitsrechtlichen Änderungen im Verschmelzungsvertrag aufzuzeigen, da die Verschmel-

---

633 Vgl. bereits die amtliche Begründung zum Regierungsentwurf, BT-Drucks. 12/6699, S. 82 f.

634 Vgl. Joost, ZIP 1995, S. 976 (979); ähnlich auch Stohlmeier, BB 1999, S. 1394 (1395), nach dessen Ansicht der Schutzzweck der Norm (vgl. §§ 5 Abs. 3, 126 Abs. 3, 194 Abs. 2 UmwG) die gebündelten Interessen aller Arbeitnehmer, nicht aber die Belange des einzelnen Arbeitnehmers umfasse.

zung auch die Interessen der Arbeitnehmer.....berührt.[635] Darüber hinaus kann nur bei Beachtung (auch) des Individualinteresses des einzelnen Arbeitnehmers eine sozialverträgliche Durchführung der Umwandlung erreicht werden. Das Individualinteresse des einzelnen Arbeitnehmers darf deshalb nicht grundsätzlich negiert werden.

Existiert kein Betriebsrat und fällt damit das Zuleitungserfordernis nach §§ 5 Abs. 3, 126 Abs. 3, 194 Abs. 2 UmwG ersatzlos weg, könnte dieser Wegfall durch eine entsprechende Mitteilung an alle Arbeitnehmer dergestalt substituiert werden, dass als Ersatz für die mangelnde Zuleitung ein entsprechender Aushang des Vertrages am Schwarzen Brett erfolgt.[636]

Diese Möglichkeit wird insbesondere deshalb kritisiert, da nach §§ 5 Abs. 3, 126 Abs. 3, 194 Abs. 2 UmwG nicht die einzelnen Arbeitnehmer sondern der Betriebsrat als zuständiger Zuleitungsadressat unmissverständlich bestimmt ist. Diese Differenzierung verbiete es, die Arbeitnehmer in ihrer Gesamtheit an die Stelle eines fehlenden Betriebsrats als Adressaten der Mitteilungspflicht zu setzen. Diese Argumentation stützen soll der Verweis auf die fehlende generelle Geheimhaltungspflicht der Arbeitnehmer.[637] Im Gegensatz zu den Arbeitnehmern seien die Mitglieder und Ersatzmitglieder des Betriebsrats nach § 79 Abs. 1 BetrVG verpflichtet, Betriebs- oder Geschäftsgeheimnisse, die ihnen wegen ihrer Zugehörigkeit zum Betriebsrat bekannt geworden und vom Arbeitgeber ausdrücklich als geheimhaltungsbedürftig bezeichnet worden sind, nicht zu offenbaren und nicht zu verwerten. Den Arbeitnehmern könne daher der Vertrag mit seinen möglicherweise sensiblen Informationen nicht offenbart werden.

Bei der AG ist nach § 61 Satz 1, 125 Satz 1 in Verbindung mit § 61 Satz 1 UmwG der Verschmelzungsvertrag bzw. Spaltungs- und Übernahmever-

---

635 Vgl. die amtliche Begründung zum Regierungsentwurf, BT-Drucks. 12/6699, S. 82 f.

636 Vgl. Korn, KÖSDI 1995, S. 10273 (10276), der ferner eine rechtzeitige Abklärung mit dem zuständigen Registergericht empfiehlt.

637 Vgl. Stohlmeier, BB 1999, S. 1394 (1396, Fn. 26); Müller, DB 1997, S. 713 (716); Bayer, ZIP 1997, S. 1613 (1618); Willemsen, RdA 1998, S. 23 (32); Dehmer, UmwG1996, § 194 Rn. 12 (für den Umwandlungsbeschluss beim Formwechsel); Fuhrmann/Simon, AG 2000, S. 49 (51); ebenfalls ablehnend Decher, in: Lutter, UmwG 2000, § 194 Rn. 41.

trag/Spaltungsplan oder sein Entwurf mindestens einen Monat vor der Einberufung der Hauptversammlung (vgl. § 123 Abs. 1 AktG) zum Register einzureichen. Aufgrund des öffentlichen Zugangs zum Handelsregister gem. § 9 HGB ist es also ohnehin nicht nur den Aktionären sondern jedem Interessierten und insbesondere auch den Arbeitnehmern möglich, Einsicht in den Vertragstext zu nehmen. Nach § 9 Abs. 2 Satz 1 HGB kann von den zum Handelsregister eingereichten Vertragsunterlagen sogar eine Abschrift gefordert werden.

Entsprechende Regelungen gelten bei der KGaA oder dem VVaG nach § 78 Satz 1 in Verbindung mit § 61 Satz 1; §§ 125 Satz 1, 78 Satz 1 in Verbindung mit § 61 Satz 1; § 111 Satz 1; § 125 Satz 1 in Verbindung mit § 111 Satz 1 UmwG.

Wenn aber schon die Einsichtnahme und sogar das Anfertigen von Abschriften der Vertragsunterlagen gesetzlich geregelt und jedermann gestattet ist, sind keine überzeugenden Argumente ersichtlich, die gegen eine unmittelbare Veröffentlichung der Schriftstücke durch Aushang am Schwarzen Brett in den Geschäftsräumen des betriebsratslosen Rechtsträgers sprechen könnten.[638]

Bei den Umwandlungsvorgängen, die ohnehin zu einer automatischen gesetzlich geregelten Publizität des Registers führen, sind die Umwandlungsverträge direkt und unmittelbar der Belegschaft zugänglich zu machen. Der Aushang am Schwarzen Brett wäre daher eine zweifellos geeignete Maßnahme.

Grundsätzlich hat der Gesetzgeber durch die Regelungen der §§ 5 Abs. 3, 126 Abs. 3, 194 Abs. 2 UmwG bewusst von einem Modell der unmittelbaren Unterrichtung der einzelnen Arbeitnehmer durch den Arbeitgeber, zur Gewährleistung einer umfassenden Information der Belegschaft, abgesehen. Vielmehr erfolgt eine Information der Belegschaft durch Unterrichtung der zuständigen Repräsentationsorgane. Das heißt, die Information der einzelnen Arbeitnehmer durch den Arbeitgeber wird lediglich aufgrund eine mittelbaren Unterrichtung der zuständigen Arbeitnehmervertretungen erreicht.

---

638 Engelmeyer, DB 1996, S. 2542 (2544, 2545 f.), hält die arbeitsrechtlichen Informationen für unverzichtbar, auch wenn bei einem Rechtsträger kein Betriebsrat existiert. Die Arbeitnehmer solcher Rechtsträger sollten sich nach Ansicht von Engelmeyer die arbeitsrechtlichen Informationen durch Gang zum Handelsregister selbst beschaffen. Der Verweis auf eine derartige Vorgehensweise ist jedoch abzulehnen, da hierin möglicherweise eine unnötige Schikane zu Lasten der Arbeitnehmer zu erkennen wäre.

Nur in den Fällen, in denen sich die Publizität direkt aus dem Handelsregister ergibt (vgl. die bereits dargestellten Fälle der Verschmelzung und Spaltung von Aktiengesellschaften, der KGaA oder dem VVaG), kann eine unmittelbaren Unterrichtung der einzelnen Arbeitnehmer durch Aushang am Schwarzen Brett erfolgen. Ansonsten verbleibt es bei dem Modell der subsidiären unmittelbaren Unterrichtung der zuständigen Repräsentationsorgane.

Diese Lösung steht auch nicht in Widerspruch zur amtlichen Begründung des Regierungsentwurfs.[639] Zwar steht die Erhaltung des sozialen Friedens im Vordergrund, so dass grundsätzlich auch an eine direkte und unmittelbare Information der betroffenen Arbeitnehmer zu denken wäre.

Der insofern parlamentarisch verabschiedete eindeutige Gesetzeswortlaut steht einer solchen Auslegung entgegen.

Die Vorschriften der §§ 5 Abs. 3, 126 Abs. 3, 194 Abs. 2 UmwG erlauben ausdrücklich nur eine Information des Betriebsrats. Nur der Betriebsrat kommt aufgrund des zwingenden Gesetzeswortlauts als Zuleitungsadressat in Betracht.

Für den Fall, dass kein Betriebsrat existiert und die Publizität der Umwandlung auch nicht automatisch aus dem Handelsregister folgt, werden die einzelnen Arbeitnehmer über die arbeitsrechtlichen Folgen der Umwandlung nicht in Kenntnis gesetzt. Eine andere Lösung könnte jedoch dann gefunden werden, wenn sich die einzelnen, am Vertrag interessierten, Arbeitnehmer im Rahmen einer freiwilligen Erklärung zur Verschwiegenheit über alle betrieblichen Vorgänge insbesondere die beabsichtigte Unternehmensumwandlung innerhalb und außerhalb des Betriebes verpflichten. Den Arbeitnehmern könnt dann der Vertrag offenbart werden.

Ersatzweise kommt bei Fehlen eines Betriebsrats auch keine Zuleitung an den Wirtschaftsauschuss (vorausgesetzt in dem Unternehmen sind in der Regel mehr als 100 ständig beschäftigte Arbeitnehmer, also mindestens 101 Arbeitnehmer, vorhanden, vgl. § 106 Abs. 1 BetrVG) in Betracht.

639 Vgl. die amtliche Begründung zum Regierungsentwurf, BT-Drucks. 12/6699, S. 82 f.

Ein Wirtschaftsausschuss kann nämlich nur dann gebildet werden, wenn mindestens in einem der Betriebe ein Betriebsrat besteht.[640] Besteht im Umkehrschluss in keinem der Betriebe ein Betriebsrat, kann somit auch kein Wirtschaftsausschuss errichtet werden. Eine ersatzweise Zuleitung des Umwandlungsvertrags an den Wirtschaftsausschuss scheidet deshalb ebenfalls aus.

Auch eine ersatzweise Zuleitung an den Sprecherausschuss stellt lediglich eine theoretische Möglichkeit dar. § 1 Abs. 1 SprAuG regelt die Errichtung von Sprecherausschüssen. Danach können Sprecherausschüsse nur in Betrieben gewählt werden, in denen regelmäßig mindestens zehn leitende Angestellte beschäftigt sind. Zur Begrifflichkeit des „leitenden Angestellten" verweist § 1 Abs. 1 SprAuG auf die Legaldefinition des § 5 Abs. 3 BetrVG. Die Begriffsbestimmung des BetrVG ist bindend.

Nach der Vorschrift des § 32 Abs. 1 SprAuG hat der Unternehmer den Sprecherausschuss über die wirtschaftlichen Angelegenheiten des Betriebs und des Unternehmens im Sinne von § 106 Abs. 3 des Betriebsverfassungsgesetztes mindestens einmal im Kalenderjahr zu unterrichten.

Rechtzeitig und umfassend zu unterrichten ist der Sprecherausschuss gem. § 32 Abs. 2 Satz 1 SprAuG auch über geplante Betriebsänderungen nach § 111 BetrVG; hierbei hat der Unternehmer mit dem Sprecherausschuss über Maßnahmen zum Ausgleich oder zur Milderung von wirtschaftlichen Nachteilen, die den leitenden Angestellten durch die Betriebsänderung entstehen, zu beraten, ohne das der Sprecherausschuss einen Sozialplan erzwingen könnte (vgl. § 32 Abs. 2 Satz 2 SprAuG).[641]

---

640 Vgl. Däubler, in: Däubler/Kittner/Klebe, BetrVG, § 106 Rn 16; Fitting/ Kaiser/ Heither/ Engels, in: BetrVG, § 106 Rn. 3; Richardi, BetrVG, Rn. 2; fällt der einzige den Wirtschaftsausschuss wählende Betriebsrat weg, weil beispielsweise keine Neuwahl stattfindet, so endet auch das Mandat des Wirtschaftsauschusses; ferner Rumpff/Boewer, S. 184; im Gegensatz zur fakultativen Einrichtung des Betriebsrats, ist die Errichtung des Wirtschaftsauschusses zwingend vorgeschrieben und wird dem Betriebsrat bzw. Gesamtbetriebsrat ausdrücklich zur Pflicht gemacht. Das Unterlassen dieser Obliegenheit kann eine grobe Pflichtverletzung des Betriebsrats bzw. Gesamtbetriebsrats im Sinne von § 23 Abs. 1 BetrVG darstellen; vgl. Däubler, in: Däubler/Kittner/Klebe, BetrVG, § 106 Rn 14; Richardi, BetrVG, Rn. 18.

641 Mit Rücksicht auf die besondere Vertrauensstellung des Sprecherausschusses hat der Gesetzgeber über das Anhörungserfordernis vor jeder Kündigung eines leitenden Angestellten nach § 31 Abs. 2 Satz 1 SprAuG hinaus, ihm kein § 102 Abs. 3 BetrVG vergleichbares Widerspruchsrecht eingeräumt. Daher hat der Gesetzgeber auch keinen §

Auch über eine analoge Anwendung der §§ 5 Abs. 3, 126 Abs. 3, 194 Abs. 2 UmwG kommt eine Zuleitung des Umwandlungsvertrags an den Sprecherausschuss (sofern überhaupt die Voraussetzungen im Hinblick auf den persönlichen und sachlichen Geltungsbereich des § 1 Abs. 1 SprAuG zu bejahen sind) nicht in Betracht. Der Gesetzeswortlaut ist insofern zwingend und sieht nur den Betriebsrat und nicht den Sprecherausschuss, als gewählten Repräsentanten der Arbeitnehmer, als Zuleitungsadressaten vor. Aufgrund des deutlichen Wortlauts der §§ 5 Abs. 3, 126 Abs. 3, 194 Abs. 2 UmwG kommt daher nur der Betriebsrat als Zuleitungsadressat in Betracht. Eine ersatzweise vorgenommene Zuleitung an eine anderes Gremium als den Betriebsrat sieht das Gesetz ebenfalls nicht vor und ist auch nicht zulässig.

4. Dokumentation gegenüber dem Registergericht

Zweifelhaft ist, wie die Behauptung, ein an der Umwandlung beteiligter Rechtsträger habe keinen Betriebsrat, dem Registergericht gegenüber glaubhaft zu machen ist.

Nach einem Beschluss des Amtsgerichts Duisburg soll das Nichtvorhandensein von Arbeitnehmervertretungen im Rahmen der Handelsregisteranmeldung durch eidesstattliche Versicherung nachzuweisen sein. Eine übereinstimmende einfache Erklärung der Vertragsparteien oder der anmeldenden Geschäftsführer über das Fehlen von Betriebsräten reiche demnach für die richterliche Überzeugungsbildung nicht aus.[642]

Ob sich diese Auffassung mit dem UmwG vereinbaren lässt ist fraglich, da dann bereits eine fahrlässige Falschinformation des Registergerichts zu einer strafrechtlichen Verfolgung nach §§ 156, 163 StGB führen könnte. Weder die §§ 5 Abs. 3, 126 Abs. 3, 194 Abs. 2 UmwG noch die §§ 17 Abs. 1; 125, 17 Abs. 1; 135 Abs. 1, 125, 17 Abs. 1; 199 UmwG fordern eine derart formalisierte und

---

102 Abs. 5 BetrVG entsprechenden Weiterbeschäftigungsanspruch des gekündigten leitenden Angestellten vorgesehen.

642 Vgl. AG Duisburg, Beschluss vom 04.01.1996 – 23 HRB 4942, 5935, GmbHR 1996, S. 372, wegen des Amtermittlungsgrundsatzes nach § 12 FGG bedarf die übereinstimmende Behauptung der Beteiligten, es gebe keinen Betriebsrat, der registergerichtlichen Nachprüfung; für das Erfordernis einer eidesstattlichen Versicherung bereits auch schon Felix, KÖSDI, 1995, S. 10232 (10235).

strafbewährte Erklärung der Umwandlungsparteien gegenüber dem Registergericht.[643]

Es ist daher ausreichend, dass die Vertretungsorgane bei der Anmeldung zur Eintragung versichern, dass ein Betriebsrat nicht besteht; im Umwandlungsvertrag sollte dann ein entsprechend lautender Hinweis aufgenommen werden.[644]

VII. Abänderungen des Vertrags oder Entwurfs nach erstmalig erfolgter Zuleitung an den Betriebsrat

Gerade bei komplexen Umstrukturierungsmaßnahmen ist es nicht auszuschließen, dass der Umwandlungsvertrag, nachdem er dem Betriebsrat in seiner ursprünglichen Fassung vorgelegt wurde, noch einmal geändert wird. Fraglich ist, ob der nach der Zuleitung geänderte Vertrag nochmals dem zuständigen Betriebsrat zugeleitet werden muss. Dies würde in weiterer Konsequenz bedeuten, dass auch die Monatsfrist der §§ 5 Abs. 3, 126 Abs. 3, 194 Abs. 2 UmwG erneut ausgelöst würde.[645] Der Wortlaut der §§ 5 Abs. 3, 126 Abs. 3, 194 Abs. 2 UmwG liefert hierauf keine Antwort, da nach diesen Vorschriften der Vertrag oder sein Entwurf dem zuständigen Betriebsrat zuzuleiten ist. Zu Änderungen

---

643 Vgl. Stohlmeier, BB 1999, S. 1394 (1396); ablehnend ebenfalls Mayer, in: Widmann/Mayer, UmwG, § 5 Rn. 263.

644 Vgl. Stohlmeier, BB 1999, S. 1394 (1396); Melchior, GmbHR 1996, S. 833 (834); Müller, DB 1997, S. 713 (716); Heckschen, DB 1998, S. 1385 (1388); Bermel/ Hannappel, in: Goutier/Knopf/Tulloch, UmwG 1995, § 5 Rn. 129; Zimmermann, in: Kallmeyer, UmwG 1997, § 17 Rn. 3; Dehmer, UmwG 1996, § 194 Rn. 13, für den Formwechsel.

645 Schlimmstenfalls kann die Verzögerung sogar darüber hinausgehen. Nach § 17 Abs. 2 Satz 4 UmwG darf die der Anmeldung beizufügende Schlussbilanz auf einen höchstens acht Monate vor der Anmeldung liegenden Stichtag aufgestellt worden sein. Als Schlussbilanz bietet sich häufig der letzte Jahresabschluss an. War der Umwandlungszeitplan so ausgestaltet, dass die Umstrukturierung gerade noch innerhalb dieser acht Monate angemeldet werden sollte, wäre der Jahresabschluss bei einer erneut ausgelösten Zuleitungsverpflichtung nicht mehr aktuell. Es wäre dann eigens eine (kostspielige) Zwischenbilanz zu erstellen oder der nächste Jahresabschluss abzuwarten, vgl. Müller, DB 1997, S. 713 (714 Fn. 16); ferner Stohlmeier, BB 1999, S. 1394 (1395); Willemsen, RdA 1998, S. 23 (33); Kinzelmann, Anmerkung zu LG Stuttgart, Beschluss vom 11.04.2000 – 4 KfH T 17 u. 18/99, GmbHR 2000, S. 622.

nach erstmalig erfolgter Zuleitung an den Betriebsrat werden keine Angaben gemacht.

1. Die Gesetzesmaterialien

Die amtliche Begründung zum Regierungsentwurf enthält zu diesem Problemkreis keine Angaben. Lediglich der Rechtsausschuss des Deutschen Bundestages nimmt in seinem Bericht hierzu Stellung. Nach seiner Auffassung lösen unwesentliche Abänderungen des Verschmelzungsvertrages oder seines Entwurfs, die nach der erstmaligen Zuleitung an den Betriebsrat erfolgen, keine erneute Zuleitungsverpflichtung aus.[646]

Im Umkehrschluss bedeutet das, dass wesentliche Änderungen des Vertrages eine erneute Zuleitungspflicht an den Betriebsrat auslösen. Insbesondere die Abgrenzung der wesentlichen von den unwesentlichen Änderungen kann daher zu Schwierigkeiten bei der Auslegung führen.

Darüber hinaus ist zu klären, ob eine erneute Zuleitung bei jeder Art der Vertragsänderung ausgelöst wird, oder nur bei solchen wesentlichen Abänderungen, die sich auf die arbeitsrechtlichen Folgen der Umwandlung nach §§ 5 Abs. 1 Nr. 9, 126 Abs. 1 Nr. 11, 194 Abs. 1 Nr. 7 UmwG beziehen.

2. Zweck der Zuleitung

Zu dem Zweck der Zuleitung liefert die amtliche Begründung zum Regierungsentwurf allerdings einen brauchbaren Lösungsansatz. Die Zuleitung des Verschmelzungsvertrags oder seines Entwurfs an den jeweils zuständigen Betriebsrat nach § 5 Abs. 3 erfolgt, um die Gewährleistung der in § 5 Abs. 1 Nr. 9 UmwG beschriebenen Ziele sicherzustellen. Danach (also nach § 5 Abs. 1 Nr. 9 UmwG) sind auch die durch die Verschmelzung eintretenden individual- und kollektivarbeitsrechtlichen Änderungen aufzuzeigen, um insbesondere den Arbeitnehmervertretungen eine frühzeitige Information über die für die Arbeitnehmer bewirkten Folgen an die Hand zu geben.[647]

646 Vgl. Bericht des Rechtsausschusses des Deutschen Bundestages zu § 5 RegE, abgedruckt bei Ganske, S. 51.

647 Vgl. die amtliche Begründung zum Regierungsentwurf, BT-Drucks. 12/6699, S. 82 f.

Hieraus ergibt sich, dass der Umwandlungsvertrag dann nicht nochmals zugeleitet werden muss, wenn durch die nachträglichen vertraglichen Änderungen keine individual- oder kollektivarbeitsrechtlich relevanten Positionen tangiert werden. Der Umwandlungsvertrag oder sein Entwurf bedarf dann keiner erneuten Zuleitung, wenn er in den §§ 5 Abs. 1 Nr. 1 bis 8, 126 Abs. 1 Nr. 1 bis 10 (eine Ausnahme wird man allerdings im Hinblick auf die genaue Bezeichnung und Aufteilung der übergehenden Betriebe und Betriebsteile unter Zuordnung zu den übernehmenden Rechtsträgern nach § 126 Abs. 1 Nr. 9 UmwG machen müssen), 194 Abs. 1 Nr. 1 bis 6 UmwG aufgeführten Katalogangaben im Nachhinein abgeändert wird.

Eine neuerliche Zuleitung wird also stets dann erforderlich, wenn der dem Betriebsrat vorgelegte Vertrag oder sein Entwurf in den arbeitsrechtlich flankierenden Angaben der §§ 5 Abs. 1 Nr. 9, 126 Abs. 1 Nr. 11, 194 Abs. 1 Nr. 7 UmwG im Nachhinein geändert wird.[648]

Nach §§ 5 Abs. 3, 126 Abs. 3, 194 Abs. 2 UmwG soll der Betriebsrat gerade über die arbeitsrechtlichen Folgen der Umwandlung instruiert werden. Es nutzt dem Betriebsrat reichlich wenig, einen Monat lang über arbeitsrechtlichen Folgen und Maßnahmen der Umwandlung zu diskutieren, wenn sich diese nachträglich – aufgrund der Vertrags- bzw. Entwurfsänderung – ohnehin als obsolet erweisen. Auf diese Weise wäre einer Umgehung des Schutzzwecks von § 5 Abs. 1 Nr. 9 in Verbindung mit § 5 Abs. 3; § 126 Abs. 1 Nr. 11 in Verbindung mit § 126 Abs. 3; § 194 Abs. 1 Nr. 7 in Verbindung mit § 194 Abs. 2 UmwG Tür und Tor geöffnet. Zunächst könnte man sich bei der Abfassung des Umwandlungsvertrags einfacher Standardformulierungen bedienen und nach erfolgter Zuleitung an den Betriebsrat diesen beliebig abändern, da es ja keiner nochmaligen Übersendungspflicht bedarf. Das kann nicht die Intention des Ge-

648 Vgl. Müller, DB 1997, S. 713 f.; Bermel/Hannappel, in: Goutier/Knopf/Tulloch, UmwG 1995, § 5 Rn. 131; Mengel, S. 349; OLG Naumburg, Urteil vom 06.02.1997, DB 1997, S. 466 (467); Willemsen, in: Kallmeyer, UmwG 1997, § 5 Rn. 77, bei „wesentlichen" Änderungen, die die Interessen der Arbeitnehmer und ihrer Vertretungen berühren können; undifferenziert, dass heißt für eine erneute Zuleitung, ohne Unterscheidung nach dem jeweils geänderten Abschnitt des Vertrags bzw. Entwurfs, Priester, in: Lutter (Hrsg.), Kölner Umwandlungsrechtstage, S. 99 (116); Trittin, AiB 1996, S. 270 (275); Melchior, GmbHR 1996, S. 833 (836); Gaul, DB 1995, S. 2265 (2266); Ising/Thiell, DB 1991, S. 2021 (2024), zu § 2 Abs. 4 SpTrUG; Sagasser/Ködderitzsch, in: Sagasser/Bula/Brünger, J 71; Dehmer, UmwG 1996, § 5 Rn. 58, § 7 Rn. 14, fordert ausdrücklich „erhebliche" bzw. „entscheidende" Änderungen; für eine erneute Unterrichtung des Betriebsrats, bezogen auf § 2 Abs. 4 SpTrUG, bei vermeintlicher Klarstellung oder auch materieller Korrektur des Spaltungsplans, Düwell, AuA 1992, S. 196 (198).

setzgebers gewesen sein. Die Übersendungsvorschriften an den Betriebsrat würden bei einer solchen Interpretation auch nur wenig Sinn machen.[649]

Eine am Wortlaut orientierte Gesetzesauslegung kann nur zu dem Ergebnis führen, dem Betriebsrat auch den abgeänderten Vertragstext erneut zukommen zu lassen. Nach § 5 Abs. 3 UmwG ist „der Vertrag“ oder sein Entwurf spätestens einen Monat vor dem Tage der Versammlung der Anteilsinhaber, die gemäß § 13 Abs. 1 UmwG über die Zustimmung zum Verschmelzungsvertrag beschließen soll, dem zuständigen Betriebsrat dieses Rechtsträgers zuzuleiten.

„Dieser Verschmelzungsvertrag“, der spätestens einen Monat vor dem Tage der Versammlung der Anteilsinhaber dem Betriebsrat zugeleitet wurde, wird nach § 13 Abs. 1 Satz 1 UmwG nur wirksam, wenn die Anteilsinhaber der beteiligten Rechtsträger ihm durch Beschluss (Verschmelzungsbeschluss) zustimmen.

Beschlussgegenstand ist aufgrund des eindeutigen Gesetzeswortlauts im Rahmen von § 13 Abs. 1 Satz 1 UmwG der Verschmelzungsvertrag und nicht die Verschmelzung an sich. Dieser muss noch nicht abgeschlossen sein, vielmehr können die Anteilsinhaber auch einem ihnen vorgelegten Entwurf zustimmen, vgl. § 13 Abs. 3 Satz 2 in Verbindung mit § 4 Abs. 2 UmwG. Inhalt und Wortlaut des Vertragsentwurfs sind bindend. Der Verschmelzungsbeschluss darf wegen dieser Bindungswirkung lediglich einen vollumfänglich zustimmenden Inhalt haben. Entscheidend ist auf den Willen der Anteilsinhaber und nicht auf den der Vertragspartner abzustellen.

Dieses Erfordernis ist Ausfluss der Letztentscheidung durch die Anteilsinhaberversammlung. Diese können dem Verschmelzungsvertrag lediglich zustimmen oder ihn ablehnen; die Anteilsinhaberversammlung kann den Verschmelzungsvertrag nicht mit Änderungen beschließen. Ein geänderter Vertrag muss nach Abstimmung mit den Vertragspartnern erneut zur Beschlussfassung vorgelegt werden. Liegt bereits ein Zustimmungsbeschluss vor, so muss die Versammlung der Anteilsinhaber, welche die Zustimmung erteilt hat, über den veränderten Verschmelzungsvertrag erneut abstimmen, weil andernfalls die in § 13 Abs. 1

---

649 Vgl. Müller, DB 1997, S. 713 (714); losgelöst von eventuell bestehenden betriebsverfassungsrechtlichen Informationsansprüchen fordert Gaul, DB 1995, S. 2265 (2266), aus dem Zweck der Unterrichtungspflichten des UmwG und dem Gebot der vertrauensvollen Zusammenarbeit nach § 2 BetrVG die Verpflichtung, Änderungen des Entwurfs bzw. den geänderten Entwurf dem Betriebsrat zu übermitteln, falls Abänderungen nach der erstmaligen Zuleitung vorgenommen werden; vgl. auch Trittin, AiB 1996, S. 270 (275).

Satz 1 UmwG normierten Voraussetzungen unterlaufen würden. Der Verschmelzungsvertrag ist also erneut zur Beschlussfassung den Anteilseignern vorzulegen. Liegt umgekehrt noch kein Zustimmungsbeschluss der Anteilseigner vor, so könnten die jeweiligen Vertretungsorgane der beteiligten Rechtsträger (vgl. § 4 Abs. 1 UmwG) den Verschmelzungsvertrag in gegenseitigem Einvernehmen jederzeit abändern.[650]

Beschlussgegenstand muss im Rahmen von § 13 Abs. 1 Satz 1 UmwG der Verschmelzungsvertrag in genau der Fassung sein, in der er dem Betriebsrat zugeleitet wurde. Diesem gleichlautenden Verschmelzungsvertrag erteilen die Anteilsinhaber der beteiligten Rechtsträger gegebenenfalls ihre Zustimmung. Werden nach erfolgter Zuleitung an den Betriebsrat Änderungen oder Ergänzungen an dem Verschmelzungsvertrag vorgenommen, weicht der Beschlussgegenstand der Anteilsinhaberversammlung von der dem Betriebsrat übermittelten Vertragsfassung logischerweise ab. Der Verschmelzungsvertrag - als Beschlussgegenstand der Anteilsinhaberversammlung - ist inhaltlich somit nicht mehr mit der dem Betriebsrat vorgelegten Fassung identisch.

Im Hinblick auf eine möglichst umfassende Interessenwahrnehmung der Arbeitnehmervertreter lösen nur, aber auch stets, arbeitsrechtlich relevante Änderungen nach Übersendung an den Betriebsrat – sofern diese nicht lediglich redaktioneller Natur sind – eine nochmalige Zuleitungsverpflichtung an den zuständigen Betriebsrat aus.[651]

---

650 Dehmer, UmwG 1996, § 13 Rn. 14 ff., § 7 Rn. 14; eine erneute Zustimmung ist nur bei redaktionellen Änderungen (beispielsweise die Berichtigung offensichtlicher Schreibfehler) entbehrlich, vgl. Zimmermann, in: Kallmeyer, UmwG 1997, § 13 Rn. 7; Bermel, in: Goutier/Knopf/Tulloch, UmwG 1995, § 13 Rn. 14; Lutter, in: Lutter, UmwG 2000, § 13 Rn. 19.

651 So im Ergebnis auch Müller, DB 1997, S. 713 (714), der bei Änderungen ohne oder mit geringfügigen sachlichen Auswirkungen, die die Grundkonzeption nicht berühren, eine nochmalige Zuleitungsverpflichtung nicht für erforderlich erachtet; ferner Bermel/Hannappel, in: Goutier/Knopf/Tulloch, UmwG 1995, § 5 Rn. 131; Mayer, in: Widmann/Mayer, UmwG, § 5 Rn. 261; OLG Naumburg, Urteil vom 06.02.1997, DB 1997, S. 466 (467); Trölitzsch, Anmerkung zu OLG Naumburg, Urteil vom 06.02.1997 – 7 U 236/96, WiB 1997, S. 866; Stohlmeier, BB 1999, S. 1394 (1397), der umgekehrt eine erneute Zuleitung dann ablehnt, wenn die vertraglichen Änderungen keine Auswirkungen auf die Arbeitnehmer haben; Willemsen, in: Kallmeyer, UmwG 1997, § 5 Rn. 77; ders., RdA 1998, S. 23 (33); Decher, in: Lutter, UmwG 2000, § 194 Rn. 45, hält eine erneute Zuleitungsverpflichtung im Falle des Formwechsels auch dann für erforder-

VIII. Die Zuleitungsfrist nach §§ 5 Abs. 3, 126 Abs. 3, 194 Abs. 2 UmwG

Gemäß §§ 5 Abs. 3, 126 Abs. 3, 194 Abs. 2 UmwG ist der Vertrag oder sein Entwurf spätestens einen Monat vor dem Tage der Versammlung der Anteilsinhaber dem zuständigen Betriebsrat zuzuleiten. Es stellt sich daher die Frage, zu welchem Zeitpunkt, wenn ein bestimmter Tag für die Versammlung der Anteilsinhaber bereits konkretisiert ist, der Umwandlungsvertrag bzw. der Entwurf des Umwandlungsbeschlusses spätestens dem Betriebsrat zugeleitet sein muss, um die Frist ordnungsgemäß zu wahren. Die Frage der präzisen umwandlungsrechtlichen Fristberechnung wird im Schrifttum besonders kontrovers diskutiert.

Maßgeblich für den Fristbeginn ist die nachweisbare Zuleitung an den zuständigen Betriebsrat.

Soll die Anteilseignerversammlung beispielsweise am 15.12.2000 stattfinden, werden drei unterschiedliche Zuleitungszeitpunkte genannt.

Nach Dehmer[652] soll die Monatsfrist bei Zuleitung am 15.11.2000 gewahrt sein. Bermel/Hannappel meinen die Zuleitung müsse spätestens am 13.11.2000 bewirkt worden sein.[653] Nach der von Mayer[654] und Müller-Eising/Bert vertretenen vermittelnden Auffassung soll die Monatsfrist bei Zuleitung am 14.11.2000 gewahrt sein. Alle drei Auffassungen berufen sich zur Begründung ihres Berechnungsmodus auf die Fristvorschriften der §§ 187 Abs. 1, 188 Abs. 2 BGB.

Der Anwendungsbereich der §§ 187 ff. BGB ist gemäß § 186 BGB eröffnet. Zwar betrifft § 187 BGB den Fall, dass der Fristbeginn durch Gesetz gerichtliche Verfügung oder Rechtsgeschäft festgelegt ist und das Fristende ermittelt werden soll. Die entsprechende Anwendung der §§ 187, 188 BGB ist aber unstrittig, wenn die Frist von einem Endzeitpunkt aus (Verschmelzungs-, Spaltungs-, Umwandlungsbeschluss) rückwärts zu berechnen ist.[655] Fristauslösendes

---

lich, wenn wesentliche Änderungen, die den Formwechsel als solchen betreffen, vorgenommen werden (beispielsweise Formwechsel in eine andere, als die ursprünglich vorgesehene Rechtsform).

652 Dehmer, UmwG 1996, § 5 Rn. 57.

653 Bermel/Hannappel, in: Goutier/Knopf/Tulloch, UmwG 1995, § 5 Rn. 124.

654 Mayer, in: Widmann/Mayer, UmwG, § 5 Rn. 256; Müller-Eising/Bert, DB 1996, S. 1398 (1400).

655 Palandt/Heinrichs, § 187 Rn. 4; Müller, DB 1997, S. 713 (716); Krause, NJW 1999, S. 1448; Müller-Eising/Bert, DB 1996, S. 1398; Bermel/Hannappel, in: Gou-

Ereignis ist der Tag Anteilseignerversammlung; dieser Tag wird bei der Berechnung der Frist nach §§ 5 Abs. 3, 126 Abs. 3, 194 Abs. 2 UmwG gemäß § 187 Abs. 1 BGB nicht mitgerechnet.[656] Die Regelung des § 193 BGB gilt nicht für den Fristbeginn. Auch sonntags beginnt die Frist zu laufen.[657] Für das Ende der Frist sind die §§ 188 Abs. 2, 1. Alt. und Abs. 3 BGB maßgebend. Fällt der Tag, an dem zugeleitet werden soll, auf einen Sonntag, Feiertag oder einen Sonnabend, gelangt § 193 BGB zur Anwendung. Der Zuleitungszeitpunkt wird daher auf den letzten davor liegenden Werktag vorverlegt.[658] Die Anwendung von § 193 BGB, im Kontext der §§ 5 Abs. 3, 126 Abs. 3, 194 Abs. 2 UmwG, auf den Tag der Zuleitung, trägt dem Ziel Rechnung, dem Betriebsrat die volle Monatsfrist unverkürzt zur Verfügung zu stellen. Bei Zuleitung des Umwandlungsvertrages an Betriebsräte in unterschiedlichen Bundesländern können sich aufgrund divergierender landesrechtlicher Feiertagsregelungen voneinander abweichende Fristenden ergeben.[659]

Soll wie im Ausgangsbeispiel die Anteilseignerversammlung also am 15.12.2000 erfolgen, ist die Zuleitung an den Betriebsrat bis spätestens zum

---

tier/Knopf/Tulloch, UmwG 1995, § 5 Rn. 124; Stohlmeier, BB 1999, S. 1394 (1395 Fn. 10); Melchior, GmbHR 1996, S. 833 (836); Lutter, in: Lutter, UmwG 2000, § 5 Rn. 87a; Düwell, in : Kasseler Handbuch zum Arbeitsrecht, Band 2, 6.8 Rn. 44.

656 Palandt/Heinrichs, § 187 Rn. 4, unter Verweis auf BAG, FamRZ 1986, S. 901 (902); Müller, DB 1997, S. 713 (716); Krause, NJW 1999, S. 1448; Müller-Eising/Bert, DB 1996, S. 1398 f.;Berg, WiB 1996, S. 932 (933); Bermel/Hannappel, in: Goutier/Knopf/ Tulloch, UmwG 1995, § 5 Rn. 124; Laumann, in: Goutier/Knopf/Tulloch, UmwG 1995, § 194 Rn. 32.

657 Laumann, in: Goutier/Knopf/Tulloch, UmwG 1995, § 194 Rn. 32; Müller-Eising/Bert, DB 1996, S. 1398 (1399); Müller, DB 1997, S. 713 (717); fiele der letzte Tag der Frist für die Anmeldung der Umwandlung zum Handelsregister (der 31.08.) auf einen Sonnabend, Sonn- oder Feiertag so träte an sich nach § 193 BGB der nächste Werktag anstelle des Sonnabends, Sonn- oder Feiertags. An diesen Tagen wäre allerdings die Schlussbilanz auf einen mehr als acht Monate vor der Anmeldung liegenden Stichtag ausgestellt (vgl. § 17 Abs. 2 Satz 4 UmwG). Daher muss die Anmeldung zum Register spätestens am letzten Werktag vor dem Sonnabend, Sonn- oder Feiertag erfolgen, vgl. Stohlmeier, BB 1999, S. 1394 (1395 Fn. 14).

658 Vgl. Müller-Eising/Bert, DB 1996, S. 1398 (1399);Berg, WiB 1996, S. 932 (933); Müller, DB 1997, S. 713 (717); Bermel/Hannappel, in: Goutier/Knopf/Tulloch, UmwG 1995, § 5 Rn. 124 (allerdings ohne Hinweis auf § 193 BGB); Stohlmeier, BB 1999, S. 1394 (1395); Mayer, in: Widmann/Mayer, UmwG, § 5 Rn. 256.

659 Vgl. Müller-Eising/Bert, DB 1996, S. 1398 (1399 f.).

14.11.2000 zu bewirken. Findet die Versammlung der Anteilseigner hingegen bereits am 15.11.2000 statt, fiele der letzte Tag der Zuleitungsfrist auf einen in § 193 BGB aufgeführten Tag. Spätester Zuleitungszeitpunkt wäre also grundsätzlich Sonnabend, der 14.10.2000. Bei entsprechender Anwendung von § 193 BGB ist daher der Vertrag bereits am Freitag, den 13.10.2000, dem Betriebsrat zuzuleiten.[660]

IX. Dispositivität der §§ 5 Abs. 3, 126 Abs. 3, 194 Abs. 2 UmwG

Fraglich ist, ob die Vorschriften der §§ 5 Abs. 3, 126 Abs. 3, 194 Abs. 2 UmwG zur Disposition des Betriebsrats stehen. Der unmittelbare Wortlaut der Regelungen lässt eine solche Dispositionsbefugnis des Betriebsrats nicht erkennen. Hierbei ist für die Untersuchung zunächst der Verzicht auf die Zuleitung als solche, also dem Vertrag insgesamt, von dem Verzicht auf die Einhaltung der Monatsfrist abzugrenzen.

1. Verzicht des Betriebsrats auf die Zuleitung des Vertrages als solchen

Die Frage, ob der Betriebsrat auf die Zuleitung des Vertrages insgesamt verzichten kann, wird in der umwandlungsrechtlichen Kommentarliteratur nur am Rande diskutiert. Der Gesetzeswortlaut der §§ 5 Abs. 3, 126 Abs. 3, 194 Abs. 2 UmwG ist so ausgestaltet, dass die Zuleitung des Umwandlungsvertrages nicht zur Disposition des beteiligten Betriebsrats steht.[661] Nach Auffassung von Mayer könne der Betriebsrat generell auf die Zuleitung und damit sein Informationsrecht im Hinblick auf § 5 Abs. 1 Nr. 9 UmwG verzichten.[662] In Anlehnung an

660 Im Ergebnis ebenso Müller-Eising/Bert, DB 1996, S. 1398 (1400); Berg, WiB 1996, S. 932 (933); Müller, DB 1997, S. 713 (717); Stohlmeier, BB 1999, S. 1394 (1395); Mayer, in: Widmann/Mayer, UmwG, § 5 Rn. 256; Laumann, in: Goutier/Knopf/Tulloch, UmwG 1995, § 194 Rn. 32; Krause, NJW 1999, S. 1448 (1449); Düwell, in : Kasseler Handbuch zum Arbeitsrecht, Band 2, 6.8 Rn. 44.

661 Vgl. Stohlmeier, BB 1999, S. 1394 (1396); Melchior, GmbHR 1996, S. 833 (836).

662 Mayer, in: Widmann/Mayer, UmwG, § 5 Rn. 266; einen Verzicht des Betriebsrats auf sein Recht auf Unterrichtung hält auch Frenz, in: Neye/Limmer/Frenz/Harnacke, S. 44, für zulässig; gegen einen generellen Verzicht auf Zuleitung, Lutter, in: Lutter, UmwG 2000, § 5 Rn. 87b; Decher, in: Lutter, UmwG 2000, § 194 Rn. 43; Willemsen, in: Kallmeyer, UmwG 1997, § 5 Rn. 76; ders., RdA 1998, S. 23 (33); Düwell, in : Kasseler

Mayer weist das LG Stuttgart in einem Beschluss darauf hin, dass das arbeitsrechtliche Informationsrecht des Betriebsrats – wenn auch systemwidrig – gesellschaftsrechtlich ausgestaltet ist und damit auch die gesellschaftsrechtlichen Grundsätze zur privatautonomen Gestaltung herangezogen werden müssen. Im Bereich des Gesellschaftsrechts sind Verletzungen der Informations- und Teilnahmerechte heilbar und verzichtbar.[663] Dispositive Rechtsnormen sind dem UmwG nicht fremd. So ist ein Verschmelzungsbericht nach § 8 Abs. 3 UmwG nicht erforderlich, wenn alle Anteilsinhaber aller beteiligten Rechtsträger auf seine Erstattung verzichten. Entsprechendes gilt für die Prüfung der Verschmelzung nach § 9 Abs. 3 UmwG. Der Verzicht der Anteilsinhaber auf Bericht und Prüfung dient dem Zweck, den Umwandlungsvorgang bis zur endgültigen Registereintragung zu beschleunigen. Da der Gesetzgeber diese Dispositionsfreiheit in einem Kernbereich des Anlegerschutzes gewährt, spricht er damit den Anteilseignern mehr Souveränität im Rechtsverkehr zu als den Arbeitnehmervertretungen.[664]

Der Gesetzgeber konnte den Verschmelzungsbericht zur Disposition der Anteilseigner nach § 8 Abs. 3 UmwG stellen, da die Regelung des § 8 UmwG ausschließlich dem Schutz der Anteilseigner dient.[665] Aber auch der Verschmelzungsvertrag dient in erster Linie der Unterrichtung der Anteilseigner (vgl. S. 169).[666]

Außerdem wird die Verzichtsmöglichkeit nach § 8 Abs. 3 UmwG unmittelbar durch die Anteilseigner erklärt. Die Arbeitnehmer, als unmittelbar von der Umwandlung betroffene, könnten nur mittelbar durch ihr Repräsentationsorgan diesen Verzicht erklären. Wegen der besonderen Tragweite eines Verzichts nach § 8 Abs. 3 Satz 1 UmwG fordert § 8 Abs. 3 Satz 2 UmwG als besondere Warnfunktion, die Pflicht zur notariellen Beurkundung der Verzichtserklärungen. Ei-

---

Handbuch zum Arbeitsrecht, Band 2, 6.8 Rn. 46; zweifelnd Müller, DB 1997, S. 713 (717 Fn. 59); für den Fall der Spaltung, Fuhrmann/Simon, AG 2000, S. 49 (52).

663 Vgl. LG Stuttgart, Beschluss vom 11.04.2000 – 4 KfH T 17 u. 18/99, GmbHR 2000, S. 622.

664 Vgl. Stohlmeier, BB 1999, S. 1394 (1396); Melchior, GmbHR 1996, S. 833 (837), weist ferner daraufhin, dass dieser Wertungswiderspruch noch deutlicher werde, wenn ein Betriebsratsmitglied selbst Gesellschafter sei.

665 Lutter, in: Lutter, UmwG 2000, § 8 Rn. 48.

666 Sagasser/Ködderitzsch, in: Sagasser/Bula/Brünger, J 69.

ne solches Formerfordernis und die damit verbundene Warnfunktion enthalten die Regelungen der §§ 5 Abs. 3, 126 Abs. 3, 194 Abs. 2 UmwG nicht.

Nur auf den ersten Blick gewährt daher der Gesetzgeber den Anteilseignern mehr Souveränität im Rechtsverkehr als den Arbeitnehmervertretungen, da diese „Souveränität" unter dem Vorbehalt der notariellen Beurkundung steht.

Hätte der Gesetzgeber die Möglichkeit des Verzichts auf Zuleitung dem Betriebsrat an die Hand geben wollen, hätte er eine § 8 Abs. 3 UmwG entsprechende Formulierung im Rahmen der §§ 5 Abs. 3, 126 Abs. 3, 194 Abs. 2 UmwG aufnehmen können. Aus dem Schweigen des Gesetzgebers, zu einer Verzichtsmöglichkeit des Betriebsrats auf Zuleitung des Umwandlungsvertrages, ist jedoch zu schließen, dass dem Betriebsrat eine solche Verzichtsmöglichkeit gerade nicht eingeräumt werden sollte.

Die Arbeitnehmervertretungen dürfen sich insbesondere im Hinblick auf die Interessen der Arbeitnehmer, nämlich umfänglich über die bevorstehende Umstrukturierung und die genaue Darstellung sämtlicher zu erwartender Vor- und Nachteile der Umwandlung aufgeklärt zu werden, nicht der Möglichkeit auf umfassende Information über die Umwandlungsmaßnahme begeben. Diese umfassende Information wird aber gerade durch Übermittlung des Umwandlungsvertrages an den zuständigen Betriebsrat gewährleistet.

a. Betriebsverfassungsrechtliche Überlegungen

aa. Vergleich mit den betriebsverfassungsrechtlichen Unterrichtungsregelungen nach §§ 80 Abs. 2 Satz 1, 106 Abs. 2, 111 Satz 1 BetrVG

Stohlmeier begründet einen gänzlichen Verzicht auf die Zuleitung des Umwandlungsvertrages damit, dass bereits die betriebsverfassungsrechtlichen Unterrichtungsregelungen nach §§ 80 Abs. 2 Satz 1, 106 Abs. 2, 111 Satz 1 BetrVG den Betriebsräten umfangreiche und vor allem ausreichende Informationsrechte gewähren.[667]

667 Vgl. Stohlmeier, BB 1999, S. 1394 (1396 f.), auch die damit verbundenen Sanktionen (damit kann nur der Fall der Verletzung der betriebsverfassungsrechtlichen Informationsrechte gemeint sein) gewährleisteten einen hinreichenden Schutz der Arbeitnehmer und ihrer Vertretungen (Stohlmeier, BB 1999, S. 1394 (1397).

Wie bereits festgestellt (S. 219), erlauben die betriebsverfassungsrechtlichen Regelungen keine Reduzierung der umwandlungsrechtlichen Angabepflicht auf lediglich unmittelbare Folgen der Umwandlung. Nichts anderes kann für die Zuleitung des Umwandlungsvertrages als solches gelten. Das selbständige Nebeneinander von Betriebsverfassungsrecht und Umwandlungsrecht kann daher im Ergebnis nicht dazu führen, unter Verweis auf die Informationsvorschriften des BetrVG, die Möglichkeit eines völligen Verzichts des Betriebsrats auf die umwandlungsrechtliche Zuleitung des Vertrags nach §§ 5 Abs. 3, 126 Abs. 3, 194 Abs. 2 UmwG zu begründen.

Durch das Umwandlungsrecht bestehe keine Durchdringung zwischen Gesellschaftsrecht und Arbeitsrecht in der Form, dass die Arbeitnehmervertretungen an der gesellschaftsrechtlichen Gestaltung der Umstrukturierung zu beteiligen seien. Das UmwG enthält lediglich flankierende arbeitsrechtliche Vorschriften. Im Ergebnis bleibt es aber bei dem isolierten Nebeneinander von Gesellschaftsrecht und Arbeitsrecht.[668]

Auch wenn Stohlmeier bemerkt, dass die umwandlungsrechtliche Zuleitung mit ihrer bloßen Informationsfunktion dem Betriebsrat im Fall der Missbilligung der geplanten Umstrukturierung keinen weiteren wirksamen Schutz biete,[669] so kann dieses Argument nicht dazu dienen, einen Totalverzicht des Betriebsrats auf Zuleitung zu begründen. Selbst wenn die umwandlungsrechtliche Zuleitung keinen weiteren wirksamen Schutz vor der geplanten Umstrukturierung vermitteln sollte, rechtfertigt dies nicht, deshalb auf den Anspruch auf Beteiligung und Information insgesamt zu verzichten.

bb. Vergleich mit dem Mitbestimmungsrecht des Betriebsrats bei Kündigungen nach § 102 BetrVG

Zur Frage, ob der Betriebsrat auch völlig auf die Zuleitung des Umwandlungsvertrages verzichten kann, zieht Willemsen die vor allem in der Literatur entwickelten Grundsätzen zur Anhörung des Betriebsrats vor beabsichtigten Kündigungen durch den Arbeitgeber nach § 102 BetrVG heran.

---

668 Vgl. Melchior, GmbHR 1996, S. 833 (836 f.).

669 Vgl. Stohlmeier, BB 1999, S. 1394 (1397).

Danach sei anerkannt, dass der Betriebsrat nach pflichtgemäßem Ermessen die nach § 102 Abs. 2 BetrVG vorgeschriebene Frist, innerhalb derer er Bedenken gegen die Kündigung dem Arbeitgeber mitzuteilen hat, voll ausschöpfen oder durch Abgabe einer abschließenden Stellungnahme vor Fristablauf abkürzen kann. Angesichts des mit der Anhörung des Betriebsrats bezweckten Arbeitnehmerschutzes könne aber auf seine Beteiligung als solches nicht verzichtet werden.[670] Das Beteiligungsrecht des Betriebsrats nach § 102 Abs. 1 Satz 1 BetrVG kann selbst dann nicht zur Disposition gestellt werden, wenn der Arbeitnehmer im Rahmen einer Vereinbarung den Arbeitgeber auffordert, den Betriebsrat nicht zu hören. Diese Auffassung wird mit dem kollektivrechtlichen Charakter der Vorschrift begründet.[671]

Wie bereits an anderer Stelle festgestellt wurde (vgl. S. 239), sind die Angaben zu den arbeitsrechtlichen Folgen der Umwandlung gemäß §§ 5 Abs. 1 Nr. 9, 126 Abs. 1 Nr. 11, 194 Abs. 1 Nr. 7 UmwG, auch dann erforderlich, wenn keiner der beteiligten Rechtsträger über einen Betriebsrat verfügt und somit eine Zuleitungspflicht nach §§ 5 Abs. 3, 126 Abs. 3, 194 Abs. 2 UmwG nicht besteht. Bei den Umwandlungsvorgängen, die ohnehin zu einer automatischen gesetzlich geregelten Publizität des Registers führen, können die Umwandlungsverträge, bei Fehlen eines Betriebsrats, beispielsweise durch Aushang am Schwarzen Brett den Arbeitnehmern direkt und unmittelbar zugänglich gemacht werden (vgl. S. 240).

In den Fällen, in denen sich die Publizität der Umwandlung direkt aus dem Handelsregister ergibt (vgl. die bereits dargestellten Fälle der Verschmelzung und Spaltung von Aktiengesellschaften, der KGaA oder dem VVaG), werden die vertretungslosen Arbeitnehmer daher durch Auslage des Vertrages umfassend über die in Aussicht genommene Umstrukturierung informiert. Diejenigen Arbeitnehmer, die hingegen über ein entsprechendes Repräsentationsgremium ver-

670 Willemsen, RdA 1998, S. 23 (33); weder Betriebsrat noch Arbeitnehmer können rechtswirksam auf die ordnungsgemäße Anhörung nach verzichten, vgl. Kittner, in: Däubler/Kittner/Klebe, BetrVG, § 102 Rn. 49; GK-Kraft, BetrVG, § 102 Rn. 78 ff.; ferner Schlochauer, in: Hess/Schlochauer/Glaubitz, BetrVG, § 102 Rn. 63, die auch bemerkt, dass sich ein Verzicht wegen der Widerspruchsmöglichkeit des Betriebsrats zu Lasten des Arbeitnehmers auswirken könne.

671 Vgl. Schlochauer, in: Hess/Schlochauer/Glaubitz, BetrVG, § 102 Rn. 63; Kittner, in: Däubler/Kittner/Klebe, BetrVG, § 102 Rn. 49; Richardi, BetrVG, § 102 Rn. 37; Stege/Weinspach, BetrVG, § 102 Rn. 27; Raab, ZfA 1995, S. 479 (532 ff.); ferner zum kollektivrechtlichen Charakter der Vorschrift, Stege/Weinspach, BetrVG, § 102 Rn. 27.

fügen, wären bei einem völligen Verzicht ihres Betriebsrats auf eine Zuleitung des Vertrages schlechter gestellt als diejenigen Arbeitnehmer, die kein Vertretungsorgan in ihrem Betrieb installiert haben. Die Tatsache, der Errichtung eines Betriebsrats, würde daher bei dieser Fallkonstellation, zu einer Verkürzung ihres Informationsanspruchs führen.

Eine Schlechterstellung der durch einen Betriebsrat vertretenen Arbeitnehmern gegenüber vertretungslosen Arbeitnehmern ist jedenfalls zu vermeiden.

Da die Umwandlung auch die Interessen der Arbeitnehmer und damit individualarbeitsrechtliche Aspekte berührt, kann der Betriebsrat nicht auf die Zuleitung des Umwandlungsvertrages als solches verzichten. Schließlich soll mit der Zuleitung an den Betriebsrat auch eine frühzeitige Information der Arbeitnehmer gewährleistet werden.[672] Andernfalls würde sich der Betriebsrat bei einem gänzlichen Verzicht auf die Zuleitung, über individualarbeitsrechtliche Interessen der Arbeitnehmer und der Befriedigung ihres Informationsbedürfnisses hinwegsetzen.

Zwar kommt ein direkter Vergleich zwischen der Vorschrift des § 102 Abs. 1 BetrVG und den umwandlungsrechtlichen Informationsvorschriften nach §§ 5 Abs. 3, 126 Abs. 3, 194 Abs. 2 UmwG nicht in Betracht, da das UmwG lediglich eine einseitige Information zugunsten des Betriebsrats regelt und keine Stellungnahme des Betriebsrats zur Umwandlung vorsieht.[673] Vergleichbar ist aber der zwingende Schutzcharakter des § 102 Abs. 1 BetrVG auf der einen Seite und der umwandlungsrechtlichen Informationsvorschriften auf der anderen. Zwingend ist der Schutzcharakter des § 102 Abs. 1 BetrVG bereits aufgrund seines eindeutigen Wortlauts: Nach § 102 Abs. 1 Satz 1 BetrVG ist der Betriebsrat „vor jeder Kündigung zu hören." Nichts anderes gilt für die §§ 5 Abs. 3, 126 Abs. 3, 194 Abs. 2 UmwG, wonach der Vertrag oder sein Entwurf dem zuständigen Betriebsrat zuzuleiten ist. Die §§ 5 Abs. 3, 126 Abs. 3, 194 Abs. 2 UmwG sehen daher eine zwingende und unabdingbare Zuleitung vor, die keinen Ermessensspielraum des Betriebsrats zulassen.

Der Vergleich mit dem Mitbestimmungsrecht des Betriebsrats bei Kündigungen nach § 102 BetrVG lässt daher keinen gänzlichen Verzicht des Betriebsrats auf Zuleitung des Umwandlungsvertrages zu.

672 Vgl. die amtliche Begründung zum Regierungsentwurf, BT-Drucks. 12/6699, S. 82 f.

673 In diesem Sinne auch Willemsen, RdA 1998, S. 23 (33).

cc. Mandatsinhalt des Betriebsrats

Stohlmeier argumentiert weiter, dass auch der Mandatsinhalt des Betriebsrats einem Verzicht auf Zuleitung nicht entgegenstehe. Läge in dem Verzicht auf Zuleitung des Vertrages eine Verletzung des Mandatsinhalts, so beträfe diese Erklärung nur das Innenverhältnis zwischen Betriebsrat und Belegschaft. Eventuelle Störungen in diesem Bereich könnten bei einer groben Verletzung seiner gesetzlicher Pflichten etwa zum Ausschluss von Betriebsratsmitgliedern oder Auflösung des Betriebsrats nach § 23 Abs. 1 BetrVG führen. Die Wirksamkeit der Erklärung, auf Verzicht der Zuleitung als solches, würde dadurch jedoch nicht berührt.[674]

Gerade deshalb darf es dem Betriebsrat nicht ermöglicht werden im Rahmen seiner eigenen Sachkompetenz völlig auf die Zuleitung zu verzichten.

Die Arbeitnehmer sind in erster Linie an einer umfänglichen Aufklärung über die bevorstehende gesellschaftsrechtliche Umstrukturierung interessiert, nicht aber an einer Ahndung gesetzlicher Pflichtverletzungen des Betriebsrats im Falle einer unterlassenen Ausübung bestehender Beteiligungsrechte.

Der Betriebsrat kann daher jedenfalls auf die Zuleitung des Vertrages als solchen nicht wirksam verzichten.

2. Verzicht des Betriebsrats auf die Einhaltung der Monatsfrist bezüglich der Zuleitung des Umwandlungsvertrages

Nach überwiegender Auffassung kann der Betriebsrat aber jedenfalls auf die Einhaltung der einmonatigen Zuleitungsfrist nach §§ 5 Abs. 3, 126 Abs. 3, 194 Abs. 2 UmwG wirksam verzichten.

Melchior begründet einen Verzicht auf ein volles Ausschöpfen der Ein-Monatsfrist damit, dass der soziale Interessenausgleich allein auf der

---

674 Vgl. Stohlmeier, BB 1999, S. 1394 (1397); ob in dem vom Betriebsrat erklärten Verzicht auf Zuleitung des Umwandlungsvertrages als solches eine grobe Verletzung seiner gesetzlichen Pflichten gesehen werden kann, erscheint ohnehin fraglich. Im Falle der Unterlassung kann nur die dauernde und wiederholte Nichtwahrnehmung von Rechten und Befugnissen eine Pflichtverletzung darstellen. Dies gilt jedenfalls dann, wenn die Nichtwahrnehmung dieser Rechte völlig ermessensmissbräuchlich ist, vgl. Fitting/Kaiser/Heither/Engels, in: BetrVG, § 23 Rn. 36; Richardi, BetrVG, § 23 Rn. 51.

Ebene des Betriebsverfassungsrechts stattfinde.[675] Es bestehe keine gesetzestechnische Notwendigkeit, § 5 Abs. 3 UmwG als zwingende Rechtsnorm anzusehen.[676] Überzeugend argumentiert Melchior weiter, dass die Frist des § 5 Abs. 3 UmwG im Lichte von Sinn und Zweck der Rechtsnorm auszulegen sei. Die vom Gesetzgeber verfolgte Zielsetzung, nämlich die mit dem Informationsanspruch bezweckte Sicherung des sozialen Friedens,[677] würde bereits erreicht, wenn der Vertrag bzw. sein Entwurf als solches zugeleitet sei. Das Abwarten der vollen Ein-Monatsfrist leiste keinen selbständigen Beitrag zur Wahrung von Arbeitnehmerrechten, da die Arbeitnehmervertretungen auf den gesellschaftsrechtlichen Vorgang der Unternehmensumwandlung ohnehin keinen Einfluss hätten.[678] Der Betriebsrat könne vielmehr im Rahmen seiner eigenen Prüfungskompetenz selbst entscheiden, ob er die ihm von Gesetzes wegen eingeräumte Zeitspanne für die Ermittlung und Prüfung der arbeitsrechtlichen Folgen der Umwandlung in vollem Umfang benötige oder nicht.[679] Damit trage er gegebenenfalls auch dazu bei, eine von ihm als wirtschaftlich zweckmäßig eingestufte Umwandlung zu beschleunigen.[680]

Das ein Verzicht auf die Rechtzeitigkeit der Zuleitung möglich ist, macht auch der direkte Vergleich des § 17 Abs. 1 UmwG mit § 199 UmwG deutlich. Nach § 17 Abs. 1 UmwG ist im Falle der Verschmelzung und nach § 125 in Verbindung mit § 17 Abs. 1 UmwG bei der Spaltung ein Nachweis über die rechtzeitige Zuleitung des Verschmelzungs- bzw. Spaltungsvertrages oder der entsprechenden Entwürfe als Anlage bei der Anmeldung zur Eintragung in das Register beizufügen.

---

675 Vgl. Melchior, GmbHR 1996, S. 833 (837).

676 Vgl. Melchior, GmbHR 1996, S. 833 (837); ebenfalls in diesem Sinne Lutter, in: Lutter, UmwG 2000, § 5 Rn. 87b; Kinzelmann, Anmerkung zu LG Stuttgart, Beschluss vom 11.04.2000 – 4 KfH T 17 u. 18/99, GmbHR 2000, S. 622 (623); **a.A.** Düwell, in : Kasseler Handbuch zum Arbeitsrecht, Band 2, 6.8 Rn. 46, denn anders als bei den betriebsverfassungsrechtlichen Höchstfristen für die Abgabe einer Erklärung (§§ 99, 102 BetrVG) sei bei den umwandlungsrechtlichen Vorschriften der §§ 5 Abs. 3, 126 Abs. 3, 194 Abs. 2 UmwG eine starre Frist vorgegeben.

677 Vgl. die amtliche Begründung zum Regierungsentwurf, BT-Drucks. 12/6699, S. 83.

678 Vgl. Melchior, GmbHR 1996, S. 833 (837); zustimmend auch Müller, DB 1997, S. 713 (717); ferner Kinzelmann, Anmerkung zu LG Stuttgart, Beschluss vom 11.04.2000 – 4 KfH T 17 u. 18/99, GmbHR 2000, S. 622 (623).

679 Vgl. Willemsen, RdA 1998, S. 23 (33).

680 Vgl. Müller, DB 1997, S. 713 (717).

Mit rechtzeitiger Zuleitung (vgl. § 17 Abs. 1 UmwG), ist die Einhaltung der Ein-Monatsfrist nach § 5 Abs. 3 UmwG gemeint. Die Ein-Monatsfrist ist gemeinsames zeitliches Merkmal im Falle der Verschmelzung, Spaltung und beim Formwechsel (vgl. §§ 5 Abs. 3, 126 Abs. 3, 194 Abs. 2 UmwG).

Die beim Formwechsel beizufügenden Anlagen sind in § 199 UmwG aufgeführt. Die Vorschrift des § 199 UmwG übernimmt für den Formwechsel die in § 17 Abs. 1 UmwG für die Verschmelzung vorgesehene Regelung über die Anlagen der Anmeldung zur Eintragung in das Register.[681]

§ 199 UmwG fordert aber lediglich einen „Nachweis über die Zuleitung" des Entwurfs des Umwandlungsbeschlusses an den zuständigen Betriebsrat. Auf das Merkmal der „Rechtzeitigkeit" der Zuleitung wird also bei § 199 UmwG, anders als bei § 17 Abs. 1 UmwG, verzichtet.

Die Gesetzesmaterialien liefern keine Antwort auf die Frage, weshalb bei § 199 UmwG auf das isolierte Merkmal der „Rechtzeitigkeit" verzichtet wurde. Eine Antwort lässt sich vor allem deshalb nicht finden, da der Verzicht auf eine „rechtzeitige" Zuleitung hier eher zufällig erscheint. Das Merkmal der „Rechtzeitigkeit" ist für die Erhaltung des sozialen Friedens ohne eigenständige Bedeutung, weshalb beim Formwechsel (wenn auch zufällig) auf dieses Tatbestandsmerkmal bereits verzichtet wurde. Entscheidend ist vielmehr die Zuleitung des Umwandlungsvertrages an den zuständigen Betriebsrat an sich. Auf die Rechtzeitigkeit der Zuleitung (vgl. § 17 Abs. 1 UmwG) und damit die Einhaltung der Ein-Monatsfrist nach § 5 Abs. 3 UmwG, kann hingegen ohne eine Preisgabe betriebsratsseitiger Informationsrechte verzichtet werden. Die gesetzgeberischen Ziele werden mit der Information des Betriebsrats bereits erreicht. Der Rechtzeitigkeit und damit der Verweis auf die Beachtung der Ein-Monatsfrist ist keine selbständige Bedeutung beizumessen.

Dem Schrifttum[682] und auch dem LG Stuttgart[683] ist daher im Ergebnis beizutreten, wonach der Betriebsrat auf die Zuleitung des Umwandlungsvertrages oder

---

681 Vgl. die amtliche Begründung zum Regierungsentwurf, abgedruckt bei Ganske, S. 223; ferner Dehmer, UmwG 1996, § 199 Rn. 1, spricht von Parallelvorschrift.

682 Vgl. Melchior, GmbHR 1996, S. 833 (837); Müller, DB 1997, S. 713 (717); Kinzelmann, Anmerkung zu LG Stuttgart, Beschluss vom 11.04.2000 – 4 KfH T 17 u. 18/99, GmbHR 2000, S. 622 f.; Stohlmeier, BB 1999, S. 1394 (1397); Willemsen, RdA 1998, S. 23 (33); ders., in: Kallmeyer, UmwG 1997 § 5 Rn. 76; Mayer, in: Widmann/Mayer, UmwG, § 5 Rn. 259, 266; Lutter, in: Lutter, UmwG 2000, § 5 Rn. 87b; Fuhr-

seines Entwurfs innerhalb der Ein-Monatsfrist der §§ 5 Abs. 3, 126 Abs. 3, 194 Abs. 2 UmwG verzichten und somit einen Verzicht auf die Rechtzeitigkeit der Zuleitung (vgl. § 17 Abs. 1 UmwG) erklären kann.[684]

Da die nach dem Gesetzeswortlaut der §§ 5 Abs. 3, 126 Abs. 3, 194 Abs. 2 UmwG geforderte Einhaltung der Ein-Monatsfrist keinen selbständigen Beitrag zur der vom Gesetzgeber geforderten Aufrechterhaltung des sozialen Friedens leistet, ist als Reformvorschlag die Monatsfrist ersatzlos zu streichen.[685]

---

mann/Simon, AG 2000, S. 49 (52); Geck, DStR 1995, S. 416 (419), bemerkt, dass im Falle der Spaltung die Monatsfrist nach § 126 Abs. 3 UmwG durch Gesellschaftsvertrag nicht gegenüber dem Betriebsrat verkürzt werden dürfe, da dieser an der Satzung nicht beteiligt sei. Der Auffassung von Geck ist insofern zuzustimmen, als das der Verzicht auf Einhaltung der einmonatigen Zuleitungsfrist selbstverständlich durch den zuständigen Betriebsrat erklärt werden muss. Andernfalls würde die Verkürzung der Zuleitungsfrist einem (unzulässigen) Vertrag zu Lasten Dritter gleichkommen.

683 LG Stuttgart, Beschluss vom 11.04.2000 – 4 KfH T 17 u. 18/99, GmbHR 2000, S. 622

684 Die entsprechende Verzichtserklärung des Betriebrats auf Einhaltung der Ein-Monatsfrist hat zur Dokumentation wiederum schriftlich zu erfolgen.

685 Melchior, GmbHR 1996, S. 833 (839), befürwortet de lege ferenda ebenfalls die Streichung der Monatsfrist; da Stohlmeier, BB 1999, S. 1394 (1398), einen gänzlichen Verzicht des Betriebsrats auf Zuleitung für möglich hält, tritt er konsequenterweise für eine Gesetzesergänzung der §§ 5 Abs. 3, 126 Abs. 3 194 Abs. 2 UmwG um einen Satz 2 ein. Danach ist die Zuleitung nicht erforderlich, wenn der zuständige Betriebsrat auf sie verzichtet. Die §§ 17 Abs. 1, 199 UmwG müssten dann dahingehend geändert werden, dass anstelle des Zuleitungsnachweises die schriftliche Verzichtserklärung des zuständigen Betriebsrats tritt.

F. Gerichtliche Überprüfbarkeit der arbeitsrechtlichen Angaben

I. Prüfungsrecht des Registerrichters

Der Gesetzestext liefert ebenfalls unmittelbar keine Antwort auf die Frage, ob der mit dem Antrag auf Eintragung der Umwandlung befasste Registerrichter nach § 17 UmwG (bzw. § 125 in Verbindung mit § 17, § 199 UmwG) im Rahmen eines sogenannten formellen Prüfungsrechts zunächst nur das Vorhandensein der arbeitsrechtlichen Angaben im Umwandlungsvertrag als solche, sowie den vorgeschriebenen Nachweis über die rechtzeitige Zuleitung des Umwandlungsvertrages an den zuständigen Betriebsrat, zu überprüfen hat. Eine darüber hinausgehende Prüfungskompetenz wäre nämlich dann zu bejahen, wenn der zuständige Registerrichter im Rahmen eines materiellen Prüfungsrechts die Eintragung der Umwandlung wegen zwar vorhandener, aber inhaltlich unzureichender bzw. unrichtiger Darstellungen über die Folgen für die Arbeitnehmer beanstanden und ablehnen kann.

Nach Ansicht von Grunewald hat der Registerrichter auch ein materielles Prüfungsrecht, da vor Eintragung der Umwandlung der Umwandlungsvertrag uneingeschränkt zu überprüfen sei. Der Registerrichter habe den gesamten Umwandlungsvorgang zu überwachen. Zu seiner Aufgabe gehöre es lediglich nicht, die wirtschaftliche Zweckmäßigkeit der Umwandlung zu beurteilen. Stellt der Registerrichter im Rahmen seiner Prüfung fest, dass bei der Umwandlung nicht ordnungsgemäß verfahren wurde, lehnt er die Eintragung der Umwandlung ab.[686]

Von einem umfänglichen Prüfungsrecht geht auch Düwell aus. Das materielle Prüfungsrecht des Registerrichters umfasse danach die Überprüfung der Zuständigkeit des angerufenen Gerichts, die Einhaltung der Anmeldeförmlichkeiten, die Anmeldebefugnis der Anmelder, die Vollständigkeit der Anmeldung selbst,

---

686 Vgl. Grunewald, in: Lutter, UmwG 2000, § 20 Rn. 6; ebenso Laumann, in: Goutier/Knopf/Tulloch, UmwG 1995, § 199 Rn. 3, nach dessen Auffassung sich die Prüfungspflicht und das Prüfungsrecht des zuständigen Registerrichters auf sämtliche rechtlichen und tatsächlichen Voraussetzungen, die zur Eintragung erforderlich seien erstrecke. Dies seien im Falle des Formwechsels die nach § 199 UmwG notwendigen Anmeldungsunterlagen; ähnlich Trittin, AiB 1996, S. 270 (274); nach Lutter, in: Lutter, UmwG 2000, § 5 Rn. 92, darf der Registerrichter die Umwandlung dann nicht eintragen, wenn der Vertrag unvollständig ist.

die Vollständigkeit der erforderlichen Anlagen, die Zulässigkeit der angemeldeten Umwandlung und insbesondere auch die inhaltliche Richtigkeit der angemeldeten Eintragung.[687]

Der Registerrichter ist nach den Ausführungen von Düwell auch zu einer uneingeschränkten Überprüfung der arbeitsrechtlichen Angaben im Umwandlungsvertrag befugt, da andernfalls dem Informationsinteresse der Arbeitnehmer nicht ausreichend Rechnung getragen werde.

Das OLG Düsseldorf hat in seiner Entscheidung vom 15. Mai 1998 zumindest ein formelles Prüfungsrecht des Registergerichts bejaht. Hiernach sei der zuständige Registerrichter berechtigt die beantragte Eintragung abzulehnen, wenn der Umwandlungsvertrag jeder nachvollziehbaren Darstellung arbeitsrechtlicher Folgen entbehre.[688]

Zutreffender Auffassung nach ist eine Beanstandung der Darstellung der arbeitnehmerrelevanten Folgen durch das Registergericht nur in sehr engen Grenzen möglich. Aufgabe des mit der Eintragung befassten Registerrichters ist es, zu prüfen, ob die Umwandlung den gesetzlichen Vorschriften entspricht.[689] Dabei ist auch zu prüfen, ob der Umwandlungsvertrag den Anforderungen hinsichtlich der Angabe der arbeitsrechtlichen Folgen und Maßnahmen nach §§ 5 Abs. 1 Nr. 9. 126 Abs. 1 Nr. 11, 194 Abs. 1 Nr. 7 UmwG genügt. Das Registergericht hat hierbei jedoch nur die Einhaltung der wesentlichen Förmlichkeiten zu beachten. Eine Berechtigung oder sogar Verpflichtung des Registerrichters die arbeitsrechtlichen Angaben im Umwandlungsvertrag einer Plausibilitätsprüfung (materielles Prüfungsrecht) zu unterziehen, besteht daher nicht.[690]

---

687 Vgl. Düwell, in : Kasseler Handbuch zum Arbeitsrecht, Band 2, 6.8 Rn. 58.

688 Beschluss des OLG Düsseldorf vom 15.05.1998, abgedruckt in NZA 1998, S. 766 (767) = DB 1998, S. 1399 (1400) = ZIP 1998, S. 1190 (1191); nach Auffassung von Bungert, Anmerkung zu OLG Düsseldorf, Beschluss vom 15.05.1998, NZG 1998, S. 733, hat das Gericht in seiner Entscheidung die Grenzen eines formellen Prüfungsrechts überschritten. Durch die Feststellung, dass die arbeitnehmerrelevanten Angaben dem Inhalt und dem Umfang nach unzureichend seien, begebe sich das Gericht bereits in eine materielle Prüfung.

689 Vgl. hierzu BayObLG, AG 1996, S. 468.

690 Gegen ein materielles Prüfungsrecht des Registerrichters, Melchior, GmbHR 1996, S. 833 (835) ; Bermel/Hannappel, in: Goutier/Knopf/Tulloch, UmwG 1995, § 5 Rn. 109; Dehmer, UmwG 1996, § 5 Rn. 48; Decher, in: Lutter, UmwG 2000, § 194 Rn. 32; Mayer, in: Widmann/Mayer, UmwG, § 5 Rn. 205; Mayer, DB 1995, S. 861 (864); Engelmeyer, DB 1996 S. 2542 (2544); Willemsen, in: Kallmeyer, UmwG 1997, § 5 Rn 58,

Diese restriktive Auslegung des Prüfungsrechts des Registerrichters stützt sich auch darauf, dass die Darstellung der Arbeitnehmerfolgen wegen ihres reinen Berichtscharakters[691] (vgl. S. 85) ohnehin ein sachfremdes Element im Umwandlungsvertrag sei. Der Registerrichter könne zum einen die Eintragung der Umwandlung bei einem vollständigen Fehlen arbeitsrechtlicher Angaben im Umwandlungsvertrag ablehnen, zum anderen habe er dann ein Beanstandungsrecht, wenn die Angaben zu den Arbeitnehmerfolgen so offensichtlich unrichtig sind, dass ihre Beschreibung einem völligen Fehlen gleichkomme.[692]

64; ders., in: NZA 1996, S. 791(796); ders., in: RdA 1998, S. 23 (33); Mengel, S. 43, 347, 349; Streck/Mack/Schwedhelm, GmbHR 1995, S. 161 (166); Kallmeyer, ZIP 1994, S. 1746 (1756) bejaht ein Prüfungsrecht des Registerrichters im Hinblick auf evidente Gesetzesverstöße; Bokelmann, DB 1994, S. 1341 (1345); Frenz, in: Neye/ Limmer/Frenz/Harnacke, S. 44, 138; nach Auffassung von Bungert, DB 1997 S. 2209 (2212), stimmt dies mit dem Maßstab überein, der allgemein für die Überprüfung des Umwandlungsvertrags durch den Registerrichter gilt. Richtigerweise ist danach der Umwandlungsvertrag inhaltlich nur auf die Einhaltung der gesetzlichen Mindestanforderungen zu überprüfen, nicht jedoch in allen seinen Angaben und insbesondere nicht im Hinblick auf die wirtschaftliche Zweckmäßigkeit der Maßnahme; Joost, ZIP 1995, S. 976 (986), bemerkt, dass der Registerrichter die Möglichkeit der Beanstandung dann hat, wenn die von dem Rechtsträger gemachten Angaben offenkundig nicht stimmen können. Im Hinblick auf die Prüfung des Registerrichters dürften die Anforderungen an die Angaben im Umwandlungsvertrag allerdings auch nicht überspannt werden. Aufgabe des Registerrichters sei es jedenfalls nicht, die Angaben auf ihre Richtigkeit hin zu überprüfen. Bei den arbeitsrechtlichen Angaben der Umwandlung, sei jedenfalls eine Darstellung der wesentlichen Aspekte ausreichend. Hier führt Joost beispielhaft Angaben im Hinblick auf bestehende Tarifbindung, die Erhaltung der betrieblichen Einheiten oder Fragen des Kündigungsschutzes auf; ähnlich auch Priester, in: Lutter, UmwG 2000, § 126 Rn. 62; ders., in: Lutter (Hrsg.), Kölner Umwandlungsrechtstage, S. 99 (114), ders., DNotZ 1995, S. 427 (435), der ein Prüfungsrecht des Registerrichters dann annimmt, wenn die im Umwandlungsvertrag gemachten Angaben offensichtlich unrichtig sind oder gar vollständig fehlen. Nach Auffassung von Priester, wird der Registerrichter die Eintragung jedoch dann nicht ablehnen können, wenn die Angaben nach seiner Auffassung unzureichend sind; kritisch Willemsen, RdA 1998, S. 23 (33), da mit einer Einschränkung des Prüfungsrechts auf „offensichtlich" oder „offenkundig" unrichtige Angaben der Praxis wenig gedient sei. Der zuständige Registerrichter wäre vielmehr gezwungen in eine inhaltliche Prüfung der arbeitsrechtlichen Angaben einzusteigen und tatsächliche oder vermeintliche Unklarheiten von Amts wegen aufzuklären.

691 Vgl. Willemsen, in: Kallmeyer, UmwG 1997, § 5 Rn 58; Bungert, Anmerkung zu OLG Düsseldorf, Beschluss vom 15.05.1998, NZG 1998, S. 733.

692 Vgl. Bungert, Anmerkung zu OLG Düsseldorf, Beschluss vom 15.05.1998, NZG 1998, S. 733.

Soweit der Umwandlungsvertrag zu einzelnen arbeitsrechtlichen Themenbereichen keine Angaben enthält kann nicht bereits auf eine Unvollständigkeit geschlossen werden. Rein vorsorglich empfiehlt sich jedoch zur Vermeidung unnötiger Verfahrensverzögerungen den Nichteintritt bestimmter Folgen im Sinne einer Negativerklärung gegebenenfalls ausdrücklich zu erwähnen (vgl. zum Erfordernis der Abgabe umfassender Negativerklärungen S. 110).

II. Klage gegen den Umwandlungsbeschluss

Problematisch und zugleich von erheblicher Tragweite ist, inwieweit eine Anfechtungsklage gegen den Verschmelzungs-, Spaltungs-, bzw. Umwandlungsbeschluss gemäß § 14 Abs. 1, §§ 125, 14 Abs. 1, § 195 Abs. 1 UmwG auf eine nach Auffassung des Anfechtungsklägers unrichtige oder unvollständige Darstellung der Arbeitnehmerfolgen nach §§ 5 Abs. 1 Nr. 9, 126 Abs. 1 Nr. 11, 194 Abs. 1 Nr. 7 UmwG im Umwandlungsvertrag gestützt werden kann.

Die Klage ist nach § 14 Abs. 1, §§ 125, 14 Abs. 1, § 195 Abs. 1 UmwG gegen die Wirksamkeit des Verschmelzungs-, Spaltungs-, bzw. Umwandlungsbeschlusses zu richten.

1. Anfechtungsrecht der Anteilseigner

Wenn die Angaben im Umwandlungsvertrag nach §§ 5 Abs. 1 Nr. 9, 126 Abs. 1 Nr. 11, 194 Abs. 1 Nr. 7 UmwG fehlen, unvollständig oder falsch sind, kommt eine Anfechtungsklage (vgl. § 246 Abs. 1 AktG für die AG; § 246 Abs. 1 AktG analog für die GmbH[693]) der Anteilsinhaber (Aktionäre, Gesellschafter) gegen den Verschmelzungs-, Spaltungs- und Umwandlungsbeschluss in Betracht.

---

693 In Rechtsprechung und Literatur herrscht Einigkeit darüber, dass die aktienrechtlichen Vorschriften über die Nichtigkeit und die Anfechtung von Hauptversammlungsbeschlüssen sinngemäß auf die GmbH anzuwenden sind, soweit nicht deren Besonderheiten eine Abweichung erfordern, vgl. BGHZ 11, S. 231 (235); 15, S. 382 (384); 36, S. 207 (210 f.); 51, S. 209 (210); BGH zuletzt, NZG 1999, S. 722 (723); K. Schmidt, in: Scholz, GmbHG, § 45 Rn. 36; Däubler, GmbHR 1968, S. 4; K. Schmidt, AG 1977, S. 243 (247 f.); ders., in: Gesellschaftsrecht, § 15 II ; Zöllner, in: Baumbach/Hueck, Anh § 47 Rn. 41 ff.; Lutter/Hommelhoff, Anh § 47 Rn. 1; Zöllner/Noack, ZGR 1989, S. 525 ff.; Ingerl, in: Münchener Handbuch des Gesellschaftsrechts, Band 3, § 40 Rn. 25; Eisenhardt, Gesellschaftsrecht, S. 405; Grunewald, Gesellschaftsrecht, S. 349 f.

Ein zur Anfechtung berechtigender Anfechtungsgrund wird insbesondere mit dem Argument negiert, die Angaben nach §§ 5 Abs. 1 Nr. 9, 126 Abs. 1 Nr. 11, 194 Abs. 1 Nr. 7 UmwG hätten nur berichtenden Charakter (vgl. S. 85) und würden ausschließlich dem Schutz von Arbeitnehmerinteressen dienen. Eine Anfechtungsmöglichkeit der Anteilseigner wird daher im Ergebnis verneint.[694]

Diese Argumentation vermag jedoch nicht zu überzeugen.[695] Es entspricht allgemeinen gesellschaftsrechtlichen Grundsätzen, die Anfechtung von Gesellschafterbeschlüssen durch die Gesellschafter nicht vom Vorliegen einer individuellen Rechtsverletzung abhängig zu machen. Das Anfechtungsrecht dient vielmehr als allgemeines Kontrollrecht der Anteilseigner einer institutionellen Rechtmäßigkeitsprüfung. Eine Beschränkung des Klagerechts der Anteilseigner auf die Überprüfung bestimmter Beschlussmängel findet daher nicht statt.[696]

---

694 Vgl. Bermel/Hannappel, in: Goutier/Knopf/Tulloch, UmwG 1995, § 5 Rn. 109; Lutter, in: Lutter, UmwG 2000, § 5 Rn. 92; Priester, in: Lutter, UmwG 2000, § 126 Rn. 60; ders., DNotZ 1995, S. 427 (435); ders., in: Lutter (Hrsg.), Kölner Umwandlungsrechtstage, S. 99 (113); Decher, in: Lutter, UmwG 2000, § 194 Rn. 33 in Verbindung mit § 195 Rn. 19; Mayer, in: Widmann/Mayer, UmwG, § 5 Rn. 203; Frenz, in: Neye/Limmer/Frenz/Harnacke, S. 44; Willemsen, in: RdA 1998, S. 23 (34); Willemsen, in: Kallmeyer, UmwG 1997, § 5 Rn 57, 66, grundsätzlich könne bei unzureichender Angaben im Verschmelzungsvertrag der Verschmelzungsbeschluss mit der Klage nach § 14 Abs. 1 UmwG angegriffen werden. Dies ergebe sich im Umkehrschluss aus § 14 Abs. 2 UmwG, wonach die Klage gegen die Wirksamkeit des Verschmelzungsbeschlusses nur in ganz bestimmten Ausnahmefällen ausgeschlossen sei und somit die Sperre des § 14 Abs. 2 UmwG für sonstige Klagen nicht gelte. Bei unvollständigen Angaben nach § 5 Abs. 1 Nr. 9 UmwG sei nach Auffassung von Willemsen dennoch eine Klage nach § 14 Abs. 1 UmwG ausgeschlossen; Bungert, DB 1997, S. 2209 (2212), verneint das Vorliegen eines Anfechtungsgrundes mit dem Argument, dass die Angaben zu den Arbeitnehmerfolgen nicht zum materiellen Vertragsinhalt, also zum regelnden Teil, zählen, sondern vielmehr rein informatorischen Charakter hätten; die Auffassung von Bungert ablehnend, Düwell, in : Kasseler Handbuch zum Arbeitsrecht, Band 2, 6.8 Rn. 53; einschränkend zur Anfechtbarkeit, Dehmer, UmwG 1996, § 5 Rn. 49, der bei den Rechtsformen, bei denen die Unterscheidung zwischen Anfechtung und Nichtigkeit unbekannt ist, also insbesondere bei den Personenhandelsgesellschaften, eine auf die Verletzung von § 5 Abs. 1 Nr. 9 UmwG gestützte Unwirksamkeitsklage als unbegründet ansieht, da es sich hierbei nur um eine bloße Ordnungsvorschrift handelt.

695 Zumal an den Angaben nach §§ 5 Abs. 1 Nr. 9, 126 Abs. 1 Nr. 11, 194 Abs. 1 Nr. 7 UmwG durchaus auch die Anteilseigner ein Interesse haben können, vgl. S. 187.

696 Vgl. RGZ 77, S. 255 (257 f.); 145, S. 336 (338); 146, S. 385 (395); BGH, WM 1964, S. 1188 (1191); BGHZ 43, S. 261 (265 f.); 107, S. 296 (308); ferner ausführlich, K. Schmidt, in: Großkommentar zum AktG, 1996, § 245 Rn. 10; Zöllner, in: Kölner

Drygala argumentiert, dass ein Ausschluss des Anfechtungsrechts zur Sanktionslosigkeit der Norm führe. Dies sei aber nicht sachgerecht. Auch wenn die Norm als rechtspolitisch verfehlt zu kritisieren sei, sei sie als geltendes Recht dennoch ernst zu nehmen.[697] Die fehlenden Sanktionslosigkeit der §§ 5 Abs. 1 Nr. 9, 126 Abs. 1 Nr. 11, 194 Abs. 1 Nr. 7 UmwG kann allerdings nicht als Argument für die Annahme eines Anfechtungsrechts des Anteilseigner herangezogen werden. Hätte der Gesetzgeber entsprechende Sanktionsmechanismen bei unzureichender Information der Belegschaft im Umwandlungsgesetz aufnehmen wollen, wäre er frei gewesen, eine solche Lösung zu formulieren. Die Norm ist – wie Drygala richtigerweise bemerkt - als „geltendes Recht ernst zu nehmen". Dieses „geltende Recht" hat in der vom Deutschen Bundestag verabschiedeten Fassung ausdrücklich auf Sanktionsmöglichkeiten zur Ahndung eventueller Vertragsunvollständigkeiten durch die vertragsschließenden Parteien verzichtet. Dieser Verzicht des Gesetzgebers kann nicht als Begründung für ein Anfechtungsrecht der Anteileigner dienen. Das uneingeschränkte Anfechtungsrecht der Anteilsinhaber entspricht vielmehr gesellschaftsrechtlicher Grundsätze und dient der im allgemeinen Interesse liegenden Rechtmäßigkeitskontrolle.

Jedenfalls kann den Anteilseignern das Anfechtungsrecht nicht mit dem Argument abgesprochen werden, dass andernfalls – bei Bejahung eines Anfechtungsrechts - die bestehenden Unsicherheiten über die Reichweite und inhaltliche Substanz der arbeitsrechtlichen Angaben im Umwandlungsvertrag von Anfechtungsklägern, insbesondere (rechtsmissbräuchlich) opponierenden Kleinaktionären,[698] wirtschaftlich ausgenutzt werden könnten. Die Erhebung der Anfech-

---

Kommentar zum AktG, § 245 Rn. 77; Hüffer, in: Geßler/Hefermehl/Eckardt/Kropff, § 243 Rn. 5; Hommelhoff/Timm, AG 1989, S. 168; Grunewald/Winter, in: Lutter (Hrsg.), Kölner Umwandlungsrechtstage, S. 19 (22); Bayer, ZIP 1997, S. 1613 (1618); Drygala, ZIP 1996, S. 1365 (1367); Mayer, DB 1995, S. 861 (864), für eine Anfechtbarkeit des Spaltungsbeschlusses; Engelmeyer, DB 1996 S. 2542 (2544); Aha, AG 1997, S. 345 (355 f.); Mengel, S. 349 f.; Bungert, DB 1997, S. 2209 (2214), hält eine Anfechtung des Umwandlungsbeschlusses im Hinblick auf fehlende oder völlig unzulängliche Angaben zu den Arbeitnehmerfolgen im Umwandlungsvertrag nur für möglich, wenn diese für die wirtschaftliche Begründung der Umwandlung offensichtlich von Bedeutung sind und im Umwandlungsbericht hierzu jegliche Ausführungen fehlen. Darüber hinaus unterliege der Inhalt und Umfang der Angaben zu den Arbeitnehmerfolgen nicht der gerichtlichen Überprüfung.

697 Vgl. Drygala, ZIP 1996, S. 1365 (1367).

698 Bei der Anfechtungsbefugnis kommt es auf die Höhe der Beteiligung des Aktionärs nicht an, so dass die Innehabung einer Aktie bereits ausreicht, vgl. Semler, Münchener

tungsklage wäre als Instrument einsetzbar, die Registersperre des § 16 Abs. 2 UmwG auszulösen.[699]

Nach inzwischen gefestigter höchstrichterlicher Rechtsprechung ist die Erhebung einer Anfechtungsklage dann rechtmissbräuchlich und damit unbegründet,[700] wenn der Kläger damit das Ziel verfolgt, die verklagte Gesellschaft „in grob eigennütziger Weise zu einer Leistung zu veranlassen, auf die er keinen Anspruch hat und billigerweise auch nicht erheben kann".[701]

Von vornherein kann jedenfalls nicht der Gesamtheit der Anteilseigner das Anfechtungsrecht mit der Begründung versagt werden, andernfalls würde die Gefahr des Rechtsmissbrauchs begründet. Ein eventueller Rechtsmissbrauch einer Anfechtungsklage ist vielmehr durch eine subjektive Zweck-Mittel-Relation gekennzeichnet, indem die Anfechtungsklage vom Kläger genutzt wird, sich in grob eigennütziger Weise finanzielle Vorteile zu verschaffen.[702] Die Möglichkeit des individuellen Rechtsmissbrauchs einzelner, kann in weiterer Konsequenz nicht als Begründung für eine Verkürzung des Anfechtungsrechts der Aktionärsgemeinschaft dienen.

Handbuch des Gesellschaftsrechts, Band 4, § 41 Rn 50; Hüffer, AktG, § 245 Rn. 5; vgl. ferner Heckschen, ZIP 1989, S. 1168 ff.

699 So aber ausdrücklich Bungert, DB 1997, S. 2209 (2213), der weiter argumentiert, dass die Anfechtungsklage eines Aktionärs nicht dazu führen könne, dass sich nunmehr die zuständige Kammer für Handelssachen beim Landgericht (vgl. § 246 Abs. 3 Satz 1 AktG in Verbindung mit § 95 Abs. 2 GVG) mit arbeitsrechtlichen Fragestellungen beschäftigen müsse. Eine inhaltliche Überprüfung der arbeitsrechtlichen Folgen der Umwandlung durch das Landgericht habe daher zu unterbleiben, Bungert, DB 1997, S. 2209 (2212). Dieses Argument von Bungert ist jedoch abzulehnen , da sich das für die Anfechtungsklage ausschließlich zuständige Landgericht für die Beantwortung arbeitsrechtlicher Fragestellungen eines Gutachtens sachverständiger arbeitsrechtlicher Spezialisten bedienen kann.

700 Da das Anfechtungsrecht des Aktionärs ein privates Gestaltungsrecht ist, führt die rechtsmissbräuchliche Ausübung desselben zum Verlust der materiellen Berechtigung und damit zum Verlust der Anfechtungsbefugnis. Die rechtsmissbräuchliche Anfechtungsklage eines Aktionärs ist nicht als unzulässig sondern als unbegründet abzuweisen, vgl. BGH, ZIP 1992, S. 1391 ff.; Hüffer, AktG, § 245 Rn. 2, § 246 Rn. 10; Bayer, NJW 2000, S. 2609, Fn. 5.

701 Vgl. BGHZ 107, S. 296 (311 f.); 112, S. 9 (24).

702 Vgl. Wardenbach, ZGR 1992, S. 563 (565); K. Schmidt, IDW 1993, S. 35 (45 f.); Hüffer, AktG, § 245 Rn. 23.

Das Problem der „rechtsmissbräuchlichen (räuberischen) Anfechtungsklage" dürfte allerdings dadurch eine Entschärfung erfahren haben, dass die nach § 16 Abs. 3 Satz 2, 3. Alt., § 125 in Verbindung mit § 16 Abs. 3 Satz 2, 3. Alt., § 198 Abs. 3 in Verbindung mit § 16 Abs. 3 Satz 2, 3. Alt. UmwG vorzunehmende Interessenabwägung aufgrund der nur geringfügigen Rechtsverletzung des Anfechtungsklägers[703] zugunsten des Unternehmens ausfallen wird. Allerdings bleibt natürlich die Unsicherheit, ob das Gericht die Arbeitnehmerinformation gegenüber den Vollzugsinteressen der Gesellschaft als nachrangig betrachten wird und somit den Vollzug der Umwandlung trotz erhobener Anfechtungsklage ermöglicht.[704]

Zutreffenderweise weist Mengel in diesem Zusammenhang auf die grundsätzlichen Gefahren hin, die durch die Aufnahme arbeitsrechtlicher Angaben im Umwandlungsvertrag wegen der Möglichkeit rechtsmissbräuchlicher Anfechtungsklagen gegen den Umwandlungsbeschluss, gestützt auf unzureichende arbeitsrechtliche Informationen, drohen. Diese Gefahren seien dem Anfechtungsrecht als solchem immanent. Darüber hinaus sei eine mögliche Anfechtbarkeit des Verschmelzungs-, Spaltungs- und Umwandlungsbeschlusses die notwendige Folge der gesetzgeberischen Entscheidung, in den Vorschriften der §§ 5, 126, 194 UmwG arbeitsrechtliche Angaben als festen Bestandteil des Umwandlungsvertrages zu fordern.[705] Mengel stellt dann weiter fest, dass sie (gemeint sind wohl die Gefahren die durch eine rechtsmissbräuchliche Anfechtungsklage drohen), nicht als Grund für Sonderregelungen für die arbeitsrechtlichen Informationen herangezogen werden könnten.[706]

Unklar ist, was Mengel mit „Sonderregelungen für die arbeitsrechtlichen Informationen" meint. Die grundsätzliche Möglichkeit der Anfechtbarkeit ungenügender arbeitsrechtlicher Angaben im Umwandlungsvertrag durch die Anteilseigner, kann nämlich einerseits nicht als Argument für eine Begrenzung der An-

---

703 Vgl. OLG Stuttgart, ZIP 1997, S. 75 (76).

704 Vgl. Drygala, ZIP 1996, S. 1365 (1367, Fn. 22); Mayer, in: Widmann/Mayer, UmwG, § 5 Rn. 206; auf dieser Grundlage ist allerdings die Eintragung der Verschmelzung Thyssen/Krupp AG trotz Anfechtungsklagen gegen die Verschmelzungsbeschlüsse durchgesetzt worden. Die zuständigen Gerichte haben die Anforderungen der Kläger an den Inhalt des Verschmelzungsberichts als überzogen beurteilt und dem Interesse an der Eintragung und Vollziehung Vorrang eingeräumt, weil andernfalls erhebliche wirtschaftliche Nachteile bei Aufschub der Verschmelzung drohten, vgl. OLG Hamm, BB 1999, S. 1234 f.; OLG Düsseldorf, BB 1999, S. 1236.

705 Vgl. Mengel, S. 350.

706 Vgl. Mengel, aaO.

gabepflicht auf lediglich unmittelbare Folgen der Umwandlung dienen, andererseits darf das Anfechtungsrecht der Anteileigner und damit der im „allgemeinen Interesse liegende Kontrollzweck des Anfechtungsrechts“[707] als solches nicht beschnitten werden.

Als Ergebnis ist daher festzuhalten, dass bei unvollständiger oder unrichtiger Darstellung der arbeitsrechtlichen Auswirkungen der Umstrukturierung im Umwandlungsvertrag nach §§ 5 Abs. 1 Nr. 9, 126 Abs. 1 Nr. 11, 194 Abs. 1 Nr. 7 UmwG die Anteilsinhaber gegen den Verschmelzungs-, Spaltungs- und Umwandlungsbeschluss im Wege der Anfechtungsklage vorgehen können.

Diese wird allerdings mit hoher Wahrscheinlichkeit wegen fehlender Kausalität für das Beschlussergebnis erfolglos sein.[708]

2. Anfechtungsrecht des Betriebsrats

Das OLG Naumburg hat in einem Urteil vom 06.02.1997 ein Anfechtungsrecht der Arbeitnehmervertretungen abgelehnt. Im Rahmen eines streitgegenständlichen Formwechsels stützt sich die Urteilsbegründung zunächst auf die Vorschrift des § 195 UmwG. Dieser regele Befristung und Ausschluss von Klagen gegen den Umwandlungsbeschluss. § 195 UmwG eröffne allerdings keine besondere Klagemöglichkeit, so dass auf die allgemeinen Grundsätze des Aktiengesetztes zurückzugreifen sei. Jedenfalls seien die Mitglieder des Betriebsrats nach diesen allgemeinen Bestimmungen nicht anfechtungs- und klagebefugt.[709]

Die Klage des Betriebsrats sei auch nicht nach § 256 ZPO zulässig. Wenn auch die allgemeine Feststellungsklage grundsätzlich neben der Anfechtungs- und

707 Vgl. BGHZ 107, S. 296 (310).

708 Vgl. Sagasser/Ködderitzsch, in: Sagasser/Bula/Brünger, J 70; nach Willemsen, in: Kallmeyer, UmwG 1997, § 5 Rn 66, würde die Kausalität jedenfalls dann fehlen, wenn der Verschmelzungsbericht ausreichende Informationen enthalte.

709 Das OLG Naumburg, Urteil vom 06.02.1997 – 7 U 236/96, DB 1997, S. 466, führt dann weiter aus, dass sie als solche (gemeint sind wohl die Mitglieder des Betriebsrats) in den genannten Vorschriften nicht aufgeführt seien. Bei den im Urteil aufgeführten aktienrechtlichen Bestimmungen handelt es sich um die §§ 249 Abs. 2, 242, 246 AktG. Die Anfechtungsbefugnis ist vielmehr in § 245 AktG geregelt. Zur Anfechtung befugt sind nach Maßgabe von § 245 AktG bestimmte Aktionäre, der Vorstand und die einzelnen Mitglieder von Vorstand und Aufsichtsrat.

Nichtigkeitsklage des AktG gegen Gesellschafterbeschlüsse zulässig sei, so bedürfe es gleichwohl eines besonderen Feststellungsinteresses. Auch fehle es an der – nach den allgemeinen Bestimmungen zur Feststellungsklage gemäß § 256 ZPO – erforderlichen Klagebefugnis. Maßgeblich für diese Auffassung sei, dass die streitgegenständliche Prozessführung objektiv nicht der Durchführung von Aufgaben des Betriebsrats diene. Die Umwandlung, in Gestalt eines Formwechsels, der Beklagten von einer AG in eine GmbH verändere die Rechtsstellung des Betriebsrats nicht. Dieser bestehe vielmehr fort. § 77 BetrVG 1952 enthalte eine Regelung über die Bildung von Aufsichtsräten bei der GmbH. Eine Veränderung der Rechtsstellung des Betriebsrats in dem umgewandelten Unternehmen, sei nicht Gegenstand dieser Vorschrift. Für die Bejahung der Klagebefugnis des Betriebsrats reiche es nicht aus, dass durch den Wegfall des Aufsichtsrats bei der umgewandelten GmbH ein Mitglied des Betriebsrats sein bisher als Arbeitnehmervertreter ausgeübtes Aufsichtsratsmandat verliere. Das der Betriebsrat dadurch tatsächlich ein Teil seiner Informations- und Einflussmöglichkeit einbüße, sei unbeachtlich. Nach dem BetrVG einerseits und den gesetzlichen Regelungen der Mitbestimmung andererseits, würde deutlich zwischen den Aufgaben des Betriebsrats und der Mitbestimmung der Arbeitnehmer nach dem Mitbestimmungsgesetz unterschieden. Dem Betriebsrat obliege die Mitbestimmung am Arbeitsplatz; Gegenstand der Unternehmensmitbestimmung sei die Eingliederung von Arbeitnehmervertretern in ein Organ des Unternehmensträgers. Der Betriebsrat sei daher als solcher nicht parteifähig und damit seine Klage aus diesem Grunde bereits unzulässig.[710]

Nach zutreffender Auffassung von Bungert ergebe sich die fehlende Anfechtungsbefugnis des Betriebsrats zum einen aus der Formulierung des § 16 Abs.2 Satz 2, 2. Hs. UmwG. Für die Überwindung der Registersperre reiche es hiernach aus, dass die klageberechtigten Anteilsinhaber durch notariell beurkundete Verzichtserklärung auf die Klage gegen die Wirksamkeit des Verschmelzungsbeschlusses verzichteten. Nach dem ausdrücklichen Gesetzeswortlaut sei daher eine Verzichtserklärung der Arbeitnehmervertreter nicht erforderlich und auch nicht vorgesehen. Darüber hinaus seien allein die Gesellschafter sowie die Organmitglieder zur Erhebung der Anfechtungsklage befugt (vgl. § 245 AktG).[711]

---

710 Vgl. OLG Naumburg, Urteil vom 06.02.1997 – 7 U 236/96, DB 1997, S. 466 f.

711 Vgl. Bungert, DB 1997, S. 2209 (2212); eine fehlende Anfechtungsbefugnis des Betriebsrats nehmen ferner an, Trölitzsch, Anmerkung zu OLG Naumburg, Urteil vom 06.02.1997 – 7 U 236/96, WiB 1997, S. 866; Mayer, in: Widmann/Mayer, UmwG, § 5 Rn. 265; Sagasser/Ködderitzsch, in: Sagasser/Bula/Brünger, J 70; Düwell, in : Kasseler

Anfechtungsklagen Dritter seien unzulässig. Dritte könnten zwar bei ausreichendem Feststellungsinteresse Nichtigkeitsklagen als allgemeine Feststellungsklagen nach § 256 ZPO erheben, dass der Klage stattgebende Feststellungsurteil binde dann aber nur die Prozessparteien und entfaltet nicht die inter-omnes-Wirkung der §§ 248 Abs. 1 Satz 1, 249 Abs. 1 Satz 1 AktG. Außenstehende Dritte könnten daher durch Erhebung der allgemeinen Feststellungsklage nicht die Eintragung der Umwandlung über § 16 Abs. 2 UmwG verhindern.[712]

Der Argumentationsansatz von Bungert verdient Zustimmung. § 16 Abs. 2 Satz 1 UmwG verlangt ausdrücklich bei der Anmeldung zur Eintragung in das Register eine sogenannte „Negativerklärung". Danach haben die jeweiligen Vertretungsorgane bei der Anmeldung gegenüber dem Registergericht zu erklären, dass eine Klage gegen die Wirksamkeit eines Verschmelzungsbeschlusses nicht oder nicht fristgerecht erhoben oder eine solche Klage rechtskräftig abgewiesen oder zurückgenommen worden ist. Ohne eine solche Erklärung darf das Gericht die Verschmelzung nicht eintragen (vgl. § 16 Abs. 2 Satz 2, 1. Hs. UmwG).

Diese „Negativerklärung" ist allerdings dann entbehrlich, wenn die (alle) klageberechtigten Anteilsinhaber eine notariell beurkundete Verzichtserklärung abgeben, vgl. § 16 Abs. 2 Satz 2, 2. Hs. UmwG.

Eine Verzichtserklärung der Arbeitnehmervertreter ist auch deshalb nicht erforderlich, weil das UmwG den gesellschaftsrechtlichen Vorgang der Unternehmensumwandlung gerade nicht von der Zustimmung oder Genehmigung des Betriebsrats abhängig macht. Vielmehr entscheiden alleine die Anteilsinhaber in einer Versammlung über die Wirksamkeit des Verschmelzungsvertrages, vgl. § 13 Abs. 1 UmwG.[713] Der Normzweck dient nämlich allein dem Schutz der Anteilsinhaber. Da die Umwandlung eine unternehmerische Grundlagenentschei-

---

Handbuch zum Arbeitsrecht, Band 2, 6.8 Rn. 53; Willemsen, in: Kallmeyer, UmwG 1997, § 5 Rn 57; ders., in: RdA 1998, S. 23 (34); Lutter, in: Lutter, UmwG 2000, § 5 Rn. 92; Decher, in: Lutter, UmwG 2000, § 194 Rn. 33; nach Auffassung von Bayer, ZIP 1997, S. 1613 (1618), ist nicht davon auszugehen, dass der Gesetzgeber einer systemwidrig eingeführten Regelung die Funktion zukommen lassen wollte, das Instrumentarium gesellschaftsrechtlicher Klagemöglichkeiten aufzuweichen und zugunsten der Arbeitnehmer und ihrer Vertretungen auszuweiten.

712 So Bork, in: Lutter, UmwG 2000, § 14 Rn. 3.

713 Bei der Spaltung und der Vermögensübertragung findet § 13 gemäß §§ 125, 176 ff. UmwG entsprechende Anwendung. Für den Formwechsel ist der Beschluss hingegen in § 193 UmwG eigenständig, aber sachlich weitgehend mit § 13 UmwG identisch geregelt.

dung von erheblicher Tragweite darstellt, kann eine solche Entscheidung nicht von den Vertretungsorganen getroffen werden. Maßgebend ist deshalb ausschließlich der Wille der Anteilsinhaber.[714]

Erklärungen der klageberechtigten Organe bzw. Organmitglieder sind nach dem unzweifelhaften Wortlaut des Gesetzes für § 16 Abs. 2 Satz 2, 2. Hs. UmwG irrelevant. Wenn schon eine Erklärung der klagebefugten Organe bzw. Organmitglieder (vgl. für die Aktiengesellschaft §§ 245 Nr. 4 und Nr. 5 AktG) für § 16 Abs. 2 Satz 2, 2. Hs. UmwG nicht erforderlich bzw. unbeachtlich ist, ist erst Recht ein eventuell entgegenstehender Wille der Arbeitnehmervertreter ohne Bedeutung.

Auch die Gesetzgebungsgeschichte lässt keine andere Auslegung zu.

§ 14 Abs. 1 und § 16 Abs. 2 UmwG sind § 246 AktG, §345 Abs. 2 AktG a.F. und § 24 Abs. 2 KapErhG nachgebildet. Regelungsgegenstand dieser Vorschriften sind Anfechtungsklagen. Die Anfechtungsbefugnis ist in § 245 AktG aufgeführt. § 245 Nr. 1 bis 3 AktG beschreibt als Regelfall die Voraussetzungen unter denen Aktionäre eine Anfechtungsklage erheben können. Zur Anfechtung ist darüber hinaus auch der Vorstand als Organ nach § 245 Nr. 4 AktG, sowie jedes einzelne Vorstands- und Aufsichtsratsmitglied gemäß § 245 Nr. 5 AktG befugt. Die Vorschrift des § 245 AktG nimmt nicht die Arbeitnehmervertretungen in den Kreis der Anfechtungsberechtigten mit auf.

Eine Anfechtungsklage der Arbeitnehmervertretungen ist deshalb abzulehnen und im Ergebnis unzulässig.

Die Anfechtungsproblematik gewinnt vor allem dann eine ganz andere Gewichtung und an Relevanz, wenn ein Betriebsratsmitglied oder ein Arbeitnehmer Anteile an dem umwandelnden Unternehmen erwirbt. Die Anfechtungsbefugnis des Betriebsratsmitglieds oder Arbeitnehmers wäre dann nach dem Regelfall des § 245 Nr. 1 bis 3 AktG zu beurteilen. Auf diese Weise wäre es möglich, dass Meinungsverschiedenheiten zwischen Betriebsrat oder einzelner Arbeitnehmer in der Gesellschafterversammlung ausgetragen würden.[715]

---

714 Vgl. Bork, in: Lutter, UmwG 2000, § 13 Rn. 4.

715 So auch Vgl. Drygala, ZIP 1996, S. 1365 (1367).

III. Nichtigkeit des Umwandlungsbeschlusses

Eine Nichtigkeit des Umwandlungsbeschlusses mit der Begründung, die Belegschaft sei nicht hinreichend über die Umstrukturierung informiert worden, ist strikt abzulehnen.

Nur wenn die Angaben nach §§ 5 Abs. 1 Nr. 1 bis 3, 126 Abs. 1 Nr. 1 bis 3 und 194 Abs. 1 bis 3 UmwG fehlen, ist der Umwandlungsvertrag bzw. Umwandlungsbeschluss nichtig und kann auch nicht durch Eintragung in das Register (vgl. §§ 20, 131, 202 UmwG) geheilt werden, da die essentialia des Vertrages fehlen.[716] Die Informationen über die arbeitnehmerrelevanten Folgen stellen hingegen keine essentialia negotii des Umwandlungsvertrages dar.

Allenfalls wäre ein Verstoß gegen die gläubigerschützende Norm des § 241 Nr. 3 AktG denkbar. Dies ist aber nicht der Regelungsgehalt der §§ 5 Abs. 1 Nr. 9, 126 Abs. 1 Nr. 11, 194 Abs. 1 Nr. 7 UmwG, die in erster Linie der Information der Arbeitnehmer dienen.[717]

IV. Die Durchsetzung umwandlungsrechtlicher und betriebsverfassungsrechtlicher Informationsansprüche über § 23 Abs. 3 BetrVG

Werden die umwandlungsrechtlichen oder auch die betriebsverfassungsrechtlichen Unterrichtungspflichten durch die umwandelnden Rechtsträger nicht hinreichend beachtet, so stellt sich die Frage, ob der Betriebsrat die geplante Umwandlung mit einem Unterlassungsanspruch nach § 23 Abs. 3 BetrVG bis zu dem Zeitpunkt einer vollständigen Information stoppen kann.

---

716 Vgl. für die Verschmelzung, OLG Frankfurt, WM 1999, S. 322 (323); KG, WM 1999, S. 323 (325); Lutter, in: Lutter, UmwG 2000, § 5 Rn. 92; Drygala, ZIP 1996, S. 1365 (1367).

717 Vgl. Grunewald/Winter, in: Lutter (Hrsg.), Kölner Umwandlungsrechtstage, S. 19 (23); Dehmer, UmwG 1996, § 5 Rn. 49; ebenfalls verneinen eine Nichtigkeit des Umwandlungsbeschlusses nach § 134 BGB oder nach § 241 Nr. 3 AktG bei fehlenden oder unvollständigen Angaben, Mayer, in: Widmann/Mayer, UmwG, § 5 Rn. 204; Willemsen, in: Kallmeyer, UmwG 1997, § 5 Rn. 64; nach Sagasser/Ködderitzsch, in: Sagasser/Bula/Brünger, J 70, wird der Gläubigerschutz im Falle der Verschmelzung ausreichend über die §§ 25, 26 UmwG gewährleistet. Diese dienen aber grundsätzlich nur dem Schutz vermögensrechtlicher Ansprüche.

1. Umwandlungsrechtliche Informationsansprüche

Nach § 23 Abs. 3 BetrVG kann der Betriebsrat bei groben Verstößen des Arbeitgebers gegen seine Verpflichtungen aus diesem Gesetz beim Arbeitsgericht einen Unterlassungsanspruch geltend machen.

Diese Vorschrift erfasst alle Verstöße gegen Pflichten des Arbeitgebers, die sich auf seine betriebsverfassungsrechtliche Rechtsstellung beziehen. Sie beruhen in erster Linie auf dem BetrVG. Eine Verletzung der sich aus dem BetrVG ergebenden Pflichten des Arbeitgebers ist insbesondere dann zu bejahen, wenn er das Gebot der vertrauensvollen Zusammenarbeit mit dem Betriebsrat nach § 2 Abs. 1 BetrVG missachtet. Trotz des missverständlichen Wortlauts lassen sich darüber hinaus hierunter auch solche betriebsverfassungsrechtlichen Pflichten des Arbeitgebers subsumieren, die ihren Standort nicht im BetrVG selbst, sondern in anderen Gesetzten, Tarifverträgen, Regelungsabreden, Sprüchen der Einigungsstelle oder Betriebsvereinbarungen haben.[718]

Lösgelöst von der Frage, ob die umwandlungsrechtlichen Informationsansprüche des Betriebsrats nach § 5 Abs. 1 Nr. 9 in Verbindung mit § 5 Abs. 3, § 126 Abs. 1 Nr. 11 in Verbindung mit § 126 Abs. 3, § 194 Abs. 1 Nr. 7 in Verbindung mit § 194 Abs. 2 UmwG die betriebsverfassungsrechtliche Stellung des Arbeitgebers ausgestalten, entscheidet über den Antrag des Betriebsrats – insofern ist der Wortlaut unmissverständlich – das Arbeitsgericht im Beschlussverfahren (vgl. § 2a Abs. 1 Nr. 1 ArbGG). Über die Eintragung der Umwandlung entscheidet der Registerrichter im Rahmen der freiwilligen Gerichtsbarkeit (vgl. § 16 Abs. 1 UmwG, § 17 Nr. 1 c RPflG, §§ 125 Abs. 1, 159, 160b FGG).

Der Betriebsrat kann daher nicht im Wege des arbeitsgerichtlichen Beschlussverfahrens auf den gesellschaftsrechtlichen Vorgang und die sich anschließende Eintragung der Umwandlung im Register einwirken.

Falls die umwandlungsrechtlichen Unterrichtungspflichten durch die umwandelnden Rechtsträger nicht hinreichend beachtet werden, hat der Betriebsrat kei-

718 Vgl. Fitting/Kaiser/Heither/Engels, in: BetrVG, § 23 Rn. 60; Trittin, in: Däubler/Kittner/Klebe, BetrVG; § 23 Rn. 69; Düwell, in: Kasseler Handbuch zum Arbeitsrecht, Band 2, 6.8 Rn. 186; Richardi, BetrVG, § 23 Rn. 89 ff.; Eisemann, in: Erfurter Kommentar zum Arbeitsrecht, § 23 BetrVG Rn. 24; in der Kommentarliteratur finden sich beispielsweise folgende Vorschriften: § 17 Abs. 2 KSchG, §§ 25 ff. SchwbG, § 9 Abs. 3 ASiG, §§ 8 Abs. 1 Satz 2, 88 Abs. 2 Satz 1 AFG.

ne Möglichkeit die geplante Umwandlung mit einem Unterlassungsanspruch nach § 23 Abs. 3 BetrVG untersagen zu lassen.[719]

2. Betriebsverfassungsrechtliche Informationsansprüche

Eine andere Beurteilung des Sachverhalts ist allerdings dann geboten, wenn betriebsverfassungsrechtliche Unterrichtungspflichten umgangen werden. Bei der Verletzung betriebsverfassungsrechtlicher Unterrichtungspflichten sind Ansprüche nach § 23 Abs. 3 BetrVG denkbar.

Unmittelbar aus dem BetrVG ergeben sich die bereits dargestellten Ansprüche (vgl. S. 195) des Betriebsrats gegen den Arbeitgeber auf Information und Vorlage der erforderlichen Unterlagen nach § 80 Abs. 2 BetrVG sowie ein Unterrichtungs-, Beratungs- und Mitbestimmungsrecht bei einer Betriebsänderung nach §§ 111 ff. BetrVG. Bei diesen beiden betriebsverfassungsrechtlichen Anspruchsgrundlagen handelt es sich um Erfüllungsansprüche, die im Beschlussverfahren und nach dem allgemeinen Vollstreckungsrecht durchsetzbar sind.[720]

Ein Verstoß gegen das Unterrichtungsrecht des Wirtschaftsauschusses nach § 106 Abs. 2 BetrVG berechtigt diesen nicht das arbeitsgerichtliche Verfahren nach § 23 Abs. 3 BetrVG zu beantragen. Antragsberechtigt ist ausschließlich der Betriebsrat oder eine im Betrieb vertretene Gewerkschaft. Diese können allerdings auch dann einen Antrag stellen, wenn sie nicht Gläubiger der Verpflichtung sind, gegen die der Arbeitgeber in grober Weise verstoßen hat. Insoweit

719 Vgl. Decher, in: Lutter, UmwG 2000, § 194 Rn. 33; Düwell, in: Kasseler Handbuch zum Arbeitsrecht, Band 2, 6.8 Rn. 186; Willemsen, RdA 1998, S. 23 (34); für eine streng getrennte Betrachtung, Jung, S. 235; **a.A.** – allerdings ohne weitere Begründung - Laumann, in: Goutier/Knopf/Tulloch, UmwG 1995, § 194 Rn. 30; Mengel, S. 347; Herbst, AiB 1995, S. 5 (8); nach Auffassung von Bachner/Köstler/Trittin/Trümner, S. 99, darf die Umwandlung, soweit es sich zugleich um eine Betriebsänderung handelt, nicht wirksam werden, bevor das Verfahren über einen Interessenausgleich abgeschlossen ist. Andernfalls wären die Rechte des Betriebsrats zur Entwicklung alternativer Planungskonzepte wirkungslos.

720 Vgl. Trittin, in: Däubler/Kittner/Klebe, BetrVG, § 23 Rn. 116; GK-Wiese/Oetker, BetrVG, § 23 Rn. 157; Dütz, ArbuR 1973, S. 353 (356).

besteht eine gesetzliche Prozessstandschaft.[721] Nicht der Wirtschaftsausschuss selbst, aber der Betriebsrat kann daher das gerichtliche Verfahren einleiten, wenn der Arbeitgeber Rechte des Wirtschaftsausschusses nach § 106 Abs. 2 BetrVG grob verletzt hat. Die Vorschrift des § 23 Abs. 3 BetrVG dient in erster Linie der Sicherung der betriebsverfassungsrechtlichen Ordnung und nicht der Durchsetzung eigener Rechte des Betriebsrats oder der Gewerkschaft.[722]

§ 23 Abs. 3 BetrVG ist keine abschließende Regelung mit Ausschlusswirkung. Die generelle Verneinung eines Unterlassungsanspruchs neben dem Sondertatbestand des § 23 Abs. 3 BetrVG lässt sich nicht aufrechterhalten. Insofern hat das BAG für den Bereich der Mitbestimmung in sozialen Angelegenheiten nach § 87 BetrVG seine frühere entgegenstehende Rechtsprechung[723] inzwischen aufgegeben und einen allgemeinen gegen den Arbeitgeber gerichteten Anspruch des Betriebsrats auf Unterlassung mitbestimmungswidrigen Verhaltens anerkannt. Für jeden Mitbestimmungstatbestand muss gesondert geprüft werden, ob dieser dem Betriebsrat einen Unterlassungsanspruch einräumt oder nicht. Unterlassungsansprüche können auch als selbständige, einklagbare Nebenleistungsansprüche auch ohne gesetzliche Normierung bestehen.[724]

---

721 Vgl. Trittin, in: Däubler/Kittner/Klebe, BetrVG, 23 Rn. 88; Fitting/Kaiser/Heither/ Engels, in: BetrVG, § 23 Rn. 69; Richardi, BetrVG, § 23 Rn. 95; GK-Wiese/Oetker, BetrVG, § 23 Rn. 193; Dütz, ArbuR 1973, S. 353 (356).

722 Vgl. Trittin, in: Däubler/Kittner/Klebe, BetrVG, § 23 Rn. 88; Richardi, BetrVG, § 23 Rn. 95.

723 Vgl. Beschluss vom 22.02.1983, BAGE 42, S. 11 ff., wonach das Betriebsverfassungsgesetz keinen allgemeinen Anspruch des Betriebsrats gegen den Arbeitgeber kenne, Handlungen zu unterlassen, die gegen Mitbestimmungs- oder Mitwirkungsrechte des Betriebsrats verstoßen. Erst wenn ein grober Verstoß des Arbeitgebers gegen seine Pflichten aus dem Betriebsverfassungsgesetz vorliege, könne der Betriebsrat im Verfahren nach § 23 Abs. 3 BetrVG die Unterlassung solcher mitbestimmungswidriger Handlungen des Arbeitgebers verlangen.

724 Vgl. BAG, Beschluss vom 03.05.1994, BB 1994, S. 2273 (2274); das durch die Bildung eines Betriebsrats kraft Gesetzes zustande kommende „Betriebsverhältnis“ sei mit einem gesetzlichen Dauerschuldverhältnis vergleichbar. Inhaltlich würde es durch die Rechte und Pflichten, die in den einzelnen Mitwirkungstatbeständen normiert sind, sowie dem gegenseitigen Rücksichtnamegebot nach § 2 BetrVG ausgestaltet. § 2 BetrVG sei eine mit § 242 BGB vergleichbare Vorschrift und müsse bei der Auslegung der einzelnen Tatbestände des Betriebsverfassungsgesetztes Berücksichtigung finden. Bei der Wertung der im Gesetz vorgesehenen Rechte könne daher aus dem allgemeinen Gebot der vertrauensvollen Zusammenarbeit grundsätzlich auch als selbständige Nebenpflicht der Grundsatz abgeleitet werden, alles zu unterlassen, was der Wahrnehmung des konkreten Mitbestimmungsrechtes entgegenstehe. Dem Betriebsrat müsse daher bei Ver-

Diese Grundsätze sind auch auf das Mitbestimmungsrecht des Betriebsrats nach §§ 111 ff. BetrVG übertragbar. Auch im Rahmen von §§ 111 ff. BetrVG muss dem Betriebsrat die Möglichkeit eingeräumt werden, dem Arbeitgeber alternative Konzepte zu der geplanten Betriebsänderung zu unterbreiten.[725] Für die Mitbestimmung nach §§ 111 ff. BetrVG ist daher ein Unterlassungs- und Beseitigungsanspruch anzuerkennen. Ein möglicher Anspruch des Betriebsrats auf Unterlassung der betriebsverfassungswidrigen Durchführung der Betriebsänderung bis zur Ausschöpfung des Verhandlungsanspruchs über einen Interessenausgleich nach §§ 111, 112 BetrVG ist daher im Ergebnis zu bejahen. Es geht vor allem um das Verbot vorgesehene Kündigungen auszusprechen oder Produktionsanlagen abzubauen. Andernfalls würden die Verhandlungen über Interessenausgleich leer laufen, wenn der Arbeitgeber von sich aus „vollendete Tatsachen“ schaffen könnte.[726] Die Sanktionsnorm des § 113 BetrVG schließt weder § 23 Abs. 3 BetrVG noch einen allgemeinen Unterlassungsanspruch des Betriebsrats aus.[727]

---

stößen gegen das Mitbestimmungsrecht nach 87 BetrVG ein Unterlassungsanspruch an die Hand gegeben werden. Verstoße der Arbeitgeber gegen die Mitbestimmung des Betriebsrats nach § 87 BetrVG, entstehe eine betriebsverfassungswidrige Lage. Dass der Gesetzgeber eine solche Situation auch nur vorübergehend dulden und einen Unterlassungsanspruch ausschließen wollte, sei nicht erkennbar. Die Anerkennung eines Unterlassungsanspruchs, lösgelöst von den engen Voraussetzungen des § 23 Abs. 3 BetrVG, werde daher dem Verhältnis der Betriebspartner besser gerecht, vgl. BAG, BB 1994, S. 2273 (2275).

725 Vgl. Bachner/Köstler/Trittin/Trümner, S. 100.

726 Vgl. Däubler, in: Däubler/Kittner/Klebe, BetrVG, § 112, 112a Rn. 23; Trittin, in: Däubler/Kittner/Klebe, BetrVG, § 23 Rn. 131; Fitting/Kaiser/Heither/Engels, in: BetrVG, § 111 Rn. 110 f.; Eisemann, in: Erfurter Kommentar zum Arbeitsrecht, § 23 BetrVG Rn. 34; ders., in: Erfurter Kommentar zum Arbeitsrecht, § 85 ArbGG Rn. 5; GK-Fabricius, BetrVG, Band 2, § 111 Rn. 356; Derleder, ArbuR 1995, S. 13 (17); Bachner/Köstler/Trittin/Trümner, S. 99 f., letztlich kann der Betriebsrat die Durchführung der Betriebsänderung nicht verhindern. Der Unterlassungsanspruch dient jedoch nicht der Blockade der Betriebsänderung, sondern der Durchsetzung des Beratungsanspruchs des Betriebsrats.

727 Einen erzwingbaren Unterlassungsanspruch in dieser heftig umstrittenen Frage bejahen im Ergebnis Trittin, in: Däubler/Kittner/Klebe, BetrVG, § 23 Rn. 131; GK-Fabricius, BetrVG, Band 2, § 111 Rn. 356 ff., 362; Derleder, ArbuR 1995, S. 13 (17); Nielebock, AiB 1997, S. 88 (97); Zwanziger, BB 1998, S. 477 (480); Pflüger, DB 1998, S. 2062 (2066); LAG Hamburg, DB 1983, S. 2369 f.; DB 1986, S. 598 f.; LAG Frankfurt, DB 1994, S. 2635; **a.A.** LAG Düsseldorf, DB 1984, S. 511; LAG Baden-Württemberg, DB 1986, S. 805; Bauer, DB 1994, S. 217 (224); Raab, ZfA 1997, S. 183 (246 f.); Hümmerich/Spirolke, BB 1996, S. 1986 (1989 f.); Richardi, BetrVG, § 23 Rn. 84, bei beteili-

Zur Durchsetzung von Unterrichtungs- und Beratungspflichten nach §§ 111 ff. BetrVG kann der Betriebsrat im Verfahren nach § 23 Abs. 3 BetrVG gegen den Unternehmer einen Unterlassungsanspruch geltend machen. Daneben kann nach den vom BAG im Beschluss vom 03.05.1994 ausdrücklich entwickelten Grundsätzen auch ein selbständiger allgemeiner Unterlassungsanspruch des Betriebsrats in Betracht kommen.

Durch einen Anspruch des Betriebsrats auf Unterlassung der betriebsverfassungswidrigen Durchführung der Betriebsänderung, kann allerdings auch nur auf die betriebsverfassungsrechtliche Betriebsänderung im Sinne der §§ 111 ff. BetrVG eingewirkt werden.

Die geplante gesellschaftsrechtliche Umwandlung lässt sich andererseits weder über § 23 Abs. 3 BetrVG, noch über den vom BAG anerkannten allgemeinen Unterlassungsanspruch, zur Wahrung und Durchsetzung der betriebsverfassungsrechtlich eingeräumten Informations- und Beteiligungsrechte, blockieren.

gungspflichtigen Betriebsänderungen sei der negatorische Rechtsschutz durch die Sanktionsregelung des § 113 BetrVG ersetzt; der Gesetzgeber habe den Beteiligungsanspruch des Betriebsrats auf den Versuch eines Interessenausgleichs beschränkt. Bei Zustandekommen des Interessenausgleichs resultiere daraus allerdings kein kollektivrechtlicher Erfüllungsanspruch. Damit wäre es nicht vereinbar, bei Fehlen eines Interessenausgleichs, einen Anspruch des Betriebsrats auf Unterlassung der Betriebsänderung zu bejahen, Richardi, BetrVG, § 111 Rn. 163; in diesem Sinne auch Arbeitsgericht Nürnberg, Beschluss vom 17.01.2000 – 14 BVGa 1/00, bestätigt durch LAG Nürnberg, Beschluss vom 06.06.2000, 6 TaBV 8/00, denn anders als im Bereich des § 87 BetrVG sei bei Pflichtverletzungen des Arbeitgebers im Bereich des § 111 BetrVG eine ausdrückliche Sanktionsregelung durch Gewährung des Nachteilsausgleichs nach § 113 BetrVG vorgesehen. Mitbestimmungswidrige Maßnahmen gegenüber den Arbeitnehmern blieben wirksam; vgl. ferner hierzu auch die Anmerkung von Reiserer, BB 2000, S. 2100 f.; nach Auffassung von Eisemann, in: Erfurter Kommentar zum Arbeitsrecht, § 23 BetrVG Rn. 34, würde ein Anspruch des Betriebsrats auf Unterlassung geplanter Betriebsänderungen schon daran scheitern, dass zum Zeitpunkt der Antragstellung beim Arbeitsgericht die Planungsphase bereits überschritten sei und somit ein Interessenausgleich nicht mehr nachgeholt und vom Betriebsrat auch nicht mehr verlangt werden könne. Mit der Neufassung des § 113 Abs. 3 BetrVG dürfte der Streit wohl an Bedeutung verloren haben.

V. Einflussnahme des Betriebsrats auf das registerrechtliche Eintragungsverfahren

Problematisch sind die Fälle, in denen das Registergericht die Voraussetzungen einer ordnungsgemäßen Unterrichtung des Betriebsrats bejaht, der Betriebsrat als Arbeitnehmervertretung hingegen diese Auffassung nicht teilt. Das Registergericht könnte bei Bedenken des Betriebsrats die Eintragungsverfügung nach § 127 FGG aussetzten. Die Aussetzung kann von Amts wegen oder auf Antrag (Anregung) erfolgen. Das Gericht darf nicht nach freiem Belieben aussetzen, sondern hat vielmehr nach pflichtgemäßem Ermessen zu erwägen, ob das Abwarten der Entscheidung des Prozessgerichts sinnvoll ist.[728] Voraussetzung der Aussetzung ist, dass die zu erlassende Verfügung, mindestens teilweise, von der Beurteilung eines streitigen Rechtsverhältnisses abhängig ist (Vorgreiflichkeit). Ein streitiges Rechtsverhältnis liegt nur vor, wenn mehrere Beteiligte vorhanden sind.[729]

Losgelöst von der Frage der Beteiligtenfähigkeit des Betriebsrats am registerrechtlichen Eintragungsverfahren, fehlt es am Merkmal des streitigen Rechtsverhältnisses im Sinne von § 127 FGG. Der Streit beschränkt sich hier auf eine kontroverse Auffassung zwischen dem Registergericht und der Arbeitnehmervertretung.[730] Darüber hinaus kommt eine Aussetzung durch das Gericht auch im Hinblick auf den Ermessensmaßstab nicht in Betracht. Selbst bei Annahme der Vorgreiflichkeit, ist das Registergericht grundsätzlich gehalten nicht aussetzen, sondern im Interesse des Rechtsverkehrs und der Beteiligten eine sofortige Entscheidung über die anstehende Rechtsfrage herbeiführen.[731] Eine Aussetzung des Eintragungsverfahrens durch das Registergericht nach § 127 FGG kommt daher nicht in Betracht.

---

728 Vgl. KG, NJW 1967, S. 401 f.; Bumiller/Winkler, FGG, § 127 Rn. 11; Keidel/Kuntze/Winkler, FGG, § 127 Rn. 36.

729 Vgl. Bumiller/Winkler, FGG, § 127 Rn. 10; Keidel/Kuntze/Winkler, FGG, § 127 Rn. 32.

730 So auch Melchior, GmbHR 1996, S. 833 (838).

731 Vgl. KG, NJW 1967, S. 401 f.; Bumiller/Winkler, FGG, § 127 Rn. 11; Keidel/Kuntze/Winkler, FGG, § 127 Rn. 37; Melchior, GmbHR 1996, S. 833 (838).

Darüber hinaus stellt sich die noch brisantere Frage, ob in dem bereits beschriebenen sogenannten „Überschneidungsbereich“ (vgl. S. 210), die betriebsverfassungsrechtlich normierten Beteiligungsrechte des Betriebsrats nach §§ 111 ff. BetrVG - etwa im Falle einer mit der Unternehmensumwandlung einhergehenden Betriebsänderung - derart auf die gesellschaftsrechtliche Ebene auszustrahlen vermögen, dass insbesondere der Betriebsrat, wenn das gesetzlich vorgesehene betriebsverfassungsrechtliche Interessenausgleichsverfahren nicht rechtzeitig durchgeführt wird, den gesellschaftsrechtlichen Vollzug der Umwandlung untersagen lassen kann.

Sichergestellt werden soll ein solches Vollzugsverbot durch Ablehnung des Eintragungsantrags seitens des zuständigen Registergerichts. Ferner soll dem Betriebsrat die Möglichkeit zugebilligt werden, die Durchführung des betriebsänderungsrelevanten Umwandlungstatbestandes im Wege der einstweiligen Verfügung im arbeitsgerichtlichen Beschlussverfahren bis zum Ende des Interessenausgleichsverfahrens zu stoppen. Hierzu bleibe dem Betriebsrat in der Praxis vor allem der Weg, die Zuleitung der umwandlungsrechtlichen Verträge bzw. Entwürfe durch die Vertretungsorgane der beteiligten Gesellschaften an das Registergericht bis zum endgültigen Abschluss des Interessenausgleichsverfahrens durch das Arbeitsgericht untersagen zu lassen. Aus § 127 FGG in Verbindung mit § 16 Abs. 2 HGB ergebe sich, dass das Registergericht bei Erlass einer einstweiligen Verfügung durch das Arbeitsgericht die Umwandlung nicht eintragen dürfe, wenn der obsiegende Teil – also der Betriebsrat – der Eintragung widerspreche.[732]

Begründet wird diese Auffassung damit, dass andernfalls die in §§ 111 ff. BetrVG vorgesehenen Beteiligungsrechte des Betriebsrates ausgehöhlt würden. Ferner gebiete das Prinzip der Einheit der Rechtsordnung eine solche Vorge-

732 So Bachner/Köstler/Trittin/Trümner, S. 101 f.; eindeutig ablehnend dagegen Melchior, GmbHR 1996, S. 833 (839), da gegen eine Untersagung nach § 16 Abs. 2 HGB aus reinen betriebsverfassungsrechtlichen Gründen der Umstand spreche, dass eine den Unterlassungsanspruch begründende Verletzung eines Schutzgesetzes nicht vorliege. Eine nach §§ 111 ff. BetrVG ohne Beteiligung des Betriebsrats eingeleitete Betriebsänderung berühre weder die Amtsstellung der einzelnen Betriebsratsmitglieder noch den Betriebsrat als Institution als solchen. Die Wahrnehmung der Interessen der Arbeitnehmer und die Durchsetzung ihrer Rechtsposition werde durch den Nachteilsausgleich nach § 113 Abs. 3 und die Aufstellung eines Sozialplans gemäß § 112 Abs. 1 Satz 2 BetrVG abschließend gewahrt.

hensweise. Arbeits- und Gesellschaftsrecht seien deshalb in Einklang zu bringen. Zweck des Gesetzgebers sei es nicht gewesen, die Beteiligungsrechte des Betriebsrats durch das neue UmwG zu verkürzen. Insofern überlagere das geltende Betriebsverfassungsrecht das Gesellschaftsrecht. Das Mitbestimmungsrecht des Betriebsrats werde auf die gesellschaftsrechtliche/unternehmensrechtliche Ebene vorverlagert. Im Fall der Unterrichtung der Betriebsräte vom Umwandlungsvorgang fände eine Verlagerung der Beteiligungsrechte des Betriebsrats in den gesellschaftsrechtlichen Umwandlungsvorgang statt. Das Handelsregister sei an der Eintragung dann gehindert, wenn es Kenntnis davon erlange, dass noch ein Interessenausgleichsverfahren über das „Ob" und „Wie" der Umwandlung im Gange sei.[733]

Noch extensiver ist das Verständnis, nach dem der Betriebsrat sogar die Möglichkeit haben soll, beim Arbeitsgericht im Beschlussverfahren gemäß § 85 Abs. 2 ArbGG einen Antrag auf Erlass einer einstweiligen Verfügung (vgl. § 935 ZPO) zum Zwecke der Untersagung des beabsichtigten Umwandlungsbeschlusses der Gesellschafter-/Anteilseigner zu stellen, wenn das Interessenausgleichsverfahren vor Beschlussfassung der Anteilseigner nicht zum Abschluss gebracht wurde.[734]

Die Umwandlung ist jedoch eine unternehmerische Entscheidung, über die allein die Anteilseigner befinden.[735] Auch im Rahmen eines betriebsratsseitigen Unterlassungsantrags nach §§ 111 ff. BetrVG muss zwischen der gesellschaftsrechtlichen und der betriebsverfassungsrechtlichen bzw. arbeitsgerichtlichen Beteiligung des Betriebsrats getrennt werden.

Nach § 80 Abs. 1 ArbGG findet das arbeitsgerichtliche Beschlussverfahren in den in § 2a ArbGG bezeichneten Fällen Anwendung. Nach § 2a Abs. 2 ArbGG

733 Bachner, NJW 1995, S. 2881 (2886); Bachner/Köstler/Trittin/Trümner, S. 101 f.

734 So noch Bachner, in NJW 1995, S. 2881 (2886), in Bachner/Köstler/Trittin/Trümner, S. 102, wird dieser Standpunkt jedoch aufgegeben. Sollte der Beschluss bereits gefasst worden sein, könne im Wege der einstweiligen Verfügung die Eintragung der Umwandlung im Handelsregister untersagt werden, vgl. Bachner, NJW 1995, S. 2881 (2886); zutreffend bemerkt hier Willemsen, NZA 1996, S. 791 (798), dass das Arbeitsgericht nicht im Wege der einstweiligen Verfügung die Eintragung der Umwandlung im Handelsregister stoppen kann.

735 Vgl. Lutter, in: Lutter, UmwG 2000, § 5 Rn. 58; Drygala, ZIP 1996, S. 1365 (1371).

findet das Beschlussverfahren in Streitigkeiten nach diesen Vorschriften, gemeint sind die Vorschriften nach § 2a Abs. 1 ArbGG, statt.

Nach § 2a Abs. 1 Nr. 1 ArbGG bezieht sich die ausschließliche Zuständigkeit[736] der Arbeitsgerichte im Beschlussverfahren auf Angelegenheiten aus dem Betriebsverfassungsgesetz. Die Katalogangaben in § 2a Abs. 1 Nr. 1 bis 4 ArbGG enthalten keine Zuständigkeitsregelung für Angelegenheiten aus dem Umwandlungsgesetz. Die Zuständigkeit der Arbeitsgerichte kann weder durch Parteivereinbarung erweitert, noch kann der Kreis der im Beschlussverfahren zu verhandelnden Streitigkeiten auf andere Arbeitssachen ausgedehnt werden.[737]

Es fehlt daher an einer die Zuständigkeit der Arbeitsgerichte begründenden Vorschrift. Die Arbeitsgerichte für sind Angelegenheiten aus dem Umwandlungsgesetz nicht zuständig.

Eine gegen die gesellschaftsrechtliche Umwandlung gerichtete arbeitsrechtliche Unterlassungsverfügung, wäre daher im Hinblick auf die Kompetenzabgrenzung zwischen Arbeits- und freiwilliger Gerichtsbarkeit äußerst zweifelhaft.[738]

Das UmwG sieht weder ein Veto noch ein Blockaderecht der Arbeitnehmervertretung gegen Umwandlungsmaßnahmen als solche vor. Die bestehenden umwandlungsrechtlichen Informations- und Zuleitungsverpflichtungen haben ihre Rechtsgrundlage ausschließlich im UmwG.

Diese Informationspflichten sind nicht – wie etwa §§ 106, 111 BetrVG – betriebsverfassungsrechtlicher Natur. Aufgrund des selbständigen Nebeneinander von Gesellschaftsrecht und Arbeitsrecht kann daher auch nicht über den „Umweg“ der §§ 111 ff. BetrVG ein Vetorecht des Betriebsrats gegen den gesell-

---

736 Die Zuständigkeit der Gerichte für Arbeitssachen im Beschlussverfahren bezieht sich ausschließlich auf kollektivrechtliche Streitigkeiten, wobei betriebsverfassungsrechtliche Auseinandersetzungen im Vordergrund stehen, Grunsky, ArbGG, § 2a Rn. 2.

737 Vgl. Germelmann/Matthes/Prütting, ArbGG, § 2a Rn. 2.

738 Vgl. Willemsen, RdA 1998, S. 23 (30); ders., NZA 1996, S. 791 (798); die einstweilige Verfügung um die es Bachner geht, kann sich daher nur auf ein Unterlassen einer beabsichtigten Betriebsänderung, nicht aber auf ein Unterlassen des Umwandlungsbeschlusses beziehen. Nur wenn eine Betriebsänderung nach § 111 BetrVG ohne Beteiligung des Betriebsrats durchgeführt wurde, werden betriebsverfassungsrechtliche Beteiligungsrechte des Betriebsrats verletzt. Eine Sicherungsverfügung im Sinne von § 935 ZPO wäre dann denkbar, vgl. Drygala, ZIP 1996, S. 1365 (1371).

schaftsrechtlichen Vorgang der Unternehmensumwandlung konstruiert werden.[739] Somit kommt ein „Durchgriff" des betriebsverfassungsrechtlichen Unterlassungsanspruchs auf die Ebene der gesellschaftsrechtlichen Umwandlung nicht in Betracht.[740]

Das UmwG macht die Durchführung einer Umwandlung gerade nicht von der Zustimmung des Betriebsrats oder anderer betriebsverfassungsrechtlicher Organe abhängig.[741] Deshalb kann der Betriebsrat im Umkehrschluss, bei fehlendem Einverständnis mit der gesellschaftsrechtlichen Umwandlungsmaßnahme, auch keine Unterlassungsrechte gegen die Umstrukturierung geltend machen.

Auch aus dem Fehlen eines speziellen gesellschaftsrechtlichen und gerichtlich durchsetzbaren Anspruchs der Betriebsräte auf das Umwandlungsverfahren einzuwirken, kann nicht auf eine systemwidrige Gesetzeslücke geschlossen werden. Zwar hat der Gesetzgeber mit dem UmwBerG den Anwendungsbereich des BetrVG (vgl. das Unterrichtungsrecht des Wirtschaftsausschusses nach § 106 Abs. 3 Nr. 8 BetrVG wie auch das des Betriebsrates im Falle von Betriebsänderungen gem. § 111 Satz 2 Nr. 3 BetrVG, wurden durch Art. 13 Nr. 1 und Nr. 2 UmwBerG neugefasst) erweitert, die Beteiligung des Betriebsrates auf dem Gebiet des Umwandlungsrechts aber auf einen einfachen Informationsanspruch begrenzt. Eine Vorverlagerung betriebsverfassungsrechtlicher Mitbestimmungsrechte auf die Ebene des Gesellschaftsrechts hat der Gesetzgeber damit allerdings nicht beabsichtigt.[742] Der durch die Systematik des UmwBerG zum Ausdruck gebrachte gesetzgeberische Wille ist bei der Auslegung zwingend zu beachten. Es bleibt daher bei zwei isoliert zu betrachtenden Regelungsbereichen, nämlich die umwandlungsrechtlichen und betriebsverfassungsrechtlichen Beteiligungstatbestände des Betriebsrats.[743]

---

739 Willemsen, NZA 1996, S. 791 (798); so auch Boecken, S. 227.

740 vgl. Willemsen, RdA 1998, S. 23 (30, 34); ders., in: Kallmeyer, UmwG 1997, § 5 Rn 56; Boecken, S. 227.

741 Vgl. Boecken, S. 228; OLG Naumburg, Urteil vom 06.02.1997, DB 1997, S. 466 (467); Melchior, GmbHR 1996, S. 833 (836 f.); Lutter, in: Lutter, UmwG 2000, § 5 Rn. 58; Drygala, ZIP 1996, S. 1365 (1371).

742 So aber Bachner, NJW 1995, S. 2881 (2886).

743 Vgl. Melchior, GmbHR 1996, S. 833 (839).

VI. Sanktionierung Verletzung der Auskunftspflichten

1. Sanktionierung nach dem BetrVG

a. § 121 BetrVG als Sanktion

Gemäß § 121 Abs. 1 BetrVG handelt unter anderem ordnungswidrig, wer eine in § 106 Abs. 2 oder § 111 BetrVG bezeichneten Aufklärungs- oder Auskunftspflichten nicht, wahrheitswidrig, unvollständig oder verspätet erfüllt.

Danach wird die Verletzung folgender Aufklärungs- oder Auskunftspflichten wird als Ordnungswidrigkeit geahndet:

- die Pflicht zur rechtzeitigen und umfassenden Unterrichtung des Wirtschaftsausschusses über die wirtschaftlichen Angelegenheiten des Unternehmens unter Vorlage der erforderlichen Unterlagen, soweit dadurch nicht die Betriebs- und Geschäftsgeheimnisse des Unternehmens gefährdet werden, sowie die sich daraus ergebenden Auswirkungen auf die Personalplanung (vgl. § 106 Abs. 2 BetrVG).
- Die Pflicht zur rechtzeitigen und umfassenden Unterrichtung über geplante Betriebsänderungen (§ 111 Satz 1 BetrVG).

Die Aufzählung der Aufklärungs- oder Auskunftspflichten, deren Missachtung eine Ordnungswidrigkeit nach § 121 BetrVG nach sich zieht, ist abschließend.[744] Im Zusammenhang mit Unternehmensumstrukturierungen kommt daher auch nur eine bußgeldbewährte Verletzung der in § 121 Abs. 1 BetrVG ausdrücklich aufgeführten Aufklärungs- oder Auskunftspflichten nach § 106 Abs. 2 bzw. § 111 BetrVG und nicht nach § 80 Abs. 2 BetrVG in Betracht. Die Verletzung der umfassenden Unterrichtungspflicht nach § 80 Abs. 2 BetrVG ist nicht in den Kreis der bußgeldbewährten Ordnungswidrigkeiten nach § 121 BetrVG aufgenommen worden.[745]

---

744 Vgl. Fitting/Kaiser/Heither/Engels, in: BetrVG, § 121 Rn. 2; Trümner, in: Däubler/Kittner/Klebe, BetrVG, § 121 Rn. 2; Richardi, BetrVG, § 121 Rn. 2; Hanau/Kania, in: Erfurter Kommentar zum Arbeitsrecht, § 121 BetrVG Rn. 2; Hess, in: Hess/ Schlochauer/Glaubitz, BetrVG, § 121 Rn. 2; Stege/Weinspach, BetrVG, § 121 Rn. 2.

745 Allerdings kann eine Ahndung dann erfolgen, wenn eine nach § 119 Abs. 1 Nr. 2 BetrVG strafbare Behinderung der Amtstätigkeit gegeben ist.

Allerdings dürfte der in § 121 Abs. 2 BetrVG vorgesehene Bußgeldrahmen bis zu DM 20000 zumindest bei der Übertragung von Grossbetrieben kaum abschreckende Wirkung entfalten.[746]

Da die umwandlungsrechtlichen Unterrichtungsvorschriften in dem enumerativen Katalog des § 121 Abs. 1 BetrVG nicht aufgeführt sind, kommt die Verhängung eines Bußgeldes nach § 121 Abs. 2 BetrVG wegen Missachtung der im Umwandlungsgesetz aufgeführten Informationspflichten nach §§ 5 Abs. 3, 126 Abs. 3, 194 Abs. 2 UmwG nicht in Betracht.[747]

Auch eine entsprechende Anwendung des § 121 Abs. 1 BetrVG muss wegen des auch im Ordnungswidrigkeitenrecht geltenden strafrechtlichen Analogieverbots nach Art. 103 Abs. 2 GG unterbleiben (nulla poene sine lege).[748]

b. § 119 Abs. 1 Nr. 2 BetrVG als Sanktion

Fraglich erscheint, ob die mangelhafte oder gänzlich unterbliebene Unterrichtung des Betriebsrats nach §§ 5 Abs. 3, 126 Abs. 3, 194 Abs. 2 UmwG den Tatbestand des § 119 Abs. 1 Nr. 2 BetrVG erfüllten kann.

Strafbar ist nach § 119 Abs. 1 Nr. 2 BetrVG unter anderem auch die Behinderung oder Störung der Tätigkeit des Betriebsrats. Straftatbestand ist jeder Eingriff in die Tätigkeit des Betriebsrats, der eine Behinderung oder Störung darstellt. Das von § 119 Abs. 1 Nr. 2 BetrVG geschützte Rechtsgut ist die von außen nicht behinderte oder gestörte Amtstätigkeit. Der Tatbestand kann durch positives Tun als auch Unterlassen verwirklicht werden. Eine Unterlassung ist nur dann mit Strafe bedroht, wenn eine gesetzliche Pflicht zum Handeln besteht.

Eine solche gesetzliche Pflicht zum Handeln kann sich aus §§ 5 Abs. 3, 126 Abs. 3, 194 Abs. 2 UmwG ergeben, wonach der Umwandlungsvertrag dem zuständigen Betriebsrat zuzuleiten ist.

---

746 Vgl. Düwell, in Festschrift für Dieterich, S. 101 (111).

747 Entgegen der Auffassung von Heinze, ZfA 1997, S. 1 (4), kann deshalb aber nicht den umwandlungsrechtlichen Informationsvorschriften ihre gesellschaftsrechtliche Bedeutung abgesprochen werden.

748 Vgl. Willemsen, RdA 1998, S. 23 (34); Gaul, DB 1995, S. 2265 (2266); Mengel, S. 347 f.; Jung, S. 211; nach Darstellung von Düwell, in: Kasseler Handbuch zum Arbeitsrecht, Band 2, 6.8 Rn. 186, sei eine Ergänzung der Bußgeldvorschrift des § 121 BetrVG versäumt worden; ders., NZA 1996, S. 393 (397); **a.A.** Herbst, AiB 1995, S. 5 (8).

Eine Behinderung oder Störung der Amtstätigkeit liegt nicht bereits dann vor, wenn der Arbeitgeber es pflichtwidrig versäumt, den Betriebsrat bei mitwirkungs- oder mitbestimmungspflichtigen Maßnahmen einzubinden. Erforderlich ist hier vielmehr das subjektive Tatbestandselement des bewussten Beiseiteschiebens. Nur dann wird eine Behinderung oder Störung der Amtstätigkeit zu bejahen sein.[749]

Der Eingriff in die Tätigkeit des Betriebsrats muss vorsätzlich erfolgen. Vom Vorsatz umfasst sein muss die Behinderung oder Störung und nicht nur die Tatsachen, die dann objektiv zu einer Behinderung oder Störung führen.[750]

Eine Verkürzung des betriebsratsseitigen Unterrichtungsanspruchs nach §§ 5 Abs. 3, 126 Abs. 3, 194 Abs. 2 UmwG wird regelmäßig nur dann den Straftatbestand des § 119 Abs. 1 Nr. 2 BetrVG verwirklichen, falls der Arbeitgeber Vertragsunterlagen unterdrückt und dem Betriebsrat vorenthält, um dadurch bewusst eine Störung oder Behinderung der Betriebsratstätigkeit zu erreichen.

Eine Tatbestandsverwirklichung und Sanktionierung nach § 119 Abs. 1 Nr. 2 BetrVG wegen einer Behinderung der Amtstätigkeit des Betriebsrats, in Form der unterlassenen Zuleitung des Umwandlungsvertrages nach §§ 5 Abs. 3, 126 Abs. 3, 194 Abs. 2 UmwG, wird daher spätestens am fehlenden subjektiven Element scheitern.

Das nicht jede Verletzung einer dem Arbeitgeber obliegende Aufklärungs- oder Auskunftspflicht Strafcharakter hat, wird auch dadurch bestätigt, dass das Gesetz in § 121 Abs. 1 BetrVG nur die Verletzung der wichtigsten Aufklärungs- oder Auskunftspflichten als Ordnungswidrigkeit bewertet.[751]

---

749 Vgl. Trümner, in: Däubler/Kittner/Klebe, BetrVG; § 119 Rn. 13; Richardi, BetrVG, § 119 Rn. 19; Hanau/Kania, in: Erfurter Kommentar zum Arbeitsrecht, § 119 BetrVG Rn. 3; Hess, in: Hess/Schlochauer/Glaubitz, BetrVG, § 119 Rn. 27; Stege/Weinspach, BetrVG, § 119 Rn. 11.

750 Vgl. Richardi, BetrVG, § 119 Rn. 20.

751 Vgl. Trümner, in: Däubler/Kittner/Klebe, BetrVG; § 119 Rn. 13; Richardi, BetrVG, § 119 Rn. 19.

2. Die Strafvorschriften im UmwG

Fraglich ist, ob bei unrichtigen oder unvollständigen Darstellungen im Umwandlungsvertrag, durch die Vertretungsorgane der an der Umwandlung beteiligten Rechtsträger, der Straftatbestand des § 313 Abs. 1 Nr. 1 UmwG verwirklicht werden kann.

§ 313 Abs. 1 Nr. 1 UmwG erfasst nur Angaben, die sich in bestimmten Äußerungsformen finden. Das sind zum einen die im UmwG vorgesehenen Berichte (vgl. Verschmelzungsbericht, § 8 UmwG; Spaltungsbericht, §§ 127, 135 Abs. 1 UmwG; Übertagungsbericht, §§ 8, 176 ff. UmwG und Umwandlungsbericht, § 192 UmwG).

Aufgrund des ausdrücklichen Wortlauts lassen sich unter § 313 Abs. 1 Nr. 1 UmwG allerdings nicht unrichtige Angaben im Umwandlungsvertrag subsumieren. Jede andere Auslegung hätte einen gleichfalls einen Verstoß gegen Art. 103 Abs. 2 GG zur Folge.[752]

Auch eine Tatbestandserfüllung des § 313 Abs. 1 Nr. 2 UmwG kommt nicht in Betracht. Hiernach drohen jedem Mitglied eines Vertretungsorgans, jedem vertretungsberechtigten Gesellschafter und jedem Mitglied eines Aufsichtsrats eine Freiheitsstrafe bis zu drei Jahren oder Geldstrafe, wenn er unrichtige Angaben in Aufklärungen und Nachweisen macht, die nach gesetzlicher Vorgabe einem Verschmelzungs-, Spaltungs- oder Übertragungsprüfer zu geben sind.

Zutreffender Auffassung nach zu Folge, sind mir diesen Aufklärungen und Nachweisen allein die Unterlagen gemeint, die sich auf eine Prüfung beziehen. Damit sind vom Zweck des Gesetzes hiervon nur solche Angaben erfasst, die zu einem unrichtigen Prüfbericht führen können. Dazu gehören jedenfalls die Angaben über die Arbeitnehmerfolgen im Umwandlungsvertrag nicht. Darüber hinaus lässt sich der Umwandlungsvertrag nicht als „Aufklärung“ oder „Nachweis“ qualifizieren. Der Umfang der Auskunftspflicht gegenüber dem jeweiligen Prüfer ergibt sich unmittelbar oder über eine Verweisung – aus § 11 Abs. 1 Satz 1 UmwG in Verbindung mit § 320 Abs. 2 Satz 1 HGB. Der Umwandlungs-

752 Ebenso Bungert, DB 1997, S. 2209 (2215); ferner Willemsen, RdA 1998, S. 23 (34).

vertrag wird von der Auskunftspflicht nach § 320 Abs. 2 Satz 1 HGB[753] nicht erfasst.[754]

3. Die Nichteintragung der Umwandlung als Sanktion

Die Einhaltung der Verpflichtung über die rechtzeitige Zuleitung des Umwandlungsvertrages oder seines Entwurfs bzw. des Umwandlungsbeschlusses an den zuständigen Betriebsrat und somit die wirksame Absicherung des Unterrichtungsanspruchs wird durch das UmwG in der Weise durchgesetzt, dass der Nachweis über die Zuleitung eine von mehreren Voraussetzungen für die Eintragung der Umwandlung in das Register und damit für den erfolgreichen Vollzug der Umwandlung ist (vgl. § 17 Abs. 1, § 125 in Verbindung mit § 17 Abs. 1, § 199 UmwG). Der Nachweis über die Zuleitung ist damit Eintragungsvoraussetzung für die Umwandlung.[755]

Darin beschränkt sich allerdings auch der Sanktionsmechanismus des Umwandlungsgesetzes. Nach erfolgter Zuleitung hat der Betriebsrat keine Möglichkeiten einem unerwünschten Umwandlungsvorgang unter Zuhilfenahme gesellschaftsrechtlicher Instrumentenarien entgegenzutreten oder auf dessen Modalitäten einzuwirken.[756]

Auf umwandlungsrechtlicher Ebene liegt das wohl stärkste Druckmittel des Betriebsrats daher darin, gegenüber dem Registergericht das vollständige Fehlen bzw. die Unvollständigkeit der arbeitsrechtlichen Angaben im Umwandlungsvertrag zu beanstanden. Diese Möglichkeit verspricht vor dem Hintergrund einer lediglich formellen Prüfungsbefugnis des Registerrichters allerdings auch nur dann Erfolg, wenn die Unvollständigkeit der Angaben evident ist, weil bei-

---

753 Herrmann, in: Sammlung Guttentag, HGB, § 320 Rn. 1.

754 Vgl. Bungert, DB 1997, S. 2209 (2215); es ist daher unzutreffend, wenn Engelmeyer, DB 1996, S. 2542 (2544), unter § 313 Abs. 1 Nr. 2 UmwG auch unzutreffende Angaben zu den Arbeitnehmerfolgen im Umwandlungsvertrag fassen will; anderer – nicht haltbarer – Ansicht ebenfalls Gaul, DB 1995, S. 2265 (2266); Mengel, S. 351.

755 Vgl. auch zur Sanktionierung durch Ablehnung der Eintragung durch den zuständigen Registerrichter, Wlotzke, DB 1995, S. 40 (45); Engels, in: Festschrift für Wlotzke, S. 279 (296); Bermel/Hannappel, in: Goutier/Knopf/Tulloch, UmwG 1995, § 5 Rn. 133; Willemsen, in: Kallmeyer, UmwG 1997, § 5 Rn. 74.

756 Vgl. hierzu auch Stohlmeier, BB 1999, S. 1394 (1397).

spielsweise Ausführungen zu Tarifverträgen und Betriebsvereinbarungen gänzlich fehlen.[757]

757 Auf diese Einschränkung weist zu Recht Willemsen, RdA 1998, S. 23 (34), hin.

G. Fazit

Höchstrichterliche Entscheidungen zum Arbeitsrecht bei Unternehmensumwandlungen nach dem neuen Umwandlungsgesetz vom 28. Oktober 1994, das am 01.01.1995 in Kraft getreten ist, sind selten. Zum Teil nicht unerhebliche Rechtsunsicherheit besteht noch immer im Hinblick auf die zahlreichen Neuregelungen und Neuschöpfungen des Gesetzgebers auf dem Gebiet des umwandlungsrechtlichen Arbeitsrechts, insbesondere

aber auch bei der kontrovers diskutierten Frage der Reichweite der umwandlungsrechtlichen Informationsrechte der Belegschaft und deren Vertreter nach §§ 5 Abs. 1 Nr. 9, 126 Abs. 1 Nr. 11, 176, 177, 194 Abs. 1 Nr. 7 UmwG. Die Ansicht in der Literatur, nach der die arbeitsrechtlichen Pflichtangaben nur auf die unmittelbaren Folgen der Umwandlung zu beschränken sind, vernachlässigt, dass der Gesetzgeber den umwandelnden Rechtsträger dazu veranlassen will, dem Betriebsrat in sein konkretes Planungskonzept einzubinden.

Werden innerbetriebliche Umstrukturierungen des aufnehmenden Rechtsträgers beispielsweise nach einer Verschmelzung, etwa durch Zusammenlegung oder Ausgliederung von Betriebsteilen bzw. Werksschließungen erforderlich und sind solche bereits vor der Umsetzung erkennbar, so müssen diese zum Gegenstand des Verschmelzungsvertrags gemacht werden.

Die Angabe auszugleichender wirtschaftlicher Nachteile für die Arbeitnehmer die zu einem Verlust des Arbeitsplatzes oder zu Standortwechseln führen können ist daher ebenso erforderlich, wie die Darstellung geplanter Stellenreduzierungen die sich aus unmittelbar überzähligen Doppelfunktionen und mittelbar aus anzustrebenden Ablaufverbesserungen ergeben können.

In den Umwandlungsvertrag sind alle Folgen und Maßnahmen, die in der Vorplanung der Umstrukturierung bereits erkennbar werden, aufzuführen. Dies muss selbst dann gelten, wenn beabsichtigte Betriebsänderungen noch nicht im Verständnis von § 111 BetrVG „geplant“, aber bereits als Vorüberlegungen absehbar sind. Durch die Aufnahme von Strukturüberlegungen und die sich daraus ergebenden Folgen und Maßnahmen in den Umwandlungsvertrag, wird eine Vorverlagerung der Beteiligung des Betriebsrats erreicht.

Bei den Folgen geht es oftmals um strukturelle Änderungen, die gegebenenfalls nach abgeschlossener Umwandlung umgesetzt werden sollen. Zu denken ist insbesondere an eine Reorganisation zur Senkung der Kosten und zur Nutzung und Umsetzung von Synergiepotentialen.

Im Ergebnis kann nur eine weite Auslegung des umwandlungsrechtlichen Folgenbegriffs die vom Gesetzgeber geforderte sozialverträgliche Durchführung der Umwandlung gewährleisten. Transparenz und Akzeptanz der Umwandlung stehen in einer unabdingbaren Korrelation. Je transparenter und umfassender die Belegschaft über beabsichtigte Umstrukturierung in Kenntnis gesetzt wird, desto größer sind die Chancen einer sozialverträglichen Durchführung. Die Akzeptanz der Umwandlung kann dann erreicht werden, wenn die Arbeitnehmer und ihre Vertretungen rechtzeitig und ausführlich über die als unumgänglich angesehenen betriebswirtschaftlich notwendigen Planungen unterrichtet werden.

Zu den arbeitsrechtlichen Pflichtangaben im Umwandlungsvertrag gehören die rechtlichen und tatsächlichen, unmittelbaren und mittelbaren Folgen der Umstrukturierung.

Bei den im Umwandlungsgesetz installierten Regelungen handelt es sich um reine Informationsrechte der Arbeitnehmervertretungen. Weitergehende arbeitsrechtliche Mitbestimmungsrechte sieht das Umwandlungsgesetz nicht vor.

Die Aufnahme mittelbarer Folgen der Umwandlung folgt aus dem Gebot der gemeinschaftsfreundlichen Auslegung. Die umwandlungsrechtlichen Pflichtangaben dienen der Umsetzung der Betriebsübergangsrichtlinie 77/187/EWG vom 14. Februar 1977. Dort präzisiert Art. 6 Abs. 1 der Richtlinie 77/187/EWG die Anforderungen dahingehend, dass die rechtlichen, wirtschaftlichen und auch sozialen Folgen des Übergangs für die Arbeitnehmer anzugeben sind. Der Folgenbegriff erfährt durch diese drei Konkretisierungsmerkmale eine klare inhaltliche Ausgestaltung. Der Richtlinie ist keine Begrenzung auf unmittelbare Folgen des Übergangs zu entnehmen. Da der Europäische Gesetzgeber bereits den Folgenbegriff näher erläutert hat und die Belegschaft über sämtliche Folgen des Übergangs informiert wissen will, schließt dies auch die weiteren, mittelbaren Folgen mit ein.

Die Beachtung des weiten Folgenbegriffs im Rahmen der Erfüllung der Angabepflicht nach §§ 5 Abs. 1 Nr. 9, 126 Abs. 1 Nr. 11, 176, 177, 194 Abs. 1 Nr. 7 UmwG ist nur bei Unternehmensumstrukturierungen nach dem UmwG zu beachten. Aufgrund des reinen Optionscharakters des Umwandlungsgesetztes finden nicht nur die arbeitsrechtlichen Schlussbestimmungen der §§ 321 bis 325 UmwG, sondern auch die Regelungen über die Einbindung der Betriebsräte in den Umwandlungsvorgang nach §§ 5 Abs. 3, 126 Abs. 3, 194 Abs. 2 UmwG bei Umstrukturierungsvorhaben im Wege der Einzelrechtsübertragung auch keine analoge Anwendung.

Die betriebsverfassungsrechtlichen Informationsrechte des Betriebsrats und Wirtschaftsausschusses nach §§ 80 Abs. 2 Satz 1, 106 Abs. 2, 111 BetrVG sind von den umwandlungsrechtlichen streng zu trennen. Da beide Informationsansprüche getrennt zu prüfen sind, lässt eine eventuell bestehende betriebsverfassungsrechtliche Angabepflicht keine Einschränkung der umwandlungsrechtlichen Unterrichtungspflicht zu. Das selbständige Nebeneinander von Betriebsverfassungsrecht und Umwandlungsrecht kann nicht dazu führen, den Umfang der umwandlungsrechtlichen Informationsansprüche zu reduzieren.

Der Verweis auf bestehende Informationsvorschriften des BetrVG, zur Verkürzung der umwandlungsrechtliche Angabepflicht auf die Unmittelbarfolgen der Umstrukturierung, vernachlässigt das isolierte Nebeneinander beider Informationsquellen.

Angaben zu den arbeitsrechtlichen Folgen der Umwandlung sind selbst dann in den Umwandlungsvertrag aufzunehmen, wenn keiner der beteiligten Rechtsträger über einen Betriebsrat verfügt.

Der Betriebsrat kann auf die Zuleitung des Vertrages insgesamt nicht wirksam verzichten. Ein Verzicht des Betriebsrats auf die Einhaltung der einmonatigen Zuleitungsfrist nach §§ 5 Abs. 3, 126 Abs. 3, 194 Abs. 2 UmwG ist hingegen möglich.

Ein Anfechtungsklage des Betriebsrats gegen die Wirksamkeit des Verschmelzungs-, Spaltungs-, bzw. Umwandlungsbeschlusses ist abzulehnen.

Aufgrund der getrennt zu betrachtenden Regelungsbereiche, nämlich die umwandlungsrechtlichen und betriebsverfassungsrechtlichen Beteiligungstatbestände des Betriebsrats, kommt weder ein Veto- noch ein

Blockaderecht der Arbeitnehmervertretung gegen die Umwandlungsmaßnahme in Betracht.

Auch ein „Durchgriff" des betriebsverfassungsrechtlichen Unterlassungsanspruchs auf die Ebene der gesellschaftsrechtlichen Umwandlung ist konsequent abzulehnen.

Auf umwandlungsrechtlicher Ebene liegt das wohl stärkste, für die beteiligten Rechtsträger aber auch empfindlichste, Druckmittel des Betriebsrats darin, gegenüber dem Registergericht das vollständige Fehlen bzw. die Unvollständigkeit der arbeitsrechtlichen Angaben im Umwandlungsvertrag zu monieren.

H. Literaturverzeichnis

Aha, Christof: Einzel- oder Gesamtrechtsnachfolge bei der Ausgliederung?, AG 1997, S. 345 ff.

Arens, Wolfgang/Spieker, Ulrich: Umwandlungsrecht, Bonn 1996.

Aufermann, Ewald: Grundzüge betriebswirtschaftlicher Steuerlehre, Wiesbaden 1959.

Bachner, Michael: Individualarbeits- und kollektivrechtliche Auswirkungen des neuen Umwandlungsgesetzes, NJW 1995, S. 2881 ff.

ders.: Arbeitsrechtliche Folgen des neuen Umwandlungsgesetzes, AuA 1996, S. 217 ff.

Bachner, Michael/Köstler, Roland/Trittin, Wolfgang/Trümner, Ralf: Arbeitsrecht bei Unternehmensumwandlung, Köln 1997.

Ballreich, Hilbert: Fallkommentar zum Umwandlungsrecht, Neuwied, Kriftel 1999.

Bartodziej, Peter: Reform des Umwandlungsrechts und Mitbestimmung, ZIP 1994, S. 580 ff.

Bauer, Jobst-Hubertus: Aktuelle Probleme des Personalabbaus im Rahmen von Betriebsänderungen (Teil I), DB 1994, S. 217 ff.

Bauer, Jobst-Hubertus/Lingemann, Stefan: Das neue Umwandlungsrecht und seine arbeitsrechtlichen Auswirkungen, NZA 1994, S. 1057 ff.

Bauer, Jobst-Hubertus/Mengel, Anja: Anmerkung zu BAG, Urteil vom 25.05.2000, ZIP 2000, S. 1635 ff.

Baumann, Thomas: Arbeitsrechtliche Aspekte des neuen Umwandlungsrechts, DStR 1995, S. 888 ff.

Baumbach, Adolf/Hueck, Götz: GmbH-Gesetz, 16. Auflage, München 1996.

Baums, Theodor: Verschmelzung mit Hilfe von Tochtergesellschaften, in: Lieb, Manfred/Noack, Ulrich/Westermann, Harm Peter (Hrsg.), Festschrift für Wolfgang Zöllner, Band I, S. 65 ff., Köln, Berlin, Bonn, München 1998.

Bayer, Walter: 1000 Tage neues Umwandlungsrecht – eine Zwischenbilanz, ZIP 1997, S. 1613 ff.

ders.: Aktionärsklagen de lege lata und de lege ferenda, NJW 2000, S. 2609 ff.

Berg, Hans-Georg: Die Monatsfrist in § 5 Abs. 3 UmwG – eine schwierige Berechnung? oder: Drei Kommentare, drei Meinungen, WiB 1996, S. 932 f.

Bericht der Kommission Mitbestimmung/Bertelsmann Stiftung; Hans-Böckler-Stiftung (Hrsg.): Mitbestimmung und neue Unternehmenskulturen - Bilanz und Perspektiven, Gütersloh 1998.

Bertelsmann, Klaus: Vorabentscheidungsverfahren der Arbeitsgerichtsbarkeit zum Europäischen Gerichtshof, NZA 1993, S. 775 ff.

Blank, Michael/Blanke, Hermann/Klebe, Thomas/Kümpel, Winfried /Wendeling-Schröder, Ulrike/Wolter, Henner: Arbeitnehmerschutz bei Betriebsaufspaltung und Unternehmensteilung, 2. Auflage, Köln 1987.

Boecken, Winfried: Der Übergang von Arbeitsverhältnissen bei Spaltung nach dem neuen Umwandlungsrecht, ZIP 1994, S. 1087 ff.

ders.: Unternehmensumwandlungen und Arbeitsrecht, Köln 1996.

Bohnet, Uwe: Die Mitwirkungskompetenz der Hauptversammlung von Holding-Gesellschaften bei der Veräußerung von Unternehmensbeteiligungen, DB 1999, S. 2617 ff.

Bokelmann, Gunther: Eintragung eines Beschlusses: Prüfungskompetenz des Registerrichters bei Nichtanfechtung, rechtsmissbräuchlicher Anfechtungsklage und bei Verschmelzung, DB 1994, S. 1341 ff.

Bork, Reinhard: Beschlussverfahren und Beschlusskontrolle nach dem Referentenentwurf eines Gesetzes zur Bereinigung des Umwandlungsrechts, ZGR 1993, S. 343 ff.

ders.: Kommentar zu LG Karlsruhe, Beschluss vom 06.11.1997, EWiR 1997, S. 1147 f.

Bork, Reinhard; Hommelhoff, Peter; Lutter, Marcus; Schmidt, Karsten; Schulze-Osterloh, Joachim; Teichmann, Arndt; Zöllner, Wolfgang: Vorschläge zum Referentenentwurf eines Umwandlungsgesetzes, ZGR 1993, S. 321 ff.

Brinkmann, Antje: Die Spaltung von Rechtsträgern nach dem neuen Umwandlungsrecht, Berlin 1999.

Brox, Hans/Rüthers, Bernd: Arbeitsrecht, 13. Auflage, Stuttgart, Berlin, Köln 1997.

Buchner, Herbert: Die Ausgliederung von betrieblichen Funktionen (Betriebsteilen) unter arbeitsrechtlichen Aspekten (I), GmbHR 1997, S. 377 ff.

ders.: Die Ausgliederung von betrieblichen Funktionen (Betriebsteilen) unter arbeitsrechtlichen Aspekten (II), GmbHR 1997, S. 434 ff.

Bumiller, Ursula/Winkler, Karl: Freiwillige Gerichtsbarkeit, 7. Auflage, München 1999.

Bungert, Hartwin: Unternehmensvertragsbericht und Unternehmensvertragsprüfung gemäß §§ 293a ff. AktG (Teil I), DB 1995, S. 1384 ff.

ders.: Darstellungshinweise und Überprüfbarkeit der Angaben über Arbeitnehmerfolgen im Umwandlungsvertrag, DB 1997, S. 2209 ff.

ders.: Anmerkung zu OLG Düsseldorf, Beschluss vom 15.05.1998, 3 Wx 156/98, NZG 1998, S. 733 f.

Crisolli, Karl-August/Groschuff, Hans: Umwandlung und Löschung von Kapitalgesellschaften, Leipzig 1935.

Dauner-Lieb, Barbara: Der innerbetriebliche Fremdfirmeneinsatz auf Dienst- oder Werkvertragsbasis im Spannungsfeld zwischen AÜG und BetrVG, NZA 1992, S. 817 ff.

Däubler, Wolfgang: Fehlerhafte Gesellschafterbeschlüsse bei der GmbH im Lichte des neuen Aktienrechts, GmbHR 1968, S. 4 ff.

ders.: Das Arbeitsrecht im neuen Umwandlungsgesetz, RdA 1995, S. 136 ff.

Däubler, Wolfgang/Kittner, Michael/Klebe, Thomas (Hrsg.): Betriebsverfassungsgesetz, 7. Auflage, Frankfurt am Main 2000.

Decher, Christian E.: Formwechsel – Allgemeine Vorschriften, in: Lutter, Marcus (Hrsg.), Kölner Umwandlungsrechtstage: Verschmelzung, Spaltung, Formwechsel nach neuem Umwandlungsrecht und Umwandlungssteuerrecht, S. 201 ff., Köln 1995.

Dehmer, Hans: Umwandlungsgesetz Umwandlungssteuergesetz, 2. Auflage, München 1996.

Derleder, Peter: Die Wiederkehr des Unterlassungsanspruchs, ArbuR 1995, S. 13 ff.

Dieterich, Thomas/Hanau, Peter/Schaub, Günter (Hrsg.): Erfurter Kommentar zum Arbeitsrecht, München 1998.

Dietz, Steffen: Die Ausgliederung nach dem UmwG und nach Holzmüller, Frankfurt am Main, Berlin, Bern, Brüssel, New York, Wien 2000.

Dornberger, Gerhard/Dornberger, Ute: Das Gesetz zur Privatisierung und Reorganisation des volkseigenen Vermögens (Treuhandgesetz), DB 1990, S. 3042 ff.

Dörrie, Robin: Das neue Umwandlungsgesetz, WiB 1995, S. 1 ff.

Drygala, Anja: Die Reichweite der arbeitsrechtlichen Angaben im Verschmelzungsvertrag, ZIP 1996, S. 1365 ff.

Duden, Konrad/Schilling, Wolfgang: Die Spaltung von Gesellschaften, AG 1974, S. 202 ff.

Dütz, Wilhelm: Verfahrensrecht der Betriebsverfassung, ArbuR 1973, S. 353 ff.

ders.: Arbeitsrecht, 5. Auflage, München 2000.

Düwell, Franz Josef: Betriebsverfassungsrechtliche Probleme der Umstrukturierung von Unternehmen, AuA 1992, S. 196 ff.

ders.: Umstrukturierung von Unternehmen – legislatorische Defizite und rechtspolitische Forderungen, ArbuR 1994, S. 357 ff.

ders.: Auswirkungen einer Fusion von Betrieben und Unternehmen auf Arbeitsvertrag und Kollektivvereinbarungen, in: Rieder, Hans Dieter (Hrsg.), Betriebsübergang (§ 613 a BGB), S. 193 ff., Münster 1994.

ders.: Umwandlung von Unternehmen und arbeitsrechtliche Folgen, NZA 1996, S. 393 ff.

ders.: Arbeitsrechtliche Chancen und Risiken von Outsourcing, in: Hanau, Peter/Heither, Friedrich/Kühling, Jürgen (Hrsg.), Festschrift für Thomas Dieterich, S. 101 ff., München 1999.

Eisenhardt, Ulrich: Gesellschaftsrecht, 8. Auflage, München 1999.

Engelmayer, Cäcilie: Die Spaltung von Aktiengesellschaften nach dem neuen Umwandlungsrecht, Köln 1995.

dies.: Die Informationsrechte des Betriebsrats und der Arbeitnehmer bei Strukturänderungen, DB 1996, S. 2542 ff.

dies.: Das Spaltungsverfahren bei der Spaltung von Aktiengesellschaften, AG 1996, S. 193 ff.

dies.: Ausgliederung durch partielle Gesamtrechtsnachfolge und Einzelrechtsnachfolge – ein Vergleich, AG 1999, S. 263 ff.

Engels, Gerd: Betriebsverfassungsrechtliche Aspekte des Spaltungsgesetzes, DB 1991, S. 966 ff.

ders.: Fortentwicklung des Betriebsverfassungsrechts außerhalb des Betriebsverfassungsgesetzes, in: Anzinger, Rudolf/Wank, Rolf (Hrsg.), Festschrift für Otfried Wlotzke, S. 279 ff., München 1996.

Fabricius, Fritz/Kraft, Alfons/Wiese, Günther/Kreutz, Peter/Oetker, Hartmut: Betriebsverfassungsgesetz, Gemeinschaftskommentar:

Band 1: §§ 1 – 73 mit Wahlordnungen, 6. Auflage, Neuwied, Kriftel, Berlin 1997.

Band 2: §§ 74 – 132 mit Kommentierung des BetrVG 1952, 6. Auflage, Neuwied, Kriftel 1998.

Feddersen, Dieter/Kiem, Roger: Die Ausgliederung zwischen „Holzmüller“ und neuem Umwandlungsrecht, ZIP 1994, S. 1078 ff.

Felix, Günther: Steuerberatungsbezogene Einführung in die Umwandlung der beherrschten Gesellschaft mbH in die GmbH & Co KG oder das Einzelunternehmen, KÖSDI 1995, S. 10232 ff.

Fischer, Ulrich: Die Vorschläge von DGB und DAG zur Reform des Betriebsverfassungsgesetztes, NZA 2000, S. 167 ff.

Fitting, Karl/Kaiser, Heinrich/Heither, Friedrich/Engels, Gerd: Betriebsverfassungsgesetz, 20. Auflage, München 2000.

Freytag, Sabine: Die Auswirkungen der Spaltung auf die Rechte der Arbeitnehmer, Dissertation Münster 2000.

Fuhrmann, Lambertus/Simon, Stefan: Praktische Probleme der umwandlungsrechtlichen Ausgliederung, AG 2000, S. 49 ff.

Gäbelein, Wolfgang: Die Unternehmensspaltung, BB 1989, S. 1420 ff.

Gamillscheg, Franz: Kollektives Arbeitsrecht, Band I, München 1997.

Ganske, Joachim: Spaltung der Treuhandunternehmen, DB 1991, S. 791 ff.

ders.: Umwandlung von Unternehmen, DB 1992, S. 125 f.

ders.: Reform des Umwandlungsrechts - Ein Bericht-, WM 1993, S. 1117 ff.

ders.: Der Weg vom Diskussionsentwurf zum Referentenentwurf eines Gesetzes zur Bereinigung des Umwandlungsrechts, in: IDW (Hrsg.), Reform des Umwandlungsrechts, S. 15 ff., Düsseldorf 1993.

ders.: Berufsrelevante Regelungen für Wirtschaftsprüfer im neuen Umwandlungsrecht, Die Wirtschaftsprüfung 1994, S. 157 ff.

ders.: Umwandlungsrecht, 2. Auflage, Düsseldorf 1995.

Gärtner, Bertolt-Dietrich: Verschmelzung von Kapitalgesellschaften und Grundstücksfragen, DB 2000, S. 409 ff.

Gaul, Björn: Das Schicksal von Tarifverträgen und Betriebsvereinbarungen bei der Umwandlung von Unternehmen, NZA 1995, S. 717 ff.

ders.: Beteiligungsrechte von Wirtschaftsausschuss und Betriebsrat bei Umwandlung und Betriebsübergang, DB 1995, S. 2265 ff.

ders.: Aktuelle Entwicklungen im Europäischen Arbeitsrecht, NZA 1997, S. 1022 ff.

ders.: Die neue EG-Richtlinie zum Betriebs- und Unternehmensübergang,

1. Teil, BB 1999, S. 526 ff.

2. Teil, BB 1999, S. 582 ff.

Gaul, Dieter: Die kollektiven und kollektivrechtlichen Auswirkungen des Betriebsinhaberwechsels, DB 1980, S. 98 ff.

Geck, Reinhard: Die Spaltung von Unternehmen nach dem neuen Umwandlungsrecht, DStR 1995, S. 416 ff.

Germelmann, Claas-Hinrich/Matthes, Hans-Christoph/Prütting, Hanns, Arbeitsgerichtsgesetz, 3. Auflage, München 1999.

Geßler, Ernst/Hefermehl, Wolfgang/Eckardt, Ulrich/Kropff, Bruno: Aktiengesetz, Band V, §§ 241-290, München 1986.

Geßler, Ernst: Einberufung und ungeschriebene Hauptversammlungszuständigkeiten, in: Lutter, Marcus/Mertens, Hans-Joachim/Ulmer, Peter (Hrsg.), Festschrift für Walter Stimpel, S. 771 ff., Berlin, New York 1985.

Goutier, Klaus/Knopf,Rüdiger/Tulloch,Anthony: Kommentar zum Umwandlungsrecht, Heidelberg 1995.

Grosser, Anke: Zur Spaltung von Treuhandunternehmen, Wirtschaftsrecht 1991, S. 338 ff.

Groß, Wolfgang: Vorbereitung und Durchführung von Hauptversammlungsbeschlüssen zu Erwerb oder Veräußerung von Unternehmensbeteiligungen, AG 1996, S. 111 ff.

Grunewald, Barbara: Gesellschaftsrecht, 3. Auflage, Tübingen 1999.

Grunewald, Barbara/Müller, Hans-Friedrich: Die Entwicklung des Gesellschaftsrechts 1995/1996, JZ 1997, S. 698 ff.

dies.: Die Entwicklung des Gesellschaftsrechts 1997/1998, JZ 1999, S. 442 ff.

Grunewald, Barbara/Winter, Martin: Die Verschmelzung von Kapitalgesellschaften, in: Lutter, Marcus (Hrsg.), Kölner Umwandlungsrechtstage: Verschmelzung, Spaltung, Formwechsel nach neuem Umwandlungsrecht und Umwandlungssteuerrecht, S. 19 ff., Köln 1995.

Grunsky, Wolfgang: Arbeitsgerichtsgesetz, 7. Auflage, München 1995.

Hahn, Hartmut: Zum Gläubigerschutz bei der Spaltung von Kapitalgesellschaften, GmbHR 1991, S. 242 ff.

Hahn, Jürgen: „Kleine AG", eine rechtspolitische Idee zum unternehmerischen Erfolg, DB 1994, S. 1659 ff.

Hanau, Peter: Arbeitsrecht und Mitbestimmung in Umwandlung und Fusion, ZGR 1990, S. 548 ff.

Hanau, Peter/Adomeit, Klaus: Arbeitsrecht, 11. Auflage, Neuwied, Kriftel, Berlin 1994.

Haritz, Detlef/Benkert, Manfred: Umwandlungssteuergesetz, 2. Auflage, München 2000.

Hartmann, Christian: Die privatautonome Zuordnung von Arbeitsverhältnissen nach Umwandlungsrecht, ZfA 1997, S. 21 ff.

Hassel, Anke/Kluge, Norbert: Die quantitative Entwicklung der Mitbestimmung in Deutschland, Gewerkschaftliche Monatshefte, 1999, S. 167 ff.

Heckschen, Heribert: Das Verschmelzungsrecht auf dem Prüfstand, ZIP 1989, S. 1168 ff.

ders.: Fusion von Kapitalgesellschaften im Spiegel der Rechtsprechung, WM 1990, S. 377 ff.

ders.: Die Entwicklung des Umwandlungsrechts aus Sicht der Rechtsprechung und Praxis, DB 1998, S. 1385 ff.

Heidenhain, Martin: Spaltungsvertrag und Spaltungsplan, NJW 1995, S. 2873 ff.

Heidenhain, Martin/Meister, Burkhardt W. (Hrsg.): Münchener Vertragshandbuch, Band 1, Gesellschaftsrecht, 4. Auflage, München 1996.

Heinze, Meinhard: Arbeitsrechtliche Probleme bei der Umstrukturierung von Unternehmen, DB 1998, S. 1861 ff.

ders.: Arbeitsrechtliche Fragen bei der Übertragung und Umwandlung von Unternehmen, ZfA 1997, S. 1 ff.

Heiss, Manuela: Die Spaltung von Unternehmen im Deutschen Gesellschaftsrecht, Berlin 1995.

Heither, Friedrich H.: Betriebsänderungen (§ 111 BetrVG) in der Rechtsprechung des Bundesarbeitsgerichts, ZIP 1985, S. 513 ff.

Hennrichs, Joachim: Zum Formwechsel und zur Spaltung nach dem neuen Umwandlungsgesetz, ZIP 1995, S. 794 ff.

Henssler, Martin: Aufspaltung, Ausgliederung und Fremdvergabe, NZA 1994, S. 294 ff.

ders.: Umstrukturierung von mitbestimmten Unternehmen, ZfA 2000, S. 241 ff.

Herbst, Jens: Arbeitsrecht im neuen Umwandlungsgesetz, AiB 1995, S. 5 ff.

Herzig, Norbert: Die Realteilung von Kapitalgesellschaften im Ertragsteuerrecht, DB 1986, S. 1401 ff.

Herzig, Norbert/Förster, Guido: Grenzüberschreitende Verschmelzung von Kapitalgesellschaften, DB 1994, S. 1 ff.

Herzig, Norbert/Momen, Leila: Die Spaltung von Kapitalgesellschaften im neuen Umwandlungssteuergesetz (Teil II), DB 1994, S. 2210 ff.

Herzig, Norbert/Ott, Hans: Das Steuerrecht als Umwandlungs- und Spaltungsbremse, DB 1989, S. 2033 ff.

Hess, Harald/Schlochauer, Ursula/Glaubitz, Werner: Kommentar zum Betriebsverfassungsgesetz, 5. Auflage, Neuwied, Kriftel, Berlin 1997.

Hirte, Heribert: Beteiligungserwerb und Sacheinlage im Entwurf des Umwandlungsgesetzes, AG 1990, S. 373 ff.

Hjort, Jens Peter: Der notwendige Inhalt eines Verschmelzungsvertrags aus arbeitsrechtlicher Sicht, NJW 1999, S. 750 ff.

Hoffmann-Becking, Michael (Hrsg.): Münchener Handbuch des Gesellschaftsrechts, Band 4, 2. Auflage, München 1999.

Hommelhoff, Peter: Minderheitenschutz bei Umstrukturierungen, ZGR 1993, S. 452 ff.

Hommelhoff, Peter/Timm, Wolfram: Aufwendungspauschalen für Anfechtungskläger, AG 1989, S. 168 ff.

Hopt, Klaus J./Wiedemann, Herbert: Aktiengesetz, Großkommentar, 4. Auflage,
5. Lieferung: §§ 179-191, Berlin, New York 1995.
6. Lieferung: §§ 241-255, Berlin, New York 1996.

Horn, Norbert (Hrsg.): Sammlung Guttentag, Heymann, Handelsgesetzbuch, Band 3, Drittes Buch, §§ 238-342a, 2. Auflage, Berlin, New York 1999.

Hoyningen-Huene, Gerrick: Betriebsverfassungsrecht, 4. Auflage, München 1998.

Hübner, Ulrich: Die Ausgliederung von Unternehmensteilen in aktien- und aufsichtsrechtlicher Sicht, in: Lutter, Marcus/Mertens, Hans-Joachim/Ulmer, Peter (Hrsg.), Festschrift für Walter Stimpel, S. 791 ff., Berlin, New York 1985.

Hüffer, Uwe: Aktiengesetz, 4. Auflage, München 1999.

Hümmerich, Klaus/Spirolke, Matthias: Allgemeiner Unterlassungsanspruch des Betriebsrats bei Betriebsänderung, BB 1996, S. 1986 ff.

Ising, Peter/Thiell, Marie-Theres: Erfahrungen mit dem Spaltungsgesetz, DB 1991, S. 2021 ff.

Jacobi, Erwin: Betrieb und Unternehmen als Rechtsbegriffe, Leipzig 1926.

ders.: Grundlehren des Arbeitsrechts, Leipzig 1927.

Jäger, Christophe: Die Spaltung von Aktiengesellschaften zwecks Privatisierung im Vergleich Deutschland – Frankreich, Pfaffenweiler 1995.

Joost, Detlev: Betrieb und Unternehmen als Grundbegriffe im Arbeitsrecht, München 1988.

ders.: Wirtschaftliche Angelegenheiten als Kompetenzbereich des Wirtschaftsausschusses, in: Heinze, Meinhard/Söllner, Alfred (Hrsg.), Festschrift für Otto Rudolf Kissel, S. 433 ff., München 1994.

ders.: Arbeitsrechtliche Angaben im Umwandlungsvertrag, ZIP 1995, 976 ff.

ders.: Formwechsel von Personenhandelsgesellschaften, in: Lutter, Marcus (Hrsg.), Kölner Umwandlungsrechtstage: Verschmelzung, Spaltung, Formwechsel nach neuem Umwandlungsrecht und Umwandlungssteuerrecht, S. 245 ff., Köln 1995.

ders.: Umwandlungsrecht und Arbeitsrecht, in: Lutter, Marcus (Hrsg.),

Kölner Umwandlungsrechtstage: Verschmelzung, Spaltung, Formwechsel nach neuem Umwandlungsrecht und Umwandlungssteuerrecht, S. 297 ff., Köln 1995.

ders.: Kommentar zu BAG, Urteil vom 24.06.1998, EWiR 1999, S. 183 f.

ders.: Kommentar zu BAG, Urteil vom 25.05.2000, EWiR 2000, S. 1009 f.

Jung, Tilo Götz: Umwandlungen unter Mitbestimmungsverlust, Lohmar, Köln 2000.

Kallmeyer, Harald: Hauptversammlungskompetenzen in der AG, DB 1989, S. 2009 f.

ders.: Die Reform des Umwandlungsrechts, DB 1993, S. 367 f.

ders.: Die Auswirkungen des neuen Umwandlungsrechts auf die mittelständische GmbH, GmbHR 1993, S. 461 ff.

ders.: Das neue Umwandlungsgesetz; ZIP 1994, S. 1746 ff.

ders.: Der Einsatz von Spaltung und Formwechsel nach dem UmwG 1995 für die Zukunftssicherung von Familienunternehmen, DB 1996, S. 28 ff.

ders.: Umwandlungsgesetz, Köln 1997.

Kania, Thomas: Tarifbindung bei Ausgliederung und Aufspaltung eines Betriebs, DB 1995, S. 625 ff..

Karollus, Martin: Ausgliederung, in: Lutter, Markus (Hrsg.), Kölner Umwandlungsrechtstage: Verschmelzung, Spaltung, Formwechsel nach neuem Umwandlungsrecht und Umwandlungssteuerrecht, S. 157 ff., Köln 1995.

Keidel, Theodor/Kuntze, Joachim/Winkler, Karl: Freiwillige Gerichtsbarkeit, 14. Auflage, München 1999.

Kiem, Roger: Verträge zur Umwandlung von Unternehmen, Köln 1998.

Kindler, Peter: Die Aktiengesellschaft für den Mittelstand, NJW 1994, S. 3041 ff.

Kinzelmann, Achim: Anmerkung zu LG Stuttgart, Beschluss vom 11.04.2000 – 4 KfH T 17 u. 18/99, GmbHR 2000, S. 622 f.

Kittner, Michael: Arbeitsrechtliche Drittwirkung bei Zusammenarbeit mehrerer Unternehmen, ArbuR 1998, S. 98 ff.

Koppensteiner, Hans-Georg: Ausgliederung und Spaltungsgesetz, in: Lieb, Manfred/Noack, Ulrich/Westermann, Harm Peter (Hrsg.), Festschrift für Wolfgang Zöllner, Band I, S. 295 ff., Köln, Berlin, Bonn, München 1998.

Korn, Klaus: Die Umwandlung einer GmbH in eine GmbH & Co KG durch Formwechsel: Ein Fallbeispiel, KÖSDI 1995, S. 10273 ff.

Körner, Marita: Telearbeit – neue Form der Erwerbsarbeit, alte Regeln?, NZA 1999, S. 1190 ff.

Kort, Michael: Reformbedarf bei der betriebsverfassungsrechtlichen Mitbestimmung in Fällen von Strukturveränderungen in Betrieb und Unternehmen?, ZfA 2000, S. 329 ff.

Krause, Hartmut: Wie lang ist ein Monat? – Fristberechnung am Beispiel des § 5 III UmwG, NJW 1999, S. 1448 f.

Kreßel, Eckhard: Arbeitsrechtliche Aspekte des neuen Umwandlungsbereinigungsgesetzes, BB 1995, S. 925 ff.

Küller, Hans-Detlev: Mitbestimmung im Umwandlungsfall, in: IDW (Hrsg.), Reform des Umwandlungsrechts, S. 133 ff., Düsseldorf 1993.

Leinekugel, Rolf: Die Ausstrahlungswirkungen des Umwandlungsgesetzes, Köln, Berlin, Bonn, München 2000.

Leinemann, Wolfgang (Hrsg.): Kasseler Handbuch zum Arbeitsrecht, Band 2, 2. Auflage, Neuwied, Kriftel 2000.

Limmer, Peter: Umwandlungsrecht, Herne, Berlin 1995.

Löwisch, Manfred: Arbeitsrecht, 5. Auflage, Düsseldorf 2000.

Lutter, Marcus: Zur Vorbereitung und Durchführung von Grundlagenbeschlüssen in Aktiengesellschaften, in: Goerdeler, Reinhard/Hommelhoff, Peter/Lutter, Marcus/Wiedemann, Herbert (Hrsg.), Festschrift für Hans-Joachim Fleck, S. 169 ff., Berlin, New York 1988.

ders.: Das neue „Gesetz für kleine Aktiengesellschaften und zur Deregulierung des Aktienrechts", AG 1994, S. 429 ff.

ders.: Europäisches Unternehmensrecht, 4. Auflage, Berlin, New York 1996.

Lutter, Marcus/Hommelhoff, Peter: GmbH-Gesetz, Kommentar, 15. Auflage, Köln 2000.

Lutter, Marcus (Hrsg.): Umwandlungsgesetz, Band I, §§ 1 – 151, Band II, §§ 152 – 325, 2. Auflage, Köln 2000.

Lüttge, Jörg: Das neue Umwandlungs- und Unwandlungssteuerrecht, NJW 1995, S. 417 ff.

Martens, Klaus-Peter: Die Entscheidungsautonomie des Vorstands und die „Basisdemokratie" in der Aktiengesellschaft, ZHR 1983, S. 377 ff.

ders.: Verschmelzung, Spruchverfahren Anfechtungsklage in Fällen eines unrichtigen Umtauschverhältnisses, AG 2000, S. 301 ff.

Matthes, Hans-Christoph: Betriebsübergang und Betriebsteilübergang als Betriebsänderung, NZA 2000, S. 1073 ff.

Mayer, Dieter: Erste Zweifelsfragen bei der Unternehmensspaltung, DB 1995, S. 861 ff.

Mayrhofer, Thomas/Dohm, Christian: Das Rechtsschutzbedürfnis des Aktionärs bei einer Beschlussanfechtungsklage nach einer Verschmelzung, DB 2000, S. 961 ff.

Melchior, Robin: Die Beteiligung von Betriebsräten an Umwandlungsvorgängen aus Sicht des Handelsregisters, GmbHR 1996, S. 833 ff.

Mengel, Anja: Umwandlungen im Arbeitsrecht, Heidelberg 1997.

dies.: Anmerkung zu BAG, Urteil vom 24.06.1998 – 4 AZR 208/97, ArbuR 1999, S. 152 ff.

Mertens, Hans-Joachim: Die Gestaltung von Verschmelzungs- und Verschmelzungsprüfungsbericht, AG 1990, S. 20 ff.

Mertens, Kai: Zur Universalsukzession in einem neuen Umwandlungsrecht, AG 1994, S. 66 ff.

Müller, Klaus J.: Die Zuleitung des Verschmelzungsvertrages an den Betriebsrat nach § 5 Abs. 3 Umwandlungsgesetz, DB 1997, S. 713 ff.

ders.: Spaltungen nach dem Umwandlungsgesetz und Übergang von Verträgen mit Abtretungsbeschränkungen, BB 2000, S. 365 ff.

Müller-Eising, Karsten/Bert, Peter: § 5 Abs. 3 UmwG: Eine Norm, eine Frist, drei Termine, DB 1996, S. 1398 ff.

Müller, Thomas: Umwandlungen des Unternehmensträgers und Betriebsvereinbarung, RdA 1996, S. 287 ff.

Mutter, Stefan: Anmerkung zu LG Karlsruhe, DZWir 1998, S. 212 f.

Nagl, Ruth: Die Spaltung durch Einzelrechtsnachfolge und nach neuen Umwandlungsrecht, DB 1996, S. 1221 ff.

Neye, Hans-Werner: Die Ausgliederung bei Aktiengesellschaften nach französischem Gesellschaftsrecht, DB 1982, S. 365 ff.

ders.: Der Regierungsentwurf zur Reform des Umwandlungsrechts, ZIP 1994, S. 165 ff.

ders.: Die Reform des Umwandlungsrechts, DB 1994, S. 2069 ff.

ders.: Das neue Umwandlungsrecht vor der Verabschiedung im Bundestag, ZIP 1994, S. 917 ff.

ders.: Überblick über die Gesetzesänderungen, in: Lutter, Marcus (Hrsg.), Kölner Umwandlungsrechtstage: Verschmelzung, Spaltung, Formwechsel nach neuem Umwandlungsrecht und Umwandlungssteuerrecht, S. 1 ff., Köln 1995.

ders.: Partnerschaft und Umwandlung, ZIP 1997, S. 722 ff.

ders.: Die Änderungen im Umwandlungsrecht nach den handels- und gesellschaftsrechtlichen Reformgesetzen in der 13. Legislaturperiode, DB 1998, S. 1649 ff.

Neye, Hans-Werner/Limmer, Peter/Frenz, Norbert/Harnacke, Ulrich M.: Handbuch der Unternehmensumwandlung, Herne, Berlin 1996.

Niederleithinger, Ernst: Auf dem Weg zu einem neuen deutschen Umwanlungsrecht, DStR 1991, S. 879 ff.

Nielebock, Helga: Das Arbeitsrechtliche Beschäftigungsförderungsgesetz, AiB 1997, S. 88 ff.

dies.: Praktische Probleme bei der Betriebsänderung und deren soziale Gestaltung, ArbuR 1999, S. 329 ff.

Oetker, Hartmut: Die Vorgaben der Betriebsübergangsrichtlinie für die Beteiligungsrechte des Betriebsrats, NZA 1998, S. 1193 ff.

Oetker, Hartmut/Preis, Ulrich: Europäische Rechtsvorschriften zum Arbeitsrecht, Heidelberg 1995.

Ossadnik, Wolfgang: Die „angemessene" Synergieverteilung bei der Verschmelzung, DB 1997, S. 885 ff.

Osterloh, Margit/Frost, Jetta: Prozessmanagement als Kernkompetenz, 2. Auflage, Wiesbaden 1998.

Palandt, Otto: Bürgerliches Gesetzbuch, 59. Auflage, München 2000.

Pfeiffer, Susanne: Der Übergang von Arbeitsverhältnissen bei der Umstrukturierung von Unternehmen, Dissertation Regensburg 1999.

Pflüger, Norbert: Der Unterlassungsanspruch des Betriebsrats bei Betriebsänderungen, DB 1998, S. 2062 ff.

Pickhardt, Natalie: Das neue Umwandlungsrecht und die Wahl der geeigneten Unternehmensform, WISU 1998, S. 386 ff.

Picot, Gerhard (Hrsg.): Kauf und Restrukturierung von Unternehmen, München 1995.

Plander, Harro: Umstrukturierungen und Änderungen der Arbeitsorganisation als Gegenstände der Betriebsverfassung, NZA 2000, S. 393 ff.

Priester, Hans-Joachim: Spaltungsvertrag/Spaltungsplan, in: Lutter, Marcus (Hrsg.), Kölner Umwandlungsrechtstage: Verschmelzung, Spaltung,

Formwechsel nach neuem Umwandlungsrecht und Umwandlungssteuerrecht, S. 99 ff., Köln 1995.

ders.: Das neue Umwandlungsrecht aus notarieller Sicht, DNotZ 1995, S. 427 ff.

Priester, Hans-Joachim/Mayer, Dieter (Hrsg.): Münchener Handbuch des Gesellschaftsrechts, Band 3, München 1996.

Raab, Thomas: Individualrechtliche Auswirkungen der Mitbestimmung des Betriebsrats gem. §§ 99, 102 BetrVG, ZfA 1995, S. 479 ff.

ders.: Der Unterlassungsanspruch des Betriebsrats, ZfA 1997, S. 183 ff.

Rebmann, Kurt/Säcker, Franz Jürgen/Rixecker, Roland (Hrsg.): Münchener Kommentar zum Bürgerlichen Gesetzbuch, Band 4, Schuldrecht, Besonderer Teil II, §§ 607-704, 3. Auflage, München 1997.

Rehbinder, Eckard: Zum konzernrechtlichen Schutz der Aktionäre einer Obergesellschaft, ZGR 1983, S. 92 ff.

Reiserer, Kerstin: Anmerkung zu Arbeitsgericht Nürnberg, Beschluss vom 17.01.2000 – 14 BVGa 1/00, bestätigt durch LAG Nürnberg, Beschluss vom 06.06.2000, 6 TaBV 8/00, BB 2000, S. 2100 f.

Richardi, Reinhard: Betriebsverfassungsgesetz, 7. Auflage, München 1998.

Richardi, Reinhard/Wlotzke, Otfried (Hrsg.): Münchener Handbuch zum Arbeitsrecht,
Band 1, Individualarbeitsrecht I, 2. Auflage, München 2000,
Band 2, Individualarbeitsrecht II, 2. Auflage, München 2000,
Band 3, Kollektives Arbeitsrecht, 2. Auflage, München 2000.

Ring, Gerhard: Arbeitsrecht, Baden-Baden 1998.

Rose, Gerd/Glorius-Rose, Cornelia: Unternehmensformen und -verbindungen, 2. Auflage, Köln 1995.

Ross, Leon: Materielle Kontrolle des Verschmelzungsbeschlusses bei der Verschmelzung von Aktiengesellschaften, Frankfurt am Main, Berlin, Bern, New York, Paris, Wien 1997.

Rumpff, Klaus/Boewer, Dietrich: Mitbestimmung in wirtschaftlichen Angelegenheiten, 3. Auflage, Heidelberg 1990.

Sagasser, Bernd/Bula, Thomas/Brünger, Thomas R.: Umwandlungen, 2. Auflage, München 2000.

Schaub, Günter: Der arbeitsrechtliche Betriebsübergang im Recht der Gesamtrechtsnachfolge, in: Anzinger, Rudolf/Wank, Rolf (Hrsg.), Festschrift für Otfried Wlotzke, S. 103 ff., München 1996.

ders.: Arbeitsrechts-Handbuch, 9. Auflage, München 2000.

Schindhelm, Malte/Stein, Klaus: Der Gegenstand der Ausgliederung bei einer Privatisierung nach dem UmwG, DB 1999, S. 1375 ff.

Schmidt, Harry: Verschmelzung von Personengesellschaften, in: Lutter, Marcus (Hrsg.), Kölner Umwandlungsrechtstage: Verschmelzung, Spaltung, Formwechsel nach neuem Umwandlungsrecht und Umwandlungssteuerrecht, S. 59 ff., Köln 1995.

Schmidt, Karsten: Fehlerhafte Beschlüsse in Gesellschaften und Vereinen (II), AG 1977, S. 243 ff.

ders.: Wider eine „lex Holzmüller" – §§ 251, 252 des Diskussionsentwurfs eines neuen Umwandlungsrechts in der Kritik – in: Kübler, Friedrich/Mertens, Hans-Joachim/Werner, Winfried (Hrsg.), Festschrift für Theodor Heinsius, S. 715 ff., Berlin, New York 1991.

ders.: Gesetzliche Gestaltung und dogmatisches Konzept eines neuen Umwandlungsgesetzes, ZGR 1990, S. 580 ff.

ders.: Universalsukzession kraft Rechtsgeschäfts, AcP 191 (1991), S. 495 ff.

ders.: Gläubigerschutz bei Umstrukturierungen, ZGR 1993, S. 366 ff.

ders.: Anforderungen an die Reform des Umwandlungsrechts, in: IDW (Hrsg.), Reform des Umwandlungsrechts, S. 35 ff., Düsseldorf 1993.

ders.: Vermögensveräußerung aus der Personengesellschaft: ein Lehrstück am Rande des neuen Umwandlungsrechts, ZGR 1995, S. 675 ff.

ders.: Gesellschaftsrecht, 3. Auflage, Köln, Berlin, Bonn, München 1997.

ders.: Umwandlungen von Vorgesellschaften? §§ 41 AktG, 11 GmbHG und umwandlungsrechtlicher numerus clausus, in: Lieb, Manfred/Noack, Ulrich/Westermann, Harm Peter (Hrsg.), Festschrift für Wolfgang Zöllner, Band I, S. 521 ff., Köln, Berlin, Bonn, München 1998.

ders.: Einschränkung der umwandlungsrechtlichen Eintragungswirkungen durch den umwandlungsrechtlichen numerus clausus?, ZIP 1998, S. 181 ff.

Schnitker, Elmar: Die Auswirkungen des neuen Umwandlungsgesetzes auf die Zuordnung und den Inhalt der Arbeitsverhältnisse sowie die Fortgeltung von Betriebsvereinbarungen, Frankfurt am Main, Berlin, Bern, New York, Paris, Wien 1998.

Scholz, Franz: Kommentar zum GmbH-Gesetz, II. Band, §§ 45-85, 8. Auflage, Köln 1995.

Schulze-Osterloh, Joachim: Probleme einer Spaltung von Personengesellschaften, ZHR 149 (1985), S. 614 ff.

Schumacher, Ernst Friedrich: Small is beautiful, New York, Hagerstown, San Francisco, London 1973.

Schwarz, Hans-Detlef: Das neue Umwandlungsrecht, DStR 1994, S. 1694 ff.

Schwarz, Hansjürgen: Umwandlung mittelständischer Unternehmen im Handels- und Steuerrecht, Bielefeld 1995.

von Staudinger, Julius: Kommentar zum Bürgerlichen Gesetzbuch mit Einführungsgesetz und Nebengesetzen, Zweites Buch, Recht der Schuldverhältnisse §§ 611-615, 13. Bearbeitung, Berlin 1999.

Stege, Dieter/Weinspach, F. K.: Betriebsverfassungsgesetz, 8. Auflage, Köln 1999.

Stohlmeier, Thomas: Zuleitung der Umwandlungsdokumentation und Einhaltung der Monatsfrist: Verzicht des Betriebsrats? BB 1999, S. 1394 ff.

Streck, Michael/Mack, Alexandra/Schwedhelm, Rolf: Verschmelzung und Formwechsel nach dem neuen Umwandlungsgesetz, GmbHR 1995, S. 161 ff.

Teichmann, Arndt: Die Spaltung einer Aktiengesellschaft als gesetzgeberische Aufgabe, AG 1980, S. 85 ff.

ders.: Die Spaltung von Rechtsträgern als Akt der Vermögensübertragung, ZGR 1993, S. 396 ff.

Timm, Wolfram: Minderheitenschutz und unternehmerische Entscheidungsfreiheit im Mutterunternehmen, ZHR 1989, S. 60 ff.

Tischendorf, Sven: OLG erschwert Unternehmenstransaktionen, Frankfurter Allgemeine Zeitung vom 23.04.1999.

Trittin, Wolfgang: Outsourcing, AiB 1996, S. 396 ff.

ders.: Umwandlungsgesetz, AiB 1996, S. 270 ff.

Trölitzsch, Thomas: Anmerkung zu LG Stuttgart, Beschluss vom 11.12.1995 – 4 KfH T22/95, WiB 1996, S. 994.

ders.: Anmerkung zu LG Stuttgart, Beschluss vom 29.03.1996 – 4 KfH T 1/96, WiB 1997, S. 32.

ders.: Anmerkung zu OLG Naumburg, Urteil vom 06.02.1997 – 7 U 236/96, WiB 1997, S. 866.

ders.: Aktuelle Tendenzen im Umwandlungsrecht, DStR 1999, S. 764 ff.

Veil, Rüdiger: Anmerkung zu LG Hamburg, EWiR 1997, S. 1111 f.

ders.: Aktuelle Probleme des Ausgliederungsrechts, ZIP 1998, S. 361 ff.

Waas, Bernd/Johanns, Anke: Die Änderung der Richtlinie zum Betriebsübergang, EuZW 1999, S. 458 ff.

Wardenbach, Frank: Missbrauch des Anfechtungsrechts und „nachträglicher" Aktienerwerb – Zu den Grenzen der Anfechtungsrechte des Aktionärs bei Rechtsmissbrauch und bei Erwerb der Aktien nach Ankündigung der Hauptversammlung, ZGR 1992, S. 563 ff.

Wendeling-Schröder, Ulrike: Mehrere Unternehmen – ein Betrieb, NZA 1984, S. 247 ff.

dies.: Betriebsverfassung nach Maß?, NZA 1999, S. 1065 ff.

Wenking, Thomas: Der Betriebsübergang im europäischen und deutschen Arbeitsrecht, Dissertation, Düsseldorf 2000.

Werner, Winfried: Zuständigkeitsverlagerungen in der Aktiengesellschaft durch Richterrecht, ZHR 1983, S. 429 ff.

Westermann, Harm Peter (Hrsg.): Erman, Bürgerliches Gesetzbuch, Band I, 10. Auflage, Münster, Köln 2000.

Weth, Stephan/Kerwer, Christof: Der Einfluss des Europäischen Rechts auf das nationale Arbeitsrecht, JuS 2000, S. 425 ff.

Widmann, Siegfried/Mayer, Robert: Umwandlungsrecht, Loseblatt-Sammlung, Stand: 53. Ergänzungslieferung, April 2000, Bonn.

Willemsen, Heinz Josef: Arbeitsrechtliche Aspekte der Reform des Umwandlungsrechts, RdA 1993, S. 133 ff.

ders.: Arbeitsrechtliche Anforderungen an die Reform des Umwandlungsrechts, in: IDW (Hrsg.), Reform des Umwandlungsrechts, S. 105 ff., Düsseldorf 1993.

ders.: Arbeitsrecht im Umwandlungsgesetz – Zehn Fragen aus der Sicht der Praxis, NZA 1996, S. 791 ff.

ders.: Die Beteiligung des Betriebsrates im Umwandlungsverfahren, RdA 1998, S. 23 ff.

Willemsen, Heinz Josef/Annuß, Georg: Neue Betriebsübergangsrichtlinie – Anpassungsbedarf im deutschen Recht?, NJW 1999, S. 2073 ff.

Willemsen, Heinz Josef/Müller, Thomas: Kommentar zu OLG Düsseldorf, Beschluß vom 15.05.1998, EWiR 1998, S. 855 f.

Willemsen, Heinz Josef/Hohenstatt, Klaus-Stefan/Schweibert, Ulrike (Hrsg.): Umstrukturierung und Übertragung von Unternehmen, München 1999.

Wlotzke Otfried: Arbeitsrechtliche Aspekte des neuen Umwandlungsrechts, DB 1995, 40 ff.

Wollenschläger, Michael: Arbeitsrecht, Köln, Berlin, Bonn, München 1999.

Zöllner, Wolfgang: Bemerkungen zu allgemeinen Fragen des Referentenentwurf eines Umwandlungsgesetzes, ZGR 1993, S. 334 ff.

ders.: Aktienrechtsreform in Permanenz – Was wird aus den Rechten des Aktionärs?, AG 1994, S. 336 ff.

Zöllner, Wolfgang (Hrsg.): Kölner Kommentar zum Aktiengesetz, Band 2, §§ 148-290 AktG, Köln, Berlin, Bonn, München 1985.

Zöllner, Wolfgang/Loritz, Karl-Georg: Arbeitsrecht, 5. Auflage, München 1998.

Zöllner, Wolfgang/Noack, Ulrich: Geltendmachung von Beschlussmängeln im GmbH-Recht, ZGR 1989, S. 525 ff.

Zwanziger, Bertram: Der Interessenausgleich – betriebliches Regelungsinstrument oder Muster ohne kollektiven Wert? BB 1998, S. 477 ff.

FSC
www.fsc.org
MIX
Papier | Fördert gute Waldnutzung
FSC® C083411

Kolibri 360 GmbH
Ferdinand-Jühlke-Straße 7
99095 Erfurt, Deutschland
produktsicherheit@kolibri360.de

Druck:
CPI Druckdienstleistungen GmbH
im Auftrag der
Kolibri 360 GmbH
Ferdinand-Jühlke-Str. 7
99095 Erfurt